Reinhold Schone u.a. · Kinder in Not

Reinhold Schone, Ullrich Gintzel,
Erwin Jordan, Mareile Kalscheuer,
Johannes Münder

Kinder in Not

Vernachlässigung im frühen Kindesalter und Perspektiven sozialer Arbeit

VOTUM 1997

Die Deutsche Bibliothek – CIP-Einheitsaufnahme

Kinder in Not / Reinhold Schone ... - Münster : Votum, 1997
ISBN 3-930405-54-7
NE: Schone, Reinhold

Grevener Straße 89-91, D-48159 Münster

Umschlag: Böwer Jauczius Manitzke, Münster
Druck: Fuldaer Verlagsanstalt, Fulda

ISBN 3-930405-54-7

Inhalt

Vorbemerkung

Die Vernachlässigung von Kindern war lange Zeit ein wenig beachtetes Phänomen. Die öffentlich geführten Kinderschutzdiskussionen kreisten und kreisen – wenn sie nicht kurzzeitig durch dramatische Ereignisse, wie durch die Vernachlässigung gestorbene Kleinkinder überlagert werden – auch heute noch wesentlich deutlicher um das Problem der Kindesmißhandlung und des sexuellen Mißbrauchs von Kindern. Dies mag damit zusammenhängen, daß die Vernachlässigung von Säuglingen und Kleinkindern zumeist in den Familien verborgen bleibt und daß sich dieses Thema weniger für medienwirksame Stilisierungen eignet – es sei denn, es kommt zum Extremfall: dem Tod eines Kindes.

Aber auch jenseits der Randständigkeit des Themas in der medialen Öffentlichkeit – die ja nicht per se ein Nachteil sein muß – läßt sich feststellen, daß selbst bei den professionellen Helferinnen und Helfern der Jugendhilfe und der angrenzenden Institutionen (Kinderschutzzentren, ärztliche Beratungsstellen etc.) eine themenadäquate Auseinandersetzung – wie beim Thema „sexueller Mißbrauch" – mit dem Problemfeld der Vernachlässigung erst langsam beginnt.

Die Autorin und die Autoren möchten sich mit dem vorliegenden Buch an dieser Diskussion beteiligen. Es enthält Ergebnisse des vom Institut für soziale Arbeit e.V. in Münster durchgeführten Praxisforschungsprojektes „Kinder in Not – Ursachen, Erscheinungsformen und Wirkungen der Vernachlässigung von Säuglingen und Vorschulkindern und Perspektiven der Jugendhilfe" (Laufzeit 1.8.1994 bis 31.12.1996). Das Projekt wurde gefördert durch die Stiftung Deutsche Jugendmarke e.V., das Ministerium für Arbeit, Gesundheit und Soziales NRW, sowie durch vier unmittelbar am Projekt beteiligte Kommunen (Stadt Köln, Stadt Hilden, Stadt Neubrandenburg, Kreis Stormarn).

Begleitet und unterstützt wurde das Projekt von einem Projektbeirat mit Persönlichkeiten aus verschiedenen Disziplinen und Arbeitsfeldern (Rechtswissenschaft/Rechtssprechung, Jugendhilfe/Sozialpädagogik, Medizin, Verwaltung und Politik), der sowohl freie als auch öffentliche Träger, sowohl die kommunale Ebene als auch die Landes- und Bundesebene repräsentierte. Mitglieder des Projektbeirates waren: Prof. Dr. Gerhardt Amendt, Bremen; Franz Dickmeis, Herdecke; Dr. Jörg M. Fegert, Berlin; Elke Garbe, Hamburg; Dieter Greese, Essen; Klaus Schäfer, Düsseldorf; Heinz Hilgers, Dormagen; Dr. Marie-Luise Kluger, Herford; Cornelia Schöder, Minden; Dr. Gitta Trauernicht, Hamburg; Prof. Dr. Elisabeth Trube-Becker, Neuss; Gesine von Uslar, Frankfurt/Main; Dr. Reinhard Wiesner, Bonn; Dr. Ute Otten, Unna; Prof. Dr. Bernd Seidenstücker, Berlin.

Die Aufgaben des Beirates bestanden darin, das Projekt und seine Durchführung wissenschaftlich zu begleiten und zu beraten sowie die fachtheoretischen und forschungspraktischen Grundfragen des Projektes zu diskutieren. Für die Bereitschaft, das Projekt zu unterstützen und für die vielen Anregungen und Hinweise gilt allen Beiratsmitgliedern unser Dank.

Um das Projekt in der gewünschten Weise realisieren zu können, brauchten wir in den genannten Regionen die Beteiligung, die Beiträge, Anregungen, Fragen und Problemanzeigen von SozialarbeiterInnen, SozialpädagogInnen, ErzieherInnen, RichterInnen, ÄrztInnen, TherapeutInnen, Hebammen u.a.m., die im Rahmen ihrer Arbeit mit Problemen und Erscheinungsformen der Vernachlässigung konfrontiert sind. Wir danken daher weiterhin allen Fachkräften der Jugendämter und der freien Träger sowie den in den initiierten Projekt-Arbeitsgemeinschaften an den einzelnen Standorten aktiven Fachleuten für ihr Engagement, gemeinsam mit uns das Projektanliegen zu diskutieren und das Themenfeld „Vernachlässigung" zu bearbeiten. Dank gilt hierbei insbesondere den MitarbeiterInnen der Allgemeinen Sozialdienste (ASD) an den Projektstandorten für ihre Bereitschaft, uns über zwei Jahre Einblicke in ihre Alltagspraxis zu gewähren und viele aufschlußreiche Fachdiskussionen mit uns zu führen.

Ein ganz besonderer Dank gilt abschließend den Familien, die uns zu Gesprächen und gemeinsamen Diskussionen zur Verfügung standen und die bereit waren, mit uns über ihre (z.T. sehr schwierigen) Lebenssituationen und ihre Erfahrungen mit den sozialen Diensten zu sprechen, insbesondere den Familien Bäcker und Santos (beide Namen sind anonymisiert), die uns in besonderer Weise Einblick in ihre Probleme gewährt und uns erlaubt haben, ihre Familiengeschichten hier abzudrucken.

Da wir an an einer ständigen Überprüfung und Weiterentwicklung der Arbeit im beschriebenen Feld interessiert sind, möchten wir die Leserinnen und Leser zum Dialog einladen. Das heißt: Über Hinweise, Kritik, Informationen, über konkrete Arbeitsansätze und Erfahrungen würden wir uns sehr freuen (*Kontakt über: Mareile Kalscheuer, Institut für soziale Arbeit e.V., Studtstraße 20, 48149 Münster*).

Einleitung

Dem Problem der Kindesvernachlässigung, das sich darin äußert, daß dem Kind gegenüber notwendige Pflege-, Versorgungs-, Unterstützungs- und Förderleistungen nicht oder nur unzureichend erbracht werden, kommt im Alltag der Jugendhilfe große Bedeutung zu. Obschon quantitativ dominierend, ist die Vernachlässigung von Kindern bislang jedoch nicht in gleicher Weise bearbeitet und der fachlichen Diskussion und Entwicklung zugänglich gemacht worden wie beispielsweise die Themenfelder „körperliche bzw. sexuelle Gewalt gegen Kinder".

Ein Beleg für die „Vernachlässigung der Vernachlässigung" kann auch darin gesehen werden, daß es bis heute keine primär sozialpädagogisch motivierten und auf dieses Handlungsfeld bezogene Untersuchungen, empirische Analysen und wissenschaftlich abgeleitete Handlungsempfehlungen gibt. Dies zeigen auch die Anfragen und Problemanzeigen von Fachkräften aus Jugendämtern und aus anderen Einrichtungen und Diensten öffentlicher wie freier Träger, die an Fortbildungs- und Praxisberatungsinstitutionen gerichtet werden und die ein Anstoß für das Institut für soziale Arbeit e.V. (ISA), Münster, waren, sich intensiver mit der Thematik auseinanderzusetzen.

Die Bedeutung und die Brisanz des Themas wurde uns im Verlaufe des Projektes nochmals massiv deutlich, kam es doch in dieser Zeit in verschiedenen Städten zu Ereignissen, wo sozialpädagogische Fachkräfte, die in Familien mit sehr kleinen Kindern tätig waren, lebensbedrohliche Zustände dieser Kinder infolge von Mangelernährung und Unterversorgung nicht rechtzeitig oder angemessen erkannten und wo diese Kinder an den Folgen dieser Vernachlässigung gestorben sind.

Spätestens solche Ereignisse zwingen zu Fragen: Wie sind solche Situationen zu vermeiden? Wie lassen sich – gerade in ganz frühen Lebensjahren – Vernachlässigungssituationen, zumal lebensbedrohliche, zuverlässig erkennen? Welche Instrumente stehen uns für die Arbeit mit solchen Familien zur Verfügung? Welche „Sicherungen" aus fachlicher Sicht sind zu schaffen, damit massive Vernachlässigungsfälle vermieden werden können? Wie ist gerade bezogen auf kleine und kleinste Kinder das Hilfesystem auszugestalten? Und last not least: Wie weit reicht die Verantwortung der sozialpädagogischen Fachkräfte? (Eine Frage, die nicht nur fachlich interessiert, sondern auch im Rahmen staatsanwaltschaftlicher Ermittlungen und Anklagen gegen betreuende SozialarbeiterInnen eine zentrale Rolle spielt!)

Bei der Suche nach Antworten auf diese Fragen und damit bei der Suche nach qualifizierten Handlungsmustern in der sozialen Arbeit scheint es trotz allem nicht ratsam zu sein, den Ausgangspunkt bei den Extremfällen zu suchen, sondern erfolgversprechender, sich mit dem Alltag, den alltäglichen beruflichen Herausforderungen der Fachkräfte und Dienste durch vernachlässigte Kinder bzw. vernachlässigende Erwachsene zu beschäftigen. Extremfälle (hier der Tod von vernachlässigten Kindern) können und müssen zwar aufrütteln und Anstrengungen zur Verbesserung des Hilfesystems hervorrufen. Allerdings sollte dies nicht (ausschließlich) in der Weise geschehen, daß eine allgemeine Sensibilisierung für die alltägliche (vielleicht nicht lebensbedrohende, so doch Lebenschancen vernichtende) Vernachlässigung von Kindern stattfindet. Die Beschäftigung mit den Extremfällen ist immer nur (zum Glück!) eine Beschäftigung mit Ausnahmefällen, hinter denen die Strukturen der alltäglichen Vernachlässigung oft nur schemenhaft aufscheinen, ist die Frage doch selten: Wieviele Kinder leben unter solchen und ähnlichen bedrückenden Umständen? Sondern eher: Wie konnte es in diesem Fall zum Tode kommen, und wer trägt dafür die Verantwortung? Das Ergebnis einer solchen Fragestellung aber verführt einseitig dazu, Kontrollmechanismen zu entwickeln, zu effektivieren und zu qualifizieren, ohne daß in gleicher Weise das Hilfe- und Unterstützungsverhalten mit entwickelt wird.

Vor dem Hintergrund dieser Überlegungen gehen wir davon aus, daß eine grundsätzliche Beschäftigung mit dem Phänomen der Vernachlässigung seinen Ausgangspunkt nicht in Extremsituationen haben sollte, sondern daß es erforderlich ist, sich mit den in diesem Kontext alltäglichen Problemen und Anforderungen auseinanderzusetzen und hierauf aufbauend Qualifizierungsmerkmale für die soziale Arbeit zu beschreiben, die letztlich das Risiko aller Kinder minimieren, in Vernachlässigungssituationen zu geraten.

Unser Ziel war es demzufolge, dem Thema „Kindesvernachlässigung" unter empirisch-handlungsorientierter Perspektive nachzugehen. Aus dieser Zielstellung ergaben sich eine Reihe von Fragestellungen, die sich zum einen auf das Phänomen der Vernachlässigung (Ursachen, Erscheinungsformen, Wirkungen) direkt und auf die Familien als Ort der Manifestation des Phänomens beziehen. Zum anderen standen die institutionellen Handlungsstrukturen betroffener Disziplinen (Jugendhilfe, Pädiatrie, Justiz) im Blickpunkt der Untersuchung. Damit sollte ein Beitrag geleistet werden zur differenzierten Problemanalyse zur Weiterentwicklung der sozialpädagogischen Praxis (Entwicklung von Präventions-, Kriseninterventions- und Kompensationskonzepten) und zur allgemeinen Sensibilisierung für familien- und sozialpolitische Aufgaben in diesem Feld.

Es ging im wesentlichen um drei Untersuchungsebenen:

- Im Zentrum der Arbeit stand zunächst die Frage nach den individuellen, familialen und gesellschaftlichen **Problemlagen** der von Vernachlässigung betroffenen Kinder und ihren Familien, mithin die Fragestellung nach Ursachen, Erscheinungsformen und Auswirkungen der Vernachlässigung von Säuglingen und kleinen Kindern.

- Bezogen auf die institutionellen **Handlungsmuster** war zu prüfen, wie Zugänge zum Problem, Wahrnehmungsmuster und berufliche Handlungsmuster in den einzelnen Disziplinen ausgestaltet sind, und vor allem auch, wie das Problem der Vernachlässigung von Justiz, Allgemeinmedizin/Pädiatrie und Jugendhilfe insgesamt wahrgenommen und diskutiert wird und welche Erklärungsmuster jeweils vorherrschen.

- Vernachlässigung von Säuglingen und Kleinkindern ist jedoch nicht nur ein Phänomen, daß die einzelnen Disziplinen je einzeln in ihren Handlungskompetenzen herausfordert. In der Regel ist es eher so, daß interinstitutionelle und interdisziplinäre **Kooperationsstrukturen** erforderlich sind bzw. durch die Umstände des

Einzelfalles erzwungen werden. Von daher steht das Problem in verschiedenen Schnittbereichen zwischen Jugendhilfe/Allgemeinem Sozialdienst, Sozialhilfe, psychologisch-familientherapeutischer Praxis, allgemeinärztlicher/pädiatrischer Praxis, stationärer (pädiatrischer) Krankenversorgung in Kliniken sowie Vormundschafts- und Familiengerichten.

Die angestrebte Praxis- und Handlungsorientierung der Studie machte es erforderlich, das Projekt so eng wie nur eben möglich an die konkrete Praxis der im Feld sozialer Arbeit tätigen und mit dem Problem der „Vernachlässigung" konfrontierten Fachkräfte und sozialen Dienste anzubinden.

Im engen Dialog mit diesen PraktikerInnen sollten bisherige Herangehensweisen, Verarbeitungsstrategien, Konflikte und Problemlösungen im Kontext von Kindesvernachlässigung thematisiert, dokumentiert und transparent gemacht werden.

Die Thematik der Studie konnte dabei in einem interdisziplinären Zugang erschlossen werden. Von daher wurden nicht nur unterschiedliche fachwissenschaftliche Sichtweisen (medizinische/pädiatrische, juristische, sozialwissenschaftliche, psychologische Ansätze) einbezogen und wo immer möglich zusammengefügt, sondern auch versucht, bei der Suche nach KooperationspartnerInnen dem Aspekt der Interdiziplinarität durch den Einbezug von ÄrztInnen, RichterInnen, SozialpädagogInnen, PsychologInnen etc. Rechnung zu tragen.

Zur Gewährleistung der angestrebten Praxisnähe und Handlungsorientierung war das Projekt in vier ausgewählten Projektstandorten angesiedelt worden: Diese vier ausgewählten Regionen waren

- der Bezirk Mülheim in der Stadt Köln, ein Bezirk mit ca. 145.000 EinwohnerInnen, wobei innerhalb dieses Bezirkes nochmals eine Konzentration auf ein Stadtviertel (Mülheim-Nord) mit ca. 10.000 EinwohnerInnen vorgenommen wurde,
- die Stadt Hilden, eine Mittelstadt im Kreis Mettmann in der Nähe von Düsseldorf, mit eigenständigem Jugendamt. Hilden hat ca. 55.000 EinwohnerInnen,
- die Stadt Glinde, eine Kleinstadt in unmittelbarer Nähe von Hamburg im Kreis Stormarn (Schleswig-Holstein). Glinde hat ca. 17.000 EinwohnerInnen. Die Stadt hat kein eigenes Jugendamt, verfügt aber über eine Außenstelle des Jugendamtes des Kreises,
- die Stadt Neubrandenburg, eine kreisfreie Stadt in Mecklenburg-Vorpommern mit z.Z. ca. 80.000 EinwohnerInnen (1990 noch ca. 90.000 EinwohnerInnen).

Diese Standorte sollten exemplarische Zugänge zu unterschiedlichen Lebenswelten und Lebenslagen von Familien mit Kindern einerseits und zur jeweiligen sozialen Infrastruktur andererseits ermöglichen, um hierüber sowohl spezifische Erkenntnisse zur Problematik der Vernachlässigung als auch zum institutionellen bzw. professionellen Umgang damit gewinnen zu können.

Aus der Sicht der öffentlichen und freien Träger der Jugendhilfe enthielt der hier präsentierte Forschungsansatz Elemente einer sozialräumlichen und zielgruppenbezogenen Jugendhilfeplanung. Eine Verwendung der erstellten Materialien und der

Diskussionszusammenhänge des Projektes zu Jugendhilfeplanungszwecken seitens der Träger der Jugendhilfe war allein aufgrund der handlungsorientierten Ausrichtung des Projektes durchaus erwünscht.

Die Darstellung der Projektaktivitäten und -ergebnisse in diesem Buch beginnt mit einer theoretischen Annäherung an das Thema (Kapitel 1). Ausgehend von einer auf den Problemfall der Vernachlässigung spezifizierten Definition wird hier eine Einordnung des Problemfeldes sowie eine Ableitung der damit verbundenen Fragestellungen und Handlungsanforderungen an die soziale Arbeit vorgenommen.

Im Anschluß daran wird über die ausführlichere Darstellung von zwei Familiengeschichten ein qualitativer Zugang zum Thema gesucht (Kapitel 2). Die Familiengeschichten wurden im Rahmen des Projektes durch narrative Interviews mit betroffenen Eltern, durch begleitende Befragung von MitarbeiterInnen sozialer Dienste sowie durch Akteneinsicht gewonnen. Die dargestellten Geschichten wurde ausgewählt, weil sie einerseits die Komplexität von Problemlagen deutlich machen können, andererseits aber auch dazu einladen, die in Kapitel 1 gebildeten Kategorien bezüglich Ursachen und Kontextfaktoren der Vernachlässigung zu prüfen. Die Geschichten zeichnen die Dynamik von Vernachlässigungssituationen aus dem Blickwinkel der Familien nach und geben Einblick in die Dynamik des Handelns öffentlicher Hilfe- und Kontrollinstanzen.

Ein ausschließlich quantitativer Zugang wird in Kapitel 3 gewählt. Hier werden Daten vorgestellt, die sich aus einer Fallerhebung bei den Allgemeinen Sozialdiensten in den vier Projektstandorten ergeben haben. Hierbei geht es vor allem um die Frage, welche Dimension Vernachlässigung in der Arbeit der Allgemeinen Sozialdienste hat und welche strukturellen Gemeinsamkeiten von Vernachlässigungsfamilien sich herausarbeiten lassen.

Kapitel 4 nimmt die im Forschungsprojekt durchgeführte ca. zweijährige Begleitung der jeweiligen ASD-Teams an den Projektstandorten auf. Hierbei ging es darum, eine retrospektive Analyse und Bewertung zurückliegender Fälle von Kindesvernachlässigung vorzunehmen und das Handlungsrepertoire der ASD-Teams vor Ort näher zu bestimmen und erweiterte Möglichkeiten auszuloten und ggf. zu erproben. Im Rahmen kollegialer Beratung durch die ASD-Fachkräfte und unter begleitender (praxisberatender) Teilnahme der ISA-MitarbeiterInnen wurden aktuelle Fallgespräche durchgeführt. Zentrale Fragen dieser Fallgespräche waren zumeist das Erkennen und Bewerten von Vernachlässigungssituationen („Ist das Kindeswohl noch gewährleistet?") sowie die Ableitung wirksamer Handlungsstrategien zum Erhalt oder zur Wiederherstellung einer Situation, in der das Kindeswohl gewährleistet ist („Kann ich weiter zulassen, daß die Familie die angebotenen Hilfen nicht/nicht angemessen wahrnimmt, oder muß ich andere Schritte (Vormundschaftsgericht) einleiten?")

Vernachlässigung von kleinen und kleinsten Kindern ist – das zeigten diese Diskussionen – ein zentrales Thema für den ASD und gleichzeitig ein Thema, welches mit extremen Anforderungen an die Tätigkeit der Fachkräfte bei gleichzeitig hoher Unsicherheit (Fehlen von Kriterien) verbunden ist.

Im Rahmen der Beratungstermine in den regionalen ASD-Teams tauchte darüber hinaus immer wieder die Frage auf, ob der ASD aufgabengerecht organisiert und ausgestattet ist und wie intern qualifizierte Arbeitsbedingungen (kollegiale Beratung, Teamstrukturen, Supervision etc.) zu gestalten wären.

Auf der Grundlage dieser Diskussionen und Erfahrungen werden Folgerungen und Einschätzungen zu Zielen, Aufgaben und Arbeitsweise der Bezirkssozialarbeit im ASD formuliert, die weniger eine Bestandsaufnahme aktueller Praxis zu sein beanspruchen, sondern Reflexionsanstöße für eine veränderte Praxis geben und Entwicklungsziele umreißen sollen. Im Blickpunkt steht dabei insbesondere das Spannungsfeld von Hilfe und Kontrolle, durch das sich die Tätigkeit gerade im Feld der Vernachlässigung konstitutiv auszeichnet.

Vernachlässigung ist ein interdisziplinäres Problem. Folgerichtig ist es erforderlich, die Beiträge der einzelnen Disziplinen für problemadäquate Lösungen bzw. für eine Minimierung des Vernachlässigungsrisikos von Kindern zu benennen. Die Kapitel 5 und 6 setzen sich mit diesem Thema auseinander. Zunächst werden die inhaltlichen Aufgabenbestimmungen und gesetzlichen Handlungsgrundlagen von Jugendhilfe, Justiz, Sozialhilfe und Gesundheitswesen dargestellt (Kapitel 5). Dann werden – auf der Grundlage einer Trägerbefragung an den Projektstandorten – die Erfordernisse einer gelingenden Kooperation und Vernetzung der verschiedenen Dienste zur besseren Gewährleistung von Hilfe und Schutz für vernachlässigte Kinder herausgearbeitet (Kapitel 6).

Im Anschluß hieran soll noch einmal die Betroffenenperspektive in den Vordergrund gerückt werden. Kapitel 7 zieht ein Resümee aus zwei Familienseminaren, die vom Projektteam mit Eltern in schwierigen Lebenslagen durchgeführt wurden. Insbesondere geht es hier darum, die im Rahmen dieser Veranstaltung gewonnenen und von den Eltern selbst formulierten Handlungsbedarfe darzustellen.

Das vorletzte Kapitel setzt sich zum Ziel, einige ausgewählte Konzepte und Modelle darzustellen, die sich dem Vernachlässigungsthema offensiv stellen. Nicht die Vollständigkeit ist hier das Ziel, sondern der Anregungscharakter, den solche Modelle entfalten können.

Eine kurze Zusammenfassung und Perspektivenbestimmung für die soziale Arbeit sollen abschließend zur weiteren Diskussion und zur Weiterentwicklung der Handlungsinstrumente von sozialer Arbeit und Sozialpolitik auffordern, damit das Risiko von Kindern, in unserer Gesellschaft in Vernachlässigungssituationen zu geraten, weiterhin reduziert werden kann.

1 Die Vernachlässigung von Säuglingen und Kleinkindern. Ein Problemaufriß

1.1 Problemstellung

Kindesvernachlässigung ist ein altbekanntes Problem. Man erinnere sich nur an die im 19. Jahrhundert verfaßten Romane von CHARLES DICKENS – z.B. Oliver Twist –, die das Schicksal vernachlässigter und verwahrloster Kinder im englischen Frühkapitalismus beschrieben oder an die von OTTO RÜHLE zu Beginn dieses Jahrhunderts erarbeiteten Studien zur Lebenssituation proletarischer Kinder (vgl. RÜHLE 1911).

Die Vernachlässigung von Kindern ist aber kein ausschließlich sozialgeschichtliches Thema, sondern eines, das seine Aktualität bis heute nicht verloren hat, auch wenn es nur sehr eingeschränkte öffentliche Aufmerksamkeit erfährt. Selbst die Fachöffentlichkeit ist aus dieser zurückhaltenden Zurkenntnisnahme des Problems der Vernachlässigung von Kindern nicht ausgenommen.

In der öffentlichen wie auch in der fachlichen Diskussion tritt die Vernachlässigung von kleinen und kleinsten Kindern häufig gegenüber anderen Problemen wie insbesondere der Kindesmißhandlung und dem sexuellen Mißbrauch zurück. Ausnahmen stellen allenfalls diejenigen Fälle dar, in denen Vernachlässigung zu lebensbedrohlichen oder gar tödlichen Folgen für das Kind geführt hat.

Dabei – so unsere These – handelt es sich bei dem Phänomen der Vernachlässigung – sowohl seiner quantitativen Ausprägung nach als auch hinsichtlich seiner möglichen und realen Auswirkungen – um eine der größten Herausforderungen in der sozialpädagogischen Arbeit überhaupt.

Ein erheblicher Anteil der sozialpädagogischen Betreuungsverhältnisse, die ja zumeist erst in späteren Lebensjahren einsetzen, sind oft nichts anderes, als der sozialpädagogische Umgang mit den Folgen einer häufig nicht erkannten Vernachlässigung (z.B. unzureichenden Versorgung und Anregung) in den ersten Lebensjahren. Anamnestische Untersuchungen der z.B. in Heimen oder Pflegefamilien lebenden Kinder und Jugendlichen zeigen sehr oft deren zum Teil katastrophalen Lebensbedingungen in den ersten Lebensjahren.

Vor diesem Hintergrund ist es schon verwunderlich, daß es bislang kaum sozialpädagogisch motivierte Untersuchungen zu diesem Themenkomplex gibt. So schreibt der KINDERSCHUTZBUND NRW 1993: „Das Problem der Vernachlässigung von Kindern ist nicht nur in der Öffentlichkeit, sondern auch in Forschung, Fortbildung und vor allem im Hilfesystem vernachlässigt worden.“ (DEUTSCHER KINDERSCHUTZBUND, Schreiben vom 30.4.1993)

Wie bei den anderen Erscheinungsformen von Gewalt gegen Kinder, gibt es auch im Problemfeld der Vernachlässigung z.Z. keine gesicherten (empirisch begründeten)

Aussagen zu den tatsächlichen Größenordnungen. Da Vernachlässigung im Regelfall im Binnenfeld der Familie geschieht, ist die Wahrnehmung dieses Phänomens sehr eingeschränkt.

ELISABETH TRUBE-BECKER (1982) hat vor knapp 20 Jahren 57 Fälle von Vernachlässigung mit Todesfolge untersucht. Aufschlußreich ist dabei ihre Feststellung, daß in den von ihr untersuchten Fällen mit Todesfolge in keinem Fall zu Lebzeiten des Kindes Anzeige erstattet wurde: „Der Verdacht auf eine Vernachlässigung mit Todesfolge oder den Tod durch Nahrungsentzug ist erst durch das Ergebnis der Leichenöffnung aufgekommen. ... In den meisten Fällen haben sich der Nahrungsentzug und die Vernachlässigung über einen größeren Zeitraum erstreckt. Weder ärztliche Hilfe noch die für alle zugängliche Mütterberatungsstelle sind in Anspruch genommen worden." (TRUBE-BECKER 1978, S. 93 f.)

ESSER/WEINEL (1990) gehen davon aus, daß etwa 5 bis 10% aller Kinder abgelehnt bzw. vernachlässigt werden. Wird hier nur die Zahl der 0- bis sechsjährigen Kinder in der Bundesrepublik zugrundegelegt – etwa fünf Millionen – so kommen wir auf eine Größenordnung von 250.000 bis 500.000 betroffenen Kindern. Hier müßte allerdings noch eingehender geprüft werden, welche Definitionskriterien den Zuordnungen und schließlich damit auch den Größenordnungen zugrunde liegen.

Ein anderer Weg, den Problemumfang zumindest mit Blick auf Aktivitäten der Jugendhilfe zu bestimmen, könnte darin liegen, von den Kindern auszugehen, die im Rahmen von Erziehungshilfen erfaßt wurden. Ausgehend von den Zahlen für 1994 ließen sich folgende Größenordnungen festhalten: Rund 16.600 Kinder (unter sechs Jahre), die in Einrichtungen der Jugendhilfe (ca. 3.500) und in Vollzeitpflege (ca. 11.300) leben, zuzüglich ca. 1.600 Kindern unter sechs Jahren in Tagesgruppen/sozialpädagogischer Tagespflege und weit über 5.000 Kindern unter sechs Jahren, die von der sozialpädagogischen Familienhilfe betreut werden (ca. 5.000 Familien haben ein oder mehrere Kind(er) unter sechs Jahren) ergeben etwa 25.000 von formellen Erziehungshilfen erreichte Kinder unter sechs Jahren. Nimmt man nochmal die gleiche Anzahl an, die trotz des Erlebens von Vernachlässigungssituationen nicht von Formen der Hilfe zur Erziehung erreicht werden, ergeben sich insgesamt also etwa 50.000 Kinder. Diese Zahl könnte als eine quantiative Untergrenze angesehen werden.

Trotz der fortgeschrittenen wirtschaftlichen und gesellschaftlichen Entwicklung in der Bundesrepublik Deutschland ist das Thema der Vernachlässigung von Kindern, wenn auch offensichtlich weitgehend verdrängt, so doch offensichtlich noch lange nicht obsolet.

Ganz im Gegenteil kommen aus vielen Jugendämtern und sozialen Diensten zunehmend Klagen, Warnungen und Hinweise, daß gerade kleine und kleinste Kinder wieder verstärkt Vernachlässigungssituationen ausgesetzt seien. Einerseits seien viele – insbesondere ökonomisch schwache und sozial ausgegrenzte – Familien nicht mehr in der Lage, Erziehungsleistungen angemessen zu erbringen, andererseits seien soziale Verantwortung und soziale Kontrollmechanismen immer weiter im Schwinden begriffen. Auch die sozialen Dienste seien angesichts wachsender ökonomischer, sozialer und psychischer Problem- und Krisenlagen in vielen Familien häufig an den Grenzen ihrer Leistungsfähigkeit angelangt.

Das folgende kurze Zitat aus dem Bericht einen sozialpädagogischen Familienhelferin vermittelt einen Eindruck davon, welche familialen Situationen hier unter dem Begriff der Vernachlässigung gefaßt werden sollen:

„Frau E. ist mit den anfallenden Versorgungs- und Erziehungsaufgaben für ihre Kinder überfordert, was sich dadurch bemerkbar macht, daß die Kinder im emotionalen, hygienischen und medizinischen Bereich vernachlässigt werden. Diese Unterversorgung ist in der Schule und im Kindergarten auffällig geworden. Die Kinder haben keine Unterwäsche anzuziehen und die Kleidung wird selten gewaschen. Die Gesichter sind blaß, die Milchzähne der jüngsten Kinder sind abgefault, die Zähne der größeren Kinder sind auch kariös. Außerdem sind die hygienischen Verhältnisse der Wohnung unzureichend, so daß als Folge häufig Läuse auftraten. Wiederholt nahm Frau E. beispielsweise die vom Gesundheitsamt dringend empfohlenen Untersuchungstermine nicht wahr. ... In der Familie kommt es immer wieder zu finanziellen Engpässen. Es fallen Strom- und Mietschulden an, die nicht beglichen werden."

Die Lebensrealität vernachlässigter Kinder ist – wie dieses kurze Zitat schon verdeutlichen kann – geprägt von chronischer Unterernährung, unzulänglicher Bekleidung, mangelnder Versorgung und Pflege, fehlender Gesundheitsvorsorge, unbehandelten Krankheiten, gesteigerten Unfallgefahren u.v.a.m. Ein Leben, in dem sie ohne die notwendige Versorgung, Betreuung, Zuwendung und Anregung alleingelassen werden.

Alleingelassen von erschöpften, resignierten, apathischen Eltern, die zumeist ihre eigene Lebenssituation und ihre eigene Zukunft ebensowenig steuern und gestalten können wie die ihrer Kinder, die nie gelernt haben bzw. keine Chance hatten, für sich selbst gut zu sorgen und deshalb auch ihren Kindern zu wenig Fürsorglichkeit geben (können).

Alleingelassen von Eltern, die sich aus Scham, Schuldgefühlen oder Angst vor Eingriffen und Strafen oder auch nur vor Kritik und verdeckten Vorwürfen verstecken, keine Unterstützung suchen oder keine Unterstützung annehmen wollen.

Dabei ist es ein besonderes Problem, daß die Lebens- und Leidenssituation der von Vernachlässigung bedrohten oder betroffenen Kinder gerade bei Säuglingen und Kleinkindern noch wesentlich stärker als die von Schulkindern im Intimbereich der Familie verborgen werden und verborgen bleiben können. Und: Je jünger die Kinder sind, um so direkter schlagen die Wirkungen durch, um so größer ist das Risiko bleibender psychischer und physischer Schäden, auch das Risiko, daß die Vernachlässigungen dramatische – lebensbedrohende oder gar tödliche – Folgen haben. Frühe Deprivationserfahrungen – wie z.B. Mangelernährung, unzulängliche Bekleidung, mangelnde und unstete Versorgung und Pflege, mangelnde Gesundheitsfürsorge, fehlende Zuwendung, Liebe und Bestätigung – wirken nicht selten lebenslang auf die Entwicklung von Kindern und beeinflussen ihr Bindungs-, Sozial- und Leistungsverhalten nachhaltig.

Gerade Säuglinge und Kleinkinder haben nur wenig Abwehrtechniken und Möglichkeiten zur Kompensation. Defizite in der Eltern-Kind-Beziehung und hieraus resultierende Mangelsituationen erleiden sie quasi ungefiltert und ohne ihnen ausweichen zu können. Ihre physiologischen Gegenreaktionen, ihr Protest, ihre Verzweiflung und ihre Abwehrreaktionen, die sich u.a. in Schreien, Weinen, Apathie, Schaukeln oder Kopfschlagen ausdrücken können, lösen nicht selten sogar problemverschärfende (Ohnmachts-)Gegenreaktionen (Einsperren, Alleinlassen, Beziehungsverweigerung, körperliche Gewalt) aus. So wird nicht selten die Reaktion der Kinder auf massive Vernachlässigung zum Ausgangspunkt von Mißhandlungsereignissen durch hoffnungslos überforderte Eltern.

Dessen ungeachtet ist allerdings festzustellen, daß auch bei den professionellen Helferinnen und Helfern, in der Jugendhilfe ebenso wie in benachbarten Disziplinen (Sozialhilfe, Gesundheitswesen, Justiz) eine eingehende und zugleich themenadäquate Auseinandersetzung mit dem Problemfeld der Vernachlässigung derzeit noch aussteht.

Dies ist nur schwer zu verstehen, denn die Folgen von Vernachlässigungen gerade im Säuglingsalter und im Kleinkindalter sind gravierend und bestimmen zum Teil durch ihre Nachhaltigkeit bei älter werdenen Kindern breite Handlungsbereiche der Sozialpädagogik. Spätestens wenn die Kinder alt genug sind, ihre Symptome und ihre Notlage offensiv durch problematische oder fehlangepaßte Verhaltensweisen in die gesellschaftlichen Institutionen (Kindergarten und Schule) hineinzutragen, wird der Ruf nach sozialpädagogischer Hilfe und Intervention sehr laut.

Auch wenn in nationalen und internationalen Erklärungen immer wieder – zuletzt in der **UN-Deklaration über die Rechte der Kinder** – das unveräußerliche Recht von Kindern auf Schutz und Förderung herausgestellt wird, dann geschieht dies im Wissen, daß es vielfältige und nachhaltige Verletzungen und Mißachtungen ihrer Rechte gibt.

„(1) Die Vertragsstaaten treffen alle geeigneten Gesetzgebungs-, Verwaltungs-, Sozial-, Bildungsmaßnahmen, um das Kind vor jeder Form körperlicher oder geistiger Gewaltanwendung, Schadenszufügung oder Mißhandlung, vor Verwahrlosung oder Vernachlässigung, vor schlechter Behandlung oder Ausbeutung einschließlich des sexuellen Mißbrauchs zu schützen, solange es sich in der Obhut der Eltern oder eines Elternteils, eines Vormunds oder anderen gesetzlichen Vertreters oder einer anderen Person befindet, die das Kind betreut.

(2) Diese Schutzmaßnahmen sollen je nach den Gegebenheiten wirksame Verfahren zur Aufstellung von Sozialprogrammen enthalten, die dem Kind und denen, die es betreuen, die erforderliche Unterstützung gewähren und andere Formen der Vorbeugung vorsehen, sowie Maßnahmen zur Aufdeckung, Meldung, Weiterverweisung, Untersuchung, Behandlung und Nachbetreuung der in Absatz 1 beschriebenen Fällen schlechter Behandlung von Kindern und gegebenenfalls für das Einschreiten der Gerichte." Artikel 19 der UN-Kinderkonvention (Übereinkommen über die Rechte des Kindes) – (Schutz vor Gewaltanwendung, Mißhandlung, Verwahrlosung)

Gegenwärtig ist erkennbar, daß die Sensibiltät für Verletzungen der Persönlichkeit, der Würde und der Integrität von Kindern zugenommen hat. Deutlicher als in der Vergangenheit wird auf die Wahrung der Rechte von Kindern hingearbeitet (Initiativen gegen Gewalt in der Erziehung, verbesserter rechtlicher Schutz vor sexueller Gewalt, Kinderkommissionen und Kinderbeauftragte), werden deren Verletzungen aufgezeigt und staatliches und gesellschaftliches Handeln zur Sicherung der Entwicklungschancen von Kindern eingefordert.

1.2 Was ist Vernachlässigung? Eine Begriffsbestimmung

Bei einem ersten Zugang (zur Definition des Untersuchungsthemas) über allgemeine und fachspezifische Nachschlagewerke (z.B. Brockhaus Enzyklopädie und Lexika zur Pädagogik, Psychologie, Kinderheilkunde) fällt auf, daß der Begriff „Vernachlässigung" in der entsprechenden Literatur keine gesonderte Erwähnung findet, obschon das damit gemeinte Phänomen sowohl umgangssprachlich, wie auch in den einzelnen Fachdisziplinen (z.B. im Recht) mit Inhalten und Positionsbestimmungen belegt ist.

Lediglich in Meyers Konversationslexikon findet sich das Stichwort „Vernachlässigung", wobei jedoch nur auf die strafrechtlich relevante Dimension dieses Problems abgestellt und der entsprechende Wortlaut des § 170d StGB: „Verletzung der Fürsorge- und Erziehungspflicht" wiedergegeben wird: „Vernachlässigung eines Kindes, gröbliche Vernachlässigung der Fürsorge- und Erziehungspflicht gegenüber einer Person unter 16 Jahren, so daß diese dadurch in Gefahr gebracht wird, in ihrer körperlichen oder psychischen Entwicklung erheblich geschädigt zu werden oder einen kriminellen Lebenswandel zu führen, wird wegen Verletzung der Fürsorge- und Erziehungspflicht mit Freiheitsstrafe bis zu drei Jahren oder Geldstrafe bestraft."

Eine inhaltliche Begriffsbestimmung ist damit allerdings noch nicht verbunden. Ein Grund für die Vernachlässigung der Vernachlässigung könnte darin liegen, daß in der Kinderschutzliteratur „Kindesvernachlässigung" durchweg unter den Oberbegriff der „Kindesmißhandlung" subsumiert wird (vgl. BAST u.a. 1978, BEIDERWIEDEN u.a. 1986, ENGFER 1986) und damit ein eigener und eigenständiger Problem- und Analysezugang fehlt.

So heißt es z.B. in einer häufig zitierten Definition: „Kindesmißhandlung stellt eine nicht zufällige gewaltsame physische und/oder psychische Beeinträchtigung oder Vernachlässigung des Kindes durch die Eltern oder Erziehungsberechtigten dar, die das Kind schädigt, verletzt, in seiner Entwicklung hemmt und ggf. zu Tode bringt." (BAST u.a. 1978, S. 24)

Diese Unterstellung der Vernachlässigung unter den generellen Oberbegriff der Kindesmißhandlung ist nur dann plausibel, wenn die Definition ihren Ausgangspunkt in den Auswirkungen für die betroffenen Kinder hat. Von den Wirkungen, den Folgen ausgehend, können alle Erscheinungsformen der Kindeswohlgefährdung und -verletzung schwerwiegende psychische und physische und zudem lebenslang beeinträchtigende – in Extremfällen tödliche – Folgen haben. Ein unterernährter Säugling kann sterben, ein Kind zu Tode geprügelt werden und ein sexuell mißbrauchtes Mädchen sein Leben nicht mehr ertragen und sich mit Selbstmordgedanken quälen.

Wenn wir allerdings nach den Spezifika der Vernachlässigung fragen, macht es durchaus einen Sinn, die Besonderheiten und Eigenarten dieses Problemfeldes herauszustellen. (Dies ist auch wichtig um angemessene Strategien, Methoden und Perspektiven definieren zu können.) Hierfür sollen einige Ansatzpunkte genannt werden:

1. Kindesmißhandlung kann durch einmalige Akte geschehen. Vernachlässigung wird erst zur Vernachlässigung, wenn über längere Zeit bestimmte Versorgungsleistungen materieller, emotionaler oder kognitiver Art ausbleiben. Vernachlässigung wird dann zum Problem, wenn es sich um einen chronischen Zustand der Mangelversorgung des Kindes handelt.

2. Vernachlässigung ist zumeist eine aus Nichtwissen, Überforderung und Unfähigkeit, angemessen auf die Bedürfnisse von Kindern einzugehen, resultierende Folge von Unterlassungen bzw. Fehlhandlungen. Vernachlässigung läßt sich am besten durch eine generell passive Haltung von Eltern oder von Sorgeberechtigten gegenüber ihren Kindern charakterisieren.
   Der amerikanische Psychologe POLANSKY, der sich ausführlich mit der Persönlichkeitsstruktur vernachlässigender Eltern befaßt hat, beschreibt dieses Phänomen als „Apathie-Nutzlosigkeits-Syndrom". Er konstatiert bei den Eltern eine lebensgeschichtlich gewonnene durchgehende Überzeugung, daß alles Tun keinen Zweck hat, was sich dann insbesondere in depressiver emotionaler Abstumpfung und einem Mangel an Kompetenz für das Alltagsleben äußert (vgl. POLANSKY u.a. 1981).

3. Gewalt gegen Kinder (Mißhandlung) kann im Prinzip von jedem Erwachsenen gegen jedes Kind ausgehen. Der Personenkreis ist also nicht definiert. Bei der Vernachlässigung verhält es sich anders. Es ist immer klar, wer als VernachlässigerIn gemeint ist: Es sind die sorgeberechtigten und sorgeverpflichteten Personen, die vernachlässigen bzw. als Vernachlässiger angesehen werden und in diesem Sinne Adressaten von Hilfeleistungen, Interventionen oder Kontrollbestrebungen der sozialen Dienste werden.

4. Ein weiteres Spezifikum in der Wahrnehmung von Vernachlässigung besteht darin, daß Versorgungsaufgaben für kleine Kinder zumeist den Müttern zugeschrieben werden. Und so sind es denn auch zumeist die Mütter, die die von ihnen erwartete und aus Sicht des Kindes auch erforderlichen Erziehungs- und Versorgungsleistungen nicht erbringen und die es nicht schaffen – oft wegen des Zusammenwirkens ökonomischer, sozialer, seelischer und familialer Krisen – ausreichend für ihr Kind oder ihre Kinder zu sorgen.
   Die den Müttern gesellschaftlich zugewiesene Rolle macht sie zu den primär Verantwortlichen bzw. zu den „Opfern" der Zuschreibung von Verantwortung, die von ihnen nicht eingelöst wird. Die Väter sind oft nicht im Blick, meist schon längst nicht mehr da. Obwohl sie vor dem Gesetz gleichermaßen sorgeverpflichtet sind, können sie sich durch Flucht sowohl der Verantwortung als auch gleichzeitig damit dem Vorwurf der Kindesvernachlässigung entziehen. Dies

selbst dann, wenn sie das Mindeste, den Unterhalt für das Kind, nicht mehr leisten. Übrig bleiben meist nur die Mütter. Sie sind – das darf man bei allem nicht vergessen – die letzten, die überhaupt noch Verantwortung für die Kinder übernehmen, selbst wenn sie sie nicht wirklich tragen oder einlösen können. Die Tragik liegt ja gerade darin, daß die Mütter aufgrund dieser letzten – wenn auch nicht gelingenden – Verantwortungsübernahme überhaupt als Vernachlässigerinnen definiert und identifiziert werden können. Hieraus eine Täterinnenrolle zu konstruieren – wie es heute oft passiert – stellt diese Situation auf den Kopf, heißt auch, die gesellschaftliche Verantwortung für individuell nicht mehr beherrschbare Situationen zu leugnen.

Unter Berücksichtigung dieser Aspekte scheint es erforderlich, eine eigenständige – von der Definition der Mißhandlung unabhängige – Vernachlässigungsdefinition vorzunehmen.

So definiert z.B. PETERMANN Vernachlässigung als mangelnde oder unangemessene Förderung des Kindes, die Mißachtung der Gesundheit des Kindes, die mangelnde Aufsicht über das Kind und dessen mangelnde Pflege und Fürsorge. (vgl. PETERMANN 1991, S.)

Auch ENGFER nimmt eine eigenständige Vernachlässigungsdefinition vor: „Kinder werden vernachlässigt, wenn sie von Eltern oder Betreuungspersonen unzureichend ernährt, gepflegt, gefördert, gesundheitlich betreut, beaufsichtigt und/oder vor Gefahren geschützt werden. Hier vermischen sich physische und psychologische Aspekte eines beeinträchtigenden Elternverhaltens.“ (ENGFER 1986, S. 621)

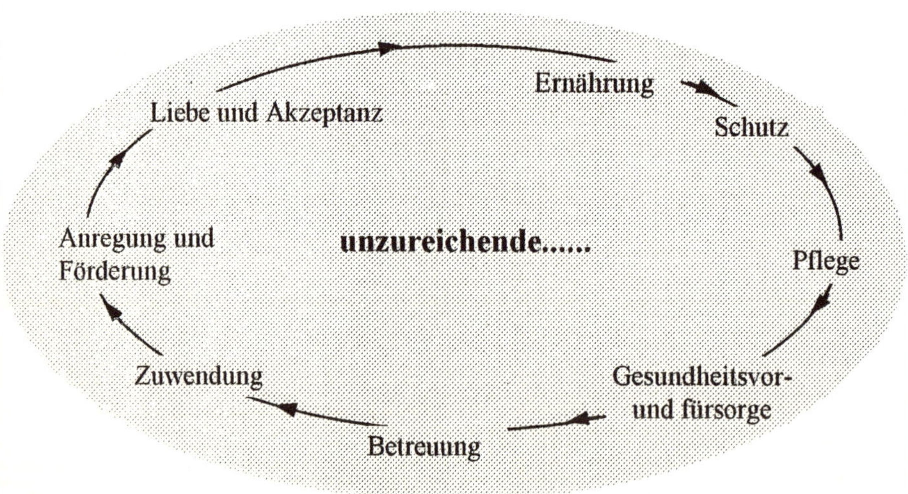

Abbildung1.1: Vernachlässigung von Kindern

SCHMIDT operiert im Rahmen der „Mannheim-Studie zur Früherkennung von Ablehnung und Vernachlässigung“ mit den Begriffen „Ablehnung“ und „Vernachlässigung“ (vgl. SCHMIDT 1990, S. 15ff.). Es wird darauf hingewiesen, daß diese Konstrukte sowohl getrennt als auch kombiniert auftauchen. Als Ablehnung wird definiert: Strenge Erziehungshaltungen, harte erzieherische Praktiken, wenig Körperkontakt und Zärtlichkeit, wenig erkennbare Freude im Umgang mit dem Kind, übermäßige Betonung der Belastung durch das Kind und der Opfer, die von der Mutter zu bringen sind, häufige Übertragung der Betreuung des Kindes an andere Personen ohne triftigen Grund. Als Kriterien der Einschätzung mütterlicher Vernachlässigung dienen die Merkmale: mangelnde oder inadäquate Anregung für das Kind, mangelnde Aufsicht über das Kind, mangelnde Pflege, Mißachtung der Gesundheit des Kindes.

Wir halten allerdings eine solche Verengung des Vernachlässigungsbegriffs – und die Einführung eines eigenen Konstrukts der „Ablehnung“ – nicht für sinnvoll. Zur Vernachlässigung gehören u.E. immer auch die unter dem Begriff der Ablehnung gemeinten Symptome.

Vor dem Hintergrund vieler Diskussionen mit den verschiedenen Fachkräften unterschiedlicher Disziplinen im Verlauf des Projektes kommen wir deshalb zu einer eigenen **Definition**:

➲ **Vernachlässigung ist die andauernde oder wiederholte Unterlassung fürsorglichen Handelns sorgeverantwortlicher Personen (Eltern oder andere von ihnen autorisierte Betreuungspersonen), welches zur Sicherstellung der physischen und psychischen Versorgung des Kindes notwendig wäre.**
Diese Unterlassung kann aktiv oder passiv (unbewußt), aufgrund unzureichender Einsicht oder unzureichenden Wissens erfolgen.
Die durch Vernachlässigung bewirkte chronische Unterversorgung des Kindes durch die nachhaltige Nichtberücksichtigung, Mißachtung oder Versagung seiner Lebensbedürfnisse hemmt, beeinträchtigt oder schädigt seine körperliche, geistige und seelische Entwicklung und kann zu gravierenden bleibenden Schäden oder gar zum Tode des Kindes führen.

Von Vernachlässigung sind in erster Linie Kinder betroffen, die aufgrund ihres Alters (Kleinkinder) oder aufgrund von Behinderungen auf Förderung, Fürsorge und Schutz in besonderer Weise angewiesen sind. Sie können einerseits Vernachlässigungssituationen nicht aus eigenen Ressourcen kompensieren und ihnen fehlt andererseits oft die Möglichkeit, ihre Mangelsituation öffentlich auszudrücken, z.B. durch entsprechend auffälliges Verhalten in Kindergärten oder Schulen.

Vernachlässigung bezeichnet die Unterlassung von Handlungen durch sorgeverantwortliche Personen, die erforderlich und situationsadäquat wären, um die physischen und psychischen Bedürfnisse eines Kindes zu erfüllen. Dies weist auf die Unfähigkeit oder fehlende Bereitschaft der Eltern/Bezugspersonen, kindliche Lebensbedürfnisse wahrzunehmen und zu befriedigen.

Damit kann Vernachlässigung als basale Beziehungsstörung zwischen Eltern – bzw. von ihnen autorisierte Betreuungspersonen – und Kindern definiert werden. Diese

Beziehungsstörungen können gerade für Säuglinge und Kleinkinder – da sie existenziell physisch und psychisch von den erwachsenen Bezugspersonen abhängig sind – lebensbedrohliche Formen annehmen. Eine Vernachlässigung von Kindern liegt dann vor, wenn die Entwicklung des Kindes gefährdet oder beeinträchtigt wird und seine Rechte und Teilnahmechancen durch wiederholte (nicht einmalige) Handlungen oder Unterlassungen verletzt werden.

Die in der Definition vorgenommene Unterscheidung von aktiven und passiven Formen der Vernachlässigung ist besonders in der Praxis von hoher Bedeutung. Passive Vernachlässigung kennzeichnet die (unbewußte) Unterlassung von Handlungen zur Bedürfnisbefriedigung des Kindes aufgrund mangelnder Einsicht oder schlichten Nichterkennens von Bedarfssituationen oder aufgrund unzureichenden Handlungspotentials der sorgeverantwortlichen Personen (z.B. Alleinlassen des Kindes über eine unangemessen lange Zeit, Vergessen von notwendigen Versorgungsleistungen, unzureichende Pflege, Mangelernährung etc.).

Als aktive Vernachlässigung wäre die wissentliche Verweigerung von Handlungen anzusehen, die auf einen für die sorgeverpflichtete Person erkennbaren, nachvollziehbaren Bedarf des Kindes zu richten und die von ihr leistbar wären (z.B. Verweigerung von Versorgung, Körperhygiene, Versorgung mit Nahrungsmitteln, Schutz etc.).

Scharfe Grenzziehungen zwischen passiver und aktiver Vernachlässigung oder zwischen aktiver Vernachlässigung und Mißhandlung sind indes nicht möglich. Die Grenzen sind hier als fließend anzusehen. Bezogen auf das Kind sind solche Grenzziehungen auch nicht von Bedeutung. Sie ergeben aber Hinweise für die zu entwikkelnden Handlungsstrategien der Jugendhilfe, für die es einen wesentlichen Unterschied darstellt, ob Vernachlässigung ein Resultat von Überforderung und schlichten Nichtwissens ist, oder ob Eltern die Vernachlässigung als Defizitversorgung erkennen und keine Abhilfe schaffen bzw. sie im Extrem als Defizitversorgung sogar bewußt herbeiführen. Je nach Ausgangsbedingungen dürften hier unterschiedliche Interventionsstrategien der sozialpädagogischen Fachkräfte erforderlich werden.

1.3 Was braucht ein Kind?

Kindliche Lebensbedürfnisse

Die in unserer Definition aufgenommenen Begriffe der „Lebensbedürfnisse des Kindes“ und der „körperlichen, geistigen und seelischen Entwicklung des Kindes“ werfen eine Reihe von Fragen auf:

Wie und unter welchen Voraussetzungen gelingt die Entwicklung und Erziehung von Kindern? Was braucht es, um das Wohl des Kindes und um eine kindgerechte Entwicklung sicherzustellen? Wie lassen sich die Lebensbedürfnisse von Kindern erkennen und beschreiben? Auf welchen Grundlagen beruht die Entwicklung von Kindern, wodurch wird sie ermöglicht und befördert?

Eine Deklaration der Ansprüche und Rechte eines Kindes setzt – wie zu erkennen ist – zunächst einmal eine Definition der Grundbedürfnisse voraus, die für die Entwicklung einer menschlichen Persönlichkeit wichtig und ausschlaggebend sind.

Die oben zitierte UN-Kinderrechts-Konvention versucht zwar, universelle Standards von Kinderrechten und damit auch des Kindeswohls zu definieren. Über diese universellen – wenn auch bei weitem nicht überall auf der Welt eingelösten – Standards hinaus ist es jedoch unabdingbar, die Kriterien für eine angemessene Gewährleistung des Kindeswohls abhängig von den jeweiligen konkreten gesellschaftlichen Bedingungen und Möglichkeiten eines Landes zu definieren. Maßstab für uns müssen demgemäß unsere aktuellen gesellschaftlichen Möglichkeiten sein, Kindern die notwendige Pflege, Erziehung, Anregung und Förderung zu geben, daß sie zu verantwortungsvollen, selbständigen und gemeinschaftsfähigen Persönlichkeiten heranwachsen können. In unserer reichen Gesellschaft ist es prinzipiell möglich, dies für alle Kinder sicherzustellen. Die Frage ist nur, ob zur Erreichung dieses gesellschaftlichen Zieles auch die notwendigen Instrumente und Handlungsstrategien zur Verfügung stehen und die entsprechenden sozialpolitischen Maßnahmen ergriffen werden.

Maßstäbe für eine gelingende Entwicklung und Erziehung von Kindern ergeben sich also aus dem Stand der gesellschaftlichen Entwicklung. Erziehung muß an diesem Stand anschließen, das Kindeswohl im Rahmen des gesellschaftlich Möglichen definieren und sicherstellen und letztendlich über Förderung und Bildung zur Weiterentwicklung der Gesellschaft beitragen.

Daher ist es auch als eine besonders alamierende Tatsache zu werten, daß das Thema der Vernachlässigung nicht nur nicht von der Tagesordnung der Sozialpädagogik gestrichen werden kann, sondern eher wieder eine verschärfte Brisanz erhält. Dabei ist das Wissen um das, was Kinder brauchen, damit sie „eigenverantwortliche und gemeinschaftsfähige Persönlichkeiten" (§ 1 KJHG) werden können, kulturell schon relativ lange präsent – seit der Volksaufklärung um die Wende vom 17. ins 18. Jahrhundert – z.B. SALZMANN (1744-1811), PESTALOZZI (1746-1827), ROUSSEAU (1712-1778). So haben sich in unserer Gesellschaft in den letzten 200 Jahren Werte wie Schutz und Geborgenheit, Versorgung, Liebe und Verständnis, die Ermöglichung von Erfahrung und Lernen, Verläßlichkeit und Kontinuität als Vorausetzungen einer gelingenden Entwicklung von Kindern im Bewußtsein allgemein verankert.

Diese Anschauungen und Maßstäbe werden heute zudem zuverlässig untermauert durch die einschlägigen Ergebnisse der entwicklungspsychologischen Forschung. Hier ist inzwischen recht gut dokumentiert, welche elementaren Bedürfnisse für die Entwicklung einer menschlichen Persönlichkeit wichtig und ausschlaggebend sind (vgl. z.B. MASLOW 1978, SCHMIDTCHEN 1989). Danach zählen zu diesen Elementar- bzw. Grundbedürfnissen:

„• **physiologische Bedürfnisse** – Bedürfnisse nach Essen, Trinken, Ausscheidungen, Schlaf, Wach-Ruhe-Rhythmus, Sexualität etc.

• **Schutzbedürfnisse** – Bedürfnisse nach Schutz vor Gefahren, vor Krankheiten, vor Unbilden des Wetters, vor materiellen Unsicherheiten etc.

- **Bedürfnisse nach einfühlendem Verständnis und sozialer Bindung** – Bedürfnisse nach Empathie für verbale und nichtverbale Äußerungen und nach dialogischer Kommunikation, nach sicherer Zugehörigkeit zu einer Gemeinschaft etc.
- **Bedürfnisse nach seelischer und körperlicher Wertschätzung** – Bedürfnisse nach bedingungsloser Anerkennung als seelisch und körperlich wertvoller Mensch, nach körperlicher und seelischer Zärtlichkeit, nach Unterstützung der aktiven Liebesfähigkeit, nach Anerkennung als autonomes Wesen etc.
- **Bedürfnisse nach Anregung, Spiel und Leistung** – Bedürfnisse nach Unterstützung des Neugierverhaltens, nach Anregungen und Anforderungen, nach Unterstützung des Umwelt-Beherrschungsverhaltens etc.
- **Bedürfnisse nach Selbstverwirklichung und Bewältigung existentieller Lebensängste** – Bedürfnisse nach Entwicklung eines Selbstkonzeptes, nach Unterstützung der eigenständigen Durchsetzung von Bedürfnissen und Zielen, nach Bewußtseinsentwicklung, nach Bewältigung von Lebensängsten und Lebenskrisen etc." (SCHMIDTCHEN 1989, S. 106)

Diese entwicklungspsychologische Kategorisierung läßt sich – wie MASLOW es gezeigt hat – in Form einer Bedürfnispyramide darstellen. Nach MASLOWS Hierarchie müssen i.d.R. zunächst die Basisbedürfnisse bis zu einem Mindestmaß befriedigt sein, damit sich auf der nächsten Bedürfnisstufe überhaupt Interessen entwickeln und eine Befriedigung anstreben können.

Abbildung 1.2: Grundbedürfnisse einer gesunden seelisch - körperlichen Entwicklung

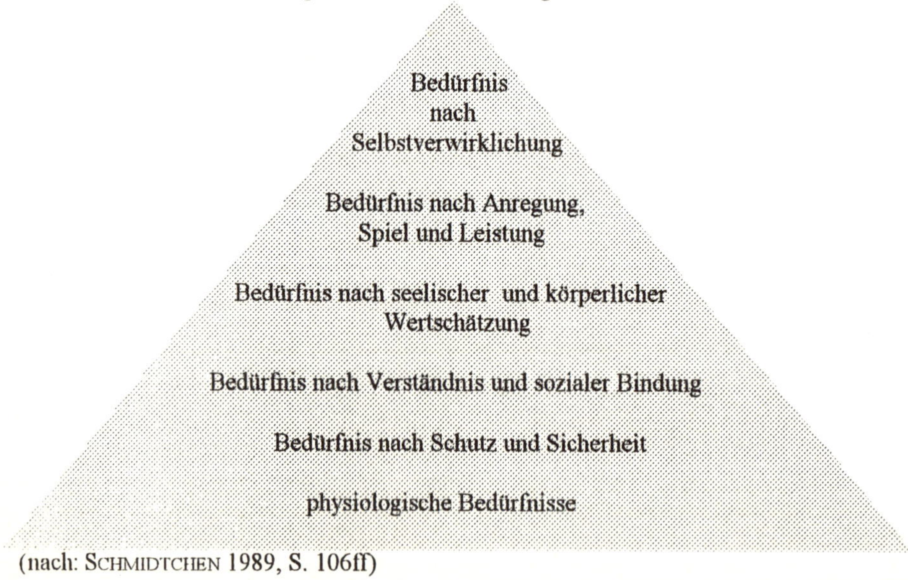

(nach: SCHMIDTCHEN 1989, S. 106ff)

Vernachlässigung bedeutet nun, daß die Bedürfnisse auf einer oder mehreren dieser Ebenen chronisch unzureichend befriedigt werden. Die Folgen sind um so gravierender, je niedriger die versagten Bedürfnisse in dieser Hierarchie angesiedelt sind (z.B. das völlige Versagen physiologischer Bedürfnisbefriedigung führt nach einer gewissen Zeit zum Tode). Die Befriedigung höherer Bedürfnisebenen verträgt dagegen eher einen Aufschub – zumal sich solche Bedürfnisse auch erst nach einer gewissen Absättigung niedriger angesiedelter Bedürfnisebenen ergeben. So können höhere Bedürfnisebenen auch langfristig nur fragmentarisch befriedigt werden, ohne daß dies zu einer Existenzgefährdung des Menschen würde. Andererseits kann Bedürfnisverzicht auf niedrigen Ebenen auch dann leichter verkraftet werden bzw. ohne bleibende Schäden überwunden werden, wenn auf höheren Bedürfnisebenen maximale Befriedigung erzielt werden kann. (vgl. MASLOW 1978, S. 95ff.)

Insgesamt zeigt die zitierte entwicklungspsychologische Literatur, daß hier für eine angemessene körperliche und seelische Entwicklung von Kindern anspruchsvolle Maßstäbe angelegt werden.

Bei der praktischen Umsetzung dieser Erkenntnisse ergeben sich jedoch nicht unbeträchtliche Schwierigkeiten:

Erstens wird immer wieder im gesellschaftlichen Kontext neu zu bestimmen sein, welche Inhalte, Beziehungsformen und Vermittlungsformen hinter den genannten Dimensionen und Begrifflichkeiten stehen. Die Ausfüllung dieser Begriffe und damit ein zu findender Konsens darüber, was ein Kind zum Aufwachsen braucht ist in höchstem Maße geschichts- und gesellschaftsabhängig. So würden solche Fragen heute in anderen Kulturkreisen sicher unterschiedlich zu uns beantwortet und so wäre eine Antwort vor 100 Jahren auch in Europa sicherlich ganz anders als heute ausgefallen.

Zweitens sind es nach unserem vorherrschenden gesellschaftlichem Verständnis die Eltern eines Kindes, die in erster Linie berechtigt und verpflichtet sind, für ein Kind zu sorgen und seine Erziehung zu gestalten (vergleiche dazu die entsprechenden Paragraphen im BGB, elterliche Sorge). Dabei wird der Familie, den Eltern bei der konkreten Ausgestaltung ihrer Erziehungsverantwortung ein großer Freiraum auch hinsichtlich der Art und Intensität der Befriedigung kindlicher Lebensbedürfnisse zugestanden (vgl. Artikel 6 Grundgesetz: Schutz von Ehe und Familie).

Drittens werden daher relativ rasch Differenzen sichtbar, wenn über Verantwortlichkeiten und Möglichkeiten von Staat und Gesellschaft zur Sicherung von Kindesrechten gesprochen wird und wenn Übereinstimmung darüber erzielt werden soll, welche staatlichen und gesellschaftlichen Instanzen, in welchem Umfang, mit welchen Zielvorstellungen und in welchen institutionellen Kontexten zur Realisierung dieser für die Kinder definierten Grundbedürfnisse beitragen müssen, sollen oder dürfen.

Viertens aber gibt dieses Modell noch überhaupt keine Antwort auf die – gerade in unserem Kontext – zentrale Frage, an welchen Punkten, in welchen Situationen und vor allem in welcher Verbindung und Intensität der unterschiedlichen Variablen von einer „defizitären“ und objektiv entwicklungsabträglichen bzw. schädlichen Konstellation gesprochen werden kann. Wo und wie läßt sich also festmachen, daß (unter Respektierung unterschiedlicher Formen und Stile des familären Zusammenlebens) die Lebenssituation des Kindes durch die Nichteinlösung bestimmter Bedürfnisse nachhaltig so gestört ist, daß mit einschneidenden negativen Folgen für seine gesundheitliche Situation und für seine Persönlichkeitsentwicklung zu rechnen ist. Und: Was wären zum Beispiel einschneidende Folgen im Vergleich zu hinnehmbaren Folgen? Und: Von wem wären sie dann hinnehmbar, von der Gesellschaft, von der Familie oder vom Kind?

Wie man sieht, reiht sich hier eine Wertefrage an die nächste, und doch haben wir es mit handfesten Fragen sozialarbeiterischer bzw. sozialpädagogischer Praxis zu tun, die nicht nach philosophischen Antworten suchen, sondern nach ganz praktischen – zum Teil ad hoc zu entscheidenden – Angeboten und Lösungen.

Daher ist es u.E. unverzichtbar, den – bis heute nicht geleisteten – Versuch zu unternehmen, nicht nur über optimale Bedingungsstrukturen, sondern – als Maßstab fachlich begründeten Handelns – auch über die dem Kind zumindest zu gewährenden (sicherzustellenden) Bedürfnisbefriedigungsmöglichkeiten (**Kriterien der Basisfürsorge**) zu diskutieren.

Unseres Erachtens ist ein solches Konzept der Basisfürsorge zwar ein in hohem Maße normatives – dessen ungeachtet aber auch ein notwendiges – Konzept. Notwendig schon allein deshalb, weil alle SozialarbeiterInnen ein solches Konzept im Kopf haben. Andernfalls könnten sie ja im Feld überhaupt nicht handeln, würden ihnen doch die Kriterien für ihr Tun fehlen. Wenn aber ein solches Konzept zum oft unreflektierten individuellen Repertoire einer jeden Fachkraft gehört und sie damit den Familien gegenübertritt, wird damit eine gesellschaftlich zu erbringende Definitionsleistung auf die je einzelne Fachkraft übertragen.

Erforderlich ist u.E. eine öffentliche fachliche Auseinandersetzung mit diesen als Minimal-Standards zu bezeichnenden Kriterien, um sie aus der verdeckten Alleinverantwortlichkeit der SozialarbeiterInnen und ihrer alleinigen Definitionsmacht zu befreien und um intersubjektiv rekonstruierbare Diskurse diesbezüglich führen zu können. Dies ist um so erforderlicher, als Vernachlässigung in hohem Maße gesellschaftsabhängig definiert werden muß (gesellschaftliche und historische Relativität des Konzepts der „Kindeswohlgefährdung“) und unsere Gesellschaft – wie betont – einem Wandel in bisher nie gekannter Geschwindigkeit ausgesetzt ist.

Für unser Bezugssystem bedeutet dies demnach, daß Kriterien und Prinzipien einer einerseits dem gesellschaftlichen Entwicklungsstand entsprechenden, andererseits aber auch schichtungsneutralen (d.h. allgemeingültigen) Basisfürsorge zu entwickeln wären. Diese Kriterien sind allerdings nicht zu verstehen als einfache Meßlatte für die Einstufung von Erziehungssituationen, sondern können allenfalls Prüfkriterien der Selbstreflexion und der kollegialen Beratung in den Arbeitsfeldern der Sozialarbeit und der angrenzenden Disziplinen in diesem Problemzusammenhang sein!

In Holland ist der Begriff der Basisfürsorge u.a. im Zusammenhang mit der Arbeit mit drogenabhängigen Eltern und ihren Kindern eingeführt worden (**Basiszorg**). Basisfürsorgekriterien sind hier: Wohnung, Einkommen, feste Bezugspersonen, Versorgung, Tag-Nacht-Rhythmus, fester Lebensort, medizinische Kontrollen/Versorgung. (vgl. BALLER/LE GRAND 1988)

Will unsere Gesellschaft eine ihren Möglichkeiten entsprechende angemessene körperliche und seelische Entwicklung von Kindern fördern und perspektivisch die eigenständige und angemessene Bewältigung von sozialen und psychischen Problemsituationen durch Kinder selbst ermöglichen, dann muß sie auch in der Lage sein, solche allgemeinen Basisfürsorgekriterien als Grundlage der Befriedigung der Grundbedürfnisse und der kindlichen Persönlichkeitsentwicklung zu definieren und einzulösen.

Kinder benötigen z.B. zuverlässige, stabile und berechenbare soziale Beziehungsstrukturen, die ihnen Unterstützung und Anregung für ihre persönlichen Entwicklungsprozesse gewähren. Wie diese Beziehungsstrukturen allerdings konkret aufgebaut und sozial gesichert werden, das ist in jeder historischen Entwicklungsphase neu zu definieren. Es gibt kein bestimmtes Familienmodell, welches allein die notwendige Basisfürsorge für Kinder sicherstellt und ihnen eine gesunde Entwicklung ermöglicht.

Aber auch wenn es kein bestimmtes alleiniges Familienmodell mehr gibt, so bleibt es – wie auch immer die Familie im einzelnen konstituiert ist – eine unbestrittene „Normalerwartung" an die Eltern und Familien, daß sie die oben beschriebenen Bedürfnisse des Kindes abdecken. In Artikel 6 Abs. 2 GG wird diese Normalerwartung der familialen Zuständigkeit für Kinder auch an herausragender Stelle rechtlich fixiert: „Pflege und Erziehung der Kinder sind das natürliche Recht der Eltern und die zuvörderst ihnen obliegende Pflicht. Über ihre Betätigung wacht die staatliche Gemeinschaft."

Zentrale Familienleistungen in diesem Zusammenhang sind nach ENGELBERT

- Übernahme von Versorgungsleistungen,
- Gewährleistung von Sicherheit und Verläßlichkeit,
- Sicherung von emotionaler Unterstützung,
- Unterstützung beim Verständnis und bei der Aneignung der sächlichen und sozialen Umwelt (Umweltvermittlung) (vgl. ENGELBERT 1993, S. 59ff.),

womit im wesentlichen das gerade beschriebene Spektrum der Bedürfnisbefriedigung zur Gewährleistung kindlicher Entwicklung nur hier aus der Perspektive familialer Leistungserwartungen umrissen ist.

Ob und wieweit Kinder in Familien gefährdet sind, ist u.a. daran zu messen, ob und inwieweit diese Leistungen in Familien gefährdet sind. Von schwierigen und defizitären Lebenslagen von Kindern wollen wir deshalb dann sprechen, wenn angesichts der Lebenssituation der primären Sozialisationsinstanz Familie diese Leistungen nur unter außergewöhnlicher Kraftanstrengung, nur teilweise oder gar nicht mehr erbracht werden können.

Schwierige und problematische Lebensverhältnisse entstehen dann, wenn familiale Leistungen – insbesondere hinsichtlich der Befriedigung der genannten Lebensbedürfnisse – ausfallen und dadurch die altersgemäße adäquate Befriedigung kindlicher Lebensbedürfnisse nicht mehr gewährleistet ist.

1.4 Folgen von Bedürfnisrestriktionen

Um Vernachlässigung in Wahrnehmungs- bzw. Beobachtungskategorien umzusetzen, kann zu einem kleinen Teil auf „harte“ Fakten und Daten rekurriert werden. Dies bezieht sich insbesondere auf die „biologischen Primärbedürfnisse“ eines Kindes. Unzureichende Ernährung bzw. Fehlernährung führen zu entsprechenden, feststellbaren Mangelerscheinungen. Chronischer Durchfall bei einem Säugling z.B. kann – wenn keine medizinische Hilfe in Anspruch genommen wird – innerhalb kurzer Zeit zum Tod führen, ebenso fehlende bzw. unzureichende Flüssigkeits- bzw. Nahrungszufuhr.

Diese eher naturwissenschaftlich-medizinische Ebene deckt jedoch nur einen Teilbereich von Vernachlässigung ab. In anderen Dimensionen (Förderung der sprachlichen und kognitiven Kompetenz, emotionale Anregung, Schutz etc.) handelt es sich um eher „weiche“ Fakten, die erst im bewußten und reflektierten Bezug auf kulturelle Standards, gesellschaftliche Normen sowie auf Ergebnisse der Humanwissenschaften bestimmt (und gemessen) werden können.

Massive Bedürfnisrestriktionen insbesondere auf den unteren Ebenen können zu erheblichen Schädigungen des Kindes führen. So haben sich WEINDRICH und LÖFFLER am Institut für seelische Gesundheit in Mannheim mit den Auswirkungen von Frühformen der Vernachlässigung vom dritten bis zum 24. Lebensmonat beschäftigt. Vernachlässigte Kinder weisen danach im Vergleich mit einer Kontrollgruppe Auffälligkeiten in der geistigen und seelischen Entwicklung auf: „Insgesamt entsteht … das Bild eines motorisch unruhigen, wenig belastbaren Kindes, das sich nur schwer anleiten und lenken läßt und das in seiner Entwicklung im kognitiven und psychomotorischen Bereich verzögert ist.“ (WEINDRICH/LÖFFLER 1990, S. 54)

Auch die Deprivationsforschung – allen voran RENÉ SPITZ – hat unter dem Stichwort des „Hospitalismussyndroms“ solche Auswirkungen mangelnder Bedürfnisbefriedigung beschrieben: Inaktivität und Mattigkeit (bis hin zur Regungslosigkeit), teilnahmsloser leerer Gesichtsausdruck, Vermeidung von Blickkontakten, verlangsamte und abgeschwächte Reaktionen und Verzögerung der motorischen Entwicklung, motorische Ersatzbefriedigungen zum Ausgleich von Einsamkeit und Isolierung (Kopfschlagen, Pagodenwackeln oder Jactationen). (vgl. SPITZ 1967, S. 279ff.)

Diese Gehemmtheiten und Retardierungen entstehen, wenn die Bedürfnisse des Kindes nach menschlichem Kontakt und nach Umweltanreizen nicht ausreichend befriedigt werden. Die Fähigkeit und Bereitschaft des Kindes, sich in Interaktion mit seiner Umwelt zu entwickeln, verkümmern, wenn diese Umwelt sich als eher reizarm und ablehnend darstellt.

TRUBE-BECKER stellt fest, daß Unterernährung und Vernachlässigung ein Kind nicht nur im Augenblick, sondern für viele Jahre, wenn nicht sogar für sein ganzes Leben schädigt. Sie führen zu bleibenden Hirndefekten und Störungen in der Intelligenzentwicklung. Auch das Überführen von Kindern in ein günstigeres Milieu könne den Rückstand nicht mehr aufholen. (vgl. TRUBE-BECKER 1982, S. 103)

Als Folgen lassen sich allgemeine Entwicklungsverzögerungen im emotionalen, kognitiven und sozialen Bereich feststellen. Manche Kinder verlieren den Kontakt zu sich selbst. Sie haben kein Körpergefühl, merken viel zu spät, ob ihnen zu kalt oder zu warm ist, sind selbstunsicher, nervös, unkonzentriert. Sie leben situativ, Kreativität und Produktivität sind von kurzer Dauer. Sie haben soziale Normen oft nicht verinnerlicht, gefährden sich selbst.

Die auf der Wahrnehmungsebene feststellbaren Deprivationen infantiler Lebens- und Entwicklungsbedingungen können – wenn die Vernachlässigungen von großer Intensität sind und/oder häufig bzw. dauerhaft erfolgen – auf allen Entwicklungsebenen des Kindes zu erheblichen Defiziten bis hin zu bleibenden Schäden führen:

- **körperliche Entwicklung:** Untergewicht, Übergewicht, Minderwuchs, allgemeine Krankheitsanfälligkeit, körperliche Fehlentwicklungen, verzögerte motorische Entwicklung etc.
- **kognitive Entwicklung:** Sprachprobleme, retardierte Sprachentwicklung, geistige Fehlentwicklung
- **psychische Entwicklung:** psychiatrische Auffälligkeiten, Hyperaktivität, Inaktivität/Mattigkeit, gestörte Wach- und Schlafphasen, Hospitalismuserscheinungen, Jaktationen/Kopfschlagen etc.
- **soziale Entwicklung:** Fehlentwicklungen im Sozialverhalten, Distanzlosigkeit, Aggressivität, Depressionen, Ängste etc.

Je stärker solche Entwicklungsdefizite ausgeprägt sind und je breiter sie die körperlichen, kognitiven, psychischen und sozialen Ebenen der kindlichen Entwicklung umfassen, um so mehr sind auch die zukünftigen Chancen des Kindes zur gesellschaftlichen Teilhabe und zur Realisierung eines individuell befriedigenden Lebens als eingeschränkt anzusehen.

1.5 Schwierige Lebenslagen als Kontextfaktoren von Vernachlässigung

Vernachlässigung wurde von uns definiert als „wiederholte Unterlassung fürsorglichen Handelns sorgeverantwortlicher Personen“ und als „chronische Unterversorgung des Kindes durch die nachhaltige Nichtberücksichtigung, Mißachtung oder Versagung seiner Lebensbedürfnisse“. Des weiteren wurde darauf hingewiesen, daß Vernachlässigung als basale Beziehungsstörung zwischen Eltern/sorgeverantwortlichen Personen und Kindern angesehen werden kann. Solche basalen Beziehungsstörungen sind prinzipiell schichtunabhängig. Sie führen jedoch meist erst unter bestimmten Kontextbedingungen zu den existenziellen Kindeswohlgefährdungen, mit denen die Fachkräfte der sozialen Arbeit zu tun haben.

Eindeutige Ursache-Wirkungs-Zusammenhänge lassen sich indes auch in unserem Feld nicht finden. Andererseits geht Vernachlässigung aber gehäuft mit bestimmten einschränkenden Faktoren des familialen Lebenszusammenhangs einher. Es ist daher sinnvoll, diese Ebenen als „Risikofaktoren" in die Betrachtung einzuführen. Ob es in Familien, wo diese Faktoren gehäuft auftreten, tatsächlich zu Vernachlässigungssituationen kommt, ist damit noch nicht entschieden. Allerdings ist von einem erhöhten Grad der Gefährdung auszugehen, je mehr Faktoren in einer Familie zusammenfallen.

Die vorliegenden Ergebnisse weisen darauf hin, daß die psychosoziale Vernachlässigung von Kindern ebenso auf gesellschaftliche wie auf psychische Faktoren (der Eltern) zurückzuführen ist. So könnten z.B. folgende Elemente Ausgangspunkte für eine Vernachlässigung von Kindern darstellen (vgl. dazu auch ENGFER 1986):

- **Psychische Krise der Familie**, die sich in lang anhaltenden Spannungen und Konflikten zwischen den Eltern ausdrückt (Trennung und Scheidung, instabile und wechselnde Partnerbeziehungen usw.);
- **wirtschaftliche Krisensituation** bzw. **andere Notlagen** mit hoher Beeinträchtigung des Selbstwertgefühls der Eltern (z.B. Arbeitslosigkeit);
- **soziale Isolation** der Familie in Verwandschaft und Nachbarschaft;
- ungünstige und beengte **Wohnbedingungen**;
- **gesellschaftliches Umfeld** mit aggressiven Handlungen;
- negative Erfahrung bzw. **Belastungen aus der Lebensgeschichte** der Eltern (restringierte Muster und Möglichkeiten der Problembewältigung).

Risikofamilien sind nun in erster Linie solche Familien, bei denen mehrere dieser Phänomene zusammentreffen. Hier ist die innerfamiliäre Belastung besonders hoch, gleichzeitig sind die ökonomischen, sozialen und psychischen Ressourcen zur erfolgreichen Problembewältigung sehr begrenzt. An die Stelle produktiver Konfliktlösung treten hier zumeist aggressive Auseinandersetzungen (zwischen den Partnern), unkontrollierte und unberechenbare Erziehungsstile und -mittel, Kontrollverlust, Resignation, Verdrängung, Leugnung usw.

So gesehen entsteht Kindesvernachlässigung nicht aus extremen und unerwartet eintretenden Belastungssituationen heraus, sondern entwickelt sich aus der „Normalität" von Familienkonstellationen, die in Belastungssituationen hineingeraten, ohne rechtzeitig und angemessen hierauf Lösungsmöglichkeiten entwickeln zu können.

Soweit in der Literatur Zusammenhänge zwischen Vernachlässigung und sozialen Verhältnissen, psychosozialen Belastungen usw. dokumentiert werden, zeigen sich folgende Ergebnisse:

TRUBE-BECKER (1982) konstatiert bei den von ihr untersuchten 57 Fällen von Vernachlässigung mit Todesfolge einen Zusammenhang von Vernachlässigung und ungünstigen sozialen Verhältnissen bzw. Armut. Die Familien lebten in verschmutzter, beengter Umgebung, die Kindesmütter waren in der Regel sehr jung, hatten häufig eine hohe Zahl an Kindern und stammten selbst aus ungünstigen sozialen Verhältnissen. Weiter beschreibt TRUBE-BECKER, daß es sich bei den vernachlässigten Kindern oft um das letzte in der Geschwisterreihe handelte, daß die Kindesmütter unfähig waren, einen eigenen Haushalt zu führen und daß sie i.d.R. keine berufliche Ausbildung hatten.

Für die Einschätzung des psychosozialen Risikos werden in der Mannheim-Studie (Stöhr 1990, S. 32) 11 Punkte genannt:

1. niedriges Bildungsniveau der Eltern
2. beengte Wohnverhältnisse
3. psychische Störungen der Eltern
4. Kriminalität und Herkunft aus zerrütteten familiären Verhältnissen
5. eheliche Disharmonie mit häufigem und lang anhaltendem Streit, Trennungen
6. frühe Elternschaft
7. Ein-Eltern-Familie
8. unerwünschte Schwangerschaft
9. mangelnde soziale Integration und Unterstützung der Eltern
10. ausgeprägte chronische Belastungen der Eltern (wie z.B. Arbeitslosigkeit und chronische Krankheit),
11. mangelnde Bewältigungsfähigkeit von Streßbelastungen

Petermann (1991) stellt – bezugnehmend auf die Mannheim-Studie – fest, daß drei zentrale Risikofaktoren besonders nachhaltig die Tendenz von Müttern erhöhen, ihr Kind zu vernachlässigen:

1. eine ungewollte frühe Schwangerschaft,
2. ein Aufwachsen des Kindes in einer unvollständigen Familie und
3. eine geringe Fähigkeit der Mutter, lang andauernde Belastungen zu bewältigen.

Stöhr kommt zu dem Ergebnis, daß der Anteil der ablehnenden Mütter annähernd linear mit dem Ausmaß der psychosozialen Risikobelastung (siehe o.g. Risikomerkmale) steigt (vgl. Stöhr 1990, S. 33f.). Ablehnung bzw. eine gefühlsarme Beziehung zum Kind fände sich jedoch auch bei Müttern, deren individuelle und familiäre Situation weitgehend belastungsfrei sei.

„Am eindrucksvollsten ist der Effekt des psychosozialen Risikos bei den Müttern, die ihre Säuglinge nicht nur ablehnen, sondern auch vernachlässigen. In Abhängigkeit vom Risiko steigen die Häufigkeiten exponentiell an, wobei in der Gruppe ohne psychosoziale Risikobelastung keine Mutter als auffällig im Sinne von Vernachlässigung und Ablehnung beurteilt wurde. Daraus folgt, daß Mißhandlungen durch psychosozial unbelastete Mütter am ehesten als Ablehnung in Erscheinung treten, wobei die betroffenen Kinder trotz geringer sozialer Wärme noch angemessen versorgt und gepflegt werden.“ (Stöhr 1990, S. 34)

Ablehnendes und vernachlässigendes Verhalten der Mütter besitze eine mehrfach determinierte Genese. „Dabei scheinen nach den Erkenntnissen der vorliegenden Studie Merkmale wie mangelhafte schulische und berufliche Bildung, unvollständige Familie und schlechte Bewältigungsmechanismen für die Gruppe der vernachlässigend/ablehnenden Mütter und ungewollte Schwangerschaft für die Gruppe der ablehnenden Mütter kennzeichnend zu sein.“ (Stöhr 1990, S. 37)

Abbildung 1.3: Risikofaktoren der Vernachlässigung

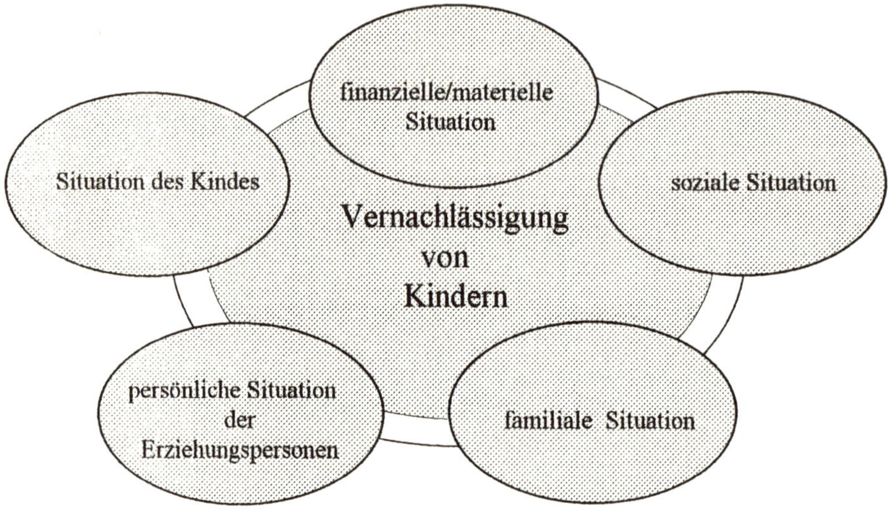

Bei einer Untersuchung des Stellenwerts individueller Merkmale vernachlässigter/ abgelehnter Kinder durch LAUCHT treten allerdings keine signifikanten Ergebnisse zutage. Individuelle Merkmale des Säuglings sind offenbar wenig geeignet, spätere Störungen der Mutter-Kind-Beziehung vorherzusagen, zumal die Trennung von Ursachen und Folgen nicht leistbar ist. (vgl. LAUCHT u.a. 1992, S. 39ff.)

Versucht man auf dieser Grundlage eine Systematisierung vorzunehmen, lassen sich „Risikofaktoren" auf fünf Dimensionen ansiedeln, die in gewisser Weise als voneinander unabhängig anzusehen sind, jedoch beim Syndrom der Vernachlässigung oft unheilvoll zusammenwirken:

- **finanzielle/materielle Situation:** Armut, Arbeitslosigkeit, Verschuldung, Obdachlosigkeit etc.
- **soziale Situation:** soziale Isolation, Mangel an Hilfsangeboten, schwieriges Wohnumfeld, Schwellenängste gegenüber helfenden Instanzen etc.
- **familiale Situation:** Desintegration in der eigenen Familie, Alleinerziehen, Trennung/Scheidung der Eltern etc.
- **persönliche Situation der Erziehungspersonen:** eigene Mangelerfahrungen der Eltern, unerwünschte Schwangerschaft, mangelnde Leistungsfähigkeit, psychische und physische Überforderung, Behinderung der Eltern, Sucht etc.
- **Situation des Kindes:** Behinderung des Kindes, Krankheitsanfälligkeit des Kindes, schwieriges Sozialverhalten etc.

Der Begriff des Risikofaktors hebt darauf ab, daß sich die Wahrscheinlichkeit erhöht, daß es beim Zutreffen mehrerer dieser Faktoren zu Vernachlässigungen kommt, insbesondere dann, wenn es zu einer Verschränkung von persönlichkeitsbezogenen und strukturbezogenen Merkmalen kommt. Und so ist es keine Frage, daß die Wahrscheinlichkeit von Vernachlässigung dann erheblich zunimmt, wenn neben materiellen und sozialen Faktoren auch solche auftreten, die sich z.B. beziehen auf gesundheitliche oder psychische Beeinträchtigungen von Eltern, auf mißlingendes Alltagsmanagement u.a. durch Alkohol- und Drogenkonsum, auf nicht beherrschte Trennungs-, Scheidungs- und Partnerkonflikte oder auf eigene Deprivationserfahrungen und Zukunftsperspektiven, die apathisch und mutlos machen.

Es läßt sich also auf der Grundlage einerseits als wissenschaftliche Hypothese andererseits als Handlungs- und Bewertungshypothese für die Praxis folgende Aussage formulieren:

➲ **Je geringer die finanziellen und materiellen Ressourcen (materielle Dimension) und**

je schwieriger das soziale Umfeld (soziale Dimension) und

je desorganisierter die Familiensituation (familiale Dimension) und

je belasteter und defizitärer die persönliche Situation der erziehenden Eltern/des erziehenden Elternteils (persönliche Dimension der Erziehungsperson/en) und

je herausfordernder die Situation und das Verhalten des Kindes (Dimension des Kindes),

um so stärker steigt das Risiko, daß Beziehungsstörungen zwischen Eltern und Kind sich zu massiven Vernachlässigungssituationen des Kindes verdichten.

Diese Hypothese bedeutet im Umkehrschluß allerdings keinesfalls, daß wenn mehrere Faktoren zusammen kommen, dann auch Vernachlässigung vorliegen muß. Dies würde gerade jenen Eltern und Familien nicht gerecht, die trotz immensen Außendrucks und trotz erheblicher materieller und sozialer Restriktionen eine unter diesen Umständen hervorragende Betreuung und Erziehung ihrer Kinder gewährleisten. Es geht bei der formulierten Hypothese vielmehr darum, einerseits Ansatzpunkte für die theoretische Betrachtung und Analyse des Phänomens der Vernachlässigung zu benennen und andererseits Aufmerksamkeitsstrukturen für die Praxis sozialer Arbeit zu schaffen, damit aus dem Wissen um strukturelle und individuelle Risikofaktoren Konzepte und Arbeitsansätze entstehen können, die dort ansetzen, wo die Risiken von Kindern am höchsten sind und die für eine nachhaltige Verbesserung der Lebenslage von Familien und Kindern bedeutsam sind.

1.6 Kindesvernachlässigung und soziale Arbeit

Kindesvernächlässigung ist – wie deutlich geworden sein dürfte – ein zentrales Thema und Problemfeld im Alltag der sozialen Dienste. Die Hälfte bis zu zwei Drittel aller registrierten „Kindeswohlgefährdungen“ sind als Kindesvernachlässigungen anzusehen. Bei Fällen, die zu Fremdunterbringungen bzw. zu vormundschaftsgerichtlichen Maßnahmen führen, nimmt dieser Anteil noch einmal zu. Aus jüngster Zeit gibt es Hinweise darauf, daß bei den wieder ansteigenden Zahlen im Bereich der Heimunterbringungen wesentlich auch eine zunehmende Zahl jüngerer vernachlässigter Kinder zu verzeichnen sind.

Jugendhilfe ist hier in umfassender und unterschiedlicher Weise damit befaßt:

- Einerseits hat Jugendhilfe einen sozialpädagogischen Handlungsauftrag z.B. im Rahmen von Früherkennung (hohe Dunkelziffer) und Prävention (frühzeitiges Bereitstellen von Angeboten familienergänzender und familienstützender Hilfen; vgl. auch §§ 16 ff. KJHG und § 1666a BGB),
- andererseits hat Jugendhilfe in Ausübung des „staatlichen Wächteramtes“ zur Sicherung des Kindeswohls (vgl. Art. 6 Abs. 2 und 3 GG, § 1 Abs. 2 KJHG, § 50 Abs. 3 KJHG) die Interessen von Kindern zu schützen; Jugendhilfe ist hier die zentrale Informationsstelle und der maßgebliche Akteur bei hoheitlichen Interventionen (über § 50 Abs. 3 KJHG i.V.m. § 1666 BGB).

Soziale Arbeit im Problemkreis Vernachlässigung ist eine Aufgabe aller sozialarbeiterischen Aktivitäten, an erster Stelle jedoch des Allgemeinen Sozialdienstes. Dieser ist institutioneller Sensor für individuelle Problemlagen, Beratungs- und Betreuungsinstanz, Vermittlungsinstanz zu weiterführenden Hilfen und sozialpädagogische Wächterinstanz über die Gewährleistung des Kindeswohls (vgl. ausführlich Kapitel 4).

Auf der einen Seite sehen sich die in der Sozialarbeit Tätigen durch die neueren insbesondere durch das KJHG ausgelösten Entwicklungstrends darin ermutigt, familienbezogene Hilfen – sofern verfügbar – auch in schwierigen und schwierigsten Familienkonstellationen zu realisieren. Dabei handeln sie allerdings unter ständigem Risiko, denn auf der anderen Seite sind sie nahezu alltäglich mit Grenzsituationen konfrontiert, in denen Problemanalysen ambivalent sind.

Gespräche und Diskussionen mit SozialarbeiterInnen machen deutlich, daß der Umgang mit dem Thema „Vernachlässigung“ schwere berufliche Belastungen hervorrufen kann. Kommt es in Familien, die die physischen und psychischen Mindestbedingungen für das Aufwachsen von Kindern nicht sichern können, zu dramatischen Ereignissen (bis hin zum Tod eines Kindes), wird dies in der öffentlichen Diskussion zumeist als Versagen der betreuenden Sozialen Dienste bzw. der dort tätigen Menschen interpretiert. Sehr schnell wird dann die Frage aufgeworfen, warum denn nicht früher und nachhaltiger gehandelt und das Kind zu seinem Schutz anderweitig untergebracht wurde. Diese individuellen Schuldzuschreibungen gehen mitunter bis zu staatsanwaltschaftlichen Anklagen gegen fallführende SozialarbeiterInnen.

Solche Reaktionen werden allerdings nicht der Tatsache gerecht, daß die Familie in unserer Gesellschaft einen besonderen grundgesetzlichen Schutz genießt. So sind es in erster Linie die Eltern eines Kindes, die berechtigt und verpflichtet sind, für ein Kind zu sorgen und seine Erziehung zu gestalten. Ihnen wird dabei ein großer Freiraum in der Definition der Erziehungsziele und -mittel zugebilligt. Danach darf die staatliche Gewalt nur unter der Bedingung der Gefährdung des Kindeswohls in die elterliche Erziehung eingreifen. Im übrigen entscheiden die Eltern allein darüber, wie sie ihrer Elternverantwortung nachkommen wollen.

Die Kehrseite der Medaille ist freilich, daß den Eltern – in der Praxis den Müttern – auch dann noch Verantwortlichkeit und Zuständigkeit zugeschrieben wird, wenn sie diese – aus welchen Gründen auch immer – nicht einlösen können. Von daher besteht ein erheblicher Diskussionsbedarf darüber, durch wen, mit welchen Zielvorstellungen und in welchen institutionellen Kontexten die für die Kinder definierten Grundbedürfnisse realisiert werden sollen, wenn dies durch die Eltern allein nicht mehr geleistet werden kann.

Die zentrale Frage ist: Wie kann die Gesellschaft angesichts der genannten Risiken die Entwicklung von Kindern gerade in den ersten Lebensjahren sichern? Und: Welche Rolle kommt dabei den verschiedenen sozialen Diensten zu?

Das Problem besteht gerade darin, daß es einerseits – nicht nur der Verfassung und der Rechtsordnung der Bundesrepublik geschuldet, sondern auch allgemein ethischen Überlegungen folgend – beim Vertrauensvorschuß der staatlichen Gemeinschaft in die Verantwortung und Erziehungsfähigkeit der Eltern bleiben muß (Autonomie, Schutz der Privatsphäre, Grundrichtung der Erziehung), andererseits jedoch, Trennung und Scheidung, Mißhandlung, Vernachlässigung und sexuelle Ausbeutung auch ein Teil von Familienwirklichkeit ist.

Im Zusammenhang mit dem fachlich begründeten familien- und kindgerechten Umgang mit Ursachen, Erscheinungsformen und Wirkungen der Kindesvernachlässigung haben die Anforderungen an die sozialen Dienste nach Einführung des KJHG eher noch zugenommen. Ist es doch die „Philosophie“ des KJHG, eingriffsorientierte Interventionen zugunsten von familien- und kindbezogenen Förderleistungen zurücktreten zu lassen. Unter dem Stichwort „Von der Ordnungsbehörde zur Leistungsbehörde“ steht nicht mehr die Kontrolle primärer Sozialisationsgefüge (Familie), sondern die hilfreiche Kooperation mit den Beteiligten im Vordergrund der Handlungsorientierung.

Damit wird es im Feld der Kindesvernachlässigung erforderlich, Probleme frühzeitig zu erkennen, leistungsfähige Hilfen vorzuhalten, die sensible Kooperation mit den Akteuren im Feld (wesentlich den Eltern) zu suchen, die Definitionsmacht zurückzunehmen und gleichzeitig den Auftrag nicht aus dem Blick zu verlieren, notwendige Schutzfunktion – ggf. auch gegen den Willen der Eltern – für das Kind zu übernehmen. Das Doppelmandat von Hilfe und Kontrolle ist in dieser Frage offensichtlich und grundsätzlich unauflösbar!

Hier rächt es sich allerdings bitter, daß Jugendhilfe sich auch bis heute noch nicht vollständig aus der Umklammerung ordnungsrechtlicher Prägungen und Traditionen hat lösen können und noch nicht flächendeckend als familienunterstützende soziale

Infrastruktur ausgestaltet ist. Statt dessen sehen gerade die Eltern, um die es bei unserer Fragestellung geht – möglicherweise aufgrund eigener Erfahrungen im Jugendhilfesystem –, den Ordnungs- und Kontrollaspekt deutlich im Vordergrund, was er in vielen Jugendämtern zum Teil allerdings auch heute noch ist.

Eltern wenden sich oft nicht – trotz gravierender selbst empfundener Ohnmacht und Überforderung – an die Jugendhilfe. In der Regel ist es auch heute noch so, daß erst bei Aufnahme eines Kindes in der Kindertagesstätte bzw. beim Schuleintritt ErzieherInnen und LehrerInnen auf die Notlagen von Kindern aufmerksam werden und den Kontakt zur Jugendhilfe – nicht selten wieder unter dem Kontrollaspekt („Da muß die Jugendhilfe doch eingreifen!") – herstellen. Nicht selten stellt man dann fest, daß diese Kinder schon viele Jahre in bedrückenden Familiensituationen gelebt haben, und möglicherweise jüngere Geschwister in der Familie deutliche Zeichen von Vernachlässigung und Unterversorgung aufweisen.

Das dargestellte Risiko von sozialpädagogischen Fehlentscheidungen ist nicht auf „Null" zu reduzieren. Erforderlich wäre es aber – zur Sicherung der Perspektive der betroffenen Kinder, zur realistischen Einschätzung der Chancen und Potentiale der Herkunftsfamilie, zur Entwicklung fachlicher Standards, zur angemessenen Dimensionierung von Hilfeangeboten und zur Diskussion von Analysen und Handlungsstrategien – das Thema „Vernachlässigung" in den Vordergrund der sozialpädagogischen Bearbeitung zu rücken.

Entscheidend ist es also, die Schwelle auszuloten und über Basisfürsorgekriterien zu reflektieren und diskutieren, deren Unterschreiten den Staat (Behörden und Gerichte) verpflichtet, durch entsprechendes Handeln, ggf. auch durch Eingriff in das pflichtgebundene Elternrecht, die Lebensbedingungen von Kindern zu sichern, damit diese physisch und psychisch gesund aufwachsen können.

Hierzu und um in diesem spezifischen Handlungsfeld kompetent agieren zu können, müssen die vorhandenen Erkenntnisse „übersetzt" werden in erfaßbare und handlungsleitende Standards. Das bedeutet nicht, daß sich „rezeptartig" Handlungsketten ableiten ließen. Im konkreten Einzelfall bleibt stets die prekäre Gradwanderung – das „quälende Dilemma" (GOLDSTEIN u.a. 1988) – zwischen „zu früh, zu spät, zu viel oder zu wenig". Dies fordert eine hohe fachliche Verantwortlichkeit, die Notwendigkeit und Verpflichtung, das eigene Handeln bzw. Unterlassen zu reflektieren, zu begründen und zu diskutieren (vgl. hierzu ausführlich Kapitel 4).

Hierfür müssen alle Anstrengungen unternommen werden, um fundierte, d.h. fachlich begründete und intersubjektiv nachvollziehbare Problembeschreibungen, Prognosen und Hilfskonzepte zu entwickeln, um in „riskanten" Situationen entscheiden zu können, ob und – wenn ja – welche Hilfe im familiären Kontext möglich ist und ob diese kurz-, mittel- und langfristig produktiver und der Entwicklung des Kindes förderlicher ist, als seine Herausnahme. Erforderlich sind in diesem Sinne entscheidungsfähige Fachkräfte in der sozialen Arbeit, die die Kriterien und die Verfahren zur angemessenen Problembeschreibung und Entscheidungsfindung auch kompetent umsetzen können.

2 „Ich wollte die Kinder behalten..." Zwei Familiengeschichten

> „In der Erziehung zählt das Urteil der Opfer. Ein System, das gar nicht hinhört, was diese sagen, das nicht sehen will, was diesen geschieht, kann sich nicht selbst einschätzen, vermag sich nicht selbst zu korrigieren und wird ihnen alle Folgen der eigenen Verkehrtheit aufladen." (von Hentig 1982, S. 223)

An den Anfang unserer Ausführungen stellen wir zwei Familiengeschichten, die einen kasuistischen Zugang zu den subjektiven Problem- und Leidensgeschichten von Familien in Vernachlässigungssituationen ermöglichen. Auch wenn – oder besser: gerade weil – diesen Geschichten die spektakuläre Dramatik von nachhaltig zu Schaden gekommenen Kindern fehlt, können sie den Druck, der auf diesen Familien und parallel auf den sie betreuenden sozialen Diensten lastet, unverstellt durch die Suche nach Schuldigen deutlich machen.

In Form offener biographischer Interviews werden Einschätzungen, subjektive Wahrnehmungen und Interpretationen der Befragten zu ihrer eigenen Lebensgeschichte und zu ihrer eigenen Sicht der Problematik erfragt. Während die später dargestellten Schritte (quantitative Erhebungen, teilnehmende Beobachtung von Fachkräftediskussionen) dem Ziel gelten, Aussagen über allgemeine und regelhafte Phänomene bezogen auf den von uns untersuchten Problemkomplex zu gewinnen, haben wir mit den Fallstudien eher die nicht unbedingt generalisierbaren, subjektiven Erlebenszusammenhänge im Blick.

Mit dem Schritt zu den Betroffenen-Interviews und den darauf basierenden differenzierten Fallstudien, soll eine qualitative Ergänzung zu den ansonsten eher quantitativen empirischen Methoden gesucht werden. Auch wenn uns bewußt ist, daß sich das in solchem Rahmen gewonnene Material gegenüber den sonst in der empirischen Forschung geltenden Ansprüchen nach Überprüfbarkeit, Verallgemeinerbarkeit, Repräsentativität etc. sperrt, sehen wir doch eine wichtige Erweiterung unseres Forschungsansatzes darin, die subjektiven Erlebens- und Verarbeitungsformen der betroffenen Eltern in Einzelfällen selbst illustrativ herauszuarbeiten.

„Die 'gesellschaftlichen Bedingungen' finden ihren Counterpart im Detail einer Biographie, einer Situation, eines Erlebnisses" (Baacke/Schulze 1979, S. 7).

Das Ziel besteht dabei nicht darin, Erfahrungen oder typische Widerspiegelungen institutionellen Handelns im Bewußtsein betroffener Eltern zu systematisieren. Es kommt uns vielmehr darauf an, durch die exemplarische und detaillierte Schilderung von zwei Familiengeschichten mögliche subjektive Wirkungen institutioneller Handlungen und Entscheidungen zu illustrieren und damit ggf. dazu beizutragen, die Urteilsfähigkeit für Entscheidungen im pädagogischen Handlungsfeld zu fördern und zu schärfen.

„Die Ganzheitlichkeit einer zu untersuchenden Realität, die Beziehung des Besonderen zum Allgemeinen, des Einmaligen zum Gewöhnlichen ist ein wichtiger Punkt wissenschaftstheoretischer und -praktischer Betrachtung.“ (FISCHER/BRÜGELMANN 1982, S. 13)

Neben den Interviews mit den Betroffenen wurden – soweit möglich – begleitend Interviews mit Fachkräften geführt, die als Schlüsselpersonen in der Lebensgeschichte der Eltern gelten können (Fachkräfte vom Jugendamt, von freien Trägern). Außerdem wurde – soweit zugänglich und soweit von den betroffenen Eltern die Erlaubnis hierzu vorlag – Einsicht in Akten (Jugendamtsakten, Gutachten) genommen. Dies erschien uns wünschenswert, da zur Rekonstruktion von Entscheidungsprozessen sowohl die „objektiven“ Ereignisse und fachlichen Begründungen, als auch die subjektiven Verarbeitungsformen und Interpretationen von Interesse sind (vgl. FREIGANG 1986).

Die Fallstudien erheben bei alledem nicht den Anspruch, quasi eine „Meta-Diagnose“ unter Einbezug der beteiligten Institutionen und Fachkräfte vorzunehmen, sondern sollen lediglich objektiv wirksame Entscheidungen mit subjektivem Erleben konfrontieren.

Für die folgende Darstellung wurden die Familiengeschichten einer alleinerziehenden Mutter in Ostdeutschland und einer kinderreichen ausländischen Familie in Westdeutschland gewählt. Die Familiengeschichten wurden vor der Veröffentlichung mit den befragten Familienmitgliedern (nicht aber mit den sozialen Diensten) abgestimmt.

2.1 Familie Bäcker: „... und da wußte ich, daß irgendwas passiert ist.“

Vorgeschichte

Frau Heidi Bäcker wurde im Jahr 1963 in H. in der DDR geboren. Sie war das zweite von insgesamt sechs Geschwistern.

Sie erinnert sich, daß ihre eigene Kindheit durch eine Vielzahl von Konflikten mit den Geschwistern und mit den Eltern geprägt war. *„Ich habe es meinen Eltern nie ganz einfach gemacht“*, ist die zentrale Aussage, mit der sie ihre Beziehung zu den Eltern beschreibt. Wenn es dann Schwierigkeiten mit den Eltern gab, reagierte sie oft mit Weglaufen.

„Das erste Mal, daß ich unbewußt weggeblieben bin, das war mit drei Jahren. ... Da bin ich mit meinem großen Bruder spielen gewesen. Mein Bruder ist nach Hause und ich bin in eine ganz andere Richtung gegangen. Das ist ganz unbewußt gewesen. Da habe ich noch einen Bekannten getroffen, hab gespielt und bin einfach mit zu ihm und nicht mehr nach Hause gegangen.“ (AI, 43)

Warum es immer zu Streit und zu Konflikten gekommen ist, vermag sie nicht mehr zu sagen. Sie sei halt sehr widerspenstig gewesen und habe ihre Eltern – insbesondere ihre Mutter – damit fast zum Wahnsinn getrieben. Auf Vorhaltungen habe sie dann immer wieder mit Flucht und Weglaufen reagiert. Mit acht Jahren wurde sie so z.B. von der Polizei aufgegriffen, als sie versuchte, in eine 200 Kilometer entfernt liegende Stadt zu Verwandten zu trampen.

Mit sechs Jahren wird sie eingeschult. Obwohl sie sagt, daß sie von der 1. Klasse an keine Lust gehabt habe, zur Schule zu gehen, mußte sie bis zur 10. Klasse nie ein Schuljahr wiederholen.

Mit 16 Jahren kommt sie ins Heim, zunächst in zwei Durchgangsheime und dann für 10 Monate in ein Jugendhilfeheim in einer entfernten Großstadt. Als einzigen Grund gibt sie an:

„... Weil ich Trampen gegangen bin, ohne daß meine Eltern das wußten." (AI, 70)

Vor dieser Heimeinweisung habe es häufige Kontakte mit den Organen der Jugendhilfe gegeben, die zwar von ihr als unangenehm, aber nicht als bedrohend erlebt wurden.

„... Ich hab ja gewußt, daß ich einen Fehler gemacht habe. Und daß ich für meine Fehler einstehen muß, wußte ich auch." (AI, 93) (Auf die Frage, ob sie keine Angst vor dem Jugendamt gehabt habe:) *„Vor dem Jugendamt direkt nicht. Aber nachher ... da hat sich das nachher so gefestigt, daß ich dann jeder Behörde entgegen Hemmung habe. Nee, das war nicht so toll." (AI, 115)*

Zu der Zeit im Heim sagt sie heute:

„So schlimm im Jugendhilfeheim war es nicht – so wie im Jugendwerkhof, so, wie ich das manchmal gehört habe. Das war da nicht so. Die Zeit da habe ich rumgekriegt, so gut, wie ich konnte. Ich habe mich so gut wie möglich angepaßt, auch, wenn ich das nicht wollte." (AI, 118)

Mit 18 Jahren wird sie aus der Heimerziehung entlassen. Sie kehrt nach H. zurück, wo ihr eine Wohnung zur Verfügung gestellt und ein Arbeitsplatz in einem industriellen Fertigungsbetrieb zugewiesen wird. Die Arbeit fällt ihr schwer *(„Ich kann nicht mit mehreren zusammenarbeiten, wenn mir immer jemand auf die Finger guckt.")* Schon nach kurzer Zeit geht sie trotz massiven Drucks und Strafandrohungen nicht mehr zur Arbeit. Stattdessen hält sie sich in einer Szene auf, die einerseits durch Arbeitsverweigerung und exzessiven Alkoholkonsum und andererseits durch Diebstahls- und Raubdelikte gekennzeichnet ist. An letzteren ist sie allerdings selbst nicht aktiv beteiligt.

Da sie sich standhaft weigert, ihre Arbeit wieder aufzunehmen, wird sie mit 19 Jahren wegen „asozialen Verhaltens – Arbeitsverweigerung" zu 10 Monaten Gefängnis verurteilt und muß die Strafe unmittelbar antreten.

Harald

Nach ihrer Entlassung führt sie das gleiche Leben weiter, welches zur Verurteilung geführt hatte. In dieser Zeit – sie bezeichnet sich damals selbst als alkoholabhängig (*„In der Zeit war ich auch Alki – alkoholabhängig war ich da."*) – wird sie schwanger von ihrem ebenfalls alkoholabhängigen Freund. Der Mann schlägt sie häufig, auch während der Schwangerschaft. Dies findet seinen Höhepunkt darin, daß er sie in einem fortgeschrittenen Stadium der Schwangerschaft so zusammengeschlagen und zusammengetreten habe, daß sie auf beiden Seiten an den Hüften schwarze Blutergüsse gehabt habe. Sie habe sich von dem Mann trennen wollen, dieser habe sie jedoch fortlaufend bedrängt, bedroht und tyrannisiert.

Trotz aller dieser Umstände war sie immer entschlossen, ihr Kind zu bekommen.

„Ich habe von Anfang an gesagt, während der Schwangerschaft schon, Abbruch kommt bei mir nicht in Frage, schon gar nicht beim ersten Kind. ... Man weiß ja nie, was danach passiert, wenn man abtreiben läßt. Und dann habe ich gesagt, eine Abtreibung kommt bei mir nicht in Frage, und Adoption kommt bei mir auch nicht in Frage. Ich habe ihn dann auch nicht freigegeben." (AI, 384)

Frau Bäcker ist 20 Jahre alt, als ihr Kind Harald geboren wird. Von Beginn an lebt er bei den Großeltern, die ihn dann auch formal als Pflegekind aufnehmen. Harald ist von Geburt an sehr krank, hat Asthma und Neurodermitis und ist auf medizinische Betreuung und intensive Pflege angewiesen. Frau Bäcker führt die chronische Krankheit von Harald auf die Schläge und Tritte ihres Partners zurück, die dazu geführt hätten, daß das Kind während der Schwangerschaft nicht ausreichend mit Sauerstoff versorgt worden sei. Die Großeltern übernehmen die Aufgabe der Betreuung vollständig und werden dabei vom Jugendamt und (ehrenamtlichen) MitarbeiterInnen der Jugendhilfekommission unterstützt und beraten.

Harald erfährt zunächst nicht, wer seine Mutter ist und wird erst mit sechs Jahren eingeweiht:

„... Er (Harald; d.V.) hat immer gedacht, daß seine Eltern tot sind. Das hat ihm zwar niemand gesagt, aber er hat es immer angenommen, daß wir tot sind. Als wir dann 1989 ins gleiche Haus gezogen sind, da hat er immer gesagt ...: 'Du Oma, die böse Tante kommt wieder.' Das kam durch den Strafvollzug, das hat er ja auch schon mitgekriegt und das kommt auch von meiner Schwester und meinem Schwager, mit denen ich mich zu der Zeit nicht so gut verstanden habe. Und dann hat meine Mutter das sehr gestört, und dann hat sie ihm erzählt: 'Paß auf, Tante Heidi ist nicht deine Tante, das ist deine Mutti. Deswegen kriegst du auch von ihr Süßigkeiten oder mal Geld oder Spielzeug.' Dann kam er an dem Tag, wo meine Mutter ihm das erzählt hat, an, hat geklingelt: 'Tante Heidi, Tante Heidi, du sollst mal schnell rüberkommen.' Und ich habe gedacht, mein Gott, was ist denn wohl mit meiner Mutter los. Und als ich runterkomme, sitzt meine Mutter auf der Couch und raucht eine. Ich habe mich dann auf den Drehsessel gesetzt, und der hat sich dann aber gleich an meine Mutter rangeschmiegt. Und dann hat er mich so angeguckt und gesagt: 'So, jetzt weiß ich, warum du mir immer so viele Süßigkeiten und so viele Sachen kaufst, du bist meine Mutter.' Das war ein Schlag weg, ich habe Kaffee getrunken und zwei Zigaretten geraucht. Ich war total perplex. Und dann hat meine

Mutter eben im Beisein von mir gesagt, daß er sich aussuchen kann, was er zu mir sagt. Wir haben ihn nicht gezwungen, daß er zu mir Mutter sagen soll." (AI, 418)

Heute lebt Harald immer noch bei seinen Großeltern, die jedoch aus der Stadt fortgezogen sind.

Einige Monate nach der Geburt von Harald wird Frau Bäcker erneut wegen „asozialen Verhaltens - Arbeitsverweigerung", diesmal zu einem Jahr Gefängnis verurteilt. Während des Gefängnisaufenthaltes bricht die Beziehung zum Vater von Harald, welcher ebenfalls zu dieser Zeit inhaftiert ist, endgültig ab.

Petra

Nach ihrer Entlassung - Frau Bäcker ist inzwischen 23 Jahre alt - lernt sie ihren späteren Mann kennen, der ebenfalls im Gefängnis eingesessen hat und zur genannten Szene (Alkohol, Arbeitsverweigerung, kriminelle Delikte) gehört. Sie wird schwanger und beschließt - trotz weiterer Zugehörigkeit zur Alkoholikerszene - aufzuhören zu trinken.

„Ich habe beschlossen, aufzuhören zu trinken, weil ich, wenn ich besoffen war, keinen mehr gekannt habe, alle Leute angepöbelt habe. Und das war doch kein Zustand mehr." (AI, 255) „Ich habe gewußt, wenn ich weiter saufe, mache ich mich ganz und gar kaputt. Und nicht nur mich, sondern meine Kinder und meine ganze Familie auch." (AI, 285)

Ihre Eltern helfen ihr, den Alkoholentzug zu überwinden, indem sie sie z.T. sogar in einem Zimmer ihrer Wohnung einschließen. *(„Meine Eltern haben mich nie im Stich gelassen. Nur ich habe meine Eltern immer in den Arsch getreten.")* Der Entzug gelingt. Bis heute hat Frau Bäcker keinen Alkohol mehr getrunken.

Nach ihrer Geburt lebt die Tochter Petra, die von Frau Bäcker als Wunschkind bezeichnet wird, etwa drei Monate bei den Großeltern. Dann kommt sie in ein Heim. Frau Bäcker wird in dieser Zeit zum dritten Mal wegen des gleichen Tatbestandes des „asozialen Verhaltens - Arbeitsverweigerung" (diesmal zu einem Jahr und sechs Monaten) verurteilt. Durch eine Generalamnestie wird sie jedoch nach mehreren Monaten ebenso wie ihr Freund - der Vater von Petra - vorzeitig auf Bewährung entlassen.

Ihre Bemühungen, danach eine Beziehung zu ihrer Tochter im Kinderheim aufzunehmen, mißlingen. Sie verhält sich verstört und zurückweisend, so daß die Mutter resigniert. Die Tochter wird (ohne ausdrückliche Zustimmung der Mutter) zur Adoption freigegeben und lebt seitdem in einer Adoptionsfamilie.

Frau Bäcker schildert diese Entwicklung aus heutiger Sicht so:

„Ich hatte sie (Petra, d.V.) drei Monate zu Hause; besser gesagt bei meinen Eltern. Und dann haben sie gesagt, daß ich meinen Eltern auf der Tasche liege. Obwohl meine Eltern ja gesagt haben, daß ich da solange wohnen kann, bis ich wieder arbeiten kann. Aber das sollte nicht sein. Dann kam das Jugendamt und hat den Beschluß mitgebracht, daß sie (die Tochter, d.V.) ins Heim geht." (AI, 482)

„Und dann bin ich im September '87 aus dem Knast gekommen, habe ein halbes Jahr Bewährung gehabt und konnte meine Tochter dann im Heim besuchen ... Ich habe sie zweimal besucht. Und dann bin ich nicht mehr hingegangen, weil ich das nicht mehr sehen konnte, wie sie immer zur Erzieherin hingerannt ist. Ich meine, nicht aus Angst, aber sie kannte mich ja nicht. Woher sollte sie wissen, wer ich bin? Ja, ich meine, sie ist Liebling gewesen im Kinderheim. ... Ich habe sie zweimal besucht und dann habe ich zu meinem 'Noch-nicht-Mann' gesagt: Jetzt habe ich die Schnauze voll, jetzt gehe ich nicht mehr hin. Das mute ich ihr nicht zu." (AI, 526)

„Das erste Mal war ich allein, das zweite Mal war er (der Vater, d.V.) dann mit, und dann habe ich das wieder gesehen, daß sie zur Erzieherin gerannt ist, und dann habe ich gesagt, nee, da kann ich nicht zugucken." (Zwischenfrage: Und dann haben Sie Ihre Tochter zur Adoption freigegeben?) *„Nein, nein, ich habe nichts gesagt. Das wurde damals gerichtlich angeordnet. Das Gericht hat gesagt, die wird zur Adoption freigegeben." (AI, 542) „Ich weiß auch nicht, wo sie ist, nichts. Ich weiß nur, daß sie adoptiert wurde. Das ist alles." (AI, 550)*

„Ich weiß, daß ich ihr das nie geben könnte, was sie jetzt hat. Das weiß ich genau. Ich meine, ich bin auch nicht sauer darüber, weil, mit diesem Thema habe ich abgeschlossen. Mein Ex-Mann hatte jahrelang daran zu knabbern, daß sie eben weggegangen ist. Aber ich habe gesagt: 'Paß auf, vielleicht ist es doch besser, daß es so gekommen ist und nicht anders.' ... Ich wußte – wenn ich jetzt nicht regelmäßig arbeiten gehen würde – würde ich eh' kein Geld sehen. Dann könnte ich eh' meine Tochter nicht erziehen und ernähren. Ich kann doch nicht am laufenden Meter zu meiner Mutter rennen und sagen: 'Paß auf, ich brauche Nahrung und solche Sachen.' Das geht doch nicht. Ich weiß, daß das so besser gewesen ist." (AI, 579)

Familiengründung

Mit 24 Jahren heiratet Frau Bäcker ihren Freund, nachdem sie erneut schwanger ist. Es werden die Zwillinge Olaf und Thomas geboren, mit denen die Eltern erstmals auch zusammen leben. Die Familie wird dabei von den Eltern von Frau Bäkker unterstützt. Von besonderen Problemen in dieser ersten Zeit weiß Frau Bäcker nichts zu berichten.

Obwohl immer noch Unsicherheiten bestehen, ob es ihr gelingen kann, die Kinder selbst zu versorgen und zu betreuen, setzt sie sich sehr bewußt für das Verbleiben der Kinder ein.

„Ich habe viele Bekannte gehabt, die gesagt haben, die Zwillinge wirst du auch noch los. Weil die eben doch wußten, daß ich eben schon zwei andere habe, die weg sind aus dem Haushalt. Und dann haben die gesagt, die wirst du auch noch los." (AI, 601)

„Auf jeden Fall wußte ich von dem Zeitpunkt an, wo ich gehört habe, daß ich Zwillinge erwarte, daß ich nichts unversucht lasse, die Kinder zu behalten. Ich wollte die Kinder behalten. Weil, zu dem Zeitpunkt bin ich mir sicher gewesen: Ich will Kinder haben." (AI, 612)

Herr Bäcker hat immer noch Alkoholprobleme. Dennoch gelingt es ihm, eine Arbeitsstelle zu finden, in der er „mehr schlecht als recht" zurecht kommt. Frau Bäkker nimmt die in der DDR möglichen Babyjahre in Anspruch und erhält hierüber Lohnersatzleistungen vom Staat.

Siebzehn Monate nach Geburt der Zwillinge wird im Jahre 1990 Matthias geboren. Während der Zeit der Schwangerschaft zieht Familie Bäcker mit den Zwillingen in das Haus, in dem auch die Eltern von Heidi Bäcker wohnen. Hierdurch soll auch die nie abreißende familiale Unterstützung der Familie mit den Zwillingen durch die Großeltern – insbesondere die Großmutter – erleichtert werden.

Die Schwangerschaft mit Matthias verläuft nicht komplikationslos und Heidi Bäcker muß für zwei Monate ins Krankenhaus, während ihr Mann – unterstützt durch ihre Mutter – die Versorgung der Zwillinge sicherstellen muß.

„Bei Matthias habe ich zwei Monate im Krankenhaus gelegen, bevor ich entbunden wurde. Da ist nämlich eine Mutter-Kind-Unverträglichkeit dagewesen, da hätte normalerweise mein Körper den Embryo abstoßen müssen. Hat er aber nicht gemacht. Ein Glück auch. In der Zeit war ja mein Ex-Mann mit den beiden Zwillingen alleine. Da ist meine Mutter immer rübergegangen: 'Hast Du die Wäsche gewaschen?' 'Habe ich alles fertig.' 'Hast du das Essen?' 'Habe ich alles da.' Ich meine, wenn er 'ran mußte, hat er es gemacht." (BI, 13)

In der hier beschriebenen Phase scheint etwas Ruhe in das Familienleben einzukehren. Die Zwillinge, und später auch Matthias, werden mit dem Nötigsten versorgt. Die Großmutter nimmt Kontroll- und Unterstützungsfunktionen wahr. Zu einer intensiveren Anregung und Förderung der Kinder kommt es jedoch kaum, so daß später erhebliche Entwicklungsdefizite im motorischen und sprachlichen Bereich festgestellt werden. Probleme dringen nicht nach außen, sie werden allenfalls von der Vertreterin der Jugendhilfekommission, die für die Unterstützung der Großmutter bei der Vollzeitpflege für Harald eingesetzt war, am Rande wahrgenommen und gegenüber der Großmutter thematisiert.

Auch die Großmutter thematisiert einen Hilfebedarf für ihre Tochter und die Kinder. Eine solche Hilfe wird jedoch nicht realisiert – zumal in der Zeit der gesellschaftlichen Wende 1990/91 die Jugendhilfekommissionen aufgelöst werden und das Jugendamt sich unter den Bedingungen des Kinder- und Jugendhilfegesetzes erst neu orientieren und organisieren muß.

Nach der Wende bricht das fragile Familiengefüge bald zusammen. Herr Bäcker verliert seine Arbeit und beginnt, exzessiv Alkohol zu konsumieren. Um die Familie kümmert er sich überhaupt nicht mehr. Es häufen sich Schulden an. Die Versorgung der Kinder habe in dieser Zeit zwar gelitten, habe jedoch – auch dank der Unterstützung der Großmutter – funktioniert.

„Die Versorgung war immer da. Ich meine, ich brauche nicht unbedingt was zu essen, Hauptsache, die Kinder haben. ... Ich meine, wenn man nicht viel hatte, woher sollte es kommen? Wenn er alles versoffen hat, na, woher sollte es kommen?" (BI, 88)

Als die Situation mit ihrem Mann unerträglich wird, setzt sie ihn vor die Tür und reicht die Scheidung ein. Er verläßt die Wohnung, bricht alle Kontakte ab und hinterläßt ihr einen größeren Schuldenberg. Insbesondere Miet-, Strom- und Wasserrechnungen waren über längere Zeit nicht von ihm beglichen worden.

Nachdem der Vater die Familie verlassen hat, wird die Wohnung, in der Heidi Bäcker mit den Kindern wohnt zu einem Treffpunkt für andere Personen. Frau Bäkker bietet z.T. Geschwistern, z.T. anderen Personen mit Wohnungsproblemen an, bei ihr unterzuschlüpfen, bis was Neues gefunden ist. Sie kümmert sich sehr um andere Menschen mit Problemen.

Ihre eigenen Kinder kommen dabei allerdings meist zu kurz. Die Zwillinge können mit zwei Jahren nicht laufen und sind auch in der Sprachentwicklung deutlich zurück.

Kindertagesstätte

Angeregt durch eine Pädagogin, die Frühfördermaßnahmen für den bei den Großeltern lebenden Harald durchgeführt hatte und die nach der Wende eine mobile Frühförderung mit aufgebaut hat, werden die Kinder amtsärztlich untersucht und kurzzeitig durch die mobile Frühförderung betreut. Da dies jedoch ein nicht hinreichendes Angebot schien, stellte Heidi Bäcker ihre Kinder dem kinder- und jugendärztlichen Dienst vor, der für alle drei Kinder ein Gutachten erstellte, daß sie „von Behinderung bedroht" seien.

Dieses Gutachten ermöglicht die Aufnahme der Kinder in einen nach der Wende umprofilierten integrativen Kindergarten, wobei alle drei Kinder je einen Integrationsplatz besetzen. Die Zwillinge waren zu diesem Zeitpunkt drei Jahre, Matthias war zwei Jahre alt.

Aus der Sicht der Leiterin der integrativen Kindertagesstätte und einer Erzieherin stellt sich diese Situation so dar:

Die Kinder seien in den integrativen Kindergarten vermittelt worden über eine Mitarbeiterin der mobilen Frühförderung und eine Mitarbeiterin des Sozialamtes der Stadt H. Diese waren an den Kindergarten herangetreten und hatten deutlich gemacht, daß aufgrund erheblicher Entwicklungsverzögerungen der Kinder eine Aufnahme auf einem Integrationsplatz in dem Kindergarten notwendig sei.

Der Grund für die Aufnahme der Zwillinge in die mobile Frühförderung habe in erheblichen Entwicklungsdefiziten der Kinder gelegen. Diese hätten sich z.B. darin geäußert, daß die Kinder mit weit über zwei Jahren noch nicht laufen konnten. Bei einem Hausbesuch hätte sich die Situation so dargestellt, daß die Zwillinge und ihr jüngerer Bruder nur hätten krabbeln können. Beim ersten Besuch der Kinder in der Kindertagesstätte hätten die Kinder angesichts der in einem Raum aufgestellten Betten für die Mittagsruhe sofort begonnen zu weinen, woraus die Erzieherinnen den Schluß gezogen hätten, daß die Kinder in ihrem ersten Lebensjahr vorwiegend gezwungen worden seien, im Bett zu liegen. Hinzu kam, daß die Kinder auch mit knapp drei Jahren noch gewickelt werden mußten. Von der Mitarbeiterin der mobilen Frühförderung sei damals betont worden, daß sie der Ansicht sei, daß die Kinder aus dem häuslichen Milieu heraus müßten, da sie dort den ganzen Tag im Bett verbrächten und somit keine Entwicklungsmöglichkeiten hätten.

Der jüngere Bruder Matthias sei allerdings im Gegensatz zu seinen älteren Geschwistern nie soweit in seiner Entwicklung zurück gewesen und habe sich nahezu altersgemäß entwickelt. Von den Erzieherinnen wird eingeschätzt, daß der jüngere Bruder körperlich seinen älteren Brüdern fast gleich und ihnen intellektuell sogar noch überlegen sei. Die Probleme des jüngeren Bruders bestünden eindeutig in massiven Verhaltensauffälligkeiten. Vom geistigen Niveau her habe er keine Schwierigkeiten.

Im Kindergarten war die Familie seit vielen Jahren bekannt, insbesondere auch wegen des älteren Bruders, der bei den Großeltern aufgewachsen ist und auch die intensive Förderung durch die Kindertageseinrichtung benötigt hätte. Allein durch diese Tatsache sei es überhaupt möglich gewesen, auf die Entwicklungsverzögerung der jüngeren Kinder aufmerksam zu werden.

Die Belegung der Integrationsplätze mit den Kindern von Frau Bäcker konnte erfolgen, nachdem die Frühförderung der Lebenshilfe einen entsprechenden Vorstoß unternommen habe und durch den Amtsarzt ein Gutachten erstellt wurde, aus dem hervorgeht, daß die Kinder von Behinderung bedroht seien.

Die Aufnahme der Kinder in der Einrichtung erfolgte im Januar 1992 – zu diesem Zeitpunkt waren die Zwillinge drei Jahre alt. Der jüngere Bruder Mattthias wurde gleichzeitig in der Einrichtung aufgenommen; er war zu diesem Zeitpunkt zwei Jahre alt. Alle drei Kinder belegten zu der Zeit Integrationsplätze. Die Belegung eines Integrationsplatzes wurde von der Erzieherin wie folgt begründet:

„Man hat bei Matthias gesagt, der ist von Behinderung bedroht aufgrund des sozialen Milieus. Obwohl man das bei dem – der war ja erst zwei – ja noch nicht genau sagen konnte, wie seine Entwicklung laufen wird." (A, 200) Zum ersten Eindruck, den die Erzieherinnen von den Kindern gewannen: *„Das erste war, daß sie auf jedes Bett allergisch reagierten. Mit der Sprache war auch kaum etwas bei den beiden Großen. Das waren so die ersten Auffälligkeiten und laufen konnten sie, glaube ich, auch noch nicht." (A, 201)*

Die Probleme der Kinder werden von den Erzieherinnen auf massive Vernachlässigung in den ersten Lebensjahren zurückgeführt. Die Erzieherinnen gehen davon aus, daß diese Probleme bei einer entsprechenden Förderung nicht zutage getreten wären.

Nach Aufnahme der Kinder wurde in der Kindertagesstätte ausschließlich mit den Kindern gearbeitet, eine begleitende Elternarbeit fand nicht statt. Die Erzieherinnen geben jedoch an, daß sie besondere Krisen in der Familie stets mitbekommen hätten, sei es über Äußerungen der Kinder, sei es über die direkte Mitteilung durch die Mutter.

Die Erzieherinnen berichten, daß Frau Bäcker auch in der Öffentlichkeit z.T. sehr barsch mit den Kindern umgegangen sei. Sie nennen Beispiele dafür, daß Frau Bäkker auch in der Kindertagesstätte – trotz der Anwesenheit von Erzieherinnen und anderen Eltern – ihre Kinder sehr massiv angeschrien hätte. Die Kinder würden sich jedoch nach einer kurzen Schrecksekunde um das von der Mutter Geforderte überhaupt nicht mehr kümmern. Hieran werde die ganze Inkonsequenz der Erziehung der Mutter deutlich. Außerdem gehen die Erzieherinnen davon aus, daß die Mutter in ihrer Unbeherrschheit die Kinder auch körperlich züchtige, wenn lautes Schreien nach ihrer Ansicht nicht mehr ausreiche.

Des weiteren berichten die befragten Mitarbeiterinnen, daß Frau Bäcker in ihrer Wohnung stets sehr viele Menschen beherberge. Sie würde häufig von Jugendlichen aus dem benachbarten Jugendclub in ihrer Wohnung besucht. Insbesondere junge Frauen aus dem Jugendclub würden sich sehr zu Frau Bäcker hingezogen fühlen, da sie sich hier ernstgenommen und gleichrangig behandelt fühlen würden. Ganz häufig sei es so gewesen, daß Mädchen aus der Nachbarschaft von Frau Bäcker die Erlaubnis (schriftlich) erhalten hätten, die Kinder aus der Kindertagesstätte abzuholen. Die Befürchtung der befragten Mitarbeiterinnen der Kindertagesstätte war jedoch, daß die Mutter aufgrund ihrer häufigen Kontakte zu anderen (jüngeren) Menschen die Betreuung und Versorgung ihrer Kinder zu sehr vernachlässigen würde. Andererseits würde in diesen häufigen Kontakten aber auch eine wechselseitige Solidarität und Zuneigung sichtbar. Die jungen Menschen würden sich bei Frau Bäcker in der Wohnung wohlfühlen und Frau Bäcker würde sich gleichermaßen in dieser Gesellschaft wohlfühlen.

Jugendamt

Etwa gleichzeitig mit der Aufnahme der Kinder in der integrativen Kindertagesstätte ziehen die Eltern von Heidi Bäcker aus H. weg in eine weit entfernte Stadt. Heidi Bäcker umgibt sich in ihrer Wohnung weiterhin mit vielen FreundInnen. Zwischenzeitlich hat sie einen neuen Freund, der aber nicht fest bei ihr wohnt. Auch dieser Freund hat Alkoholprobleme.

Die Kinder sind in der Wohnung tagsüber zwar immer unter vielen Menschen, aber oft dennoch nicht unter Aufsicht. So „gelingt" es ihnen z.B. eines Tages, sich gegenseitig so mit Lackfarbe zu bemalen, daß sie – wegen der damit verbundenen Gefahr des Ausfalls der Hautatmung – alle ins Krankenhaus müssen, um dort „gereinigt" zu werden.

Des Nachts hingegen werden die Kinder von ihrer Mutter häufiger alleingelassen. Dies führte u.a. zu der Situation, daß die Kinder am späten Abend am Fenster ihrer in einem höheren Stockwerk gelegenen Wohnung spielten und – unbemerkt von ihrem in der Wohnung schlafenden Onkel – Spielsachen und sonstige Gegenstände aus dem Fenster warfen. Von Nachbarn wurde die Feuerwehr und die Polizei gerufen, um die Gefahrensituation für die Kinder zu beenden.

Die Großmutter, die in ihrem neuen Wohnort von diesem Vorfall erfuhr, nahm dies zum Anlaß, sich an das Jugendamt in H. mit der Bitte um Hilfe für ihre Tochter zu wenden, die sie jetzt besonders nötig brauche, wo sie selbst nicht mehr da sei. Dies war der erste Kontakt zum Jugendamt seit der Geburt der Zwillinge.

Aus der Sicht der zuständigen Bezirkssozialarbeiterin des Allgemeinen Sozialdienstes des Jugendamtes stellt sich die Situation folgendermaßen dar:

„Ich habe Frau Bäcker dann zu uns ins Amt eingeladen, um mit ihr einmal über die Familiensituation zu sprechen. Auf diese Einladung hat sie aber nicht reagiert. Dann habe ich sie kennengelernt über einen angemeldeten oder spontanen Hausbesuch – das kann ich jetzt nicht mehr sagen. Das Verwunderliche an diesem Erstkontakt war, daß sie ihre Situation mit den drei Kindern vollkommen bestätigt hat, daß sie teilweise überfordert ist, aber diese Überforderung hat sie zu dem Zeitpunkt immer nur am Alleinelassen der Kinder diskutiert. Auch meine Sichtweise war nicht so sehr darauf gerichtet, wie sie ihren Alltag bewältigt, sondern, daß sie die Kinder nachts teilweise alleine läßt. Das war dann auch der Hauptanlaß, warum ich da eingestiegen bin." (A, 59)

„Mir ist dann aber aufgefallen, daß sie zwar immer bestätigt hat, daß das so war und daß sie die Kinder wirklich nachts alleingelassen hat. Und trotzdem war sie in der Anfangsphase überhaupt nicht zu einer Hilfe und Zusammenarbeit bereit. Dabei hat sie mir viele Dinge erzählt, daß sie die Kinder nachts z.B. einschließt und die Knaufe abmacht, damit die Kinder nicht rauskommen, ohne daß sie dabei im Hinterkopf hatte, daß ich das natürlich als unangemessen finde. Das war das Verwunderliche an diesem Erstkontakt, daß sie mir alle möglichen Dinge erzählt hat, die für mich unzumutbar für die Kinder waren, aber sie hat sie mir erzählt, als ob es die normalsten Dinge der Welt wären." (A, 74)

Zu diesem Zeitpunkt des Erstkontaktes gingen alle drei Kinder bereits in den integrativen Kindergarten.

Ein besonderes Problem sei allerdings gewesen, daß die Mutter die Kinder sehr unregelmäßig in die Einrichtung gebracht habe. Die Kinder seien zwar angemeldet gewesen, seien jedoch über lange Phasen von der Mutter überhaupt nicht gebracht worden. Die Vermutung sei, daß die Mutter es z.T. morgens nicht geschafft habe, die Kinder rechtzeitig für den Kindergarten fertig zu machen.

Nach Einschätzung der Sozialarbeiterin habe es einen familialen Einbruch gegeben, mit dem Auszug des Mannes und mit dem Wegzug der Großeltern aus H. In der Zeit davor habe es zwar auch schon zu DDR-Zeiten immer wieder Kontakte zur Jugendhilfe gegeben, größere Hilfen seien jedoch nicht organisiert worden. Die Familie habe es immer geschafft, größere Probleme innerhalb des Familienverbandes zu verbergen und leidlich zu lösen. Insbesondere die Mutter von Frau Bäcker habe hier eine sehr wichtige Rolle gespielt.

Die hauptsächliche Tätigkeit des ASD sei zu diesem Zeitpunkt gewesen, Frau Bäkker darauf aufmerksam zu machen, daß sie alleine die Verantwortung für die Kinder habe und daß die Art und Weise, wie sie sie alleine lasse oder wie sie unzureichend Betreuung für diese Kinder organisiere, sie nicht von ihrer alleinigen Verantwortung enthebe.

Die materielle Situation der Familie sei zu diesem Zeitpunkt (1992) schon sehr schlecht gewesen. Die Sozialarbeiterin berichtet:

„Die Kinder schliefen zu dem Zeitpunkt auf ohne Bettzeug bezogenen Liegen. Frau Bäcker sagte dazu, daß sie das gar nicht schlecht fände, weil die Kinder ohnehin so unruhig schliefen, daß sie die Laken nur runterreißen. Die Kinder schliefen mit dem Schlafanzug auf einer Liege; ich glaube, es waren nicht einmal Bettdecken vorhanden. Das Kinderzimmer war zwar ausgestattet mit einer Anbaureihe, aber ansonsten war kein Spielzeug und kein nichts darin, schmutzige Tapeten, alte, durchgetretene und schmutzige Auslegeware. Materiell so gut wie gar nicht oder dürftig eingerichtet – ja, so habe ich sie da angetroffen. Drei Kinder auf einer Liege schlafend, zusammengekauert. Sie sahen aus wie Drillinge. Die Mutter hat dazu gesagt, da kann man machen, was man will, da kann man ruhig ein Bett hinstellen, die kauern zusammen." (A, 202)

Das Angebot des Jugendamtes, für die Kinder Bettzeug zu organisieren, wurde von der Mutter abgelehnt, da sie zu diesem Zeitpunkt darauf hoffte, von ihrer eigenen Mutter Bettzeug geschickt zu bekommen. Das Ganze nimmt die Sozialarbeiterin als Indiz dafür, daß es um die materielle Situation der Familie zu dem Zeitpunkt sehr schlecht gestellt gewesen sei. Ernährungsprobleme der Kinder wurden zu diesem Zeitpunkt von der Sozialarbeiterin allerdings nicht beobachtet.

Im Gespräch, im Fachteam, sei deutlich geworden, daß man sehr viel Motivationsarbeit bei der Mutter leisten müsse, um hier angemessene Hilfen anbieten zu können. Die Mitarbeiterin, die die Familie früher (zu DDR-Zeiten) betreut hat, habe darauf hingewiesen, daß der Lebensstil der Frau Bäcker „familientypisch" sei. Man könne aber davon ausgehen, daß Frau Bäcker tatsächlich darum kämpfen würde, die Kinder zu behalten.

Danach habe es etwa ein halbes Jahr gedauert, in dem die Sozialarbeiterin „herumgeplänkelt" habe. Sie habe die Mutter eingeladen und sie sei nicht gekommen, oder sie habe Hausbesuche gemacht und die Mutter nicht oder nur kurz angetroffen. Im nachhinein beurteilt die Sozialarbeiterin dieses Vorgehen so, daß sie zu lange gewartet habe, daß sie nur versucht habe, durch Beratung und Aufklärung die Situation zu entschärfen, daß sie es aber nicht geschafft habe, eine handfeste Hilfe zu organisieren.

Eine Rückmeldung aus dem Kindergarten habe ergeben, daß die Kinder dort immer gut versorgt (Kleidung, Frühstück) angekommen seien. Ein Problem sei jedoch immer gewesen, daß die Kinder nur unregelmäßig und unzuverlässig in den Kindergarten gebracht worden wären.

Auf die Frage, ob die Sozialarbeiterin den Eindruck gehabt habe, daß die Kinder gefährdet gewesen seien: *„Gefährdet nicht. Ich hatte den Eindruck, daß die Lebensverhältnisse für die Kinder viel zu unzureichend sind. Daß da eigentlich vieles verändert werden müßte, damit es diesen drei Kindern dort besser geht. Das war so der Eindruck: Da muß was gemacht werden!" (A, 329)*

„Zwischen diesem schlechten Gewissen: Was könnte da eigentlich passieren – eine andere Idee, was da noch passieren könnte, hatte ich gar nicht, sondern immer nur die Vorstellung, was könnte sein, wenn die Kinder alleine sind. Zwischen dem schlechten Gewissen – ja, eigentlich wissen wir davon, und was machen wir eigentlich, dann aber wieder dieses, daß sie nicht auf meine Einladung reagiert und ei-

gentlich keine Hilfe will. Ich glaube, da war auch ein Stückchen Unentschlossenheit von mir dazwischen. Ich weiß, daß ich das als eine Belastung empfunden habe, davon zu wissen, wie es den Kindern geht, und eigentlich nichts zu machen ist.“ (A, 340)

In sporadischen Gesprächen mit der Mutter sei jedoch immer schon angeklungen, daß sie sich häufig überfordert fühle. Manchmal habe sie auch schon angedeutet, daß sie es mit den drei Kindern nicht schaffe. Dies seien jedoch im Prinzip immer nur kurze Sequenzen gewesen, wo sie auch immer darauf hingewiesen habe, daß auch der Kindergarten große Probleme mit den Kindern habe. Aber insgesamt habe sich durch die Gespräche gezogen, daß sie diese Kinder selber großziehen will.

Gerade in diesem Kontext sei immer wieder im Jugendamt diskutiert worden, ob es nicht möglich sei, hier eine konkrete Hilfe vor Ort zu installieren. Eine solche Hilfe habe in H. in Form der sozialpädagogischen Familienhilfe zur Verfügung gestanden. Allerdings habe die Mutter keine Bereitschaft gezeigt, eine solche intensivere Hilfe anzunehmen.

Vormundschaftsgericht

Die hier beschriebene Situation zieht sich über ca. ein halbes Jahr hin, ohne daß sich einschneidende Veränderungen vollziehen. Dann kommt es zu einem gravierenden Ereignis, indem die Kinder abends – als sie alleine in der Wohnung waren – eine hohe Dosis Tabletten schluckten und sich auf diese Weise bedrohlich vergifteten. Die Mutter schildert dies so:

„Ich war mit meinem Freund unterwegs. Da habe ich eine Babysitterin gehabt, aber die war aus dem Haus. Die hat bis um zehn Uhr da aufgepaßt und dann ist sie nach Hause. ... Das ist das, wo nachher das Gericht mit reingekommen ist, bei den Tabletten. ... Das war eine Tablettenvergiftung mit meinen Blutdrucktabletten. Die Babysitterin hat die Tür nicht richtig zugemacht. Weil ich, bei meinen Kindern habe ich mir angewöhnt, die Tür ohne Türklinke irgendwann zuzulassen, seitdem das mit der Farbe passiert ist. Seitdem haben die keine Türklinken drinne. Daß sie nicht rauskommen. Genauso wie die Fenstergriffe, die habe ich damals abgebaut, als die Ostgriffe noch dran waren, abgebaut, daß die nicht alles aus dem Fenster schmeißen. Das haben die auch alles draufgehabt. So, und wir sind um 7 Uhr abends los und haben sie (die Babysitterin, d.V.) gefragt, ob sie bis um 10 Uhr ungefähr aufpassen kann. Um 8 Uhr sind wir los – wir waren gerade mal zwei Stunden weg, da sind wir mit dem Taxi nach Hause gefahren und da guckt sie oben aus dem Fenster – da wußte ich das aber noch nicht. Wir waren in der Imbißstube in der T.-Straße, da haben wir gesessen und da haben wir gesehen, daß ein Krankenwagen 'rausfährt. Da habe ich schon ein mulmiges Gefühl gehabt. Wir haben dann gleich ein Taxi angerufen wie der Krankenwagen rausgefahren ist. Der hat die Kinder gleich ins Krankenhaus gebracht. Die haben regelrecht die Blutdrucktabletten aufgeteilt: 'Soviel kriegst du und soviel krieg ich und soviel kriegst du.' Und sie haben sie dann natürlich genommen. Und wir sind um halb zehn da oben angekommen, und da hat sie (die Babysitterin, d.V.) aus dem Fenster 'rausgeguckt und gesagt: 'Heidi, ich muß

mit dir reden.' Und da wußte ich, daß irgendetwas passiert ist, da habe ich das so richtig gemerkt." (BI, 224)

„Ja, und dann hat der Arzt dann eine Anzeige wegen Aufsichtsverletzung gemacht. Direkt beim Gericht, ohne Jugendamt. Weil er ja die Pflicht dazu hat. So, und dann kam es zur Gerichtsverhandlung, und dann habe ich die Jugendhilfe wieder gekriegt. Das ist aber im Beschluß dringewesen. ... Mit Familienbetreuung, das stand regelrecht drinne." (BI, 245)

Im Rahmen des hier von Frau Bäcker angesprochenen vormundschaftsgerichtlichen Verfahrens wird das Jugendamt – namentlich die zuständige Bezirkssozialarbeiterin – um Mitwirkung und Stellungnahme gebeten.

In dieser Stellungnahme gibt sie nach einer Darstellung ihrer Aktivitäten in der Familie folgende Bewertung der Situation:

„Die Tatsachen weisen darauf hin, daß für das Wohl der Kinder zeitweise nicht ausreichend gesorgt ist, sogar Lebensgefahr besteht.
Frau Bäcker verletzt gröblichst und wiederholt ihre elterliche Aufsichtspflicht. Da die Kinder noch sehr klein sind, kann in diesen Fällen stets eine unvorhergesehene Situation eintreten, die eine Gefahr für das Leben und die Gesundheit der Kinder selbst, also auch für dritte bedeuten kann. Aus meiner Sicht liegt hier schuldhaftes Versagen der Mutter vor.
Aus persönlichen Kontakten mit Frau Bäcker entnehme ich, daß sie ihre Kinder eigenverantwortlich in ihrer Wohnung betreuen möchte. Sie sieht ihr Fehlverhalten ein. Ich vermute jedoch, daß Frau Bäcker aufgrund ihrer starken Bedürfnisse zu sozialen Kontakten außerhalb der Familie nicht gewährleisten kann, daß sie die Kinder stets beaufsichtigt. Aus meiner Sicht ist sie außerdem teilweise unfähig, alters- und erziehungsgerecht mit den Kindern umzugehen.
Aus gesundheitlichen Gründen (Blutdruckschwankungen) ist Frau Bäcker nicht mehr optimal belastbar. Sie sieht selbst körperliche Grenzen in der täglichen Versorgung der Kinder und des Haushaltes. Erschwert wird die alleinige Betreuung der Kinder dadurch, weil diese sehr mobil, lebhaft und teilweise nicht an häusliche Normen gewöhnt sind. Das häusliche Milieu bedarf einiger, für das Wohlergehen der Kinder dringend notwendiger Veränderungen (Kinderzimmereinrichtung, Betten, Zudecken, Auslegware u.a.).
Die Kinder haben eine enge Beziehung zur Mutter, sie mögen sie sehr gerne. Durch das Zwillingsdasein ist auch das Zusammensein der Kinder sehr bedeutsam. Teilweise gelingt es den Kindern schon, sich den Anforderungen der Mutter zu entziehen." (Auszug aus der Stellungnahme des Jugendamtes)

Der Vormundschaftsrichter folgt dieser Bewertung und folgt dem Jugendamt hinsichtlich der empfohlen Maßnahme und vermerkt im Protokoll des Gerichtsverfahrens:

„Auf Fragen trägt Frau Bäcker vor, daß sie die Stellungnahme des Jugendamtes vom ... erhalten hat. Zum Sachverhalt wird dargelegt, daß dieser der Wahrheit entspricht. In der Vergangenheit ist es ab und zu vorgekommen, daß sie ihre Kinder unbeaufsichtigt ließ. Zu den Vorfällen, wo die Feuerwehr benachrichtigt wurde und der Notarzt die Kinder versorgen mußte, wird dargelegt, daß bei diesen Fällen ihr Bruder die Kinder beaufsichtigt habe. Sie sieht aber ein, daß solche kleinen Kinder nicht ohne ordnungsgemäße Aufsicht bleiben dürfen.
In der Zukunft wird sie mit dem Jugendamt intensiv zusammenarbeiten und jegliche Kindesgefährdung ausschließen. ...
Durch den Richter wird Frau Bäcker die Sach- und Rechtslage erläutert. Insbesondere wird Frau Bäcker dargelegt, daß das Vormundschaftsgericht bei Kindeswohlgefährdung gemäß § 1666 BGB entsprechende Maßnahmen zu treffen hat. Unter Umständen muß dann durch

das Gericht auch bestimmte Teile der elterlichen Sorge bzw. die gesamte elterliche Sorge auf andere Personen übertragen werden. Frau Bäcker trägt vor, daß sie diese Belehrung verstanden hat. Sie will in der Zukunft auf keinen Fall eine weitere Kindeswohlgefährdung zulassen. Sie ist auch bereit, mit dem Jugendamt intensiv zusammenzuarbeiten, Termine einzuhalten, Hausbesuche zuzulassen und eine Familienhilfe anzunehmen.
Nachfolgend wird die Kindesmutter, Frau Bäcker, wie folgt ermahnt:
1. Der Kindesmutter wird eine Ermahnung erteilt und dargelegt, daß bei weiteren Kindeswohlgefährdungen eine weitere gerichtliche Entscheidung folgen wird, die unter Umständen einen Entzug des Aufenthaltsbestimmungsrechts zur Folge haben könnte.
2. Frau Bäcker wird aufgegeben, eine sozialpädagogische Familienhilfe gemäß § 31 KJHG anzunehmen.
3. Frau Bäcker wird aufgegeben, die Gesprächstermine beim Jugendamt der Stadt H. einzuhalten und Hausbesuche durch das Jugendamt zuzulassen.
4. Der Kindesmutter wird aufgegeben, für die eingangs genannten Kinder den regelmäßigen Besuch in der Kindertageseinrichtung zu gewährleisten.

Abschließend wird der weitere Verfahrensweg ... abgestimmt. ... In der weiteren Zukunft soll abgewartet werden, ob sich die Kindesmutter an die Vereinbarungen hält. Sollten weitere Kindeswohlgefährdungen auftreten, wird das Gericht entsprechende Maßnahmen treffen." (Protokoll der Sitzung des Vormundschaftsgerichtes)

Heidi Bäcker rechtfertigt aus heutiger Sicht die Entscheidung des Vormundschaftsgerichtes, gibt jedoch nach einigen Nachfragen zu, daß sie zum Zeitpunkt des Aktivwerdens des Vormundschaftsgerichtes mit dieser Maßnahme nicht einverstanden war. Andererseits sieht sie heute, daß zu der Zeit eine Reihe von Problemen bestanden, die sich in der Tablettenvergiftung der Kinder zugespitzt hatten. Bei der Bereitschaft, das Urteil des Vormundschaftsgerichtes – und damit den Wunsch des Jugendamtes – umzusetzen, habe ihre Mutter eine große Rolle gespielt. Sie habe ihrer Tochter massiv zugeraten, die Hilfe des Jugendamtes in Anspruch zu nehmen und damit habe die Mutter ihr geholfen, die an sie gestellten Anforderungen zu akzeptieren. Aus heutiger Sicht empfindet Frau Bäcker diese Entscheidung als ausgesprochen positiv: *„Wenn das nicht gekommen wäre, wäre ich mit Sicherheit ein halbes Jahr später meine Kinder losgeworden."* (BII, 55) Ohne das Vormundschaftsgericht – so sieht es Frau Bäcker heute – hätte das Jugendamt bei ihr mit der Durchsetzung einer Hilfe keine Chance gehabt.

Trotz des Vorliegens des Urteils habe das Jugendamt nicht nachgelassen, um ihre Mitarbeitsbereitschaft zu werben. Die Einschaltung des Vormundschaftsgerichtes habe das Verhältnis zu ihr in keiner Weise verschlechtert, sondern eher zur Klarheit geführt. Von der Sozialarbeiterin wird diese Einschätzung geteilt:

„Das Kuriose war, daß sie das total einleuchtend fand. Als ich gesagt habe, wir werden uns jetzt an das Gericht wenden, sagte sie: 'Ja, das ist mir total klar. Das weiß ich, das muß jetzt auch so sein.' Ich weiß nicht, ob das bei ihr ein Stück Erkennen war, aber der Schritt des Jugendamtes war ihr klar. Vielleicht aus ihrer persönlichen früheren Lebensgeschichte her wußte sie genau, jetzt ist das Maß voll. Jetzt werde ich auch wirklich was machen. Da erinnere ich mich noch sehr gut daran, daß sie auch dem Gericht gesagt hat, daß das, was ich vorgetragen habe, alles stimmt. 'Das ist alles richtig, und so machen wir es.' Sie hat das vollkommen bestätigt." (A, 631)

Im Anschluß an dieses Urteil sei die Haltung von Frau Bäcker gegenüber dem Jugendamt völlig gekippt. Es habe noch etwa drei Wochen gedauert, um eine sozialpädagogische Familienhilfe zu organisieren. In dieser Zeit sei Frau Bäcker von sich aus gekommen und habe eingefordert, daß sie nun die gerichtlich verfügte Hilfe haben wolle. Die Sozialarbeiterin erklärt sich dieses u.a. damit, daß Frau Bäcker selbst an den Punkt gekommen sei, an dem sie erkannt habe, daß sie der Situation zu Hause alleine nicht mehr gewachsen sei.

Sozialpädagogische Familienhilfe

Unmittelbar nach dem Urteil des Vormundschaftsgerichtes wird vom Jugendamt eine sozialpädagogische Familienhelferin eingesetzt. Frau Bäcker zeigt sich nach einer nur kurzen Kennenlernphase sehr kooperationsbereit. Es wird vereinbart, daß die Familienhilfe einen Umfang von drei bis vier Besuchen von jeweils drei bis vier Stunden pro Woche einnehmen soll. In der Regel finden diese Besuche statt, wenn die Kinder aus der Kindestagesstätte nach Hause kommen.

Die Familienhelferin beschreibt die Familiensituation zum Zeitpunkt ihres Eintritts als sehr desolat. Die Kinder seien übermäßig lebhaft, undiszipliniert und unerzogen gewesen. Insgesamt hätten sie einen grob vernachlässigten Eindruck gemacht. Die Erziehungsmittel der Mutter haben von einfachen Ermahnungen, die jedoch von den Kindern zumeist völlig ignoriert würden, bis hin zu massivem – nahezu hysterischem – Anschreien bei gleichzeitigem Schütteln der Kinder gereicht. Frau Bäcker habe den Eindruck vermittelt, daß sie offensichtlich sehr häufig in solche Situationen gerate. Bei alledem sei es ihr offensichtlich egal, ob Fremde hierbei zugegen seien.

Über die Anfangszeit der Betreuung berichtet die Familienhelferin:

„Und was mir in dieser Anfangszeit ganz stark auffiel: Sie (die Mutter, d.V.) hat die Kinder nicht als Kinder behandelt, sondern als ihresgleichen. Und die Forderungen, die sie an die Kinder stellte, waren nie kindgerecht. Sie mußten in einem Alter schon Dinge erledigen, hören und verstehen, die gar nicht kindgerecht waren. ... Die Forderungen, die sie an die Kinder stellte, waren oft unrealisierbar. ... Zum Beispiel dieses ständige Artig-sitzen-müssen, wenn doch noch Zeit zum Spielen ist. Sie kommen nach Hause: 'Setz dich dahin!' Und die Kinder mußten da sitzen bleiben. Aber ohne Spielzeug, ohne was zu tun, ohne sonstwas, und dann sitzen drei so quirlige Jungs da, werden angebrüllt, dürfen sich nicht bewegen. Oder: 'Zieht euch an, oder aus!' Und dieses An- und Ausziehen auch mit Sachen, die so schwierige Knöpfe haben, das mußten sie auch ganz schnell und ordentlich machen. Das konnte kein Kind. ... Sie verlangte das schon mit drei und vier Jahren. 'Und wenn ihr das nicht könnt, dann müßt ihr halt sitzen bleiben!' Und dann werden sie angeschnauzt eine Runde und dann kurzerhand in die Ecke gestellt." (A, 152)

Der Wildheit der Kinder habe die Mutter nicht anders Herr werden können, als diese nachts und zeitweise auch tagsüber in der Wohnung einzuschließen. Die Familienhelferin stellt diese Situation folgendermaßen dar:

„Bevor ich in die Familie kam, stand zur Diskussion, daß die Kinder den Mist machen, weil sie alleine waren, weil sie eingeschlossen waren. Frau Bäcker hat versucht, um Herr dieser Situationen zu werden, z.B. dann abends die Kinder einzuschließen. Die kriegten jeder ihr Zimmer, die Tür wurde zugeschlossen, Knauf ab, Fensterriegel ab und Türriegel ab, damit sie nicht aus der Tür können. Wenn sie auf Toilette mußten, dann pochten sie halt. ... Das waren auch alles Dinge, die sie nicht als schlimm erachtete. Sie sah auch nicht als schlimm an, wenn sie dann halt die Kinder dort einschloß. Wenn die pillern mußten – das passiert ja bei Kindern –, dann klopften sie. Und wo haben sie geklopft? An der Heizung. Das schallte dann durch das ganze Haus, und dann gab es Beschwerden, und dann kriegte sie wieder Ärger." (A, 228)

Der Beratungs- und Unterstützungsauftrag der sozialpädagogischen Familienhilfe gegenüber Frau Bäcker wird sehr umfassend ausgestaltet und bereits vier Tage nach dem Vormundschaftsgerichtsbeschluß in einer gemeinsamen Hilfeplanung mit der Mutter wie folgt präzisiert:

„Hauptschwerpunkte der SPFH:
1. Erzieherischer Beistand von 16.00 bis 19.00 Uhr
2. materielle Ausgestaltung der Kinderzimmer im Rahmen der persönlichen finanziellen Möglichkeiten der Mutter
3. Organisation und Mitwirkung bei der Beantragung von Sozialleistungsansprüchen (Kindergeld u.a.)
4. Analyse der finanziellen Situation
5. soziale Integration von Frau Bäcker
6. Befähigung zur sinnvollen Wochenendgestaltung
7. Zusammenarbeit mit dem Kindergarten bei der geistigen und körperlichen Entwicklungsförderung der Kinder
8. sozialpädagogische Analysetätigkeit im Bereich des erzieherischen Bedarfes
9. Vermeidung der Fürsorge- und Aufsichtspflichtverletzungen der Mutter gegenüber den Kindern." (aus: Hilfeplanprotokoll)

Am Beispiel der Versorgung der Kinder mit Spielzeug stellt die Familienhelferin ihre Arbeitsweise dar. Sie berichtet, daß die Kinder in der Anfangsphase der Betreuung überhaupt kein Spielzeug hatten. Auf die Frage, was die Kinder denn gemacht haben, berichtet sie:

„Sie sind über Tische und Bänke gelaufen, haben sich geprügelt, sind getobt, haben ferngesehen. Das war's. Und Frau Bäcker hat gesagt, wenn sie Spielzeug kriegen, machen sie es nur kaputt, also kriegen sie gar keins." (A, 172)

Die Familienhelferin begann die Spielzeugarmut in der Familie dadurch zu durchbrechen, daß sie zunächst einmal Bauklötze mitbrachte und gemeinsam mit den Kindern und der Mutter begann, auf dem Wohnzimmerfußboden aus den Bauklötzen etwas zu bauen. Die Befürchtung der Mutter, daß die Kinder sich mit den Bauklötzen nur beschmeißen könnten und nichts Konstruktives anfangen würden, wurden dadurch entkräftet, daß die Familienhelferin aufzeigte, wie man durch Anleitung der Kinder ein konstruktives Spielverhalten bewirken könne. Einige Zeit nach diesem Einführen von Bauklötzen in die Familie habe Frau Bäcker selbst einen größeren Satz Bauklötze im Supermarkt gekauft. Allerdings habe es fast ein Jahr der Betreuung und Beratung gebraucht, bis die Mutter selbst begonnen habe, etwas zu organisieren oder sich darum zu kümmern, daß die Kinder auch über Spielsachen verfügen.

Nach etwa einjähriger Tätigkeit der Familienhelferin zum Zeitpunkt der Befragung zieht diese das Zwischenfazit, daß es gelungen sei, die Vernachlässigung der Kinder weitestgehend aufzuheben. Die Mutter habe erfaßt, daß es notwendig sei, sich mit den Kindern auseinanderzusetzen und sich mit den Kindern zu beschäftigen. Die Familienhelferin sieht daher für die Kinder zur Zeit keine großen Risiken aufgrund von Vernachlässigungssituationen, auch wenn die Mutter große Mühe haben wird, eingetretene Entwicklungsrückstände bei ihren Kindern zu akzeptieren. Das zentrale Problem des nächtlichen Einschließens und Alleinlassens der Kinder sei in dem Jahr der Betreuung durch die Familienhilfe nicht mehr vorgekommen. Die Mutter gehe wesentlich seltener außer Haus. Wenn sie abends weggehe, organisiere sie nach Wissen der Familienhelferin immer zuverlässig eine Kinderbetreuung (Babysitter). Große Probleme habe Frau Bäcker jedoch nach wie vor in der Sicherung der materiellen Lebensbedingungen. Immer wieder gerate das Familieneinkommen in Krisen, wenn sie Rechnungen nicht bezahle oder entsprechende Anträge bei Ämtern nicht im erforderlichen Maße bearbeite.

Von Frau Bäcker wird die sozialpädagogische Familienhilfe überwiegend positiv beurteilt. Als besonders positiv hebt sie hervor, daß die Familienhelferin sie bei Ämtergängen (insbesondere in Schuldenfragen) unterstütze. Außerdem sei es positiv, daß man bei Problemen einen Ansprechpartner habe, und daß man nicht gleich zum Jugendamt gehen müsse. Frau Bäcker betont:

„Denn Frau P. (Familienhelferin, d.V.) ist praktisch eine Vermittlungsperson. Ich kann zu ihr kommen. Zum Beispiel mit der Brandstiftung (siehe unten, d.V.) habe ich sie zuerst angerufen, und dann haben wir eben hier schon abgesprochen, wie man das machen kann. Und dann ist sie da runtergefahren zum Jugendamt und hat das da unten geklärt." (B, 75)

Frau Bäcker thematisiert auf Nachfrage jedoch auch einen negativen Aspekt der sozialpädagogischen Familienhilfe:

„Nicht so gut ist das häufige Kommen. ... Ja, ich meine, das ist nicht so gut, aber wenn es sein muß, dann muß es eben sein. ... Ich denke mir, dann ist das Privatleben so ein bißchen aufgehoben." (B, 80)

Im Verlauf des weiteren Gespräches wird jedoch von Frau Bäcker wieder betont, daß die durch die sozialpädagogische Familienhilfe gegebene regelmäßige Kontrolle auch der finanziellen Situation sehr wichtig ist, und daß sie diese Kontrolle im Grunde doch sehr gut findet.

Krise und kurzfristige Heimunterbringung

Nachdem die sozialpädagogische Familienhilfe etwa ein Dreivierteljahr tätig ist, kommt es in der Familie zu einer besonderen Krise. Die drei Kinder hatten in den frühen Morgenstunden zwischen 5 und 6 Uhr, als ihre Mutter und der ebenfalls anwesende Bruder der Mutter noch schliefen, in einem ihrer Zimmer mit Feuer gespielt und dabei eine Liege in Brand gesetzt. Die Mutter schildert diese Situation folgendermaßen:

„*Das ist immer, wenn man den Kindern was Gutes tut – ich meine, das kenne ich ja von mir selber auch – macht man was Gutes, dann gibt es danach gleich den großen Knall (die Aussage bezieht sich darauf, daß die Mutter mit den drei Kindern zu Weihnachten die Oma in Westdeutschland besucht hat, d.V.). ... Um dreiviertel sechs morgens haben sie Matthias' Zimmer in Brand gesteckt.* (Frau Bäcker erläutert, daß die Zwillinge und der jüngere Bruder jeweils ein eigenes Zimmer haben, daß sie auf Initiative der Familienhelferin die Zimmer nicht mehr abgeschlossen habe, und daß sich die Kinder auf diese Weise im Wohnzimmer ein Feuerzeug organisiert haben.) *Erstmal die Liege, schon angesteckt, hat ja schon gebrannt. Aber da sind sie so, die wissen, daß man Feuer löschen kann, aber das hat nicht geklappt. Da haben sie die Decke genommen und wollten das Feuer ersticken, aber das haben sie wohl nicht richtig geschafft, und dann hat die Decke auch noch Feuer gefangen. ... Mein Bruder war zu der Zeit da, und der ist durch den Qualm aufgewacht. ... Und dann er 'rein und hat versucht, das zu löschen mit einem Eimer Wasser." (B, 336)*

„*Und dann ist es so gewesen, wie wir das gelöscht haben, da bin ich gleich 'runtergegangen und habe Frau P. (sozialpädagogische Familienhelferin, d.V.) angerufen. Und Frau P. ist dann um halb neun gekommen, weil sie früher nicht konnte. So, und dann haben wir ein Gespräch geführt, und dann hat Frau P. Olaf gefragt, warum er das gemacht hat. Und da hat er gesagt: 'Weil ich Mama nicht mehr mag.' So, und dann war bei mir Funkstille. Ich habe nichts gesehen und nichts gehört und habe nur dagesessen und geheult, bestimmt zwei Stunden nur geheult. Und da hat Frau P. sich noch weiter mit denen unterhalten. Ich weiß nicht, was die sich unterhalten haben, ich hab' ja nichts mehr mitgekriegt. Ja, und als ich mich dann nachher so langsam beruhigt habe, da habe ich Frau P. gefragt, wie das so ist, ob man da nicht irgendwas machen könnte, damit wir zur Ruhe kommen. Die Kinder erstmal und ich auch. Und dann hat sie gesagt, warten Sie ab, ich fahre nachher 'runter zum Jugendamt und frage nach. Und dann kam sie nachher so um halb eins wieder hoch und hat gesagt: 'Wir können es erstmal so machen, daß die Kinder ins Heim gehen für etwa sechs bis acht Wochen.' Und dann haben wir den Antrag gestellt für etwa sechs bis acht Wochen. Und nach drei Tagen haben sie mir schon gefehlt. Das ist von mir aus gekommen, daß sie erstmal ins Heim gehen. ... Das ist so eine Phase gewesen, wo sich bei mir alles gestaut hatte, was sie über die Jahre gemacht haben, ich meine, ich habe noch nie so einen Ausbruch gehabt. Das hat sich dann praktisch von 1990, wo die Zwillinge zwei waren, von da an aufgestaut, bis 1995 dann. Und dann ist bei mir alles 'rausgekommen, und dann habe ich ihnen vorgehalten, was sie alles gemacht haben. Da ist Frau P. bald ausgerastet und hat gesagt, das sei aber jetzt nicht gerecht, daß ich ihnen das jetzt vorwerfe. Und da habe ich gesagt: 'Deswegen brauche ich jetzt erstmal Ruhe. Ich muß erst selber zu mir finden, und die Kinder müssen erstmal ruhig werden.' Und dann sind sie ins Heim gegangen. ... Ich habe ja den Antrag gestellt. Nicht das Jugendamt ist gekommen, nein, ich bin ja gekommen. Weil ich weiß, wenn man jetzt selber geht, ist das nicht so schlimm, als wenn das Jugendamt die Kinder holt." (B, 382)*

Es gelingt dem Jugendamt unmittelbar, Heimplätze in der Stadt H. für die drei Kinder zu finden. Die Mutter wird in der Zeit der Heimunterbringung der Kinder von der Familienhelferin intensiv beraten und beginnt schon bald wieder, auf die Rückkehr der Kinder zu drängen. Nach etwa vier Wochen kehren die Kinder in die Familie zurück. Die Mutter bemerkt zur Rückkehr der Kinder:

„Ich habe schon nach drei Tagen gesagt, hoffentlich kommen meine Kinder bald zurück. Die Kinder waren erstens mal viel ruhiger. ... Die Beziehung ist viel enger geworden zwischen mir und den Kindern. Ich bestrafe auch nicht mehr so doll, weil ich gemerkt habe, das lohnt sich nicht mehr. Mit Haue sowieso nicht. Dann stelle ich sie immer hinter die Tür im Wohnzimmer, und dann müssen sie eben ... da stehen, wenn sie nicht schlafen. Ich meine, das zieht ja mehr wie ..." (C, 19)

Perspektive

Die Kinder leben nach wie vor – unterstützt durch die sozialpädagogische Familienhilfe – mit ihrer Mutter zusammen. Das Vertrauen der Mutter in die Unterstützungsangebote des Jugendamtes ist gestiegen, und die anfängliche Angst, daß sie die Kinder verlieren könnte, ist weitgehend gewichen. *„Weil ich weiß, daß, wenn ich Probleme habe, kann ich immer zum Jugendamt kommen." (C, 22)*

Im Rückblick stellt Frau Bäcker fest:

„Ich habe damals einen Fehler gemacht, daß ich alles in mich hineingefressen habe. Es ist nichts nach außen gedrungen. Ich habe nichts nach außen gehen lassen. Ich bin heute aufgeschlossener gegenüber allem, was neu ist. Das habe ich damals nie gemacht, ..., weil ich meine Probleme selber lösen wollte, und ich habe nachher mitgekriegt, daß das gar nicht geht alleine, wenn man jetzt sozusagen alleinerziehend ist. Auch wenn ich meinen Freund habe, das ist aber dann doch nicht immer das Wahre." (C, 70)

In einem später geführten Interview, in dem Frau Bäcker als „Expertin" für die Beurteilung der sozialen Dienste aus der Betroffenensicht befragt wurde, kommt im Gespräch abschließend der Gedanke auf, daß alle diese Institutionen mehr oder weniger das Wohl der Kinder im Auge haben, jedoch keine dieser Institutionen das originäre Ziel hat, für Frau Bäcker selbst da zu sein. Insbesondere ist es für Frau Bäcker zunehmend ein Problem, daß sie in ihren Beziehungen stets mit solchen Männern zu tun hat, die Alkoholiker sind (alle sechs bisher bestehenden Beziehungen waren Beziehungen zu Alkoholikern). Hier beschäftigt sich Frau Bäcker derzeit mit einer Anregung, die sie aus dem Jugendamt bekommen hat. Hier wurde angeregt, daß sie für sich selber eine Beratung in Anspruch nehmen soll, um ihre eigene Lebenssituation und Lebensgeschichte etwas aufzuarbeiten, und vor allem, um zu verstehen, warum sie immer wieder in gleiche schwierige Beziehungssituationen mit Männern kommt. Für Frau Bäcker ist dieser Gedanke zum Zeitpunkt des Interviews noch relativ neu. Sie scheint sich jedoch ernsthaft damit auseinanderzusetzen.

Eine Bedingung, die sie dabei allerdings formuliert, ist, daß ein solches Gespräch, eine solche Beratung, eine solche Therapie für sie nur vorstellbar ist, wenn sie von

Menschen angeboten wird, mit denen sie derzeit keinen Kontakt hat. Sie erlebt alle Fachkräfte um sich herum deutlich in ihrem Blickwinkel und ihren Interessen fixiert auf die Kinder. Wenn sie sich persönlich öffnen soll, was ihr sehr schwer fällt (*„Nur unter Hypnose.“)*, dann ist dieses für sie mit der Anforderung einer absoluten Vertraulichkeit verbunden. Diese Vertraulichkeit kann sie nach ihrem eigenen Eindruck nur entwickeln, wenn sichergestellt ist, daß die hier thematisierten persönlichen Anteile nicht einen Rückfluß haben auf die anderen Fachkräfte, die sich um ihre Kinder kümmern. Auch wenn der Aspekt der unbedingten Vertraulichkeit und des Datenschutzes von Frau Bäcker in dem Gespräch nicht thematisiert wird, wird hier jedoch – bezogen auf ihre persönlichen und intimen Probleme – eine Vertraulichkeitsgrenze gegenüber den bislang beteiligten Personen und Institutionen deutlich.

2.2 Familie Santos: „ ...aber mit den sieben Kindern in einem Zimmer – das war wirklich schwierig.“

Portugal

Die Familie Santos kommt aus Q., einem kleinen Ort in Portugal. Antonio und Arminda Santos leben im Haushalt der Mutter von Frau Santos Bei ihrer Heirat ist Arminda Santos 17 Jahre, Antonio Santos 23 Jahre alt.

Die Mutter von Frau Santos besitzt ein Haus, in dem neben Herrn und Frau Santos auch die beiden jüngeren Brüder und eine Schwester von Frau Santos leben. Der jüngste Bruder ist sieben Jahre alt, als im Jahr 1978 Alechandra geboren wird. Antonio Santos arbeitet als Bauhelfer im Ort, Frau Santos ist Hausfrau.

1980 wird Babe geboren, 1981 Daniela, 1983 Ceyda, 1984 Sabine, 1985 Vanessa. In dieser Zeit löst sich die Großfamilie auf, die jüngeren Erwachsenen müssen das Dorf verlassen, um Arbeit im Ausland zu finden. Zunächst sind es die Geschwister von Herrn und Frau Santos. Frau Santos: *„Ich habe zwei Brüder, die nicht verheiratet sind, der Kleinere lebt jetzt in Frankreich, der andere arbeitet seit einem Jahr in einem Restaurant in Köln. Vorher war er bei meiner Schwester in der Schweiz, er ist jetzt (1996, d.V.) 25 Jahre.“ (A, 14)* Herr Santos war zuvor bereits als Jugendlicher in Deutschland gewesen, dann aber doch in seinen Heimatort zurückgekehrt. Auch seine Brüder verlassen Q. und gehen in Deutschland auf Arbeitssuche. 1988 verläßt auch Antonio Santos seine Frau Arminda und die sechs Töchter, um in Deutschland eine Arbeitsstelle zu finden. Er erinnert sich im Gespräch an den schwierigen Start in Deutschland: *„Ich hatte hier nur ein Zimmer, ein einziges kleines Zimmer, in dem wir mit fünf Leuten gewohnt haben. Dann hatte ich einen Kollegen aus W. kennengelernt, mit dem ich darüber gesprochen hatte, daß ich insgesamt sechs Kinder und eine Frau in Portugal habe. Der hat mir dann gesagt, daß ich mich an eine staatliche Stelle wenden soll, so bin ich dann zum Wohnungsamt in W.*

gekommen. Dann habe ich eine andere Wohnung in W. bekommen mit zweieinhalb Zimmern. Dann habe ich mit Arminda telefoniert und ihr gesagt: 'Du kannst mit ein oder zwei Kindern schon mal kommen.'" (A, 7)

Umzug nach Deutschland

Arminda Santos fährt zunächst allein zu ihrem Mann, die sechs Mädchen bleiben ein Jahr lang bei der Großmutter bis auch sie nacheinander zu den Eltern gebracht werden. Im Gespräch beschreibt Frau Santos den Umzug ihrer Familie:

„Am 6. Oktober 1988 bin ich dann nach W. gekommen. Vierzehn Monate war ich zuerst allein mit meinem Mann in L., hier in der Nähe von W. Ich hatte meine Mutter und meinen Schwager und meine Schwägerin gefragt, ob sie ein oder zwei Jahre aufpassen könnten auf meine sechs Mädchen und ich habe mit meinem Mann versucht, hier eine gute Arbeit zu finden. Ich war vierzehn Monate alleine hier mit meinem Mann. Vorher war mein Mann ganz alleine, ungefähr drei Monate hier und er hatte versucht, eine Wohnung und eine Arbeit hier zu finden. Ich bin dann mit erst zwei Mädchen wiedergekommen, vier sind noch in Portugal geblieben bei meiner Mutter. Einen Monat später kam dann meine Schwester und hat drei Kinder mitgebracht. Das war dann im November. Meine älteste Tochter Alechandra ist dann im Januar mit einer Familie nach Deutschland gekommen, die dann in K. wohnte, die haben sie mitgenommen. Mein Schwager hat dann die Kinder mit dem Auto in K. abgeholt." (A, 6)

Besonders schwer ist für die Großmutter der Abschied von der neunjährigen Alechandra.

„Sie blieb zunächst bei meiner Mutter und kam dann als letzte. Meine Mutter blieb ganz allein in dem Haus, mein Vater war da schon gestorben. Meine Mutter hatte mir gesagt: 'Du hast doch gar nicht so viel Geld, laß doch die Kinder bei mir!' – mein Mann verdiente nur ganz wenig. Ich hatte meiner Mutter versprochen, die Große, die Alechandra, die bleibt bei dir bis du tot bist. Wenn du gestorben bist, dann kommt sie wieder zu uns. Als ich dann in Deutschland war, mußte ich aber sagen, ich habe doch 6 Kinder. Du bekommst auch kein Kindergeld für ein Kind, das in Portugal lebt. Und als mein Mann im Krankenhaus war, und das Krankengeld nicht mehr kam, da habe ich gesagt: 'Wo kommt das Geld her für die Miete, das Essen usw.?' Meine Mutter hatte zwar für das Kind in Portugal gesorgt und auch alles bezahlt, aber als wir dann in W. waren, habe ich gesagt: 'Tut mir leid, Mutter, aber das Kind kommt zu mir. Entweder alle oder keiner.' Wenn ein Kind in Portugal krank geworden wäre, dann hätte ich dahin fahren müssen. Und so kam auch die Große als letzte hier nach W." (A, 13)

Familie Santos lebt dann mit acht Personen in der Zwei-Zimmer-Wohnung in W. Die sechs Mädchen sind im Alter von drei bis 10 Jahren. Die Unterstützung, die Frau Santos zuvor durch ihre Mutter im gemeinsamen Haushalt in Portugal erfahren hatet, ist nicht mehr vorhanden. Es gibt Probleme mit der Aufenthaltserlaubnis. Die Familie wendet sich an die Ausländerberatungsstelle in Köln, um Hilfe bei der Weitergewährung zu bekommen. Herr Santos hatte bei der Firma J. in H. gearbeitet und verlor diese Arbeitsstelle als er während der Probezeit aufgrund einer Mundhöhlenerkrankung krankgeschrieben wird. Er wird arbeitslos.

Die Ausländerberatungsstelle

Im Sommer 1989 wendet sich Frau D., die Mitarbeiterin der Ausländerberatungsstelle an den ASD des Kreisjugendamtes, nachdem sie mit den Eltern über die Notwendigkeit weiterer Hilfen gesprochen hat. (Der ASD der Kreises unterhält eine Außenstelle mit vier MitarbeitInnen in der Stadtverwaltung W.). Frau D. überzeugt Antonio und Arminda, daß sie sich an das Jugendamt wenden sollen. Hier sei der Mitarbeiter Herr J. für sie der direkte Ansprechpartner. In der späteren Begründung des Jugendamtes zur Gewährung von Hilfen zur Erziehung heißt es:

„Frau D. hatte mich am 13.6.1989 auf die drohende Fehlentwicklung der Mädchen und die prekäre Familiensituation aufmerksam gemacht, die sie seit dem Jahreswechsel beobachten konnte. Über Beratungsangebote ihrerseits hält sie weitergehende Hilfe für die Eltern in der Kindererziehung erforderlich und bereitete mit ihnen die Klärung vor." (aus: Stellungnahme zum Antrag auf Hilfe zur Erziehung)

Der Schritt zu einer öffentlichen Behörde sei für ihn sehr schwierig gewesen, beschreibt Antonio Santos: *„In Portugal hätten wir unsere Schwierigkeiten in der Familie und mit Verwandten gelöst. Als ich dann aber krank wurde und das mit den Behördenschreiben so schwierig wurde, habe ich mich dann doch an die Stadt gewandt." (C, 18)*

Erster Kontakt zum Jugendamt

Herr J., der Mitarbeiter des Jugendamtes nimmt daraufhin Kontakt mit Herrn und Frau Santos auf. Er spricht mit Herrn Santos zunächst im Büro, dann besucht er die Familie zu Hause. Er klärt mit den Eltern zunächst die Krankengeldansprüche. Gleichzeitig ist der Antrag auf Sozialhilfeleistungen Inhalt des Gesprächs.

Frau Santos beschreibt im Gespräch ihre damalige materielle Situation und die Schwierigkeit, ohne Deutschkenntnisse die notwendigen Behördenangelegenheiten zu regeln.

„Früher bekam mein Mann sein Geld von der Krankenkasse, dann schrieb die Krankenkasse uns einen Brief, ab jetzt, ab diesem Monat bekommst Du kein Geld mehr von der Krankenkasse, sondern vom Sozialamt. Da mußt Du einen Antrag beim Sozialamt machen, dann bekommst Du das Geld vom Sozialamt. Ich konnte kein Deutsch und konnte deshalb nicht zum Sozialamt gehen und mußte warten, daß mein Mann aus dem Krankenhaus kam, weil er Deutsch kann. So kamen wir dann auch an Herrn J." (A, 1)

Schule

Während Frau D. von der Ausländerberatungsstelle den Eltern Mut gemacht hatte, sich auch in Fragen der Kindererziehung Unterstützung durch das Jugendamt zu holen, reagieren der Schulkindergarten, den Daniela besucht, und die Grundschule (Alechandra und Babe besuchen die 2. Klasse) mit Unverständnis auf das „unangepaßte" Verhalten der Mädchen.

Die LehrerInnen der Kinder kennen zwar die materielle Notsituation und die Folgen der Armut für die Mädchen, sie konfrontieren jedoch die Eltern mit Vorwürfen, die diese aufgrund der zu geringen Deutschkenntnisse nicht verstehen.

In der späteren Dokumentation eines Gespräches mit den Lehrerinnen werden Auswirkungen der materiellen Notsituation der Familie Santos beschrieben.

„... Daniela (7 Jahre) hat häufig schmutzige Fingernägel, wirkt hinsichtlich der Körperhygiene ungepflegt, ist für die Jahreszeit unpassend angezogen. Auffällig bei Daniela ist, daß sie jeden Tag andere Kleidung trägt, was für die Gruppe ungewöhnlich ist. Genau wie bei den Geschwistern in der zweiten Klasse fehlt ständig etwas, was bei Daniela gefunden wurde: Stifte, Arbeitsmaterial, usw. .... Das Mädchen ist für Frau K. schwer zugänglich gewesen, wirkte auf sie teilweise gleichgültig und starr, manchmal verträumt und irgendwie gehemmt. Daniela wird im Dezember 8 Jahre alt, wird jetzt im August in die erste Klasse eingeschult und dürfte nach Einschätzung der erfahrenen Vorschulpädagogin starke Probleme im Lern- und Leistungsbereich und mit dem Sozialbereich bekommen. In diesem Zusammenhang fiel ihr bzw. den Lehrerinnen auf, daß die Kinder in der Ernährung sehr knapp gehalten werden müssen. Im Kochunterricht wurden Pfannkuchen gebacken und eines der Mädchen hatte solchen Hunger, daß es 15 kleine Pfannkuchen „auffutterte". Sie war dabei ein wenig unsicher, fragte nach mehr und fiel mit dieser Menge in der Gruppe sehr stark auf. Diese Beobachtung deckt sich mit Aussagen der Mutter und von den Kindern mir und Frau Daniel gegenüber, nachdem manchmal Herr Santos seiner Frau nicht einmal das Geld überläßt, damit das Toastbrot gekauft werden kann." (aus: Aktenvermerk des ASD zum Gespräch mit den LehrerInnen)

Die drei kleineren Mädchen Ceyda (6 Jahre), Sabine (5 Jahre) und Vanessa (4 Jahre) sind den ganzen Tag bei den Eltern. Herrn J. beschreibt in einem Aktenvermerk seine Befürchtung, daß auch die drei jüngeren Kinder ohne weitergehende Unterstützung in der Schule Schwierigkeiten bekommen werden: „Die Kinder Sabine und Vanessa (5 und 4 Jahre alt) verstecken sich viel hinter Ceyda und nehmen mit Sicherheit die unerwünschten Verhaltensweisen der älteren Geschwister an. Sie sind m.W. wegen ihres Alters noch nicht im Umfeld in Erscheinung getreten. Sie dürften aber nicht nur wegen der fehlenden sprachlichen Fähigkeiten und der fehlenden Umfeldkontakte Kandidaten für eine verspätete Einschulung sein. Das dürfte wiederum problematisch sein, wenn wegen sozialer nicht wegen geistiger Rückständigkeit die Kinder relativ alt in der Klasse sind." (aus: Aktenvermerk des ASD zum Gespräch mit den LehrerInnen)

Nachbarschaft

Nicht nur in der Schule, auch in der Nachbarschaft gibt es ständigen Ärger. *Frau Santos: „Da war die Frau M., eine Nachbarin, mit der hatte ich ständig Ärger. „Das waren mit Sicherheit die Santos-Kinder sagte die jedesmal, wenn irgendetwas los war, auch wenn es gar nicht meine Kinder waren." (C, 7)* Auch Herr J. bestätigte im Gespräch die „Sündenbock-Rolle" der Familie innerhalb der Hochhaussiedlung. *Frau Santos: „Sie wollten mich einmal mit Tomaten und Eiern bewerfen aus dem*

Fenster. Nur war ich das gar nicht, sondern eine andere Frau, die mir von oben aus dem Hochhaus wohl ähnlich sah, die hat dann alles abgekriegt. Aber verstehen Sie, wie die uns ständig beschimpft haben?" (C, 8)

Hausbesuche

Nur Frau D. und Herr J. sind in dieser Zeit diejenigen, die die Familie unterstützen. Die Eltern sind sehr stolz auf ihre Kinder, sie verstehen die Ablehnung und die Vorwürfe der Schule und der Nachbarschaft nicht. Herr Santos zeigt Herrn J. gerne Photos seiner Familie, auf dem die Kinder hübsch angezogen und ihrer Größe nach geordnet nebeneinander stehen. Obwohl den Eltern das Annehmen staatlicher Hilfen schwerfällt, beschreiben sie Herrn J. gegenüber ihre Schwierigkeiten. In einem Aktenvermerk zu den Hausbesuchen im Sommer 1989 heißt es:

„Erziehungsproblematik

Die Kinder erscheinen häufig nicht gewaschen, der Jahreszeit nicht angemessen gekleidet und fallen durch mehrmalige Diebstähle auf. Häufig finden sich dann die gestohlenen Dinge in den Taschen der Kinder.
Hinsichtlich der Sauberkeit ist eher die Körperhygiene als Kleidung gemeint. Frau Santos beklagte sich glaubhaft, daß die älteste Tochter Alechandra sich pro Tag häufig schmutzig macht, daß sie sechs- bis achtmal umgezogen werden muß. Es fällt jeden Tag so viel Wäsche an, daß sie diese Berge kaum kräftemäßig und finanziell bewältigen kann. Die z.T. fehlenden Fähigkeiten, sich sprachlich auszudrücken, zum Teil sehr bewußtes Auftreten und Durchsetzen lassen die Kinder im sozialen Umfeld ein wenig auffallen und als Außenseiterinnen erscheinen, zumal die Kinder meistens auch mindestens zu zweit auftreten. Die entstandenen Konflikte lassen sich von der Mutter nur sehr schwer klären, da ihr die sprachlichen und zeitlichen Möglichkeiten fehlen. Möglicherweise fehlt ihr die Geduld für die Nachbarschaftskontakte, die dann auch zu Klärungen führen und zur Analyse, welches denn die Anteile der Kinder an den Konflikten sein könnten.
Die Kinder streiten sich häufig, und sie wollen in ihrer individuellen Besonderheit gefördert sein. Es herrscht ständige wirtschaftliche Not im Hause und ständige Überlastung der Eltern. Frau Santos möchte gerne ihre Kinder in sauberer Kleidung sehen und findet immer wieder Mangelzustände. Die Kinder werden umgezogen und es bleibt für die Hausfrau die Arbeit mit der Wäsche. Das Haushalten mit wenig Geld ist zeitaufwendig. Es kann nicht ökonomisch eingekauft werden. Die Einkaufsmengen sind kleiner, die Einkäufe finden häufiger statt. Zusätzlich sind die Sorgen um die Gesundheit und die wirtschaftliche Zukunft der Familie ein weiteres Hemmnis in der Erziehung. Die Beanstandungen aus der Schule und aus dem Vorschulkindergarten machen die Eltern traurig und hilflos, da sie nicht wissen, wie sie darauf außer mit neuen Vorsätzen reagieren können. In der Situation kann sehr leicht das Verständnis und das individuelle Eingehen auf die Kinder zu kurz kommen und zu rigiden Erziehungsmethoden führen."
(aus: Aktenvermerk zum Hausbesuch)

Hilfen zur Erziehung

Herr und Frau Santos stellen im Juli 1989 einen Antrag auf Hilfe zur Erziehung. Gegenüber Herrn J. äußern sie den Wunsch nach Unterstützung in der Erziehung und bei der Bewältigung ihres Alltags. Sie wollen erreichen, daß die Kinder in der Nachbarschaft und in der Schule bzw. im Schulkindergarten nicht mehr auffällig sind. Frau Santos hat ein Interesse daran, eine Entlastung zu bekommen. Gemeinsam wird vereinbart, daß eine Familienhelferin der Arbeiterwohlfahrt Herrn und Frau Santos und die sechs Mädchen von nun an unterstützen soll. Weiterhin soll eine Nachbarin der Familie die drei kleineren Mädchen an den Vormittagen als Tagespflegemutter betreuen.

Tagespflege

Das Jugendamt befürwortet die Gewährung der Familienhilfe für alle sechs Kinder als „hauptamtliche Hilfeform zur Vermeidung einer Heimunterbringung der Kinder im Vorfeld". Als Ergänzung und Unterstützung wird eine Halbtagespflege von täglich vier Stunden für die jüngsten drei Kinder (Ceyda, Sabine und Vanessa) bei Frau Sch., einer geprüften Tagesmutter, gewährt. Die Betreuung der kleineren Mädchen durch die Tagespflegemutter soll für Frau Santos neben der Unterstützung in der Kinderbetreuung die Möglichkeit bieten, Kontakte zu anderen Frauen im Wohngebiet aufzunehmen. Auftrag und Rolle der Tagespflegemutter werden wie folgt beschrieben:

„Für die Entlastung der Mutter und für eine Ergänzung in der Familienerziehung könnte eine Mutter, gerne eine Tagespflegemutter in Frage kommen, die erstens in räumlicher Nähe und zweitens mit Bereitschaft, auch die Sprachprobleme zu lösen, ein Angebot machen könnte. Die räumliche Nähe möglichst im gleichen Hochhaus wäre erforderlich, damit die Kinder den Weg alleine finden können und keine Hauptverkehrsstraßen zu überwinden wären und ein leichterer Kontakt zu den Müttern zustande kommen könnte. Möglicherweise ist dieser Kontakt ein Weg, aus der Isolation herauszukommen, sich einige Eigenschaften von der Tagesmutter abzusehen oder nach der Auseinandersetzung mit neuen Ideen viel bewußter Bewährtes im Alltag vertreten zu können. Sicherheit in der Kindererziehung bedarf immer der vorherigen kritischen Reflexion und Auseinandersetzung mit anderen Entscheidungen und Erziehungszielen. Ferner wird die Mutter über die Auseinandersetzungen mit einer deutschen Frau und Mutter leichter zur einer eigenen Rolle als portugiesische Frau in einer anderen Kulturumgebung finden. Frau Sch. als geprüfte Tagesmutter im gleichen Hause könnte halbtags drei Kinder zu sich nehmen." (aus: Stellungnahme zum Antrag auf Hilfen zur Erziehung)

Für Frau Santos wird die Nachbarin zu einer wichtigen Vetrauten in der Hochhaussiedlung. *„Dann war da noch die Frau Sch., die die kleineren Mädchen betreut hat. Die wohnte in dem gleichen Block, in dem wir früher auch gewohnt haben, sie war quasi eine Nachbarin von uns. Bis zum Sommer des letzten Jahres wurden die kleineren Kinder auch durch sie betreut. Zuerst waren es Ceyda und Sabine, dann kam Sabine in die Schule und Vanessa kam zu ihr, zum Schluß waren es nur noch Filipa und Vanessa." (B, 24)*

Frau Sch. bleibt insgesamt sechs Jahre lang eine wichtige Bezugsperson für die gesamte Familie bis alle Mädchen schulpflichtig geworden sind. Schon zu Beginn der Tagespflege im Herbst '89 gelingt die Kooperation zwischen Frau Santos und Frau Sch. gut. Zwischen den beiden Frauen kommt es zu einer praktischen Arbeitsteilung in der Betreuung und Erziehung der Kinder. Für die drei kleinen Mädchen ist kurzfristig durch die Tagespflege eine wirksame Hilfe erfolgt, nicht nur nachbarschaftliche, sondern auch menschliche Kontakte entstehen schnell zwischen der Familie und der Tagespflegemutter. Die Kinder gehen gerne zu Frau Sch., auch die älteren Mädchen kommen nach der Schule und spielen hier gerne. Die Tagesmutter übernimmt nach Absprache mit Frau Santos die Haarpflege der drei kleinen Mädchen und schaut grob auf Hygiene.

Sozialpädagogische Familienhilfe

Auch die sozialpädagogische Familienhilfe war als längerfristige und alltagspraktische Unterstützung konzipiert. Sie reichte von Oktober 1989 bis heute (1996) . Frau Santos erinnert sich an die insgesamt drei „Betreuerinnen", die die Familie in den vergangenen sechs Jahren begleiteten: *„Herr J. hatte dann noch eine Betreuerin, die zu uns kam wegen der Papiere für meinen Mann. Zuerst war eine Betreuerin anderthalb Jahre bei uns, dann kam eine neue Betreuerin, die insgesamt fast fünf Jahre für uns zuständig war. Seit dem 10. Dezember ist diese Frau jedoch weg, das war so schlimm für mich, gegen diese Frau habe ich überhaupt nichts gehabt. Sie haben gesagt, daß eine Betreuerin niemals länger als vier Jahre bei einer Familie bleiben sollte, weil es bei uns damals so schwierig war, ist sie aber länger als fünf Jahre für uns zuständig gewesen. Mit ihr konnte ich über alles reden." (B, 3)*

Mit den Eltern und der Familienhilfe wird der Auftrag der Familienhelferin konkretisiert. Zunächst wird gemeinsam vereinbart, daß es sich bei der Hilfe um eine konkrete und lebenspraktische Unterstützung handeln muß. Schriftlich werden die Ziele gemeinsam festgehalten:

„Die Partnerschaft müßte auf eine neue Grundlage gestellt werden, dem Ehemann bei der Lösung seiner persönlichen Probleme (Gesundheit, Alkohol und Spielleidenschaft) geholfen und mit ihm sein Rollenbild hinterfragt werden. Durch das Abgeben und Teilen von Verantwortung kann er entlastet und die Rolle der Ehefrau gestärkt werden. Wenn man sie läßt, dürfte sie mit dem wenigen Geld, das der Familie zur Verfügung steht, gut wirtschaften können. Die Frau hat sich bei der Bewältigung von Mangelsituationen bewährt. Trotzdem wäre ein Haushaltsplan, eventuell für den Übergang, hilfreich.
Die Mutter müßte ihre äußeren Maßstäben – wie saubere Kleidung – ändern und Wege finden, den Haushalt und die Kindererziehung so zu organisieren, daß für die einzelnen Kinder – zeitlich versetzt – mehr Zeit übrig ist. Diese Zeit kann dann dazu genutzt werden, auf die Ursachen der Diebstähle und Verhaltensauffälligkeiten stärker zu achten. Vermutlich nehmen die Kinder sich das, was sie zu Hause nicht bekommen. In der Außenvertretung, bei Anträgen und Sicherung der wirtschaftlichen Grundlage und beim Schuldenabtragen sind dem Vater und der Mutter Bearbeitungstechniken an die Hand zu geben. Die Kontrolle der Schularbeiten bedarf der Zusammenarbeit mit der Schule und eventuell muß die Schule von überzogenen Kriterien Abschied nehmen und geeigneter auf die Kinder eingehen. Hier ist Kooperation gefragt. Möglicherweise gibt es, wenn die Familie wieder eine vorläufige Grundlage hat, die Möglichkeit, die deutsche Sprache besser zu lernen, und für die Frau den Erlebnishorizont zu erweitern. Vielleicht löst sich die Neugestaltung einer besseren Ernährung für die Kinder, wenn mehr Geld für Nahrungsmittel zur Verfügung steht. Wenn nicht, müßte hier Hilfestellung geleistet werden. Hunger soll vermieden werden." (aus: Hilfeplanprotokoll)

Die Handlungsstrategie

Weiterhin enthält der Hilfeplan Aussagen zu weiteren Hilfsmöglichkeiten.

Die Schule hatte sich bisher geweigert, dem Wunsch des ASD nachzukommen und einen Schulbericht für die Kinder zu fertigen. Erst nach dem Schuljahresbeginn sollte es nach der Auskunft einer Lehrerin ein Teamgespräch zur Koordination der Zusammenarbeit zwischen den Eltern, dem Mitarbeiter des Jugendamtes und der Schule geben. Für den Fall, daß dies nicht von der Schule organisiert worden wäre, bestand die Absicht des ASD, ggf. per Vollmacht oder in Begleitung der Eltern eine Zusammenarbeit der Schule mit dem Jugendamt und der Familienhilfe einzuleiten, um die Änderungen der Verhaltensauffälligkeiten der Kinder kontrollieren zu können.

Auch Frau D. von der Ausländerberatung sollte weiterhin für Frau Santos eine wichtige Gesprächspartnerin bleiben.

„Die Verarbeitung ihrer Kultur- und AusländerInnensituation, die Rollenfindung als portugiesische Frau sollte weiterhin eine Aufgabe von der Ausländerberatung sein. Es sind zwischen Frau Santos und Frau D. persönliche Kontakte entstanden, die so lange gepflegt werden sollen, bis entweder es zeitlich nicht mehr für die Beteiligten vereinbar ist oder eine Übergabe in die Hände der sozialpädagogischen Familienhilfe möglich war." (aus: Hilfeplanprotokoll)

Zum weiteren Unterstützerkreis gehörte ein ehemaliger Arbeitskollege von Antonio Santos, der anfangs als Dolmetscher bei Gesprächen auftrat. Herr O. war mit der Problematik der Familie gut vertraut. Er beeinflußte Antonio Santos dahingehend, daß dieser erstens erlaubte, daß seine Frau ein eigenes Girokonto eröffnete, und er zweitens der Überweisung des Kindergeldes auf dieses Konto zustimmte, damit seine Frau unverzüglich den Zugriff auf die volle Höhe des Betrages habe.

Weiterhin wurde die Rolle des ASD beschrieben. Er sollte nicht auch noch eine Betreuung in der Familie übernehmen, weil dann eine methodisch klare Arbeitsweise für die Familie nicht mehr einsehbar gewesen wäre und die beteiligten Fachkräfte ihre Arbeit wahrscheinlich auch schwer koordinieren könnten. Der ASD sollte nachrangig Unterstützung der Beteiligten im Einzelfall anbieten. Seine Hauptaufgabe bestand darin, die Erziehungshilfe hinsichtlich der gesteckten Ziele zu überwachen.

Schulentwicklungsgespräche

Nachdem im September 1989 die Tagespflege und im Oktober 1989 die sozialpädagogische Familienhilfe begonnen hat, erwartet die Schule von den Eltern, daß sie mit Unterstützung durch die Jugendhilfe von nun an die Kinder zuverlässig versorgen können. Nach dem dritten Läusebefall der schulpflichtigen Mädchen schickt der Rektor den Eltern den folgenden Brief:

„... Solange sie Läuse haben, dürfen sie nicht in die Schule. Wir bitten Sie, Ihren Kindern mit dem Medikament gegen Läuse die Köpfe zu waschen. Lassen Sie diese Behandlung von Ihrem Arzt kontrollieren. Wir können Ihre Kinder erst wieder in die Schule lassen, wenn der Arzt für **alle** bescheinigt, daß sie keine Läuse mehr haben. Wir haben das Jugendamt und das Gesundheitsamt verständigt. Wir hoffen, daß es Ihnen diesmal gelingt, Ihre Kinder von dieser Plage zu befreien. Mit freundlichen Grüßen.." (aus: Schreiben der Grundschule an Herrn und Frau Santos)

Wieder hatte die Schule die Eltern schriftlich informiert, obwohl bekannt war, daß beide Elternteile keine deutschsprachigen Schriftstücke lesen konnten und mit dem Herrn J. vereinbart worden war, daß er für die Schule und nicht die Eltern die „Beschwerdestelle" sein sollte. Ziel dieser Vereinbarung war es, Herrn und Frau Santos vor ungerechtfertigten Beschwerden der LehrerInnen zu schützen.

Herr J. vom Jugendamt reagiert und ruft gemeinsam mit der SPFH und den Eltern die von nun an kontinuierlich stattfindenden Entwicklungsgespräche mit der Schule ins Leben. Nach Einschätzung des Sozialarbeiters war es erforderlich, zum einen die Rolle des Jugendamtes als Beschwerdestelle der Schule eindeutig festzulegen, zum anderen beabsichtigte er, den Rektor der Schule und alle KlassenlehrerInnen der Mädchen dafür verantwortlich zu machen, sich kontinuierlich mit der Entwicklung der Kinder und nicht erst bei Auffälligkeiten auseinanderzusetzen. Regelmäßig finden diese Entwicklungsgespräche mit der Schule nun statt, an denen neben den Klassenlehrerinnen und den Eltern auch die Familienhelferin teilnimmt.

Frau Santos beschreibt im Gespräch die eindeutigen praktischen Vorteile dieses Vorgehens für ihre Familie: *„Das ist ziemlich schwierig, die machen in Deutschland einen Elternsprechtag am gleichen Tag für alle Kinder. Da mußte ich dann für Sabine mit zwei Lehrerinnen, für Alechandra, für Babe mit zwei Lehrerinnen, mit einer für Sabine und einer für Alechandra, also insgesamt mit acht Lehrerinnen sprechen. Ich müßte mich dann in sechs Teile aufteilen, und die Mädchen fragen dann natürlich: 'Warum gehst du zu der Lehrerin von Alechandra und nicht zu meiner?' Jetzt machen wir nach Schulschluß Termine mit den einzelnen Lehrerinnen und Frau R. (die Familienhelferin) hilft mir dabei, daß ich auch alles verstehen kann." (B, 13)*

Im Rückblick stellt Herr J. fest, daß es nach diesem ersten Gespräch noch ungefähr ein Jahr dauerte, bis die Schule es aufgab, die Eltern immer wieder mit Vorwürfen zu konfrontieren.

Geburt von Filipa und Operation

In Winter 1989/90 kommt es zu weiteren Belastungssituationen für Herrn und Frau Santos. Im Dezember wird Filipa geboren. Im Januar muß Herr Santos in der Uni-Klinik Köln operiert werden. Es handelt sich um eine lebensbedrohliche Krebs-Operation. Die Eltern erinnern sich an die (trotz der umfassenden Unterstützung durch Familienhilfe und Tagespflegemutter) nicht mehr zu bewältigende damalige Situation. *„Sie hatten mir den halben Unterkiefer herausgenommen und die halbe Zunge und dann hatten sie am Hals ein Loch gemacht, wegen der Luft, bis vor zwei Jahren war dann kaum überhaupt irgend etwas zu verstehen, was ich sagte. Jetzt geht es etwas besser... Ich habe gedacht, du mußt kämpfen, für deine Kinder, deine Frau und deine Gesundheit. Mein Problem war, daß sie nur 1.500 DM bekamen vom Sozialamt." (A, 22)*

„Die erste Operation meines Mannes dauerte 13 Stunden, von 7 Uhr morgens bis 20 Uhr abends. Der Arzt hatte mir gesagt, ab 4 Uhr nachmittags, Frau Santos, können

sie bei mir anrufen. Ich kann ihnen dann Bescheid sagen, oder die Schwester, wie die Operation ausgegangen ist. Ich habe dann um 5 angerufen, um 6 Uhr und um 7 Uhr und immer wurde gesagt: 'Die Operation ist noch nicht beendet.' Ich habe dann um halb acht noch einmal angerufen und wieder wurde gesagt, daß die OP noch andauert. Irgendwann habe ich dann gedacht, die sagen dir nicht die Wahrheit, dein Mann ist längst gestorben, so lange kann man gar nicht operieren. Als ich dann um 8 Uhr wieder anrief und die wieder sagten, daß die OP noch andauert, habe ich dies nicht geglaubt. Der Arzt hatte mir aber gesagt: 'Frau Santos, glauben sie mir, vor einer halben Stunde war ich noch im Operationssaal, die Operation dauert noch an.' Dann habe ich mit meinem Schwager in Köln telefoniert und der sagte: 'Ich rufe noch einmal an. Wenn sie dann wieder sagen, die Operation dauert noch an, dann fahre ich sofort zum Krankenhaus und schaue nach.' ... Als mein Schwager dann anrief, sagte sie: 'Ihr Bruder liegt schon im Krankenzimmer, die Operation ist vor 10 Minuten beendet worden.' Ich habe dann auch in der Klinik angerufen und sie sagten mir: 'Die Operation hat er gut überstanden, es ist alles okay, sie können ihren Mann morgen besuchen. Sie dürfen, wenn sie ihren Mann sehen, aber nicht weinen, sonst dürfen sie nicht da bleiben.' Wenn ich meinen Mann besucht hatte, mußte ich die Kleine immer mitnehmen. Dann war die große Tochter Alechandra immer dabei, die mit der Kleinen dann im Wartezimmer wartete, während ich für fünf bis zehn Minuten zu meinem Mann durfte. Niemand anderes durfte ihn sonst besuchen. Das ganze Zimmer stand voller Geräte. Auch die nachfolgenden Operationen dauerten dann jeweils noch 6 bis 8 Stunden, nicht solange wie die erste Operation mit 13 Stunden, aber auch unwahrscheinlich lange." (A, 19)

Wer kann noch helfen ?

Herr J., der Mitarbeiter des sozialen Dienstes des Jugendamtes, hatte im November 1989 angesichts der Geburt von Filipa und der bevorstehenden Operation von Herrn Santos bereits versucht, alle weiteren Unterstützungsmöglichkeiten zu aktivieren. In einem gemeinsamen Gespräch der Eltern, der Mitarbeiterin der Ausländerberatungsstelle und der Familienhelferin wurde eine Liste der bekannten Personen und Einrichtungen erstellt, die der Familie nahestehen:

„– **portugiesische Gemeinde** in der katholischen Kirche (Portugiesen-Pastor – soziale und menschliche Hilfen)
- **1. Bruder** in Deutschland (distanziertes Verhältnis)
- **2. Bruder** in Deutschland (soziale, finanzielle und menschliche Hilfe)
- **3. Bruder** in Deutschland (soziale, finanzielle und menschliche Hilfe)
- **Tagesmutter Frau H.** (HzE für die drei Kinder, befristet: Hygienemaßnahmen)
- **Großmutter in Portugal** (Einflußnahme in der Erziehung, Exbetreuung von Alechandra, älteste Tochter, Vermittlung einer portugiesischen Haushaltshilfe beabsichtigt)
- **früherer Arbeitskollege des Vaters** der Firma XY (Vermittlung von Hilfen)
- **Krankenhaus R.** (Entbindungsstation und Station 11 – Geburt und Behandlung der Brustentzündung)
- **Krankenhaus E.** (Krebserkrankung des Ehemanns)
- **Dr. L.** (behandelnder Internist des Ehemanns)
- **Dr. T., Frauenarzt,** seit Mitte Dezember 1989
- **Dr. S., Kinderarzt** (verschreibt das Läusemittel und anderes)

- **AOK** (Herr H. sieht die Familienpflege kritisch)
- **Sozialamt** (hat die Familie noch nicht im Leistungsbezug, steht aber im Datenaustausch mit der AusländerInnenbehörde)
- **Schule** (3 KlassenlehrerInnen, Rektor Herr M. und eine Vorschulpädagogin, Frau K., machen sich Sorgen um die Entwicklung, sozialen Status/Integration der drei ältesten Kinder)
- **Rechtsanwältin Frau P.** (Rechtsvertretung und Beratung) hat gerade die Duldung des Aufenthalts erreichen können, im zweijährigen Verfahren einiges über die Arbeitsweise der Ausländerbehörde erfahren können und für die Familie einen eingeschränkten Platz in W. erkämpfen können. Kann sie noch mehr?
- **Arbeitsamt (Arbeitsvermittlung)** Die AOK will den Kindesvater dem Arbeitsmarkt zuführen, sobald er gesund geschrieben ist. Der Aufenthaltstatus des Mannes verbietet aber die Berufstätigkeit.
- **Ausländerbehörde.** Sie weiß von einmaligem Beihilfeantrag von Februar 1989, Sozialamt hat nichts von dem Datenaustausch.
- **Diakonisches Werk, Ausländerberatungsstelle** Frau D. berät, hilft konkret durch Sachmittel und Beihilfen
- **Caritas** berät Frau D. (Situation der Portugiesen, Rechtsfragen)
- **AWO**, Frau J. (Erziehungs- und Sozialhilfen, Beihilfen)
- **Nachhilfe** (Förderunterricht ist geplant in der Schule, wird aber vermutlich nicht ausreichen)
- **Sozialstation R.** will mit zwei Kräften helfen, da W. kein Angebot machen kann, Frau Z. wartet die Verordnung ab, da Sozialhilfe nicht beantragt werden kann. (Familienpflege, Haushaltsführung, Hygiene)
- **ASD** bemüht sich um Durchblick und Koordination (Vermittlung von Hilfen)
- **Schule** hat trotz Information keinen Überblick über die Probleme der Familie, kann die Probleme nicht gewichten. Schwankt zwischen Ausgrenzung und Integration, plant Sonderschulbesuch von Alechandra, probt die Zusammenarbeit mit anderen Stellen, scheint nach Dezembergespräch auf die Kinder toleranter zuzugehen und hat bei Herrn Santos durch Formalismus/Kontrolle Ärger erzeugt." (aus: Aktenvermerk des ASD)

Die Großmutter aus Portugal

Die Großmutter aus Portugal ist dann diejenige Person, die im Januar 1990 rund um die Uhr die Mädchen betreut. *„Sie liebt meinen Mann wie ihren eigenen Sohn. Als er operiert wurde, ist sie sofort alleine aus Portugal gekommen. Plötzlich kam ein Anruf aus Köln und sie sagte: 'Maria, ich bin hier, ich bin mit einer portugiesischen Familie mitgefahren nach Köln und nun stehe ich hier und verstehe kein Wort deutsch.' Dann habe ich sie abgeholt und sie gefragt: 'Warum hast du denn nicht angerufen vorher?' Sie sagte: 'Ich bleibe auch nur eine oder zwei Wochen hier.' Sie ist dann aber einen ganzen Monat bei uns geblieben. Weil es meinem Mann sehr schlecht ging, hat sie mich dann unterstützt, gewaschen, Essen gekocht und eingekauft, gebügelt usw. Da sie sich um die Kinder gekümmert hat, konnte ich dann häufiger zum Krankenhaus fahren. Filipa war damals gerade erst einen Monat und vier Tage alt. Da es eine sehr schwierige Operation war, dachte meine Mutter, wenn alles gut geht, dann fahre ich wieder zurück. Wenn es ganz schlimm ausgeht, dann muß ich meiner Tochter beistehen." (A, 18)*

Herr Santos wird aus dem Krankenhaus entlassen, die Großmutter reist wieder zurück nach Portugal. In der 2 1/2-Zimmer-Wohnung, in der bereits die Eltern und die sieben Mädchen wohnen, ist kein Platz mehr.

„Meine Mutter ist aber dann in Portugal geblieben, mit neun Personen hier in dieser Wohnung das reicht auch. Sie war im letzten Jahr für einen Monat hier, aber das reichte auch. Da mußte ein Kind auf dem Sofa schlafen, damit meine Mutter ein eigenes Bett hatte. (A, 19)

Der Nebenjob

Frau Santos versucht dann, durch einen Nebenjob etwas Geld dazu zu verdienen. *„Ich habe einen großen Fehler gemacht, daß ich nachmittags noch putzen gegangen bin. Das Geld war so wenig für die Wohnung, die Kinder, für die Kleider und das Essen. Ich habe gedacht, zwei Stunden am Tag, das darf jeder machen. So habe ich fast fünf Jahre im Supermarkt gearbeitet, ohne dem Sozialamt Bescheid zu sagen. Und jetzt kommt eine große Strafe. Mein Mann war damals im Krankenhaus, und er hatte mir auch nichts davon gesagt, und ich wußte das nicht. Das war sowieso sehr schwierig. Die älteste Tochter war ja damals erst 10 Jahre alt, die Kleine gerade ein halbes Jahr, mein Mann im Krankenhaus und ich ging zusätzlich noch zum Supermarkt putzen. Jetzt mit der Strafe vom Sozialamt haben wir gerade noch mal 1.000 DM im Monat zur Verfügung. 500 DM im Monat sind jetzt weg, da sie vom Sozialamt abgezogen werden." (A, 25)*

Seit dieser Rückzahlung lebt die Familie unter der Armutsgrenze, die Eltern bemühen sich, mit 1.000 DM im Monat irgendwie auszukommen. Am Beispiel der Telefonrechnung beschreiben sie die ständigen finanziellen Probleme:

„Das Telefon steht in meinem Zimmer, damit die Mädchen da nicht herankommen. Wir bezahlen schon 150 bis 170 DM für das Telefon im Monat. Soviel Geld haben wir nicht für das Telefon. Wenn ich einkaufen gehe mit meinem Mann oder so, muß ich zwei oder drei große Tüten mitnehmen. Wenn ich genug Geld habe, kaufe ich ein bißchen mehr. Wenn wir kein Geld haben, kaufe ich weniger. Wenn ich dann z.B. einkaufen bin mit meinem Mann, dann rufen die Kinder mal eben in Portugal an oder in der Schweiz bei ihrer Tante und am Ende des Monats müssen wir das alles bezahlen. Deshalb habe ich das Telefon auf unser Zimmer gestellt und abgeschlossen. Das Telefon hat nämlich keinen Schlüssel, wenn ich einen Schlüssel hätte, müßte ich es nicht in das Zimmer sperren. Wir haben schon überlegt, ob wir überhaupt ein Telefon brauchen, aber wenn z.B. mein Mann im Krankenhaus ist oder eins der Kinder krank wird, dann brauche ich ja ein Telefon. Wenn mein Mann im Krankenhaus in Köln ist, dann brauche ich ungefähr anderthalb Stunden mit U-Bahn und Bus, um dahin zu kommen. Und da ich ihn nicht jeden Tag besuchen kann, nehme ich einfach das Telefon und dann weiß ich auch immer genau Bescheid, was so passiert. Wir lassen die Kinder anrufen z.B. wenn sie mit Freunden telefonieren wollen in W. oder in der Nähe, dann dürfen sie 15 Minuten telefonieren, aber Portugal oder in die Schweiz, das ist viel zu teuer. Deswegen schließen wir das Telefon auch ein. Wir haben Weihnachten bei meiner Mutter in Portugal angerufen, und die fünf Minuten haben schon 12 Mark gekostet. Das ist sehr schwer, weil meine Mutter

in den letzten sechs Jahren auch nur dreimal kommen konnte, immer wenn mein Mann sehr krank war." (A, 16)

Alltagsprobleme?

Herr J., der Mitarbeiter des ASD, versucht, neben den sozialpädagogischen Hilfen auch finanzielle Unterstützungsleistungen bereitzustellen. An das Sozialamt schreibt er:

„Das Waschen in der Hauswaschmaschine ist für die Familie viel zu teuer. Die Benutzungszeiten reichen nicht aus und es treten Probleme auf, ausreichend saubere Kleidung zur Verfügung zu haben. Es besteht der Plan zur Anschaffung einer eigenen Waschmaschine. ... Die wirtschaftliche Situation ist derzeit noch so knapp, daß an Sparen nicht gedacht, ein Ratenkauf nicht verantwortlich ist und eine Hilfe zum Lebensunterhalt-Antrag auf eine einmalige Hilfe wahrscheinlich abgelehnt werden würde, weil es im Hause eine Gemeinschaftswaschmaschine gibt. ... Im Kinderzimmer schlafen sechs Kinder in drei normalen Betten, da der Platz für weitere normale Betten nicht reicht. Es soll versucht werden, Doppelhochbetten mit einfacher Konstruktion in Maßanfertigung für die Nischen im Kinderzimmer anzufertigen, um zumindest für jedes Kind ausreichend Platz zu schaffen." (aus: Schreiben des ASD an das Sozialamt)

Auch die Suche nach einer größeren Wohnung bleibt noch bis 1994 erfolglos: *„Die alte Wohnung war einfach zu klein. Auch der Arzt von unserer Tochter hat uns gesagt, daß wir unbedingt eine andere Wohnung finden müßten. Die Wohnung ist viel zu klein, das ist ungesund. Daß sieben Kinder in einem Zimmer leben. Das eine Kind ist erkältet und dann bekommen alle die Erkältung. Und dann hat uns Herr J. geholfen, daß wir eine größere Wohnung bekommen, aber das hat dann doch noch zwei Jahre insgesamt gedauert. Man kann zwar sagen, das ist ganz schlimm in so einer kleinen Wohnung, und wir sind doch eine große Familie und brauchen eine große Wohnung, aber alle größeren Wohnungen sind auch immer voll. In der alten Wohnung war das immer sehr schwierig, weil zwei Kinder in einem Bett schlafen mußten und es immer Ärger gab. Sie lag im 4. Stock und oft war der Fahrstuhl kaputt, was sehr schwierig war mit dem Einkaufen, wenn ich die vielen Taschen in den 4. Stock schleppen mußte." (A, 29)*

Daß Familie Santos insgesamt fünf Jahre lang mit den Kindern in der alten Wohnung bleiben mußte, hatten sie dem Einfluß ihrer Nachbarschaft bei der örtlichen Wohnungsbaugesellschaft zu verdanken. Alle in Frage kommenden Wohnungen wurden durch andere Familien belegt. Erst bei einer anderen Gesellschaft gelang es schließlich, eine angemessene Wohnung zu mieten.

Alechandra

Im Dezember 1990 wird eine weitere Hilfe zur Erziehung in Form einer Betreuung von Alechandra durch eine Tagespflegemutter beschlossen. Alechandra soll zwei- bis dreimal pro Woche die Nachmittage bei der Tagesmutter verbringen. Ihre Entwicklung und der Anlaß für diese zusätzliche Hilfe wird durch die LehrerInnen (Entwicklungsgespräch mit der Schule), die Ausländerberatungsstelle und den Mitarbeiter des ASD wie folgt beschrieben:

„Alechandra ist die älteste der Schwestern. Sie ist 1988 aus Portugal nachgeholt worden. Sie lebte bei der Oma, bei der sie nicht bleiben konnte. Das jetzt knapp 13jährige Mädchen übernahm, dem Verständnis einer südländischen Familienerziehung folgend, eine Rolle als älteste Tochter, in der sie sich im Nachteil zu der anderthalb Jahre jüngeren Schwester Babe befand. Alechandra übernahm notgedrungen diese zugeschriebene Rolle, die beinhaltet: Mithilfe im Haushalt, kleine Besorgungen für die Eltern, Verantwortung für die Schwestern und Erziehung im Auftrage bei kleinen Dingen. An zwei bis drei halben Tagen in der Woche soll über Hilfen zur Erziehung in Tagespflege mit Hauptinhalt Schulaufgaben, das Lernverhalten und die Lernmotivation verbessert und Hindernisse ausgeräumt werden. Diese relativ intensive Zuwendung kann Ausgangspunkt für andere Ideen der Freizeitgestaltung (außer Fernsehen und Pflichten) sein und Alechandra in ihrer Entwicklung fördern helfen, in der sie schulisch spät gestartet und in der Sonderschule zum Teil unterfordert wäre." (aus: Hilfeplanprotokoll)

Zum Ende des Schuljahres kommt es dann doch zur Umschulung von Alechandra in die Sonderschule.

Sommerferien

Eine Nachbarin der Familie Santos meldet sich zu Beginn der Sommerferien 1991 beim Jugendamt. Die vier älteren Mädchen seien seit einigen Tagen unbeaufsichtigt, die Eltern seien mit den drei kleineren Mädchen nach Portugal gereist.

Herr J. spricht mit den Kindern, die gemeinsam mit Nachbarkindern in der Wohnung spielen. Es stellt sich heraus, daß Frau R., eine Bekannte der Eltern, die Kinder betreuen sollte, bis diese am nächsten Tag gemeinsam in eine Ferienfreizeit fahren sollten. Der Vorwurf der Nachbarin, die Kinder seien überhaupt nicht betreut, klärt sich schnell auf. Wieder hatte eine Nachbarin den Lärm der spielenden Kinder als Anlaß genutzt, sich beim Jugendamt zu beschweren. Die vier Mädchen fahren unmittelbar am folgenden Tag in die Ferienfreizeit. Durch die Betreuer der Ferienfreizeit erfolgen nach den Sommerferien Rückmeldungen an das Jugendamt und die Eltern. Die vier Mädchen wissen nicht, wie man sich die Zähne putzt. Alechandra (13 Jahre) ist mehrfach durch Diebstähle aufgefallen. Sie hat mehrfach in der Ferienfreizeit davon gesprochen, daß sie nach Portugal zurück will.

Die zweite Familienhelferin

Aufgrund einer Erkrankung der Tagesmutter kann diese Alechandra nicht weiter betreuen. Nach einem halben Jahr kann die begonnene Tagespflege nicht mehr weitergeführt werden. In dieser Zeit berichtet die sozialpädagogische Familienhilfe, daß die Mutter vom Vater geschlagen und mit einem Messer bedroht wurde. Es gibt ständige Streitigkeiten um die Finanzen, da Herr Santos das Haushaltsgeld an Spielautomaten verspielt. Er reagiert auf seinen sich verschlechternden Gesundheitszustand aufgrund seines Krebsleidens mit erhöhtem Alkoholkonsum. Es werden jedoch auch positive Veränderungen beschrieben. Der Vater erledigt nun selbständig alle erforderlichen Behördengänge. Die bestehenden Unterstützungsleistungen für die Familie (SPFH und Tagespflege für die kleineren Mädchen) werden als nicht ausreichend eingeschätzt.

Angesichts der immer massiveren Konflikte zwischen den Eltern und der Enge der Wohnung (alle sieben Kinder haben ein gemeinsames Zimmer) und der Aussichtslosigkeit, kurzfristig die Wohnungssituation zu entschärfen, bleibt nur eine Strategie übrig: Die Kinder müssen nachmittags andere Orte finden, die für sie attraktiv sind. Geplant wird eine weitere gezielte Unterstützung für die sieben Kinder neben der Tagespflege am Vormittag und der Familienhelferin, die vorrangig Frau Santos unterstützt. Im Rahmen der sozialpädagogischen Familienhilfe wird eine zusätzliche Honorarkraft mit 14 Stunden pro Woche (zwei Stunden wöchentlich für jedes Kind) angestellt. Frau St., eine in Köln lebende Studentin, deren Mutter Spanierin ist, und die wie die sieben Mädchen zweisprachig aufgewachsen ist, soll nun zusätzlich die Kinder unterstützen. Gleichzeitig soll hierdurch auch der unvorhersehbare Abbruch der Tagespflege für Alechandra kompensiert werden. Die hauptamtliche Fachkraft der SPFH soll die unterschiedlichen Hilfen koordinieren. Der ASD soll nur nachrangiger Ansprechpartner sein (nur noch bei Ehekrisen).

Als Ziel dieser Erweiterung der Hilfen zur Erziehung wird erstmals formuliert, daß die Heimunterbringung der sieben Kinder durch diese zusätzliche Maßnahme vermieden werden soll. Die Hilfe ist – so die Beschreibung in den Akten – Teil eines umfassenden Hilfekonzeptes für den Bedarf einer kinderreichen Multiproblemfamilie.

„Insgesamt hatten wir dann zwei Betreuerinnen, die eine die hatte mit unseren Papieren zu tun, uns zu helfen, diese zu übersetzen. Die andere hat sich um die Kinder gekümmert, z.B. um die Hausaufgaben. Die Frau für die Hausaufgaben ist jetzt geblieben." (B, 13) Auch Frau St. ist heute noch in der Familie Santos tätig.

In den folgenden Jahren muß der Vater mehrmals zu weiteren Operationen ins Krankenhaus. Die Familie wohnt weiterhin in der engen Wohnung, ein Rentenantrag von Herrn Santos wird abgelehnt, Frau Santos versucht weiterhin, das Familienbudget durch ihren Job im Supermarkt (täglich von 17 bis 19 Uhr) etwas aufzubessern.

Notaufnahme

Im Januar 1993 wird eine weitere Operation erforderlich. Es ist fraglich, ob Herr Santos diese Operation überleben wird. Völlig unerwartet wird er dann aus der Klinik entlassen, ohne daß die geplante Operation durchgeführt wird.

Arminda Santos ruft verzweifelt beim Jugendamt an, sie kommt mit allen sieben Mädchen zu Herrn J. und bittet um sofortige Hilfe. Sie hat Angst, weiter mit den Kindern in der Wohnung zu bleiben. Sie nennt folgende Gründe: Der Vater hört ständig laute Musik bis 2 Uhr in der Nacht. Er hat gedroht, sie und die Kinder umzubringen. Gegenüber den Mädchen äußert er völlig unverständliche Verbote. Im Beisein der Mädchen hat er seiner Frau vorgeworfen, sie habe schon längere Zeit einen Liebhaber, Filipa sei nicht seine Tochter. Frau Santos beschreibt den extremen Alkoholkonsum ihres Mannes, der die ständigen Streitereien eskalieren läßt. Sie beabsichtigt die Trennung von ihrem Mann. Frau Santos beantragt die Scheidung und das alleinige Sorgerecht für ihre sieben Töchter. Weiterhin beantragt sie den Ausschluß des Vaters aus der Wohnung. Kurzfristig benötigt sie für sich und die Kinder eine Unterkunft, da der Vater die Wohnung nicht verlassen will. Die 4 älteren Mädchen bleiben bei der Familienhelferin, Frau Santos und die drei kleinen Mädchen werden von der Tagesmutter aufgenommen. Gleichzeitig wird eine gerichtliche Anordnung zur alleinigen Nutzung der Wohnung durch die Mutter und die Kinder erlassen. Das Vormundschaftsgericht überträgt der Mutter die alleinige Sorge für die Kinder. Frau Santos ist hinsichtlich der Trennung von ihrem Mann unsicher. Um das Sorgerecht jedoch zu bekommen, hat sie die Scheidung beantragt. Sie droht ihrem Mann mit der sofortigen Trennung, wenn er wieder gewalttätig werden sollte und wenn er weiterhin Alkohol trinkt. Zwischen den Eheleuten und Herrn J. kommt es dann zu folgender Vereinbarung: Frau Santos behält zunächst das alleinige Sorgerecht. Herr Santos trinkt ab sofort keinen Alkohol mehr und wird nicht mehr gewalttätig. Die beiden Alternativen, Heimunterbringung der Kinder oder Trennung der Familie, werden besprochen. Auf die Alternative einer möglichen Heimunterbringung der sieben Mädchen reagieren beide Elternteile entsetzt. Es kommt zu einer Vereinbarung, daß sich Herr Santos ab sofort an die an ihn gestellten Anforderungen halten wird. Er wird aufgefordert, seine Frau stärker bei der Kindererziehung und im Haushalt zu unterstützen. Beide Eltern wünschen ausdrücklich, daß die Familienhelferin auch weiterhin in der Familie tätig ist. Eine Weiterführung der Hilfe wird gemeinsam beschlossen. Frau Santos zieht daraufhin mit den Kindern wieder nach Hause, sie behält jedoch zunächst weiterhin die alleinige elterliche Sorge.

Antonio Santos schafft es dann, auf den Alkoholkonsum zu verzichten und sein Verhalten völlig zu verändern. *„Klar, eine Flasche Schnaps pro Tag hatte ich immer getrunken, aber dann, dann hab' ich gekämpft, daß ich meine Familie behalten konnte. Daß war das Schlimmste, was mir hätte passieren können, daß meine Familie auseinanderbricht. Die Familie, das war doch das Wichtigste für mich."* Frau Santos: *„Aber wir haben es geschafft." (C, 14)*

Antonio Santos bewältigt sowohl die lebensbedrohliche Krankheit – er ist bis heute bereits 12mal operiert worden – als auch seine Alkohol- und Spielleidenschaft und die Anforderungen als „Hausmann", der sich verantwortlich um seine Kinder und den Haushalt kümmert. *„Ich bin jetzt auch zu Hause und übernehme mehr Arbeiten. Ich bin jetzt zu achtzig Prozent krank geschrieben und kann nicht mehr arbeiten gehen. Ich koche z.B. und ich koche jetzt schon genauso gut wie meine Frau. Sie hat mir das jetzt alles beigebracht z.B. das Kochen. Nur Kuchen backen, das kann ich noch nicht. Da backe ich keinen. Auch die älteren Kinder helfen jetzt viel mehr mit. – Wenn sie gute Laune haben. – Schwierig ist es mit Alechandra, sie hat oft keine Lust, sich um die kleineren Geschwister zu kümmern. Mit den Kleinen ist das gar kein Problem, eher mit den größeren Kindern." (B, 20)*

Die Hilfe geht weiter

Auch heute noch hat die sozialpädagogische Familienhilfe für die Familie eine wichtige Unterstützungsfunktion. Die Eltern beschreiben die unkomplizierte und praktische Unterstützung durch die beiden Familienhelferinnen:

„Ja, über die Zeit von fünf Jahren hat man sich sehr aneinander gewöhnt. Es war so schlimm, als diese Frau dann plötzlich weg war. Sie hat uns in ganz schwierigen Zeiten geholfen. Und sie hatte mit unserer Familie auch alle Hände voll zu tun. Gerade als die Krankheit von meinem Mann so schlimm war und ich nur noch sagte: 'Laßt mich doch alle in Ruhe!' da hat sie mir immer wieder geholfen, klar zu kommen. Die Junge (Frau St., d.V.) ist zwar auch sehr nett, aber die erste hat uns wirklich in ganz vielen schwierigen Situationen unterstützt und uns geholfen. Das ist für mich wirklich sehr schwierig, daß sie jetzt weg ist. Mit ihr konnte ich über alles reden. Jetzt haben wir keinen Kontakt mehr zu ihr. Als sie ging, habe ich noch einen großen Blumenstrauß gekauft und eine Packung Bonbons, sie hat mir zwar auch die Telefonnummer gegeben, aber wir haben seitdem nicht mehr miteinander gesprochen. Kurz vor Weihnachten hat sie uns noch eine Postkarte geschickt und uns schöne Weihnachten gewünscht." (B, 26)

„Jetzt (1996, d.V.) kommt die Betreuerin (Frau St.), ein- oder zwei- oder dreimal in der Woche oder sie ruft an und fragt, 'Frau Santos, haben Sie einen Brief, soll ich ihn übersetzen, soll ich vorbei kommen?' Dann kommt sie vorbei oder wir telefonieren oder sie kommt zum Kaffeetrinken. Dann fragt sie: 'Frau Santos, müssen wir einkaufen oder was liegt sonst gerade an?' Wichtig ist für uns, daß sie uns hilft beim Übersetzen von Briefen. Mein Mann kann zwar alles auf deutsch verstehen, aber er kann es nicht lesen und ich auch nicht." (B, 10)

Auch die Tagespflege für die kleineren Mädchen bleibt bestehen bis Vanessa die zweitjüngste Tochter im Sommer 1995 in die Schule kommt. Filipa, die Jüngste, ist nun auch vormittags bei den Eltern.

Herr und Frau Santos berichten stolz, daß es ihnen heute immer besser gelingt, ohne fremde Unterstützung Haushalt und Kindererziehung gemeinsam zu bewältigen.

„Das ist zwar immer noch schwierig, in diesem Zimmer schlafen vier Kinder, in dem anderen Zimmer drei Kinder. Und dann liegt hier ein Pullover und da eine Hose und da eine Tasche und ganz schnell ist es chaotisch. Früher habe ich dort immer alles aufgeräumt, jetzt mache ich einfach die Tür zu. Alechandra ist schließlich schon 18 und wir haben das jetzt eingeteilt, daß jeden Tag ein anderes Kind die Aufgabe hat, das Zimmer aufzuräumen. Es ist auch sehr viel, Sabine ist krank, mein Mann ist krank, jederzeit kann es sein, daß der Arzt kommen muß, und dann sollte die Wohnung einigermaßen aufgeräumt sein. Donnerstags kommt der Hausarzt von meinem Mann immer in das Altenheim nach W. und macht dort seine Besuche. Danach kommt er manchmal ohne sich vorher anzumelden bei uns vorbei. Dann klingelt er und sagt: 'Hallo, ich komme nur mal eben vorbei, um nachzusehen, ob es Ihrem Mann auch gut geht.' Deshalb ist es wichtig, daß die Kinder jetzt selbständig ihre Zimmer aufräumen und auch den Schrank und die Küche usw. Frau St. hat mir im letzten Jahr gesagt, 'Frau Santos, Sie haben 17 Jahre lang für Ihre Kinder gesorgt, jetzt können Ihre Kinder einmal für sie arbeiten'." (B, 21)

Auch der Mitarbeiter des ASD ist für die Familie weiterhin ein verläßlicher Gesprächspartner: *„Ich gehe sonst auch schon mal zu Herrn J. vom ASD in W. Mit ihm kann man so etwas auch gut besprechen. Zu den anderen gehe ich aber nicht, z.B. zu Herrn S. oder zu Herrn U. (gemeint sind die Sachbearbeiter des Sozialamtes), da* *verstehe ich mich überhaupt nicht mit diesen Männern. Mit Herrn J. verstehen wir uns sehr gut. Den brauchen wir nur anzurufen und zu fragen, 'Herr J., was müssen wir in diesem oder jenem Falle tun?' Und dann sagt er häufig: 'Frau Santos, wissen sie was, ich komme heute nachmittag mal eben bei ihnen vorbei.'"* (B, 21)

Und die Kinder?

„Alle sechs Mädchen gehen jetzt in die Schule, direkt in der Nähe der Wohnung, sechs Kinder sind auf der gleichen Schule, Alechandra besucht die Sonderschule. Filipa, die Jüngste, ist noch nicht in der Schule. Wir hatten Filipa in einem Kindergarten in W., der ca. 200 m entfernt liegt, angemeldet. Dort war jedoch kein Platz frei. Jetzt haben wir eine Nachricht bekommen, daß Filipa in den Kindergarten gehen könnte, da drei Kinder jetzt wegziehen. Dann haben sie hier ganz in der Nähe auch noch einen weiteren neuen Kindergarten gebaut, aber Filipa kommt nach den Sommerferien in diesem Jahr ja sowieso schon in die Schule. Außerdem bin ich ja den ganzen Tag zu Hause, ich gehe nur zum Supermarkt, jeden Tag um halb fünf. Die älteren sechs Kinder sind meistens unterwegs, und wenn mein Mann im Krankenhaus ist, wäre ich sonst ganz alleine. Filipa hat auch schon sehr gut deutsch gelernt durch ihre älteren Schwestern. Sie kommt schon ganz gut mit der deutschen Sprache klar. Dann spielt sie viel mit anderen Kindern, das ist genauso wie ein Kindergarten. Es wohnen viele Kinder hier in ihrem Alter in der Wohngegend, mit denen sie spielt und dann mit ihren Schwestern. Kinder lernen sowieso viel schneller deutsch als Ältere. Die Mädchen sprechen untereinander sowieso nur in deutsch, und wenn ich mit ihnen spreche und sie auf portugiesisch etwas frage, dann antworten sie auch immer auf deutsch. Besonders die drei Großen haben das Portugiesisch schon fast vergessen, wenn sie anfangen einen Satz in portugiesisch zu sprechen, dann endet er immer in der deutschen Sprache. Filipa, die jüngste, kann beide Sprachen, aber besser spricht sie deutsch." (B, 8)

4 Zimmer, Küche, Bad, Balkon!

Vor anderthalb Jahren ist es dann auch endlich gelungen, eine größere Vier-Zimmer-Wohnung zu finden. *„Hier ist es ganz toll, hier haben auch die Kinder keine Schwierigkeiten. Mein Mann hat schon gesagt, hier gehen wir nur weg, wenn wir tot sind. Wir haben wenig Glück gehabt im Leben, aber mit dieser Wohnung haben wir echt Glück gehabt. Das einzige ist vielleicht, daß die Nachbarn oben häufiger etwas laut sind, die Frau mit ihren Stöckelschuhen herumläuft und man die Kinder hört. Aber die Nachbarn sind insgesamt sehr nett hier. Wir haben viele Kontakte zu allen Nachbarn hier, die haben selbst alle viele Kinder. Auch die Kinder fühlen sich sehr wohl. Immer sind Kinder von den Nachbarn hier oder unsere Kinder bei den anderen. Mit der Wohnung hier haben wir wirklich Glück gehabt. In der alten Wohnung hatten meine Frau und ich auch ein Zimmer, aber mit den sieben Kindern in einem Zimmer, das war wirklich schwierig."* (A, 30)

Perspektiven

Im Herbst 1996 findet ein weiteres Gespräch mit der Familie Santos und Herrn J. statt, in dem wir gemeinsam die hier dokumentierte Fallgeschichte besprechen. Zeitweise sind auch die Mädchen anwesend und bestätigen in vielen Punkten die Aussagen der Eltern. Die Eltern sind stolz, daß sie die vielen Belastungen und Konflikte mit Unterstützung durch Herrn J. bewältigen konnten. Problematisch ist jedoch immer noch die ständige finanzielle Belastung.

Ebenfalls bedrohlich wird die Reduzierung des Schwerbehinderungsgrades von Antonio Santos durch das Versorgungsamt. Da auch der Widersprüch abgelehnt wurde, müssen hier gerichtliche Schritte eingeleitet werden.

3 Vernachlässigung im Arbeitsfeld des ASD. Ein empirischer Zugang

Neben der Analyse und Dokumentation von Familiengeschichten erfolgte ein weiterer Zugang zur Vernachlässigungsproblematik über eine Fragebogenerhebung bei den Allgemeinen Sozialdiensten in den vier Projektregionen. Hier stand nicht die Perspektive der Betroffenen, sondern die Perspektive der Fachkräfte der Jugendämter im Mittelpunkt des Interesses. Die Fragestellungen konzentrierten sich auf

- eine Beschreibung der durch die ASDs betreuten Familien mit Kindern im Säuglings- und Vorschulalter;
- den quantitativen Umfang der Vernachlässigungsproblematik in der Arbeit des ASD mit diesen Familien;
- einen Vergleich der Lebensbedingungen vernachlässigter und nicht vernachlässigter Kinder und ihrer Familien;
- eine Bestimmung derjenigen Kontext- und Belastungsfaktoren, die eng mit dem Phänomen der Kindesvernachlässigung zusammenhängen.

Schon im Vorfeld dieser Fragebogenerhebung hatte es Diskussionen gegeben, wie der Tatbestand der Vernachlässigung eindeutig definiert werden könne. Dabei war deutlich geworden, daß sowohl die gesetzlichen Definitionen („Kindeswohl nicht gewährleistet" – § 27 KJHG; „Kindeswohl gefährdet" – § 1666 BGB) als auch die von unserem Projekt eingangs formulierte sozialpädagogische Definition keine klaren Abgrenzungen von vernachlässigten Kindern und nicht-vernachlässigten Kindern erlauben. In allen Fällen ist es erforderlich, die unbestimmten Rechtsbegriffe oder die eher allgemeinen Formulierungen der sozialpädagogischen Definition von Vernachlässigung bezogen auf den Einzelfall auszulegen.

Gemeinsamer Ausgangspunkt der Überlegungen zur Fallerhebung in den ASD-Bezirken war also, daß es nicht möglich sei, vorab die vom ASD betreute „Vernachlässigungs-Klientel" eindeutig festzulegen. Zwar könne man – so die Einschätzung der beteiligten ASD-Projektgruppen – für einen Teil der betreuten Familien und Kinder eindeutig feststellen, daß es sich hier um Vernachlässigungsproblematiken handele, andererseits sei aber nicht auszuschließen, daß unterschiedliche Fachkräfte – zumal an den unterschiedlichen Projektstandorten – auch ganz unterschiedliche Beurteilungskriterien anlegen würden. Eine weitere Verschärfung dieses Problems entstehe dadurch, daß der Vernachlässigungs-Begriff insbesondere an seinen Rändern unscharf sei, und daß es gerade eines der zentralen Probleme der ASD-Fachkräfte sei, hier eindeutige Situationsbeurteilungen vorzunehmen.

Vor diesem Hintergrund wurde in Absprache mit den KollegInnen der Projektstandorte ein Fragebogen entwickelt, der sich auf alle vom ASD betreuten Kinder unter sieben Jahren beziehen sollte. Dieser Fragebogen sollte völlig unabhängig von den der Inanspruchnahme des ASD zugrunde liegenden Problematiken ausgefüllt werden. Erst in der Auswertung selbst sollte dann herausgearbeitet werden, wie stark der Anteil der Vernachlässigungs-Fälle an allen Betreuungen von Familien mit Kindern unter sieben Jahren einzuschätzen sei.

Diesem Zugang entsprechend wurden alle am Projekt beteiligten ASD-Fachkräfte gebeten, im Rahmen einer Vorerhebung alle Familien (anonymisiert) zu benennen, die von ihnen im Jahr 1994 betreut wurden, und in denen mindestens ein noch nicht schulpflichtiges Kind lebt. Aus diesen Listen wurden zunächst diejenigen Familien herausgenommen, in denen zwar ein Kind unter sieben Jahren lebt, wo zu diesem Kind aber keine differenzierten Angaben durch den ASD möglich waren (z.B. wenn der Einbezug des ASD allein auf der Grundlage von spezifischen Problemen eines älteren Kindes in der Familie erfolgte). Bei den verbleibenden Fällen wurde der ASD gebeten, jeweils zu einem Kind aus jeder Familie einen Fallerhebungsbogen auszufüllen, wobei in gemeinsamer Absprache festgelegt wurde, daß von jedem Sozialarbeiter/von jeder Sozialarbeiterin maximal 10 Fragebogen auszufüllen seien. Vor diesem Hintergrund beziehen sich die folgenden Auswertungen auf einen repräsentativen Querschnitt der Familien mit Kindern unter sieben Jahren, die im Jahr 1994 vom ASD beraten/unterstützt wurden.

Tabelle 3.1 zeigt, wie sich die insgesamt 183 Fälle auf die verschiedenen Projektstandorte verteilen. Eine Besonderheit, die dabei in der Tabelle ausgewiesen ist, liegt darin, daß in der Stadt Hilden sowohl ASD-Fachkräfte des öffentlichen Trägers als auch mit Delegationsaufgaben des ASD befaßte Fachkräfte eines freien Trägers an der Befragung teilnahmen.

Tabelle 3.1: Fragebogenrücklauf

Ort	Rücklauf (abs.)	% der Fälle
Neubrandenburg	36	19,7
Glinde	30	16,4
Hilden, öffentlicher Träger	35	19,1
Hilden, freier Träger	27	14,8
Köln-Mülheim	55	30,1
gesamt	183	100,0

Die Höhe des Fragebogen-Rücklaufs sagt nichts über die tatsächliche Verteilung des Fallaufkommens in den Projektstandorten aus, sondern ist Resultat des oben beschriebenen Auswahlverfahrens von Familien. Bezogen auf die mit den ASD-Teams vorab festgelegten Familien, für die ein Fragebogen ausgefüllt werden sollte, gab es einen Rücklauf von 100%.

3.1 Zur Struktur der Untersuchungsgruppe

Bezogen auf die 183 erhobenen Fälle läßt sich zunächst feststellen, daß das **Geschlechterverhältnis** der Kinder nahezu ausgeglichen ist. 94 Fragebogen (51,4%) bezogen sich auf Jungen und 89 Fragebogen (48,6%) bezogen sich auf Mädchen.

Die **Altersverteilung** der Kinder, die durch die Fallanalyse erfaßt worden sind, wird in Abbildung 3.1 dargestellt. Die Tatsache, daß hier auch Kinder über sieben Jahre mit erfaßt sind, widerspricht dabei nicht unserem Auswahlkriterium (Kinder unter sieben Jahre), sondern ist allein der Tatsache geschuldet, daß die Altersangabe zum Stichtag 31.12.1994 erfolgte; die hier genannten Kinder waren zum Zeitpunkt der Betreuung im Jahre 1994 noch unter sieben Jahre.

Abbildung 3.1: Alter der Kinder, absolute Fälle (Stichtag: 31.12.94, n = 183)

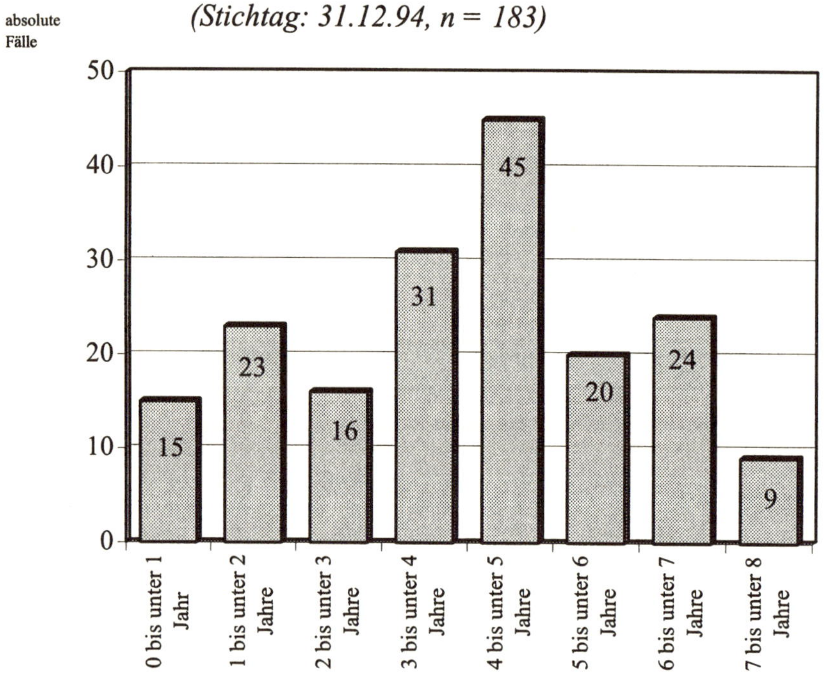

Bei der Betrachtung der Altersverteilung fällt auf, daß es einen gewissen Schwerpunkt bei den drei- bis unter fünfjährigen Kindern gibt. Diskussionen mit dem ASD legen den Schluß nahe, daß sich hierin die Tatsache widerspiegelt, daß Probleme in Familien z.T. erst mit dem Eintritt der Kinder in den Kindergarten offensichtlich werden und dieses mit zu einem äußeren Anstoß zur Inanspruchnahme des ASD wird. Tageseinrichtungen für Kinder sind damit eine zentrale Institution innerhalb der Jugendhilfe, über die Zugänge zum ASD erfolgen (können). Dort, wo Tageseinrichtungen auch für Kinder unter drei Jahren (Krippen, Krabbelgruppen und altersübergreifende Kindergruppen) existieren (Stadt Neubrandenburg) zeigten sich auch frühere Zugänge zum ASD im Jugendamt. Der Anteil unter dreijähriger betrug z.B. in Neubrandenburg 44% (Durchschnitt: 29,5%) aller Kinder. In denjenigen Projektstandorten, in denen diese Einrichtungen kaum zur Verfügung standen, waren auch weniger Kinder dieser Altersgruppe vertreten.

Hinsichtlich der **Nationalität** der Kinder wird eine sehr breite Streuung deutlich. Während in der Stadt Neubrandenburg überhaupt keine ausländischen Familien mit Kindern unter sieben Jahren im Rahmen der ASD-Arbeit betreut wurden, beträgt dieser Anteil in Köln-Mülheim über ein Fünftel aller Fälle (22,2%). Durchschnittlich betrug der Anteil ausländischer Kinder 12%.

Tabelle 3.2 gibt einen Überblick darüber, an welchem **Lebensort** das Kind beim letzten Kontakt des ASD lebte. Nur gut ein Drittel (36,6%) aller vom ASD betreuten Kinder unter sieben Jahren lebte noch mit beiden leiblichen Eltern zusammen. Ein Fünftel der Kinder (20,7%) lebte bei einem alleinerziehenden Elternteil, der überwiegende Teil (18,0%) bei der alleinerziehenden Mutter. Mit 15,2% lebt ebenfalls ein sehr hoher Anteil der Kinder mit einem leiblichen Elternteil und einem neuen Partner/einer neuen Partnerin dieses Elternteils zusammen. Über ein Fünftel der Kinder (20,7%) war beim letzten Kontakt mit der zuständigen ASD-Fachkraft bereits in Pflegefamilien (12,0%) oder Heimen (8,7%) untergebracht.

Tabelle 3.2: Lebensort des Kindes beim letzten Kontakt

Lebensort	Anzahl	% der Fälle
bei beiden leiblichen Eltern	67	36,6
bei alleinlebender Mutter	33	18,0
bei Mutter und anderem Ehepartner	17	9,3
bei Mutter und Partner	7	3,8
bei alleinlebendem Vater	5	2,7
bei Vater und anderer Ehepartnerin	1	0,5
bei Vater und Partnerin	3	1,6
bei Verwandten	10	5,5
in Pflegefamilie	22	12,0
im Heim	16	8,7
sonstiger Lebensort	2	1,1
gesamt	183	100,0

Diese Zahlen zeigen, daß die vom ASD betreuten Familien mit jüngeren Kindern zu einem sehr hohen Anteil bereits heftige familiale Strukturwechsel erfahren haben. Für fast zwei Drittel der hier erfaßten Kinder kann festgestellt werden, daß sie bereits deutliche Veränderungen im Familiengefüge – bis hin zur Neuzusammensetzung von Familien (Stiefeltern-Familien) - ausgesetzt waren. Für immerhin ein Fünftel aller Kinder hat sich das familiale Milieu als so wenig tragfähig erwiesen, daß eine völlige Herausnahme des Kindes notwendig erschien und eine Unterbringung in Heimen und Pflegefamilien erfolgte.

Vor diesem Hintergrund ist anzunehmen, daß die Bearbeitung familialer Umbrüche - und möglicherweise die Abfederung der Folgen für die Kinder - eine der zentralen Aufgaben des ASD auch schon - und gerade - bei Familien mit kleineren Kindern darstellt.

Die familiale Lebenssituation der Kinder schlägt sich auch im Bereich der **Sorgerechtsregelungen** nieder. Nur in 42,5% der Fälle sind zum Zeitpunkt der Erhebung noch beide leibliche Eltern im Besitz der elterlichen Sorge. In 44,9% der Fälle liegt die elterliche Sorge bei der leiblichen Mutter. In dieser Kategorie befinden sich sowohl die ledigen Mütter als auch die Mütter, denen, nach Trennung und Scheidung vom Kindesvater, die elterliche Sorge zugesprochen worden ist. In nur 4,2% der Fälle ist der leibliche Vater alleiniger Inhaber der elterlichen Sorge. In immerhin 7,8% der Fälle ist das Sorgerecht vom Familien- oder Vormundschaftsgericht auf das Jugendamt übertragen worden. Beide Indikatoren - Lebensort des Kindes und Sorgerecht - belegen damit in eindrucksvoller Weise, daß die Tätigkeit des ASD bezüglich der Zielgruppe Säuglinge und Vorschulkinder immer auch im Kontext der Beratung und Unterstützung in Fragen der Trennung und Scheidung sowie der Arbeit mit alleinerziehenden Elternteilen zu sehen ist.

Die **Kinderzahl** in den betreuten Familien wird in Abbildung 3.2 wiedergegeben. Der Anteil der betreuten Familien mit nur einem Kind liegt mit 25% deutlich unter dem statistischen Durchschnitt der Bundesrepublik, wo in mehr als der Hälfte aller Familien (54%) nur ein Kind lebt. (vgl. STATISTISCHES JAHRBUCH 1989, S. 57). Der Anteil der Familien mit drei und mehr Kindern (43%) liegt hingegen deutlich über dem statistischen Durchschnitt von ca. 20% (vgl. STATISTISCHES JAHRBUCH 1989, S. 57). Diese Überrepräsentanz von Familien mit mehreren Kindern in der Betreuung des ASD findet sich in allen Projektstandorten gleichermaßen.

Abbildung 3.3 enthält Angaben zur **Einkommenssituation** der Familien. Nur in knapp der Hälfte aller Familien gibt es Einkommensbezüge aus selbständiger oder nichtselbständiger Arbeit. Über die Hälfte aller Familien ist Bezieher von Sozialhilfeleistungen (Hilfe zum Lebensunterhalt). Selbst wenn in diesen Familien noch weitere Einkommensquellen bestehen (Unterhalt, Arbeitslosengeld, Einkommen durch Berufstätigkeit etc.), kann man doch aus der Anspruchsberechtigung auf Sozialhilfeleistungen ableiten, daß diese Familien an der Armutsgrenze leben.

Abbildung 3.2: Anzahl der Kinder pro Familie (% der Fälle, n= 179)

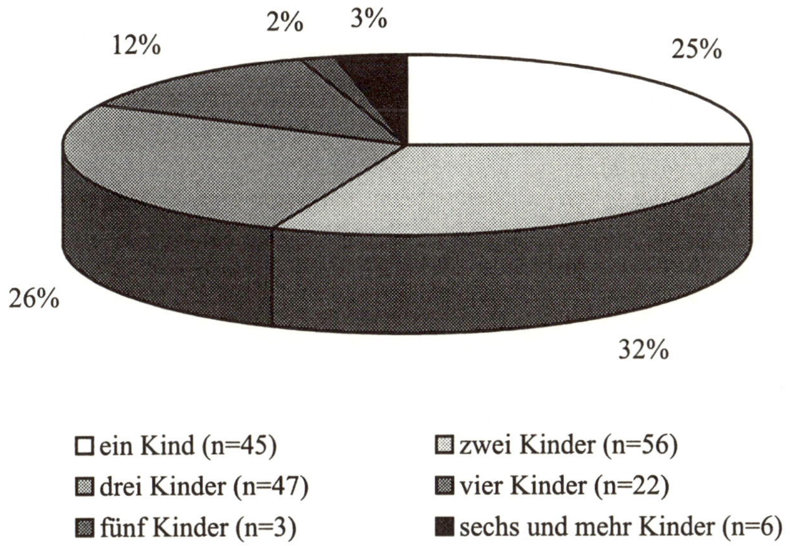

Abbildung 3.3: Art des Einkommens (in % der Fälle, Mehrfachnennungen, n = 177)

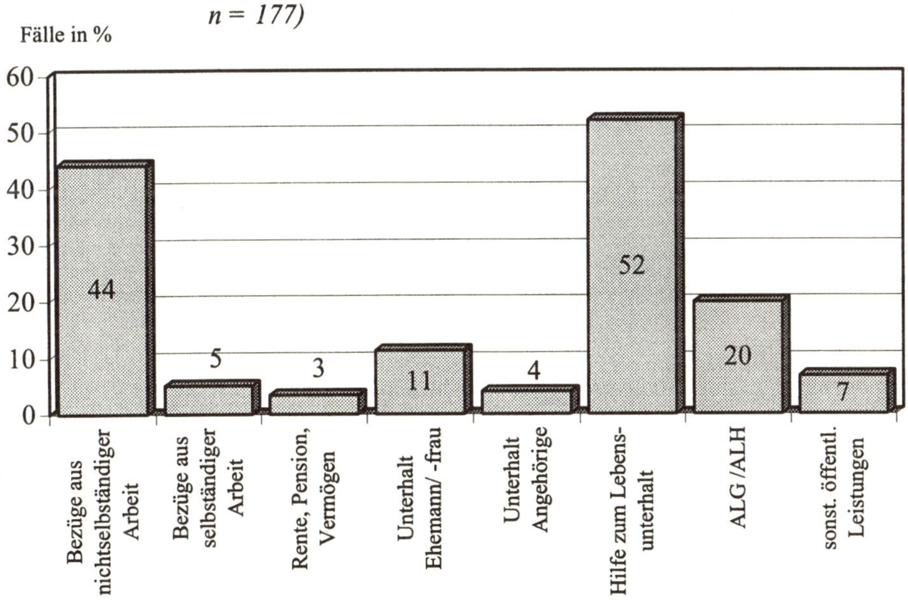

Bei der Bitte an die Fachkräfte, die Einkommenssituation der Familie bezüglich der Höhe des Einkommens zu schätzen, wurden folgende Einschätzungen abgegeben (vgl. Abbildung 3.4):

- 14 Familien wurden in ihrer Einkommenssituation unter Sozialhilfe-Niveau eingeschätzt,
- 89 Familien liegen mit ihrem Einkommen auf Sozialhilfe-Niveau,
- 49 Familien werden bezüglich ihres Einkommens auf maximal doppeltes Sozialhilfe-Niveau eingeschätzt
- nur 18 Familien befinden sich auf einem höheren Einkommens-Niveau.

Für 13 Familien lag eine solche Einschätzung nicht vor.

Abbildung 3.4: Einschätzung zur finanziellen Situation der Familien (% der Fälle, n=170)

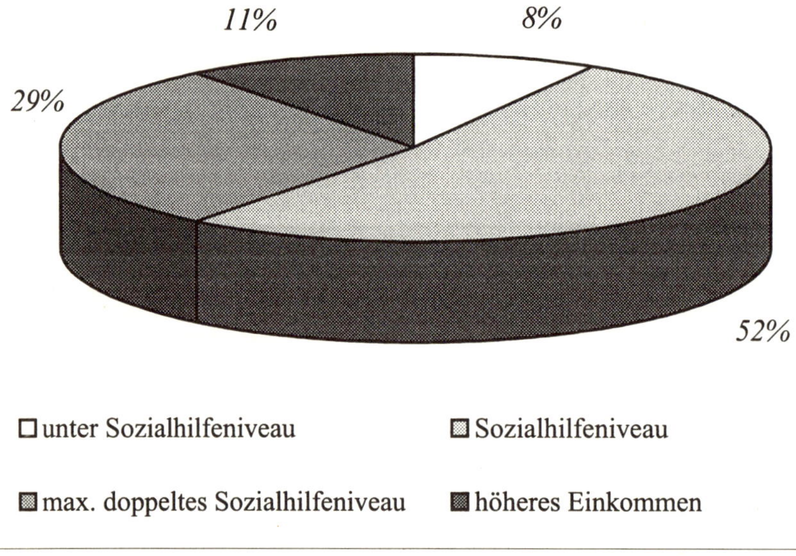

Damit wird deutlich, daß die Lebenssituation vieler vom ASD betreuter Familien mit kleinen Kindern durch kontinuierliche finanzielle Problemlagen gekennzeichnet ist. sechs von zehn vom ASD betreuten Familien leben nach Einschätzung der Fachkräfte von einem monatlichen Haushaltsbudget auf bzw. unter Sozialhilfeniveau.

Diese Fremdeinschätzung durch die ASD-Fachkräfte zeigt insgesamt deutlich, daß materielle/finanzielle Problemlagen von Familien eine häufige Begleiterscheinung – wenn nicht gar der direkte Anlaß – sozialpädagogischer Aktivitäten in den Familien sind. Sozialpädagogische Handlungsstrategien können in diesen Fällen immer nur verknüpft mit Strategien zur Sicherung der Existenzgrundlagen der Familien wirkungsvoll entwickelt werden.

3.2 Vernachlässigung im Tätigkeitsprofil des ASD

Haben wir bisher nur eine allgemeine Skizzierung der durch den ASD betreuten Familien vorgenommen, soll im folgenden der Fokus auf das Problem der Vernachlässigung der in diesen Familien lebenden Kinder gerichtet werden. Hierzu haben wir zunächst einmal die befragten Fachkräfte gebeten einzuschätzen, ob es sich ihres Erachtens bezogen auf das Kind um eine Vernachlässigungsproblematik handelt. Als Bezugsgrundlage für diese Einschätzung diente den Fachkräften der in Kapitel 1 dargestellte und mit ihnen zu Beginn des Projektes diskutierte Bezugsrahmen sowie die in den jeweiligen Projektstandorten entwickelte Praxis im Umgang mit den rechtlichen Begriffen der „Gewährleistung" (§ 27 KJHG) und der „Gefährdung" (§ 1666 BGB) des Kindeswohls.

Tabelle 3.3: Einschätzung der Fachkräfte zur Vernachlässigung

Liegt eine Vernachlässigungsproblematik vor?	absolut	% der Fälle
eindeutig nicht	28	17,4
eher nicht	27	16,8
teils / teils	37	23,0
eher ja	35	21,7
eindeutig ja	34	21,1
gesamt	161	100
keine Angaben: n=22		

Tabelle 3.3 gibt die Einschätzung der Fachkräfte wieder, ob und inwieweit ihres Erachtens eine Vernachlässigungsproblematik in den einzelnen Fällen vorliegt. Die Einschätzungen der Fachkräfte verteilen sich relativ gleichmäßig auf unserer vorgegebenen Skala (von „Vernachlässigung liegt eindeutig nicht vor" bis „Vernachlässigungsproblematik liegt eindeutig vor").

Aufgrund der hier vorgenommenen Einschätzung läßt sich feststellen, daß die SozialarbeiterInnen bei etwa 43% der von ihnen betreuten Familien/Kinder vom Vorliegen einer Vernachlässigungsproblematik ausgehen. Bei jedem fünften Kind (21,1%) beantworteten sie die Frage nach einer Vernachlässigungsproblematik sogar mit „eindeutig ja". Auf der anderen Seite läßt sich ebenfalls festhalten, daß für ca. ein Drittel der Kinder (34,2%) eine Vernachlässigungsproblematik eindeutig oder eher ausgeschlossen ist. Die Ambivalenz bei der Beurteilung von Vernachlässigungssituationen wird u.a. dadurch deutlich, daß ein hoher Prozentsatz der ausfüllenden SozialarbeiterInnen bei der Beurteilung, ob eine Vernachlässigungsproblematik vorliege, auf die Kategorie „teils-teils“ zurückgegriffen hat. Dies war bei der Fragebogenkonstruktion jedoch bewußt in Kauf genommen worden, um die Einschätzungen der SozialarbeiterInnen in diesem schwierigen Feld nicht künstlich zu polarisieren.

Zusammenfassend läßt sich hier als erstes zentrales Ergebnis die folgende Feststellung formulieren: Der Anteil der Säuglinge und Vorschulkinder, bei denen eine Vernachlässigung anzunehmen ist, liegt nach Einschätzung der Fachkräfte bei ca. zwei Fünfteln aller durch den ASD betreuten Kinder dieser Altersgruppe. Nur bei jedem fünfte Kind wird hingegen eine Vernachlässigungsproblematik eindeutig ausgeschlossen. Vernachlässigung von Säuglingen und Kleinkindern ist demnach ein zentrales Handlungsfeld im Alltag des ASD.

Eine Betrachtung dieser Ergebnisse unter dem Aspekt der Geschlechtszugehörigkeit der Kinder ergab keine auffälligen geschlechtsspezifischen Ausprägungen. Gleiches gilt für die Nationalität der Kinder.

Bei der weiteren Analyse haben wir – auch zur Gewährleistung einer besseren Übersichtlichkeit – jeweils zwei Kategorien gebildet, in die auf der einen Seite jene Fälle einbezogen wurden, die von den ausfüllenden SozialarbeiterInnen als eindeutig nicht oder eher nicht vernachlässigten Kinder stehen (n=55) und auf der anderen Seite jene, für die die Frage nach der Vernachlässigung mit „eindeutig ja“ oder „eher ja“ beantwortet wurde (n=69). Hierdurch sind in dieser Analyse all die Fälle nicht eingerechnet, für die diese Frage insgesamt unbeantwortet blieb (n=22), sowie jene Fälle, für die die Frage nach der Vernachlässigung mit teils/teils beantwortet wurde (n=37).

Tabelle 3.4: Vernachlässigung und Lebensort des Kindes beim letzten Kontakt

	eindeutig nicht/eher nicht		eher ja/eindeutig ja	
	absolut	in %	absolut	in %
zusammenlebende Eltern	31	56,4	15	21,7
Mutter alleine	11	20,0	13	18,8
Mutter und neuer Partner	7	12,7	7	10,1
Vater alleine	1	1,8	4	5,8
Vater und neue Partnerin	3	5,5	1	1,4
Verwandte	1	1,8	4	5,8
Pflegefamilie	0	0,0	16	23,2
Heim	1	1,8	8	11,6
sonstiger Lebensort	0	0,0	1	1,4
gesamt	55	100	69	100

Tabelle 3.4 gibt für die beiden gebildeten Gruppen den Lebensort des Kindes beim letzten Kontakt wieder. Hierbei fällt zunächst ins Auge, daß von denjenigen Kindern, für die der betreuende soziale Dienst (eher) keine Vernachlässigung konstatiert, deutlich über die Hälfte (56,4%) gemeinsam mit ihren zusammenlebenden Eltern leben. Bei der Gruppe der (eher) vernachlässigten Kinder sind dieses nur gut ein Fünftel (21,7%).

Ein weiteres hervorstechendes Merkmal ist darin zu finden, daß von den (eher) vernachlässigten Kindern zum Zeitpunkt der Erhebung über ein Drittel in Pflegefamilien (23,2%) und in Heimen (11,6%) leben, während von den anderen Kindern nur ein einziges Kind fremduntergebracht war. In diesen Zahlen spiegelt sich wider, daß in sehr vielen Fällen die Vernachlässigung der Kinder derart massiv eingeschätzt wurde, daß auf der Grundlage der Nicht-Gewährleistung des Kindeswohls eine Fremdunterbringung nach § 27 KJHG erfolgt ist.

Auch hinsichtlich des Sorgerechts zeigt sich, daß Kinder, für die die zusammenlebenden Eltern das Sorgerecht gemeinsam wahrnehmen, nur zu einem geringeren Anteil als vernachlässigt angesehen werden, als dies bei Kindern von alleinerziehenden Müttern und Vätern der Fall ist (vgl. Abbildung 3.5).

Abbildung 3.5: Vernachlässigung und Sorgerecht (% der Fälle)

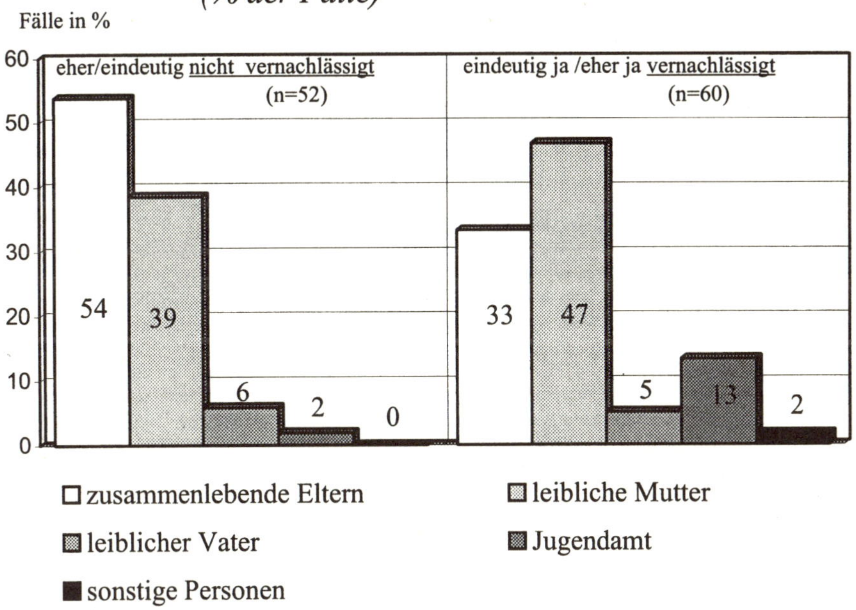

Weiterhin wird hier deutlich, daß bei einem Teil dieser Kinder offensichtlich eine einvernehmliche Regelung mit den Eltern bezüglich der weiteren Gewährleistung des Kindeswohles nicht zu erzielen war, und daraufhin das Vormundschaftsgericht das Sorgerecht wegen Gefährdung des Kindeswohls auf das Jugendamt übertragen hat. Bei acht der neun Kinder, für die das Sorgerecht beim Jugendamt liegt, wird von seiten der befragten Fachkräfte das Vorliegen einer Vernachlässigung eher bzw. eindeutig bejaht.

Darüber hinaus waren im Jahr 1994 auch vormundschaftsgerichtliche Sorgerechtsverfahren anhängig, die zwar vom Jugendamt eingeleitet, aber noch nicht abgeschlossen waren. Auch hier beziehen sich solche Verfahren bis auf eine Ausnahme ausschließlich auf Kinder, für die eine Vernachlässigungssituation von seiten der Fachkräfte konstatiert wird.

Tabelle 3.5: Vernachlässigung und vormundschaftsgerichtliches Verfahren

	eindeutig nicht/eher nicht		eindeutig ja/eher ja	
	absolut	in %	absolut	in %
kein Verfahren	53	96,4	46	66,7
Verfahren eingeleitet	1	1,8	7	10,1
Verfahren abgeschlossen	1	1,8	16	23,2
gesamt	55	100	69	100

Insgesamt sieht man an Tabelle 3.5, daß in einem Drittel aller Fälle, für die eine Vernachlässigung (eher) angenommen wird, Sorgerechtsverfahren vor dem Vormundschaftsgericht entweder eingeleitet oder schon abgeschlossen waren. Angesichts der Tatsache, daß Sorgerechtsverfahren von den Jugendämtern in aller Regel erst dann eingeleitet werden, wenn sich die Lebenssituation der Kinder massiv zuzuspitzen droht, und wenn gleichzeitig die Familie nicht bereit und in der Lage ist, externe Hilfsangebote anzunehmen, muß dieser Anteil von 33,3% als ausgesprochen hoch eingeschätzt werden.

Bezogen auf die finanzielle Situation der in die Fallerhebung einbezogenen Familien gibt Tabelle 3.6 zunächst Aufschluß darüber, wie sich die Einkommenssituation der Familien, gemessen am Standard der Sozialhilfe (Hilfe zum Lebensunterhalt), darstellt. Wie oben schon ausgeführt (vgl. Abbildung 3.3), sind 52% aller Familien Bezieher von Sozialhilfeleistungen (Hilfe zum Lebensunterhalt). Insgesamt 60,6% der Familien erreichten nach Einschätzung der Fachkräfte maximal ein Einkommen in Höhe des Sozialhilfe-Niveaus (vgl. Abbildung 3.4). Eine differenzierte Betrachtung der Einkommenssituation der Familien sowie der Einschätzung bezüglich der Vernachlässigung des Kindes macht einen Zusammenhang dieser beiden Kategorien deutlich.

Tabelle 3.6: Vernachlässigung und Einkommenssituation der Familie

	eindeutig nicht/eher nicht		eindeutig ja/eher ja	
	absolut	in %	absolut	in %
unter Sozialhilfe-Niveau	2	3,9	8	11,8
Sozialhilfe-Niveau	20	39,2	37	54,4
max.dopp.Sozialhilfe-Niveau	19	37,3	19	27,9
höheres Einkommen	10	19,6	4	5,9
gesamt	51	100	68	100
keine Angabe	4		1	

Während von den Familien mit eingeschätzter Vernachlässigungsproblematik über zwei Drittel am (54,4%) oder unter dem Sozialhilfe-Niveau (11,8%) leben, sind dieses bei den Familien ohne Vernachlässigungs-Problematik nur 43,1%. Dieses Verhältnis kehrt sich bei höheren Einkommensverhältnissen um. Während nur 5,9% der Vernachlässigungs-Familien über ein höheres Einkommen (als doppeltes Sozialhilfe-Niveau) verfügen, sind dies bei den nicht vernachlässigenden Familien 19,6%.

Abbildung 3.6: Vernachlässigung und Einkommenssituation (% der Fälle)

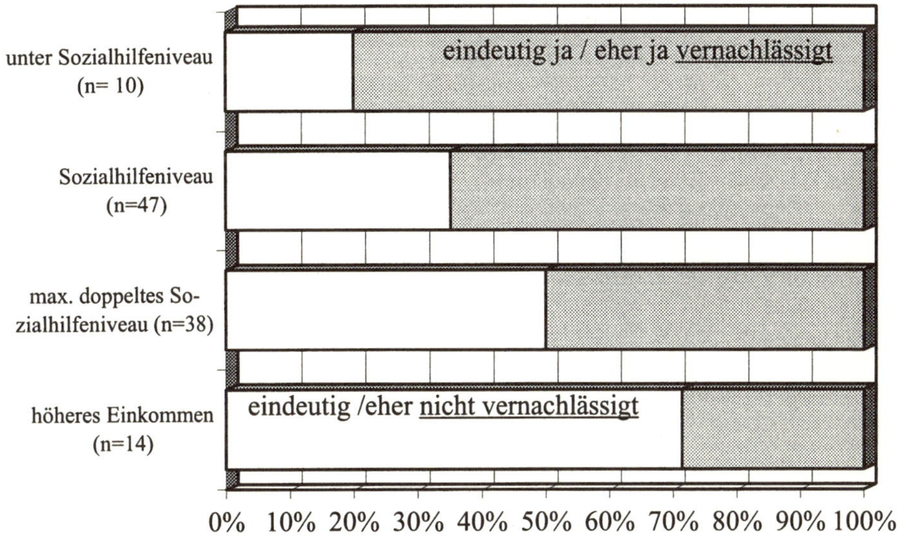

Abbildung 3.6 zeigt für die vier Einkommensgruppen die prozentuale Verteilung zwischen den beiden Gruppen der „eindeutig ja/eher ja" vernachlässigten Kinder und denjenigen Kindern, für die eine Vernachlässigung „eher/eindeutig" ausgeschlossen wurde.

Die schwierige materielle Situation spiegelt sich auch in der Wohnsituation der Familien wider. Hier zeigt sich, daß etwa ein Drittel (34,3%) der Familien, für die eine Vernachlässigungs-Problematik konstatiert wird, in Schlichtwohnungen bzw. Obdachlosenunterkünften wohnen. Bei den Familien ohne angenommene Vernachlässigungsproblematik lag dieser Anteil dagegen bei 7,8%.

Ein weiterer Zusammenhang zwischen der sozioökonomischen Lage der Familie und der Einschätzung vorliegender Vernachlässigung wird sichtbar, wenn man sich den beruflichen Status der leiblichen Mütter der Kinder ansieht.

Tabelle 3.7: Vernachlässigung und beruflicher Status der leiblichen Mutter

	eindeutig nicht/eher nicht		eindeutig ja/eher ja	
	absolut	in %	absolut	in %
ohne Beruf	12	26,7	29	47,5
an-/ungelernt	15	33,3	19	31,1
Facharbeiterin	9	20,0	9	14,8
Sonstiges	9	20,0	4	6,6
gesamt	45	100	61	100
keine Angabe	10		8	

Tabelle 3.7 verdeutlicht, daß in jenen Familien, in denen Vernachlässigungssituationen durch den sozialen Dienst idenfiziert werden, in nahezu der Hälfte der Fälle (47,5%) die leiblichen Mütter der Kinder keine berufliche Ausbildung und keine berufliche Einbindung haben. Auch hier zeigt sich in der Gegenüberstellung beider Gruppen in Abbildung 3.7 der hohe Anteil der Mütter ohne berufliche Qualifikation.

Im folgenden sei noch ein Blick auf die medizinische Versorgung der Kinder gerichtet. Tabelle 3.8 zeigt, daß in jenen Familien, in denen Kinder nach Einschätzung der Fachkräfte vernachlässigt werden, auch der Zugang zum medizinischen System (oder umgekehrt) nur unzureichend ausgestaltet ist. In 29,4% dieser Familien wird nach Angaben der Fachkräfte die medizinische Vorsorgeuntersuchung des Kindes (U1-U9) nur teilweise oder gar nicht wahrgenommen.

Abbildung 3.7: Vernachlässigung und beruflicher Status der Mutter (% d. Fälle)

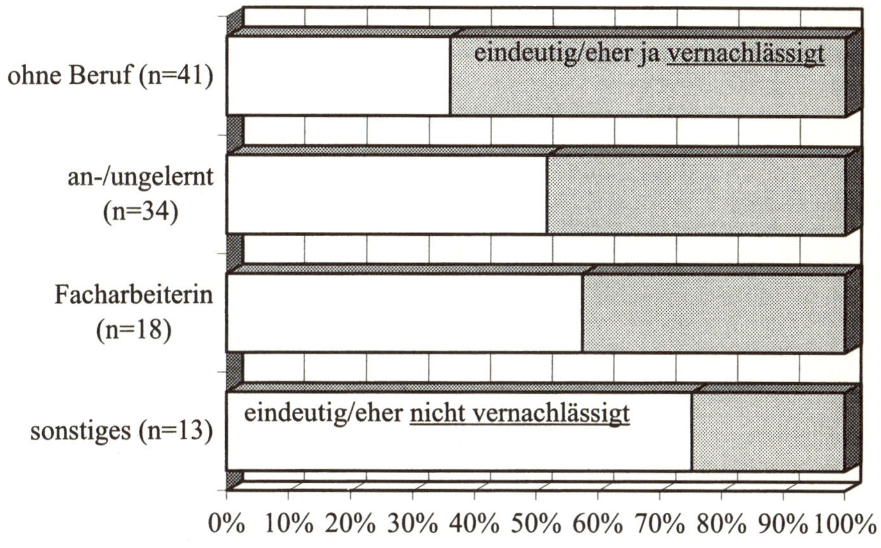

Tabelle 3.8: Vernachlässigung und Vorsorgeuntersuchungen des Kindes

	eindeutig nicht/eher nicht		eindeutig ja/eher ja	
	abs.	%	abs.	%
umfassend	26	47,3	19	27,5
teilsweise oder gar nicht	3	5,5	20	29,0
unbekannt	26	47,3	30	43,5
gesamt	55	100	69	100

Ein weiteres Faktum, welches durch diese Tabelle deutlich wird, besteht darin, daß die befragten Fachkräfte bei einem erheblichen Teil der Familien, in denen sie Vernachlässigungsproblematiken einschätzen, nicht in der Lage waren anzugeben, ob und wie die Vorsorgeuntersuchungen des Kindes wahrgenommen werden. Hier ist also auch bei den SozialarbeiterInnen von einem „blinden Fleck“ auszugehen, da sie die Erhebung der medizinischen Versorgung des Kindes nicht umfassend im Blick haben. Dabei wäre doch gerade bei Kindern, die man als vernachlässigt einstuft, die Frage der medizinischen Betreuung, Versorgung und Kontrolle von herausragender Bedeutung.

Abschließend soll der Aspekt der Vernachlässigung noch mit zwei prognostischen Aussagen der befragten SozialarbeiterInnen zur weiteren Entwicklung der Problematik dargestellt werden.

Zunächst wurden die Fachkräfte gefragt, welche Prognose sie bezüglich der Lebenssituation des Kindes, also bezüglich der äußeren Bedingungen, unter denen das Kind aufwächst, abgeben würden.

Abbildung 3.8: Vernachlässigung und Prognose der Fachkräfte (% d. Fälle)

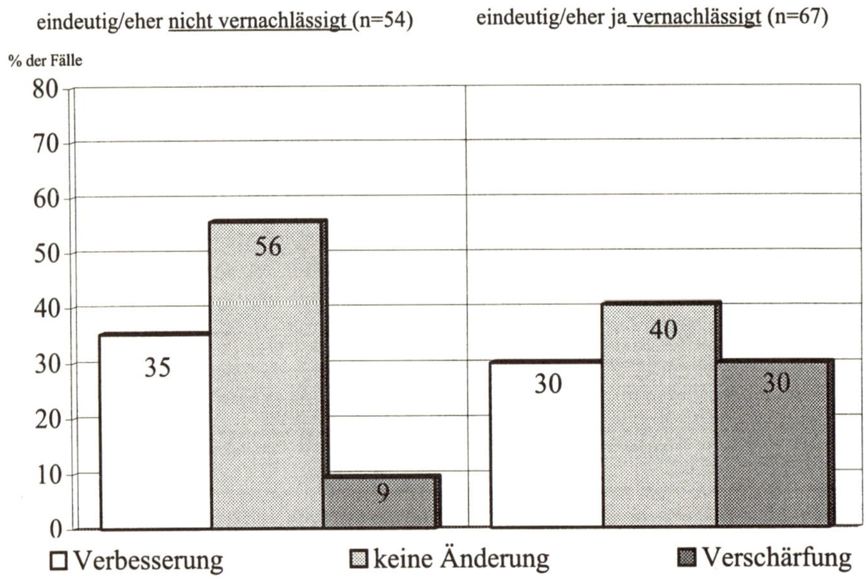

Abbildung 3.8 zeigt diesbezüglich, daß für knapp ein Drittel der Kinder beider Gruppen eingeschätzt wird, daß sich ihre Lebenssituation kontinuierlich verbessern wird. Deutliche Unterschiede in der Prognose ergeben sich jedoch zwischen den beiden Gruppen hinsichtlich der Einschätzung „die Lebenssituation wird sich weiter verschärfen". Während eine weitere Verschärfung der Lebenssituation bei den (eher) nicht vernachlässigten Kindern nur in 9% der Fälle angenommen wird, beträgt dieser Anteil bei den als vernachlässigt eingeschätzten Kindern 30%.

Angesichts dieser Einschätzungen wird auch etwas über die Selbsteinschätzung der Fachkräfte bezüglich ihrer Handlungsstrategien deutlich. Die Annahme, daß sich bei fast einem Drittel der vernachlässigten Kinder eine weitere Verschärfung der Lebenssituation einstellen wird, kann im Umkehrschluß ja nur bedeuten, daß die Wirksamkeit eingeleiteter sozialpädagogischer Maßnahmen bezogen auf die Lebenssituation des Kindes als nicht wirkungsvoll eingeschätzt werden. Konsequent weitergedacht ergibt sich als Perspektive für diese Kinder, daß eine Verschärfung ihrer Lebenssituation irgendwann die Schwelle erreicht, an der über vormundschaftsgerichtliche Entscheidungen Eingriff in die Familie – und das heißt i.d.R. Herausnahme des Kindes – erfolgen müssen.

Ein ähnliches Bild ergibt sich auch bei der anschließenden Frage nach der Prognose bezüglich der weiteren Entwicklung des Kindes selber.

Abbildung 3.9 zeigt den Zusammenhang zwischen der eingeschätzten Vernachlässigung und einer Entwicklungsprognose für das Kind. Während bei fast 90% der nicht vernachlässigten Kinder eine altergemäße Entwicklung bzw. eine nur in Teilbereichen problematische Entwicklung angenommen wird, ist dies nur bei 46% der vernachlässigten Kinder der Fall. Umgekehrt wird bei über der Hälfte (54%) der als vernachlässigt eingeschätzten Kinder davon ausgegangen, daß diese große Schwierigkeiten in Teilbereichen bzw. große Probleme bei der Alltagsbewältigung haben werden. Dieser Anteil beträgt bei den nicht vernachlässigten Kindern nur ca. 11%.

Abbildung 3.9: Entwicklungsprognose (% der Fälle)

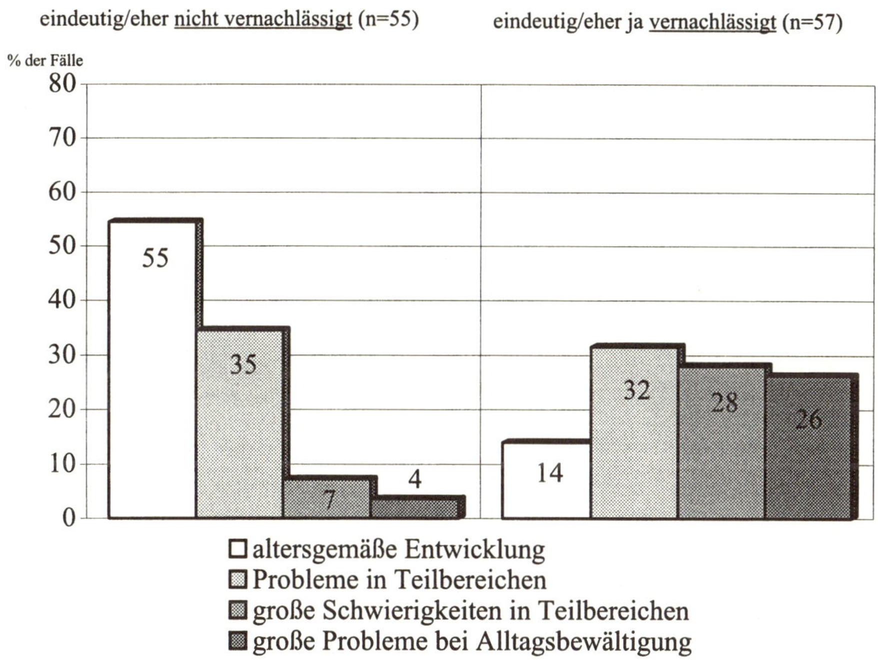

Auch bezogen auf die Entwicklungsprognose des Kindes durch die Fachkräfte wird also deutlich, daß die Fachkräfte bei vernachlässigten Kindern nicht davon ausgehen, daß sie (die Fachkräfte) über die entsprechenden Leistungen bzw. eine adäquate Infrastruktur (Hilfen zur Erziehung) oder eigene Handlungskompetenzen verfügen, hier eine altersgemäße Entwicklung des Kindes zu gewährleisten bzw. wiederherzustellen. Auch hier liegt der Schluß nahe, daß entsprechende Instrumente und Handlungsstrategien, die die Fachkräfte zu optimistischeren Einschätzungen motivieren könnten, nicht im hinreichenden Maße in der Praxis der Allgemeinen Sozialdienste entwickelt sind.

3.3 Vernachlässigung und Belastungsfaktoren

Im Rahmen der Fallerhebung ist – wie erwähnt – darauf verzichtet worden, in einer Vorauswahl zu bestimmen, welche Kinder entsprechend unserer Definition als vernachlässigt zu gelten haben. Im Fallerhebungsbogen wurden die Fachkräfte des ASD – noch vor einer Einschätzung, ob es sich ihres Erachtens um eine Vernachlässigungsproblematik handelt – gebeten einzuschätzen, wie stark das Kind/die Familie durch einzelne Faktoren belastet ist. Die Einschätzungsskala reichte hierbei von 1 (=kein Problem) bis 5 (=extreme Belastung).

Solche Belastungseinschätzungen wurden entsprechend unseren theoretischen Vorüberlegungen (vgl. Kapitel 1) auf drei Ebenen erhoben:

- Risikofaktoren
- Bedürfnisse des Kindes
- Folgen für das Kind

Abbildung 3.10: Risikofaktoren – Belastungsindikatoren

finanzielle / materielle Situation	• Einkommensarmut • Arbeitslosigkeit • unzureichende Wohnverhältnisse
soziale Situation	• soziale Isolation der Familie im Wohnumfeld • Schwellenängste der Eltern gegenüber externen Institutionen
familiale Situation	• soziale Desintegration der Eltern in der eigenen Familie • alleinerziehend • Familienkonflikt, Trennung/Scheidung
persönliche Situation der Erziehungsperson(en)	• eigene Deprivationserfahrungen der Eltern • unerwünschte Schwangerschaft • mangelnde Leistungsfähigkeit der Eltern aufgrund geringer psychischer Belastbarkeit • Sucht (Tabletten, Alkohol, harte Drogen)
Situation des Kindes	• Krankheitsanfälligkeit des Kindes • „schwieriges Kind" aufgrund der frühen Erfahrung von Mangelversorgung

Risikofaktoren

Neben den „harten" Daten zur Einkommenssituation und zur familialen Situation sollten die Fachkräfte im Rahmen unserer Einschätzungsskala angeben, wie stark aus ihrer Sicht die Belastung der Familie durch einzelne Faktoren einzuschätzen sei. Für den Bereich der Risikofaktoren (vgl. Punkt 1.5) wurden die in Abbildung 3.10 dargestellten Indikatoren ausgewertet.

Abbildung 3.11: Vernachlässigung und Belastungsprofile - Risikofaktoren -

Belastungsgrad: 1 = kein Problem, 5 = extreme Belastung

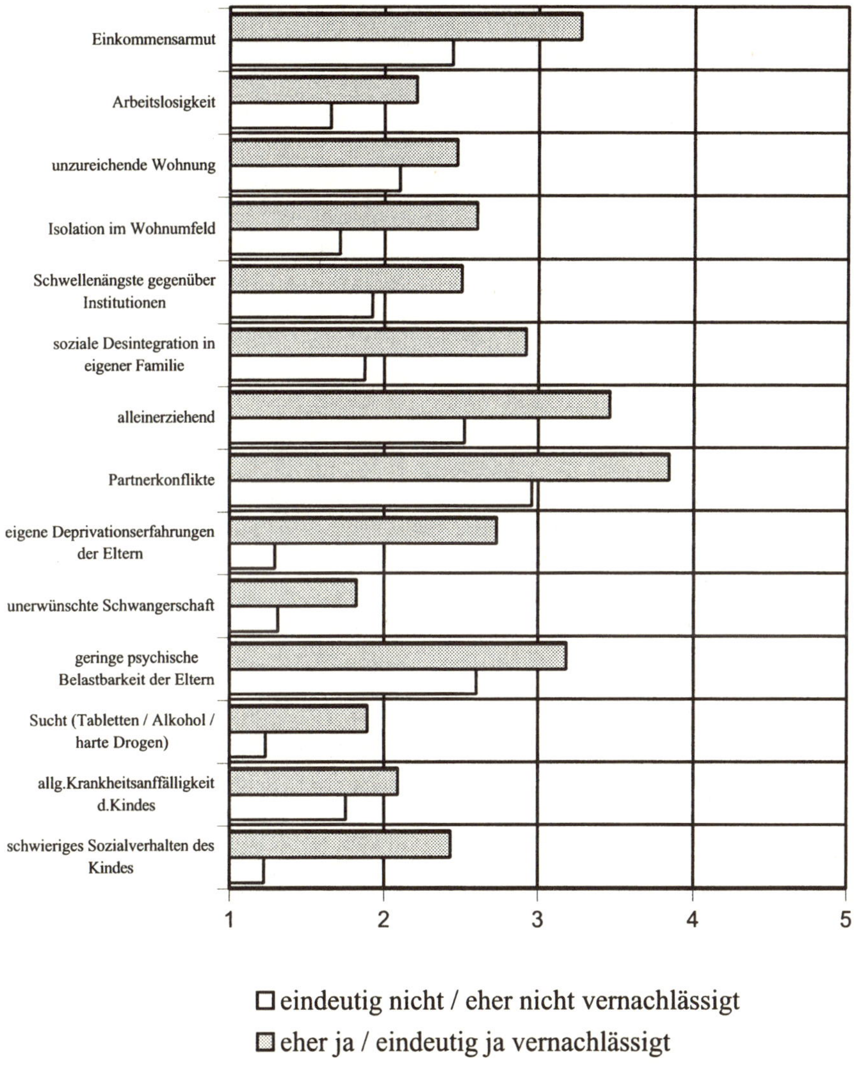

Bezogen auf diese Indikatoren haben wir in Abbildung 3.11 die als eher/eindeutig nicht vernachlässigt bezeichneten Kinder mit den eher/eindeutig als vernachlässigt angesehenen Kindern gegenübergestellt. Die Abbildung zeigt, daß bei den Familien mit Vernachlässigungs-Problematiken durchgängig auf allen Risiko-Dimensionen und bei allen Risiko-Indikatoren höhere Belastungen angenommen werden als bei Kindern, die nicht vernachlässigt werden. Auf insgesamt hohem Belastungs-Niveau werden dabei Faktoren wie Einkommensarmut, alleinerziehend, Partnerkonflikte sowie geringe psychische Belastbarkeit des/der erziehenden Eltern eingeschätzt. Insbesondere in diesen Bereichen dürfte somit ein Schwerpunkt des Tätigwerdens des ASD liegen. Hinsichtlich der Unterscheidung von vernachlässigten und nicht vernachlässigten Kindern fallen insbesondere die Faktoren „soziale Desintegration in der eigenen Familie“, „eigene Deprivationserfahrungen der Eltern“ sowie „schwieriges Sozialverhalten des Kindes“ ins Auge. Dagegen streuen die Einschätzungen der Belastung bezüglich „unzureichenden Wohnraums“ oder „allgemeiner Krankheitsanfälligkeit des Kindes“ deutlich geringer.

Bedürfnisebene des Kindes

Entsprechend den eingangs referierten Erkenntnissen der Entwicklungspsychologie (vgl. Punkt 1.4) wurden die auf verschiedenen hierarchischen Ebenen angesiedelten Bedürfnisse von Kindern in der in Abbildung 3.12 vorgenommenen Weise operationalisiert.

Abbildung 3.12: Bedürfnisebene Kind – Belastungsindikatoren

physiologische Bedürfnisse	• unangemessene Versorgung mit Nahrung • keine angemessene Schlafmöglichkeit • keine witterungsgemäße Kleidung • mangelnde Körperpflege (gesundheitsgefährdend)
Schutzbedürfnisse	• mangelnde Aufsicht (Schutz) • alleinlassen • aktive Gewalt gegen das Kind
Bedürfnis nach Verständnis und sozialer Bindung	• Isolation • mangelnde Aufmerksamkeit/Zuwendung • Unzuverlässigkeit/Unberechenbarkeit der Eltern • Übertragung der Betreuung an ungeeignete Personen
Bedürfnis nach seelischer und körperlicher Wertschätzung	• wenig Körperkontakt/Zärtlichkeit • herabsetzende Kritik • ständig harter Umgangston
Bedürfnis nach Anregung, Spiel und Leistung	• unangemessene Einschränkung des Bewegungsraumes • Mangel an Spielmöglichkeiten

Auch bezogen auf die Möglichkeiten der Befriedigung kindlicher Lebensbedürfnisse wurden die Fachkräfte gebeten, auf er Skala von 1 (= kein Problem) bis 5 (= extreme Belastung) Einschätzungen bezüglich der Belastungssituation der Kinder vorzunehmen. Abbildung 3.13 veranschaulicht die Ergebnisse dieser Einschätzungen.

Abbildung 3.13: Vernachlässigung und Belastungsprofile - Bedürfnisebene des Kindes

Belastungsgrad: 1 = kein Problem, 5 = extreme Belastung

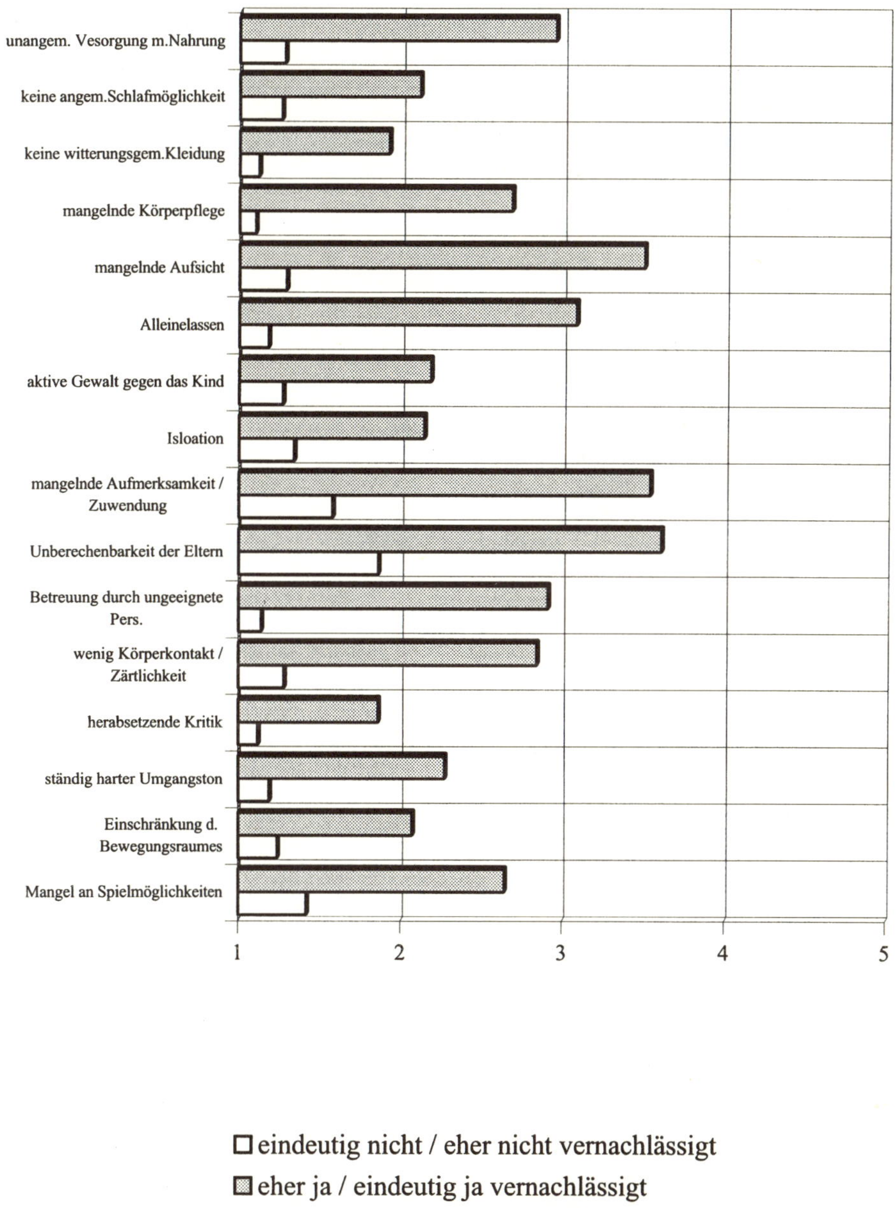

Ausgehend von unserer Definition, daß Vernachlässigung als „nachhaltige Nichtberücksichtigung, Mißachtung oder Versagung der Lebensbedürfnisse des Kindes“ definiert werden kann, überrascht es nicht, daß sich gerade bezüglich der Bedürfnisebene des Kindes deutliche Belastungsunterschiede zwischen den Kindern unserer beiden Gruppen feststellen lassen. Während bei den (eher) nicht vernachlässigten Kindern auch nur relativ geringe Belastungen bezüglich der Möglichkeiten der Einlösung ihrer Lebensbedürfnisse bestehen, kommt es hier bei der Gruppe der als vernachlässigt eingeschätzten Kinder z.T. zu erheblichen Ausschlägen.

Die deutlichsten Unterschiede zwischen beiden Gruppen zeigen sich auf der Ebene des Schutzbedürfnisses des Kindes. Mangelnde Aufsicht durch Erziehungspersonen und Alleinlassen des Kindes sind hier zentrale Aspekte, durch die Vernachlässigungs-Problematik charakterisiert sind. Aber auch auf anderen Bedürfnisebenen werden z.T. erhebliche Belastungsunterschiede zwischen den beiden Gruppen deutlich. Überproportionale Bedeutung kommt hier z.B. – auch für die Gruppe der nicht vernachlässigten Kinder – dem Problem der mangelnden Aufmerksamkeit und Zuwendung sowie dem Problem der Unzuverlässigkeit und Unberechenbarkeit der Eltern zu.

Folgen für das Kind

Die Frage danach, wie stark die Folgen von psycho-sozialen Risikofaktoren und von Bedürfnisrestriktionen sich auf der Erscheinungsebene des Kindes niederschlagen, wurde als dritte Ebene in die Auswertung eingeführt. Hier wurden die Fachkräfte anhand verschiedener Indikatoren befragt, wie sie die Belastung des Kindes hinsichtlich seiner körperlichen, kognitiven, psychischen und sozialen Erscheinung einschätzen. Abbildung 3.14 zeigt, welche Indikatoren für die einzelnen Ebenen gewählt wurden.

Abbildung 3.14: Erscheinungsebene Kind – Belastungsindikatoren

körperliche Erscheinung	• Untergewicht • Minderwuchs • verzögerte motorische Entwicklung
kognitive Erscheinung	• Sprachprobleme • retardierte Sprachentwicklung
psychische Erscheinung	• Hyperaktivität • gestörte Wach- und Schlafphase • Depression / Ängste
soziale Erscheinung	• Fehlentwicklung des Sozialverhaltens • Distanzlosigkeit • Aggressivität

Abbildung 3.15 zeigt insgesamt relativ geringe Ausprägungen bezüglich der Belastungen auf der Erscheinungsebene des Kindes. Auch wenn hier bei allen Indikatoren höhere Belastungen bezüglich der als vernachlässigt eingeschätzten Kinder bestehen, so ist doch festzustellen, daß auf keiner Ebene besonders herausragende Folgen der Vernachlässigung betont werden.

Abbildung 3.15: Vernachlässigung und Belastungsprofil
- Erscheinungsebene des Kindes -
Belastungsgrad 1 = kein Problem, 5 = extreme Belastung

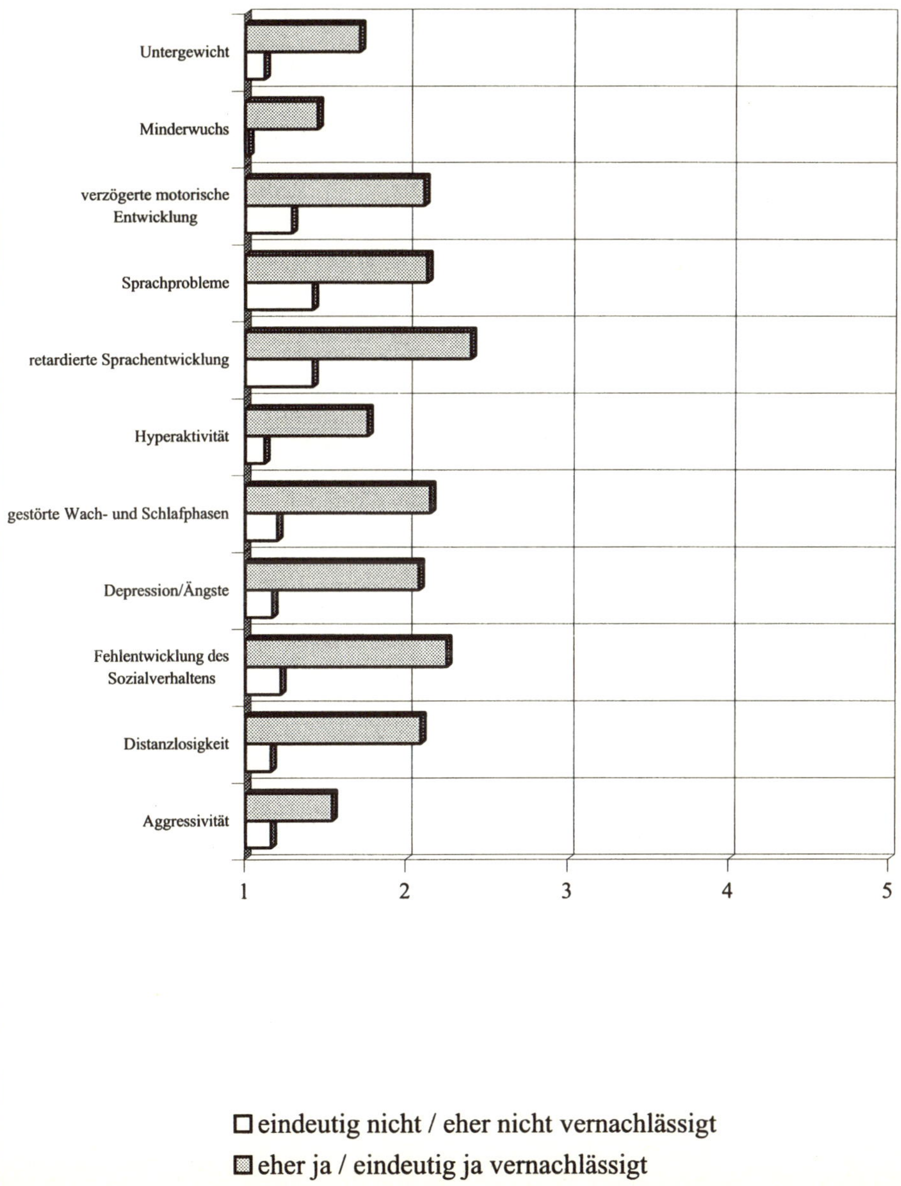

Insgesamt ist angesichts dieser Einschätzungen anzunehmen, daß sich bei der Bezugsgruppe (Kinder unter sieben Jahren) die Folgen von schwierigen Lebensumständen und Bedürfnisrestriktionen offensichtlich noch nicht so eindeutig niedergeschlagen haben. Die von den Fachkräften vorgenommenen Einschätzungen zur Prognose bezüglich der Lebenssituation des Kindes und bezüglich der Entwicklung des Kindes selbst (vgl. Abbildungen 3.8 und 3.9) gibt hier allerdings der These Nahrung, daß die Fachkräfte häufig den erlebten Risiken und Bedürfnisrestriktionen von Kindern hilflos gegenüberstehen bis zu dem Zeitpunkt, an dem sich die Folgen von unzureichenden Lebensbedingungen massiver einstellen, um dann auf dieser Grundlage die Negativentwicklungen durch einschneidende (vormundschaftsgerichtliche) Maßnahmen zu unterbrechen. Es stellt sich hier also die Frage an die Praxis, ob die Fachkräfte des ASD ihre Handlungen und Maßnahmen tatsächlich präventiv an kindeswohlgefährdenden Situationen ansetzen, oder ob sie (zum Zwecke der Beweisführung) zunächst warten (müssen), bis sich gravierende Folgen für das Kind auf der körperlichen, kognitiven, psychischen oder sozialen Erscheinungsebene bereits zeigen.

3.4 Zielgruppentypologie und Vernachlässigungsproblematik

Bisher haben wir die einzelnen Ergebnisse der Fallanalyse dargestellt und versucht, herauszuarbeiten, welchen Umfang die Vernachlässigung von kleinen und kleinsten Kindern bei der Betreuung durch die sozialen Dienste der vier beteiligten Jugendämter einnimmt und welche strukturellen Zusammenhänge mit der Einschätzung, daß es sich um eine Vernachlässigungsproblematik handelt, einhergehen. Bei diesem Vorgehen besteht die Schwierigkeit, daß sich nur unzureichend erkennen läßt, inwiefern einzelne Familienkonstellationen in besonderer Weise zur Vernachlässigung von Kindern führen.

Im folgenden soll daher ausgehend von unserer eingangs formulierten Hypothese (vgl. Punkt 1.5) ein Perspektivenwechsel vorgenommen und der Frage nachgegangen werden, ob sich spezifische Zielgruppen (Familientypen), bezogen auf die oben genannten Risikofaktoren differenzieren und beschreiben lassen.

In einem weiteren Schritt soll dann herausgearbeitet werden, durch welche strukturellen Momente diese Zielgruppen zu beschreiben sind.

Eine Typologie nach Art und Intensität familialer Risikobelastung

Für die Aufgabe der Gruppenbildung wurde ein statistisches Verfahren der Clusteranalyse benutzt, welches dazu dient, eine Anzahl von Fällen anhand ausgewählter Variablen zu überschaubaren Clustern (Gruppen) zusammenzufassen (vgl. Steinhausen/Langer 1977). Grundlage für diese Gruppenbildung sind die von den SozialarbeiterInnen der vier beteiligten Jugendämter ausgefüllten Fallerhebungsbogen.

Als Variablen für die statistische Clusterbildung dienen die von den SozialarbeiterInnen vorgenommenen Einschätzungen zu den Belastungen der Familien auf den fünf eingangs definierten Risikodimensionen (vgl. Punkt 1.5). Im einzelnen wurden der Clusterbildung also die in Abbildung 3.10 dargestellten Belastungsindikatoren als Merkmale zugrundegelegt.

Die Zahl der Fallgruppen wurden nach Prüfung mehrerer Alternativen auf vier festgelegt, da diese Anzahl dem Anspruch an Überschaubarkeit einerseits und gewünschter Differenzierung andererseits am besten entspricht.

Tabelle 3.9 gibt das Ergebnis dieses Analyseschrittes wieder. Die Zahlen in dieser Tabelle geben den Durchschnittswert der jeweiligen Belastung auf der Skala von 1 (= kein Problem) bis 5 (= extreme Belastung) für jede Gruppe wieder. Die Gesamtfallzahl von n=145, die in diese Analyse einbezogen werden konnte, ergibt sich daraus, daß bei 38 Fragebogen nicht für alle Risikodimensionen Einschätzungen von den Fachkräften abgegeben worden sind.

Durch die statistische Gruppenbildung rücken jeweils einzelne Merkmale (hier: Belastungsdimensionen) für die einzelnen Clustertypen in den Vordergrund. Die Übergänge zwischen den Gruppen sind dabei jedoch immer fließend, so daß – auch wenn hohe Zusammenhänge der Gruppen deutlich werden – nicht von einer eindeutigen Trennschärfe ausgegangen werden darf.

Tabelle 3.9: Ergebnisse der Clusteranalyse

Merkmal	Clusterzugehörigkeit Gruppen				
	1 (n=49)	2 (n=18)	3 (n=40)	4 (n=38)	Gesamtgr. (n=145)
finanzielle/materielle Belastung	1,93	3,52	3,08	1,96	2,44
soziale Belastung	1,29	2,53	3,01	2,07	2,22
familiale Belastung	1,89	2,07	3,49	3,22	2,80
persönliche Belastung d.Erziehungsperson(en)	1,25	1,49	2,99	1,35	1,87
Belastung durch die Situation des Kindes	1,59	1,64	2,55	1,67	1,90

Die Zahlen geben das durchschnittliche Ausmaß der durch die Fachkräfte eingeschätzten Belastung auf den einzelnen Dimensionen auf einer Skala von 1 (= kein Problem) bis 5 (= extreme Belastung) wieder.

Die Spezifika jeder der statistisch gebildeten Gruppen ergeben sich aus den Abweichungen der Belastungen vom Mittelwert der Gesamtgruppe. Um diese spezifischen Gruppenausprägungen zu verdeutlichen, wird in Abbildung 3.16 der Durchschnitt der Belastungseinstufungen der Gesamtgruppe auf den Wert 100 gesetzt. Damit lassen sich die Abweichungen der einzelnen Gruppen in Pozent zur Gesamtgruppe darstellen (vgl. Abbildung 3.16).

Abbildung 3.16: Belastungsfaktoren und Gruppenzugehörigkeit

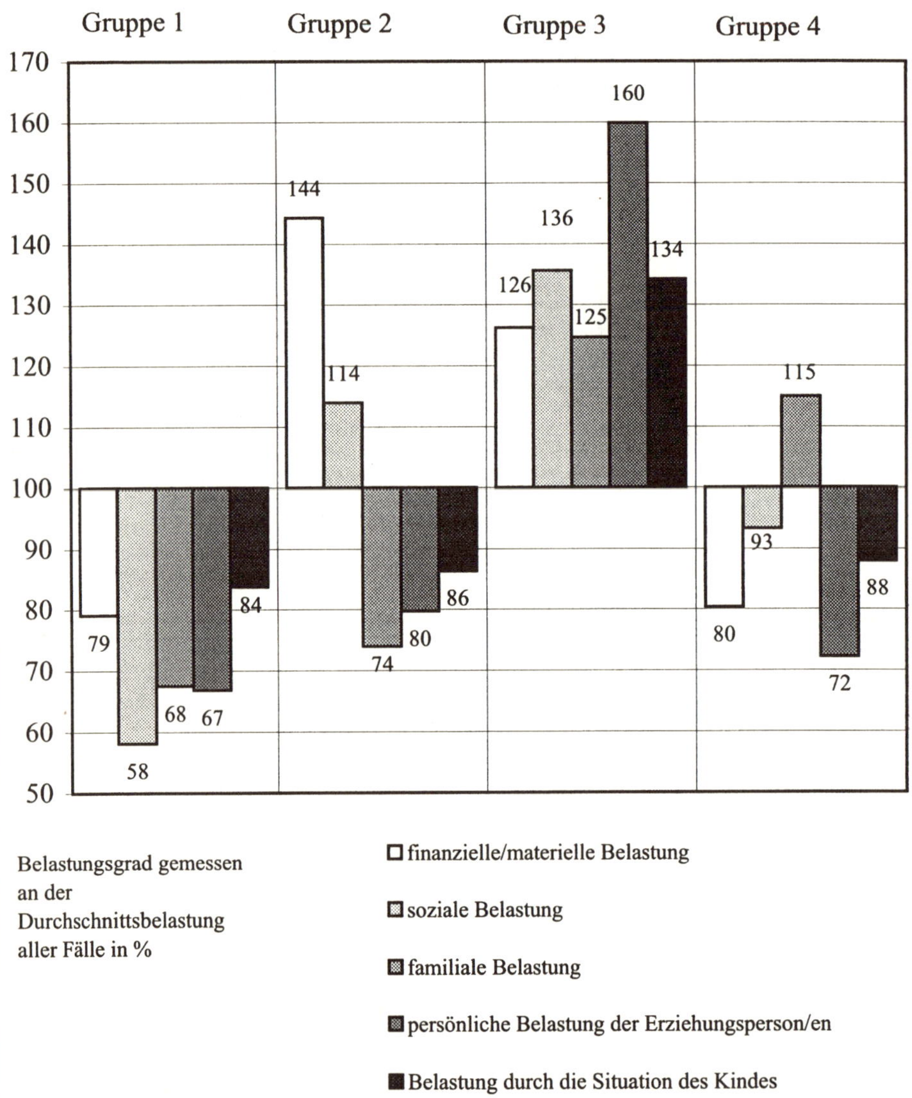

Die Clusteranalyse ergibt – wie man an Abbildung 9 gut erkennen und nachvollziehen kann – unter den genannten Bedingungen vier Gruppen (Familientypen), die sich folgendermaßen charakterisieren lassen:

Gruppe 1: Familien mit insgesamt deutlich unterdurchschnittlichen Belastungen auf allen genannten Risikoebenen

Gruppe 2: materiell hoch belastete Familien mit leicht überdurchschnittlicher sozialer Belastung, aber unterdurchschnittlichen Belastungen im familialen und persönlichen Bereich der Erziehungspersonen des Kindes

Gruppe 3: hoch belastete Familien auf allen Risikoebenen (Multiproblemfamilien)

Gruppe 4: familial überdurchschnittlich belastete Familien bei gleichzeitig unterdurchschnittlicher Belastung in anderen Risikobereichen

Auf der Grundlage der Betrachtung dieser vier durch die Clusteranalyse gewonnenen Familientypen lassen sich erste strukturelle Unterschiede der familiären Lebenssituation differenzierter beschreiben. Tabelle 3.10 verdeutlicht die Zusammenhänge zwischen den Ausgangsmerkmalen der Clusterbildung und weiteren Zielgruppenmerkmalen.

Auf der Basis dieser Betrachtungen lassen sich vier Familientypen näher beschreiben:

Gruppe 1: Familien mit unterdurchschnittlichen Belastungen auf allen Risikoebenen

Der Clustertyp 1 umfaßt 49 Familien und macht damit 33,8% der Gesamtgruppe aus. Dieser Familientypus zeichnet sich dadurch aus, daß hier die Belastungseinschätzungen deutlich unter dem Durchschnitt der Gesamtgruppe (Familien mit Kindern unter sieben Jahren in Betreuung durch das Jugendamt) liegt. Insbesondere hinsichtlich ihrer sozialen Situation ergibt sich für diese Gruppe eine deutlich positive Abweichung von der Gesamtgruppe.

Ein besonders herausragendes Merkmal besteht darin, daß in dieser Gruppe die Erziehungsberechtigten zu einem erheblichen Anteil (57,1%) den aktuellen Kontakt zum Jugendamt selbst aktiv gestalten. Das Jugendamt als aktiver Initiator des Kontaktes tritt mit 18,4% deutlich unterdurchschnittlich hervor.

In 40,8% der Fälle handelt es sich um Familien, in denen das Kind mit seinen beiden leiblichen Eltern zusammenlebt. Über ein Viertel der Kinder (27,1%) leben (zum Zeitpunkt der Untersuchung) als Einzelkind. Auch wenn knapp die Hälfte dieser Familien in einer Einkommenssituation leben, die das Sozialhilfeniveau nicht übersteigt, liegt diese Gruppe damit noch deutlich unter dem Durchschnitt der Gesamtgruppe.

Gruppe 2: Materiell hoch belastete Familien mit überdurchschnittlicher sozialer Belastung und bei unterdurchschnittlichen familialen persönlichen Belastungen

Der Clustertyp 2 umfaßt mit 18 Familien 12,4% der Gesamtgruppe. Während in dieser Gruppe die Einschätzung zur materiellen Belastung am höchsten von allen

Tabelle 3.10: Merkmale der Gruppen

	1 (n=49)	2 (n=18)	3 (n=40)	4 (n=38)	Gesamtgruppe (n=145)
	in %				
INITIATIVE FÜR AKTUELLEN KONTAKT IN 1994 (Mehrfachnennungen)					
Erziehungsberechtigte	57,1	22,2	22,5	36,6	36,6
Verwandte	6,1	0	22,5	13,2	11,7
Nachbarn	4,1	5,6	22,5	7,9	10,3
Jugendamt	18,4	38,9	50	21,1	30,3
LEBENSORT					
Kind lebt bei zusammenlebenden leiblichen Eltern	40,8	55,6	20	44,7	37,9
Erleben von familialen Lebensortwechseln	26,5	11,1	52,5	23,7	31
Fremdunterbringung im Heim oder in Pflegefamilie	9,2	5,6	37,5	15,8	18,6
KINDERZAHL					
mehr als 3 Kinder i.d. Familie	16,7	38,9	28,2	5,4	19,7
leben als Einzelkind	27,1	16,7	25,6	21,6	23,9
BERUFSSITUATION					
Mutter ohne Berufsausbildung	30,2	23,5	55,3	17,6	33,3
EINKOMMENSSITUATION					
Bezug von Sozialhilfeleistungen	43,8	64,7	65,8	45,9	52,9
Einkommenssituation auf Sozialhilfe-Niveau oder darunter	49,2	76,5	77,8	47,3	59,6
SORGERECHT					
Vormundschaftsgerichtl. Verfahren eingeleitet/abgeschlossen	12,2	5,6	42,5	23,7	22,8
GESUNDHEITLICHE SITUATION/VERSORGUNG					
Früh- oder Problemgeburt des Kindes	17,1	–	29,6	10	17,2
Nachsorge für Mutter und Kind nach der Geburt nicht oder nur teilweise sichergestellt	30	44,4	57,1	13,6	34,1
Vorsorgeuntersuchungen des Kindes (U1-U9) nur teilweise oder gar nicht sichergestellt	18,7	22,2	52	12	26,4

Gruppen ist und auch überproportionale Belastungen im sozialen Bereich gesehen werden, sind familiale und persönliche Problembelastungen hier deutlich unterdurchschnittlich ausgeprägt.

Ein deutliches Merkmal dieser Gruppe, welches sie von den anderen Gruppen abhebt, besteht darin, daß in über der Hälfte dieser Familien die Kinder noch bei ihren zusammenlebenden Eltern leben und daß nur 11,1% der Kinder bislang von familialen Lebensortwechseln betroffen waren. Ein weiterer auffallender Punkt besteht darin, daß es sich hier um eine Gruppe handelt, die als kinderreich zu beschreiben ist. In über einem Drittel dieser Familien (38,9%) leben vier und mehr Kinder. Als Einzelkind leben hier nur 16,7%.

Die von den SozialarbeiterInnen vorgenommene Einschätzung der besonderen materiellen und finanziellen Problembelastung dieser Familien wird verständlich, wenn man sieht, daß fast zwei Drittel dieser Familien Bezieher von Sozialhilfe (Hilfe zum Lebensunterhalt) sind und über drei Viertel (76,5 %) dieser Familien in einer Einkommenssituation leben, die maximal Sozialhilfeniveau erreicht. Damit wird in dieser Gruppe der Zusammenhang zwischen hoher Kinderzahl und materieller Armut evident.

Auf der anderen Seite haben wir in dieser Gruppe mit 5,6% die geringste Quote fremd untergebrachter Kinder und mit ebenfalls mit 5,6% auch die geringste Quote der Kinder, deretwegen ein vormundschaftgerichtliches Verfahren eingeleitet worden ist.

Gruppe 3: Familien mit hoher Belastung auf allen Risikoebenen

Der Clustertyp 3 umfaßt 40 Familien und macht damit 27,6% der Gesamtgruppe aus. Auf allen Risikoebenen werden hier von den betreuenden SozialarbeiterInnen überproportionale Belastungen registriert, wodurch sich eine Kennzeichnung als „Multiproblemfamilie“ rechtfertigt. Besonders auffallend für diese Gruppe ist die extrem überdurchschnittliche Belastung im persönlichen Bereich der Erziehungspersonen.

In dieser Gruppe fällt zunächst auf, daß das Jugendamt selbst ein zentraler Initiator für den aktuellen Kontakt zur Familie darstellt. In der Hälfte der Betreuungsfälle ist das Jugendamt initiativ geworden.

Besonders auffallend ist auch das Ausmaß sozialer Kontrolle, dem diese Familien unterliegen, was daran deutlich wird, daß bei jeweils knapp einem Viertel der Familien die Verwandtschaft bzw. ebenfalls bei einem Viertel der Familien die Nachbarschaft zu treibenden Kräften der Aufnahme des Betreuungskontaktes durch das Jugendamt werden.

Bezogen auf die familiale Situation läßt sich feststellen, daß nur 20% der Kinder dieser Gruppe bei den verheirateten zusammenlebenden leiblichen Eltern leben. Über die Hälfte der Kinder (52,5%) haben bereits einen familialen Lebensortwechsel erlebt. Deutlich wird die als defizitär einzuschätzende Lebenssituation dieser Kinder auch daran, daß bereits in 42,5% der Fälle ein vormundschaftsgerichtliches

Verfahren von seiten des Jugendamtes eingeleitet worden ist und daß zum Zeitpunkt der Betreuung im Jahre 1994 über ein Drittel dieser Kinder (37,5%) bereits im Heimen oder Pflegefamilien fremduntergebracht sind.

Bezogen auf die materielle Situation zeigen sich Parallelen zu Gruppe 2. Zwei Drittel der Familien beziehen Hilfe zum Lebensunterhalt (Sozialhilfe) und über drei Viertel (77,8%) werden in ihrer Einkommensituation auf Sozialhilfeniveau oder darunter eingeschätzt.

Auffällig ist hier zudem, daß gerade in dieser Gruppe die gesundheitliche Situation des Kindes (und der Mutter) am negativsten eingeschätzt wird. So wird für 29,6% der Kinder angegeben, daß es sich bei ihnen um eine Früh- oder Problemgeburt gehandelt habe. Dennoch war in über der Hälfte der Familien (57,1%) die Nachsorge für Mutter und Kind nach der Geburt nicht oder nur teilweise sichergestellt. Dieses Bild setzt sich fort, wenn man betrachtet, daß ebenfalls über die Hälfte der hier erfaßten Kinder (52%) nicht oder nur teilweise zur Vorsorgeuntersuchung (U1-U9) dem Kinderarzt vorgestellt wurden.

Insgesamt korreliert die Einschätzung der befragten SozialarbeiterInnen zu den Belastungsdimensionen dieser Gruppe damit sehr deutlich mit strukturellen Merkmalen der Lebenslagen dieser Familien wie mit der Fähigkeit, sich externe Unterstützung zu organisieren.

Gruppe 4: Familien mit überdurchschnittlicher familialer Belastung bei gleichzeitig unterdurchschnittlicher Problembelastung in anderen Bereichen

Diese Gruppe umfaßt 38 Familien und macht damit 26,2% der Gesamtgruppe aus. Kernbelastungen dieses Familientyps liegen auf der familialen Ebene, d.h. die Familien sind entweder durch Trennungs-/Scheidungssituationen oder durch die Anforderungen des Alleinerziehens geprägt.

In gut einem Drittel der Fälle wird der aktuelle Betreuungskontakt des Jugendamtes zu der Familie von den Eltern selbst hergestellt. Ein Fünftel der Kinder (21,6%) lebt in diesen Familien als Einzelkind. Andererseits ist der Anteil der Familien mit mehr als drei Kindern in dieser Gruppe mit 5,4% deutlich niedriger als der Durchschnitt der Gesamtgruppe.

Auffallend in dieser Gruppe ist weiterhin, daß nur 17,6% der Mütter in dieser Gruppe über keine Berufsausbildung verfügen. Vielleicht im Zusammenhang hiermit zu deuten ist, daß sowohl der Anteil der Sozialhilfe beziehenden Familien (45,9%) als auch der Anteil der Familien, die maximal über Sozialhilfeniveau verfügen (47,3%), ähnlich wie in Gruppe 1 deutlich unter dem Durchschnitt der Gesamtgruppe liegt.

Weiter auffallend in dieser Gruppe ist, daß der gesundheitlichen Situation grössere Aufmerksamkeit zuteil wird. Bei nur 13,6% war die Nachsorge für Mutter und Kind nach der Geburt nicht oder nur teilweise sichergestellt und bei ebenfalls nur 12%

der Kinder waren die Vorsorgeuntersuchungen durch den Kinderarzt teilweise oder gar nicht sichergestellt.

Im folgenden soll nun dargestellt werden, wie sich die auf der Grundlage der psycho-sozialen Risikofaktoren gebildeten Gruppen auf die Belastungseinschätzungen bezüglich der anderen Analyseebenen (Bedürfnisebenen des Kindes; Folgen für das Kind) niederschlagen. Die Darstellung erfolgt hier nach dem gleichen Muster, wie im Zusammenhang mit Abbildung 3.16 dargestellt.

Abbildung 3.17: Belastungen auf der Bedürfnisebene des Kindes

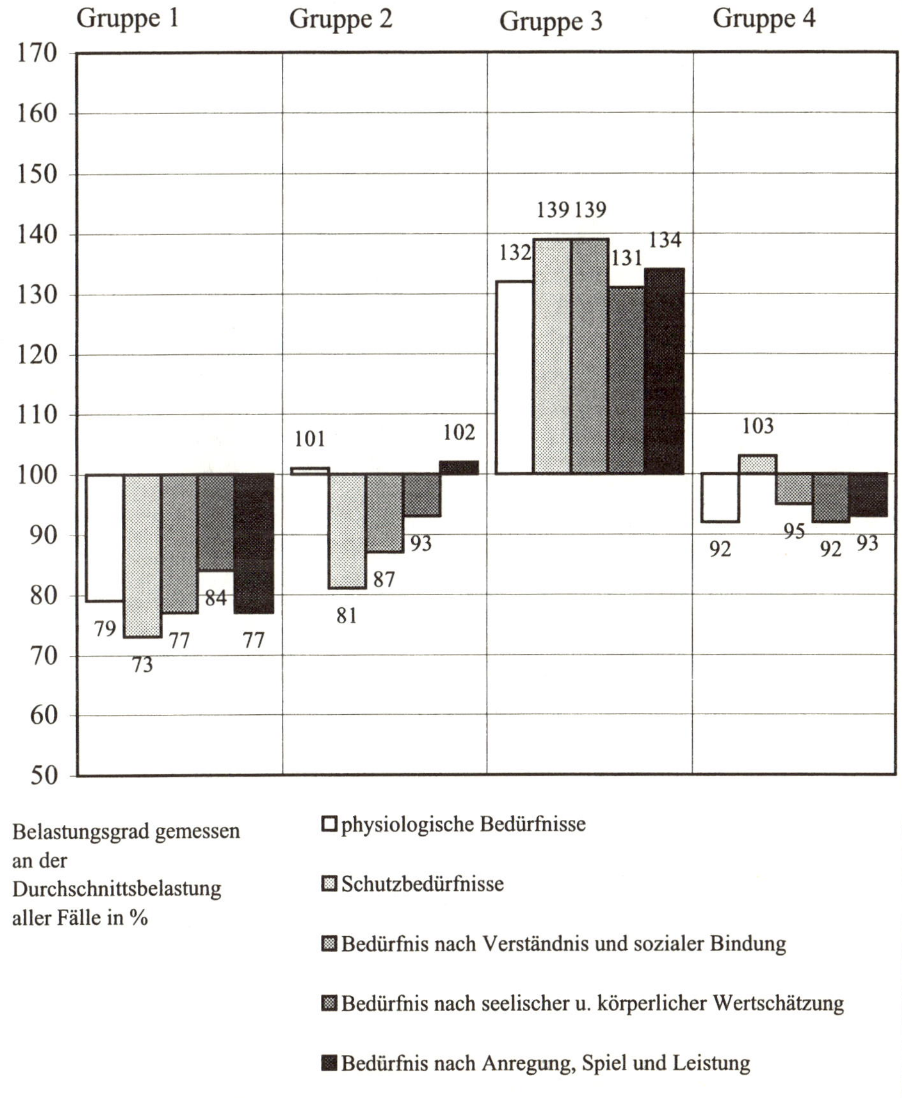

Abbildung 3.17 zeigt zunächst den Zusammenhang der Gruppen mit den Bedürfnissen des Kindes. Für die Gruppe 1 ergibt sich auch hier eine auf allen Ebenen unterdurchschnittliche Belastung. In Gruppe 2 zeigen sich durchschnittliche Belastungen im Bereich physiologischer Bedürfnisse und des Bedürfnisses nach Anregung, Spiel und Leistung bei gleichzeitig ebenfalls unterdurchschnittlichen Belastungen auf den anderen Bedürfnisebenen. Deutlich überdurchschnittliche Belastungen auf allen Bedürfnisebenen finden sich in Gruppe 3, also in den Familien, die wir als Multiproblemfamilien bezeichnet haben. Durchschnittliche Werte zeigen sich dann wieder in Gruppe 4.

Abbildung 3.18: Belastungen auf der Erscheinungsebene des Kindes und Gruppenzugehörigkeit

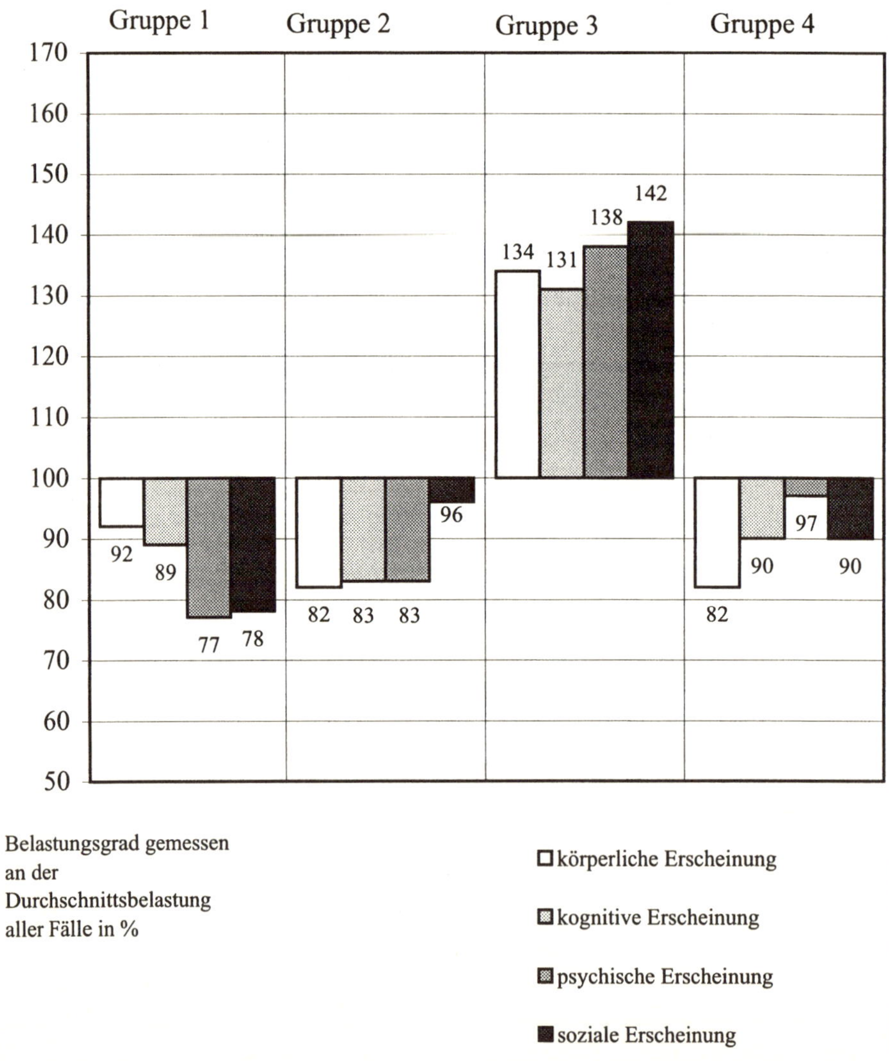

Diese Betrachtung zeigt einen realtiv eindeutigen Zusammenhang zwischen den psycho-sozialen Belastungssituationen von Familien und daraus folgenden Bedürfnisrestriktionen für die Kinder. Dieser Zusammenhang bleibt allerdings in hohem Maße unspezifisch; er läßt sich allenfalls allgemein so ausdrücken, daß hohe Belastungen auf verschiedenen Risikodimensionen (Multiproblemfamilien) auch mit hohen Bedürfnisrestriktionen der Kinder auf allen Bedürfnisebenen einhergehen. Spezifische Bedürfnisbeschränkungen des Kindes auf der Grundlage spezifischer psycho-sozialer Belastungen (Risikofaktoren) lassen sich aus dem Material der Fallanalysen nicht herleiten.

Wenn man die Ebene der Folgen für das Kind betrachtet, läßt sich die gleiche Feststellung treffen (vgl. Abbildung 3.18).

Zunächst einmal ist die eingeschätzte Belastung hier für die Gruppen 1, 2 und 4 auf allen Erscheinungsebenen (körperlich, kognitiv, psychisch, sozial) durchgängig unterdurchschnittlich.

Dagegen finden sich deutlich überdurchschnittliche Werte – wiederum auf allen Erscheinungsebenen – bei der Gruppe 3.

Auch bezogen auf die Folgewirkungen für das Kind läßt sich also ein Zusammenhang zu Risikobelastungen und Bedürfnisrestriktionen erkennen; auf bestimmte Erscheinungs- bzw. Entwicklungsebenen spezifizieren läßt sich dieser Zusammenhang jedoch ebenfalls nicht.

Tabelle 3.11: Vernachlässigungsproblematik und Clusterzugehörigkeit

	Clusterzugehörigkeit									
	Gruppe 1 (n=44)		Gruppe 2 (n=17)		Gruppe 3 (n=36)		Gruppe 4 (n=35)		Gesamt (N=132)	
	abs	%	abs	%	abs	%	abs	%	abs	%
eindeutig nicht/ eher nicht	26	59,1	5	29,4	2	5,6	12	34,3	45	34,1
teils/teils	9	20,5	6	35,3	8	22,2	9	25,7	32	24,2
eher ja/ eindeutig ja	9	20,4	6	35,3	26	72,2	14	40,0	55	41,7

keine Angaben: n=51

In einem letzten Schritt wollen wir der Frage nachgehen, inwieweit die durch die Clusteranalyse gewonnenen Gruppen mit der Einschätzung der Fachkräfte darüber, ob eine Vernachlässigung vorliegt, im Zusammenhang stehen. In Tabelle 3.11 und der dazugehörenden Abbildung 3.19 wird dieser Zusammenhang hergestellt.

Einschätzungen der ASD-MitarbeiterInnen, daß es sich um Vernachlässigungssituationen handelt (eher ja/eindeutig ja) treten bezogen auf alle herausgearbeiteten Familientypen auf. Allerdings läßt sich ganz entsprechend unserer Hypothese feststellen, daß in der Gruppe 3 (Multiproblemfamilien) für nahezu drei Viertel aller

Fälle (72,2%) eine Vernachlässigungssituation eingeschätzt wird. In dieser Gruppe wird lediglich für 5,6% der Fälle eine Vernachlässigungssituation verneint (eindeutig nicht/ eher nicht).

Abbildung 3.19 : Vernachlässigungsproblematik und Gruppenzugehörigkeit

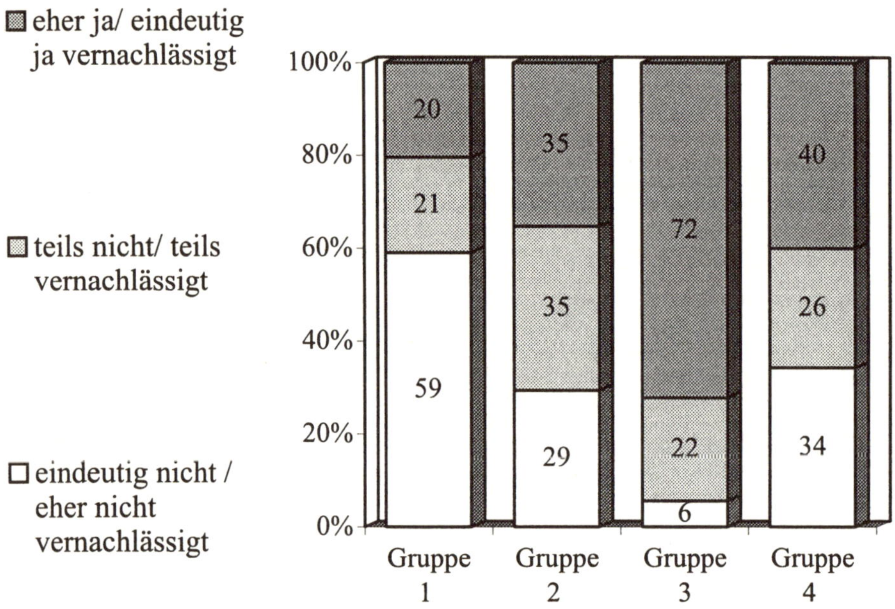

In der Gruppe, in der auf allen Ebenen relativ geringe Belastungen eingeschätzt wurden (Gruppe 1) wird nur für ein Fünftel der Kinder eine Vernachlässigungssituation eingeschätzt, während dieses für 60% eher ausgeschlossen wird.

Als besonderes Ergebnis läßt sich noch für die Gruppe 4 feststellen, daß eine hohe familiale Belastung doch in einem erheblichen Anteil der Fälle (40,0%) mit der Einschätzung der SozialarbeiterInnen einher geht, daß hier eine Vernachlässigungsproblematik zugrunde liegt.

3.5 Zusammenfassung

Die hier vorgestellte Auswertung der Fallerhebungen aus den vier Projektregionen zeigt deutlich den Schwerpunkt der frühen Kindesvernachlässigung in den Familienproblematiken von Familien mit jüngeren Kindern, mit denen der ASD konfrontiert ist.

Insgesamt stellen wir für diese Zielgruppe fest, daß es sich um Familien mit oft überdurchschnittlicher Kinderzahl handelt. Über ein Drittel der Familien hat drei und mehr Kinder.

Da über die Hälfte aller vom ASD betreuten Familien mit jüngeren Kindern Bezieher von Sozialhilfeleistungen ist (Hilfe zum Lebensunterhalt), muß festgehalten werden, daß materielle/finanzielle Probleme eine häufige Begleiterscheinung oder sogar ein häufiger Anlaß für sozialpädagogische Aktivitäten in den Familien darstellten. Zentrales Problem auch der sozialpädagogischen Arbeit dürfte es in diesen Fällen sein, die Familien dabei zu beraten und zu unterstützen, ihre Existenzgrundlage zu sichern.

Als weiteres allgemeines Merkmal der vom ASD betreuten Familien läßt sich festhalten, daß diese Familien - z.T. mehrfache - familiale Umbrüche erlebt haben. Nur gut ein Drittel der Kinder, um die es bei der ASD-Betreuung ging, lebte (noch) bei beiden leiblichen Eltern. Knapp die Hälfte der Kinder lebte bei alleinerziehenden Eltern (zumeist der Mutter) oder in Stiefelternsituationen, wobei es auch hier zumeist die Mütter sind, mit denen die Kinder zusammenleben. Darüber hinaus ist bereits ein Fünftel der Kinder vorübergehend oder auch dauerhaft in Heimen und Pflegefamilien untergebracht.

Bei einer fokussierten Betrachtung unserer Ergebnisse unter dem Vernachlässigungsaspekt ergibt sich, daß die dargestellten Probleme sich bezogen auf die von ASD-Fachkräften als vernachlässigt eingeschätzten Kinder nochmals deutlich verschärfen. In dieser Gruppe lebt nur noch ein Fünftel der Kinder bei den zusammenlebenden leiblichen Eltern, und bereits ein Drittel der Kinder dieser Gruppe ist in Heimen oder Pflegefamilien untergebracht.

Auch die materielle Situation der Familien in dieser Gruppe stellt sich als ausgesprochen schwierig dar, wird doch von den ASD-Fachkräften eingeschätzt, daß zwei Drittel dieser Familien maximal über ein Einkommen in Höhe des Sozialhilfe-Niveaus verfügen.

Ein spezifisches Gefährdungspotential für die Kinder aus dieser Gruppe wird exemplarisch auch am Beispiel der medizinischen Vorsorgeuntersuchung des Kindes deutlich. Bei über einem Viertel der als vernachlässigt eingeschätzten Kinder ist nach Wissen der Fachkräfte des ASD die medizinische Vorsorgeuntersuchung nur teilweise oder gar nicht sichergestellt. Bei weit über einem Drittel der Kinder, für die ASD-Fachkräfte Vernachlässigungssituationen eingeschätzt haben, ist der ASD über die Wahrnehmung von medizinischen Vorsorgeuntersuchungen des Kindes nicht informiert.

Bei der Abgabe von Prognosen bezüglich der Lebenssituation des Kindes und bezüglich seiner persönlichen Entwicklung durch die betreuenden Fachkräfte ergibt sich, daß gerade bei den als vernachlässigt eingeschätzten Kindern nur relativ selten positive Veränderungen vorausgesagt werden. Die Einschätzung, daß sich nur bei gut einem Viertel der vernachlässigten Kinder eine Verbesserung der Lebenssituation einstellen wird, aber bei über zwei Dritteln keine Änderung oder gar eine Verschärfung der Lebenssituation als wahrscheinlich gilt, macht deutlich, daß die Wirksamkeit eingeleiteter sozialpädagogischer Maßnahmen durch die Fachkräfte als nicht sehr hoch eingeschätzt wird. Aus dieser Einschätzung ergibt sich, daß ein hoher Diskussionsbedarf bezüglich bestehender und zu entwickelnder sozialpädagogischer Handlungsstrategien in Vernachlässigungs-Familien besteht.

Die im Rahmen der Clusteranalyse entwickelte Zielgruppentypologie bestätigt noch einmal, daß sich solche Handlungsstrategien nicht auf Einzelaspekte familialer Lebenslagen beschränken dürfen. Vielmehr zeigt sich auch in dieser Analyse - unseren theoretischen Ausgangsüberlegungen entsprechend (vgl. Kapitel 1) -, daß die Wahrscheinlichkeit für Kinder, in Vernachlässigungssituationen zu geraten, dann erheblich ansteigt, wenn es zu einer Verschränkung von materiellen und sozialen Belastungen mit familialen und persönlichen Belastungen der Erziehungspersonen kommt. Die Familien mit hohen Belastungen auf allen Risikoebenen (Multiproblemfamilien) machen über ein Viertel der Klientelfamilien mit Kindern unter sieben Jahren des ASD aus. Gerade bezogen auf diese Familien laufen spezialisierte bzw. isolierte Strategien, die sich nur auf eine Dimension beschränken (Hilfe zum Lebensunterhalt, Trennungs-/Scheidungsberatung, Suchtberatung etc.) häufig ins Leere. Aus dieser Erfahrung lassen sich auch die häufigen Negativprognosen sozialpädagogischer Fachkräfte bezüglich dieser Familien erklären.

Die Team-Diskussionen mit den ASD-Fachkräften in den vier Projektregionen machten denn auch immer wieder deutlich, daß ein erheblicher konzeptioneller Entwicklungsbedarf für integrierte, ganzheitliche Handlungsstrategien bezogen auf diese Familien besteht.

4 Ziele, Aufgaben und Arbeitsweise des ASD im Kontext der Vernachlässigung

4.1 Der ASD als Basis-Sozialdienst

Der Allgemeine Sozialdienst (ASD) ist die zentrale Instanz kommunaler Sozialleistungen (nicht nur) für Familien mit kleinen Kindern. Als Basis-Sozialdienst der Kommunen ist er zumeist nach dem Territorialprinzip organisiert, so daß jeweils eine Fachkraft des ASD für ein bestimmtes Einzugsgebiet zuständig ist. Ansprüche von BürgerInnen nach dem Kinder- und Jugendhilfegesetz werden über die Fachkräfte des ASD an die Kommune transportiert. Andererseits ist der ASD im Rahmen seines staatlichen Wächteramtes verpflichtet, bei vorliegender Kindeswohlgefährdung geeignete Maßnahmen zur Abwehr dieser Gefahr zu ergreifen.

Es ist daher nur sinnvoll, daß sich beim ASD zu einem erheblichen Teil Entscheidungskompetenzen für die Hilfeentwicklung und Hilfegewährung bündeln. Er wird damit zu einer wichtigen Schlüsselinstanz für einen problemangemessenen Zugang zu und Umgang mit Familien und Kindern in Problemsituationen. In einem ersten Zugang lassen sich seine Funktionen wie folgt beschreiben (vgl. SCHONE u.a. 1991, S. 88ff.):

- Der ASD als **Sensor** für soziale Lebens- und Problemlagen. Im ASD laufen Informationen über junge Menschen und ihre Familien in Krisensituationen zusammen. Hier können die Informationen registriert und gebündelt werden. Damit ist der ASD so etwas wie eine registrierende Instanz für Problemlagen in einer Kommune.
- Der ASD als **erstberatende Instanz**. Aufgrund direkter Ansprache durch Betroffene, durch unmittelbare Informationen über Nachbarn im Stadtteil, über Hinweise von Kindergärten, Schulen und anderen Bildungsinstitutionen, über Hinzuziehung von ASD-Fachkräften durch Erziehungsberatungsstellen, Jugendarbeit etc. nimmt der ASD häufig eine Erstberatung wahr und schafft damit erste Klärungen über die Lebens- und Problemlagen sowie über den Hilfebedarf.
- Der ASD als **Betreuungsinstanz**. Je nach Struktur und Arbeitsansätzen nehmen Fachkräfte des ASD langfristig Betreuungsaufgaben für Kinder, Jugendliche und Familien wahr. Formlose Betreuung wird in Anspruch genommen von ganz unterschiedlichen Adressatengruppen von Heranwachsenden, von Familien, von Familien mit behinderten Kindern, von Alleinerziehenden, von Ausländern. Sie wird beansprucht in den vielfältigsten Schwierigkeiten, mit der Arbeit, der Wohnung, den sozialen Beziehungen, den Sozialrechtsansprüchen. Ihr Handlungsrepertoire ist dementsprechend breit: Erschließung materieller und sozialer Ressourcen, unterstützende Begleitung in der Auseinandersetzung mit Behörden, Ärzten, Schulen, Arbeitsstellen; Beratungen (vor allem auch Hilfen in besonde-

ren Krisensituationen), Vermittlung von Arbeit, Wohnung, sozialen Kontakten (z.B. in der Nachbarschaft oder in Gruppen Gleichbetroffener)“ (BMJFFG 1990, S. 134).

- Der ASD als **Vermittlungsinstanz** zu Spezialhilfen. Je spezialisierter und differenzierter Hilfeangebote und -dienste in einer Kommune organisiert sind, desto mehr wird der ASD die Funktion der Vermittlung von Hilfesuchenden zu speziellen Hilfeangeboten wahrnehmen. Dies kann so weit gehen, daß er selbst keine Betreuungsaufgaben in nennenswertem Umfang mehr wahrnimmt. Aus der Erstberatung heraus werden Vermittlungen an andere spezialisierte Fachkräfte und Dienste vorgenommen.

- Der ASD als **infrastrukturgestaltende Instanz**. Ansätze der Gemeinwesenarbeit und der stadtteilorientierten Sozialarbeit werden seit Anfang der 70er Jahre im ASD immer wieder diskutiert und in einzelnen Kommunen sind solche Ansätze erprobt und bewährt. D.h., der ASD – häufig in Verbindung mit anderen Fachkräften und Diensten – nimmt nicht nur die individuellen und familiären Problemlagen wahr, sondern versucht, sie im Kontext ihrer sozialen, ökonomischen und gesellschaftlichen Bedingungen im Lebensfeld der Betroffenen zu verstehen und zu verändern.

Für den Aufgabenbereich der Jugendhilfe lassen sich diese allgemeinen Beschreibungen weiter präzisieren. Das Kinder- und Jugendhilfegesetz (KJHG) stellt zunächst in § 1 als Leitnorm heraus: „Jeder junge Mensch hat ein Recht auf Förderung seiner Entwicklung und auf Erziehung zu einer eigenverantwortlichen und gemeinschaftsfähigen Persönlichkeit.“

Ebenfalls bereits in der Leitnorm des KJHG wird der schwierige gesetzliche Auftrag der Jugendhilfe deutlich:

- Zum einen wird in § 1 Abs. 2 KJHG der Artikel 6 Absatz 2 des Grundgesetzes (GG) wörtlich übernommen: „Pflege und Erziehung sind das natürliche Recht der Eltern und die zuvörderst ihnen obliegende Pflicht. Über ihre Betätigung wacht die staatliche Gemeinschaft.“

- Zum anderen wird in § 1 Abs. 3 KJHG u.a. formuliert, daß es Aufgabe der Jugendhilfe ist, „... 2. Eltern und andere Erziehungsberechtigte bei der Erziehung [zu] beraten und [zu] unterstützen, 3. Kinder und Jugendliche vor Gefahren für ihr Wohl [zu] schützen.“

Schon in der Leitnorm des KJHG wird also das Spannungsfeld zwischen dem Elternrecht, der Elternpflicht und dem staatlichen Wächteramt thematisiert und der gesetzliche Auftrag formuliert, in diesem Spannungsfeld tätig zu werden. Für die Jugendhilfe und die hier tätigen Fachkräfte bedeutet dies die gleichzeitige Verpflichtung,

- einerseits die Eltern bei der Wahrnehmung ihrer grundgesetzlich garantierten Rechte und Pflichten gegenüber dem Kind und zum Wohle des Kindes zu unterstützen und

- andererseits das Kind vor Gefahren für sein Wohl – ggf. auch gegen den Willen der Eltern – zu schützen.

Dieses Spannungsfeld ist grundsätzlich unauflösbar und ein konstitutives Merkmal der Sozialpädagogik überhaupt – auch wenn hier den öffentlichen Trägern und insbesondere den Allgemeinen Sozialdiensten die letztendliche Garantenpflicht für die Wahrung des Wächteramtes zufällt.

Vor dem Hintergrund dieser Ausgangslage sind die einzelnen Leistungen und Aufgaben der Jugendhilfe im KJHG normiert. Dabei lassen sich die geforderten Aktivitäten zur Verwirklichung der Rechte von jungen Menschen und ihren Eltern prinzipiell als hierarchisches System darstellen:

1. An oberster Stelle steht der Auftrag, „dazu beizutragen, positive Lebensbedingungen für junge Menschen und ihre Familien sowie eine kinder- und familienfreundliche Umwelt zu erhalten oder zu schaffen" (§ 1 Abs. 3 KJHG). Hier geht die Vorstellung ein, daß Jugendhilfe sich – vertreten durch Fachkräfte und JugendpolitikerInnen – zum Lobbyisten für Minderjährige und deren Familien macht und deren Anliegen auch in andere Politikfelder (Arbeitsmarkt, Stadtentwicklung, Wohnen, Schule etc.) hineinträgt und dort vertritt (Einmischungsstrategie).

2. Für alle Familien mit Kindern sollen dann Beratungs-, Unterstützungs- und Entlastungsangebote zur Verfügung stehen, die die Eltern bei der Erziehung unterstützen und die es in der heutigen Erwerbsgesellschaft Vätern und Müttern erlauben, Familie und Erwerbsleben besser miteinander in Einklang zu bringen. Zu solchen Angeboten der allgemeinen Familienförderung gehören insbesondere Angebote der Kindertagesbetreuung, der Jugendarbeit, der Familienbildung oder der allgemeinen Familienberatung.

3. Für Familien in spezifischen Krisen- und Belastungssituationen gilt es darüber hinaus, ein besonderes Angebot zur Krisenbewältigung (z.B. Beratung bei Problemen der Trennung und Scheidung, 17 KJHG; Betreuung und Versorgung des Kindes in Notsituationen, § 20 KJHG) oder zur Hilfe zur Erziehung (§§ 27ff. KJHG) bereitzuhalten und im Einzelfall, wenn eine das Wohl des Kindes entsprechende Erziehung nicht gewährleistet ist, „notwendige und geeignete" Hilfen zu entwickeln und anzubieten.

4. Wenn dennoch das Kindeswohl trotz der Angebote und Leistungen der Jugendhilfe gefährdet ist, und die Eltern/Personensorgeberechtigten nicht in der Lage oder nicht bereit sind, diese Gefährdung aufzuheben, ist es die Aufgabe der Fachkräfte der Jugendhilfe, ihr staatliches Wächteramt auszuüben, gerichtliche Maßnahmen einzuleiten (§ 50 Abs. 3 KJHG) und ggf. bei akuter Gefahr das Kind in Obhut zu nehmen (§§ 42, 43 KJHG), um auf diese Weise die Existenzrechte des Kindes durchzusetzen und zu sichern.

Die Tätigkeit des ASD im Kontext von Vernachlässigungssituationen bewegt sich – wie wir in den zahlreichen Falldiskussionen an den Projektstandorten beobachten konnten – in der Praxis zumeist auf den Handlungsebenen 3 und 4. Hier bestimmt die ständige Suche nach adäquaten Hilfs- und Unterstützungsangeboten für überforderte vernachlässigende Familien die Diskussion ebenso wie die Frage und z.T. die Sorge/Angst, ob das Wohl der betroffenen Kinder tatsächlich hinreichend gesichert ist.

4.2 Zur Besonderheit sozialpädagogischer Entscheidungssituationen und -prozesse

Genau aus diesem Grund ist das Handeln in Vernachlässigungssituationen für die Fachkräfte des ASD oft mit erheblichen Unsicherheiten und großen persönlichen Belastungen verbunden. Die Betonung, daß Jugendhilfe sich weg von Ordnungstätigkeit zur Dienstleistung entwickeln soll auf der einen Seite und das Wissen, daß KollegInnen aus anderen Städten, in deren Zuständigkeitsbereich vernachlässigte Kinder zu Tode gekommen sind, mit persönlichen strafrechtlichen Konsequenzen bedroht sind (Köln, Hagen, Osnabrück) auf der anderen Seite verschärften diese Unsicherheiten und Ängste zum Teil erheblich.

Dabei ist der Handlungsauftrag an den ASD hochkomplex. Er muß in der Lage sein – bei z.T. nur begrenzten Einblicken in die Situation –, schwierige Zusammenhänge und Wechselwirkungen von Kontextfaktoren der Vernachlässigung (materielle Situation, soziale Situation, familiale Situation, persönliche Situation des/der Erziehungsberechtigten, persönliche Situation des Kindes – vgl. Punkt 1.5) wahrzunehmen und in ihren Wechselwirkungen zu verstehen, um auf dieser Grundlage überhaupt ein Bild von der Lebenssituation der Familie zu gewinnen, das es ihm erlaubt, geeignete Strategien für die Förderung, Hilfe und Unterstützung zur Gewährleistung des Kindeswohls zu entwickeln.

Solche Strategien sind allerdings auch immer davon abhängig, wie

- einerseits die Veränderungsbereitschaft und Lernfähigkeit der Familie/einzelner Familienmitglieder eingeschätzt wird und
- andererseits der Problemdruck und die Belastbarkeit der Kinder wahrgenommen und eingeschätzt wird.

Dabei sind solche Wahrnehmungen und Einschätzungen wiederum in hohem Maß beeinflußt durch die Person der Fachkraft selbst, ihre eigenen Erfahrungen sowie ihre Fähigkeit, das Leiden anderer zu erkennen und erkanntes Leiden zu ertragen. Aus der Mischung dieser oft diffusen, zumeist nur teilweise mit Daten und Fakten unterlegbaren Eindrücke, Wahrnehmungen und Einschätzungen sind von ASD-Fachkräften Entscheidungen zu treffen, die z.T. gravierende Auswirkungen auf die Familie und ihre Mitglieder haben können.

Das Ganze geschieht vor dem Hintergrund, daß objektive und verallgemeinerbare Maßstäbe zur Beurteilung von Lebenslagen nicht zur Verfügung stehen und alle Einschätzungen, die getroffen werden müssen, zwangsläufig normativ sind. Auch wenn rapide gesellschaftliche Wandlungsprozesse zu einer weit aufgefächerten Pluralisierung von Lebensformen und Individualisierung von Lebensläufen und Lebensentwürfen (vgl. BECK 1986, BMJFFG 1990) geführt haben und Normalitätsvorstellungen (z.B. von Familien) in Bewegung geraten, setzt sozialpädagogisches Handeln immer – explizit oder implizit – eine Aussage bzw. eine Einschätzung von Normalität voraus. Sowohl bei den allgemein fördernden, präventiven als auch bei den kompensatorischen Angeboten als auch bei den Überlegungen zum Eingriff in das Elternrecht sind Ziele, Intention und Schwerpunkte immer auch gekoppelt an Vorstellungen über wünschenswerte Entwicklungsverläufe und über sozial erwünschte Eigenschaften und Haltungen von Personen. Das heißt: Sozialpädagogik bzw. Jugendhilfe bezieht sich auf Normen, setzt Normen und vermittelt diese im Umgang mit Kindern, Jugendlichen und Erziehungspersonen.

„Wie diese allgemeinen Prinzipien (normative Grundorientierungen wie Gerechtigkeit, Lebensqualität, Achtung der Menschenwürde etc., d.V.) dann allerdings im einzelnen und konkret umzusetzen und einzulösen sind, dafür gibt es keine 'einfachen' und eindeutigen Regeln. Gerade auch in Phasen rapiden gesellschaftlichen Wandelns (...) sind hier vielmehr vielfältige Suchbewegungen vonnöten, gilt das Prinzip von 'Versuch und Irrtum', gilt es, Offenheit und Lernfähigkeit im Umgang mit den Handlungsadressaten zu bewahren. (...) Dies bedeutet also in letzter Konsequenz, daß aus der Komplexität und 'Unübersichtlichkeit' gesellschaftlicher und individueller Verhältnisse nicht der Verzicht auf normative Konzepte resultieren darf (diese würden sich dann doch nur 'unter der Hand' und unreflektiert durchsetzen), sondern daß daraus resultieren muß, daß Rahmenbedingungen für diskursive Auseinandersetzungen ('Streitkultur') und Wahlmöglichkeiten (Entscheidungen zwischen unterschiedlichen normativen Konzepten) zu schaffen sind (JORDAN/SCHONE 1992, S. 123.)

In diesem – zugegeben höchst unpräzisen – Rahmen müssen Fachkräfte der Jugendhilfe – hier speziell des ASD – angemessene Beurteilungskritierien erarbeiten und Handlungsformen entwickeln. Dabei entsteht immer wieder der Wunsch, zumindest die Grenze zur Kindeswohlgefährdung durch Vernachlässigung durch „handfeste" Kriterien beschreiben zu können. Von der – auch im Rahmen des Projektes lange diskutierten – Suche nach solchen „Basisfürsorgekriterien" erhoffen sich Fachkräfte die Fixierung verbindlicher Schwellen, die bestimmte Reaktionen (Hilfsangebote, Sorgerechtsentzug etc.) zur Folge haben müßten. Solche Schwellen oder Minimal-Standards gäben dann den Maßstab („Lakmuspapier der Sozialarbeit") für „richtiges" und „falsches" Handeln ab. Für Fachkräfte des ASD böte die Definition zwingender Eingriffsschwellen einen Ausweg aus der steten Unsicherheit und Ambivalenz zwischen der Formulierung von Hilfsangeboten und dem Impuls zum Eingriff, sie hätten damit aber vor allem die Funktion eines Schutzmechanismus für die Fachkräfte selbst (nicht primär für die Kinder!), die hierdurch größere Sicherheit gewännen, wann ein Eingriff in das Elternrecht erlaubt und wann er geboten ist.

Ein wesentliches Problem des Versuchs der Definition von „Eingriffsschwellen" wäre zudem, daß bei solchen Versuchen immer viel mehr Aspekte zur angemessenen Beurteilung von Lebenssituationen verlorengingen, als durch die generelle Heraushebung einzelner Aspekte an Sicherheit geschaffen werden könnten.

Wie dargestellt (vgl. Punkt 1.3), sind benennbare Basisfürsorgekriterien (ausreichende und geeignete Ernährung, Pflege, Schutz, Krankheitsbehandlung etc.), aber nur der Versuch, Maßstäbe zu benennen, die Aussagen über den Grad der Befriedigung kindlicher Lebensbedürfnisse erlauben und erleichtern, ohne daß Fachkräfte durch solche Kriterien der eigenen Beurteilung und Einschätzung erhoben werden könnten, ob und wann im Einzelfall die Schwelle hinreichender Basisfürsorge unterschritten wird und ggf. ein Eingriff gegen den Willen der Eltern geboten ist.

Die Operationalisierung solcher Schwellen hat durch die Fachkräfte selbst zu erfolgen und ist durch deren Wahrnehmungen und Beobachtungen bestimmt. Eine interdisziplinäre Arbeitsgemeinschaft in Hannover hat – bezogen auf Säuglinge – solche Operationalisierungsversuche unternommen und Leitfragen zur Basisfürsorge im Säuglingsalter entwickelt:

Leitfragen zur Kindeswohlgefährdung im Säuglingsalter

- Recht auf ausreichende Körperpflege
  - Wird das Kind immer wiederkehrend gewickelt oder trifft man es ständig in durchnäßten, herabhängenden Windeln an?
  - Sind größere Teile der Hautoberfläche entzündet?
  - Finden sich regelmäßig Dreck- und Kotreste in den Hautfalten (Genital- und Gesäßbereich)?
- Recht auf geeigneten Wach- und Schlafplatz
  - Liegt der Säugling tagsüber stundenlang in einem abgedunkelten oder künstlich beleuchteten Raum und bekommt kaum Tageslicht?
  - Sind Matratzen und Kissen ständig nass und muffig?
  - Liegt das Kind ständig in der Wippe, der Tragetasche oder im Bett?
  - u.a.
- Recht auf schützende Kleidung
  - Bietet die Kleidung hinreichenden Schutz vor Hitze, Sonne, Kälte oder Nässe?
  - Ist das Kind jahreszeit- und umgebungsgemäß gekleidet oder wird es oft schwitzend oder frierend angetroffen?
  - Ist die Bewegungsfreiheit des Kindes in seiner Kleidung gewährleistet oder ist es zu eng geschnürt, sind Kleidungsstücke zu klein?
  - u.a.
- Recht auf altersgemäße Ernährung
  - Gibt es eine stete Gewichtszunahme (Gewichtskurve im Vorsorgeheft)?
  - Bekommt der Säugling überalterte oder verdorbene Nahrung? Reicht die Flüssigkeitsmenge?
  - Sind hygienische Mindeststandards (Reinigung der Flasche) gewahrt?
  - u.a.
- Recht auf sachgemäße Behandlung von Krankheiten und Entwicklungsstörungen
  - Ist das Recht des Säuglings auf Vorsorge (z.B. Impfungen) gewährleistet?
  - Werden Krankheiten des Kindes nicht oder zu spät erkannt und/oder wird die Behandlung verweigert?

- Werden Entwicklungsverzögerungen oder Behinderungen nicht erkannt und/oder unsachgemäß behandelt?
- u.a.

- Recht auf Schutz vor Gefahren
  - Wird der Säugling ohne Aufsicht auf den Wickeltisch oder in die Badewanne gesetzt?
  - Werden Gefahren im Haushalt übersehen (defekte Stromkabel, Steckdosen, für das Kind zugängliche Medikamente/Alkohol, ungesicherte Treppen, gefährliches Spielzeug etc.)?
  - Sind Eltern regelmäßig oder quartalsweise durch Drogenkonsum in ihrer Wahrnehmung getrübt oder in ihrer Verantwortungsfähigkeit eingeschränkt?
  - u.a.

- Recht auf Zärtlichkeit, Anerkennung und Bestätigung
  - Wird das Kind beim Füttern in den Arm genommen oder bekommt es lediglich eine Flasche, die es allein trinken muß?
  - Erfolgt das Wickeln grob und ohne Ansprache?
  - Wird dem Kind bei Krankheit oder Verletzung Trost verweigert?
  - Wird der Säugling bei unerwünschtem Verhalten (z.B. Strampeln beim Wickeln) gezüchtigt (geschlagen, gekniffen, geschüttelt etc.)?
  - u.a.

- Recht auf Sicherheit und Geborgenheit
  - Bleibt das Kind trotz anhaltenden Schreiens unbeachtet?
  - Ist das Kind einer gewalttätigen Atmosphäre ausgesetzt?
  - Machen die Eltern dem Säugling durch Anschreien, grobes Anfassen, Schütteln oder Schlagen angst?
  - u.a.

- Recht auf Individualität und Selbstbestimmung
  - Wird das Kind als „Besitz" betrachtet, über den man nach Belieben verfügen kann?
  - Wird mit dem Kind nur dann geschmust, wenn das *eigene* Bedürfnis nach Körperkontakt, Zuneigung und Zärtlichkeit befriedigt werden soll?
  - u.a.m.

- Recht auf Ansprache
  - Wird nicht oder kaum mit dem Kind gesprochen?
  - Wir nicht oder kaum mit dem Kind gespielt?
  - Steht kein altersentsprechendes Beschäftigungsmaterial für das Kind zur Verfügung?
  - Wird dem Kind kein ausreichender Körperkontakt angeboten?
  - u.a.

- Recht auf langandauernde Bindung
  - Wird das Kind ständig verschiedenen Personen zur Betreuung überlassen?
  - Hat das Kind eine verantwortungsfähige Bezugsperson, die beabsichtigt, langfristig für das Kind zur sorgen?

Interdisziplinäre Arbeitsgemeinschaft „Hilfeplanung für vernachlässigte und mißhandelte Kinder", Hannover, Forum Erziehungshilfen, 1/1997

Die Beobachtungen der Fachkräfte liefern – sofern sie nicht nur Momentaufnahmen sind, sondern Entwicklungen im angemessenen zeitlichen Kontext umfassen (wiederkehrende oder dauerhafte Nichtberücksichtigung kindlicher Lebensbedürfnisse) – die Informationen zu den konkreten Erscheinungsformen und Lebensbedingungen der Kinder, die eine Operationalisierung der Unterschreitung von Schwellen der Basisfürsorge im Einzelfall erlauben (zur zeitbezogenen Dokumentation solcher Beobachtungen vgl. Punkt 8.4).

Vernachlässigungssituationen sind prinzipiell „chaotische" Situationen (Multiproblemfamilien, multifaktorielle Verursachungs- bzw. Kontextbedingungen) (vgl. Kapitel 3 und 4), die stets aktuell gesehen und beurteilt werden müssen, und die daher flexible Handlungsstrategien erfordern. Hier kann es nicht Aufgabe der Fachkräfte sein, Ordnungskriterien an dieses „Chaos" anzulegen, sondern sie müssen versuchen, dieses Chaos gemäß seiner eigenen Dynamik und inneren Logik je aufs Neue wahrzunehmen, zu verstehen und zu systematisieren.

Es ist ein spezifisches Merkmal sozialpädagogischer Professionalität, daß sie sich – anders als die benachbarten Entscheidungsdisziplinen Justiz und Gesundheitswesen – eben nicht auf geschlossene, eindeutig definierte und durch einen theoretischen Bezugsrahmen abgesicherte „Wenn A, dann B"-Schemata (Justiz) bzw. Diagnose-Indikations-Zuordnungen (Medizin) berufen und zurückziehen kann. Zum einen konkurrieren verschiedene Theorieansätze und Schulen darum, wer die besten oder gar „richtigen" Handlungskonzepte vertritt. Zum anderen – und das ist gewichtiger und macht die verschiedenen Theorieansätze erst möglich – verschließen sich komplexe Problemstellungen von Familien und Kindern gesicherten Erklärungen und Beurteilungen in besonderer Weise. Oft sind Ursachen und Wirkungen nicht oder nur analytisch voneinander zu trennen (Sucht und Prostitution, Arbeitslosigkeit und Alkoholismus) und zumeist in ein weiteres Geflecht von Ursachen und Wirkungen eingebunden (Armut, Gewalt, Schulversagen, Kriminalität, Überforderung etc.), wobei all diesen Lebensäußerungen immer sowohl Ursachen-Funktion als auch Wirkungs-Funktion zugeschrieben werden kann, je nachdem wie die beurteilenden Fachkräfte die Interpunktion der Lebensgeschichte der Familie setzen. Sozialpädagogische Beurteilungs- und Entscheidungssituationen entziehen sich fast immer linearen Erklärungsmöglichkeiten:

„Sozialpädagogische Entscheidungen sind (...) immer prozeßhaft, personenbezogen und nur schwer objektivierbar:

- Es gibt keine **eindeutige** Zuordnung von Ursache und Wirkung, sondern immer mehrdeutige 'Verhältnisse' und
- ebensowenig eine eindeutige Zuordnung von Problemen und Lösung, vielmehr immer Versuche mit hoher Irrtumswahrscheinlichkeit;
- keine starren Muster also, sondern ständige Vergewisserung, Reflexion und ggf. Revision eingeschlagener Wege sind notwendig.

Entscheidungs- und Hilfeprozesse gehen also fließend ineinander über, bedingen sich gegenseitig. Dies bedeutet, daß abgehobene Diagnose-Instanzen widersinnig sind. Um die notwendige Darstellung und Überprüfung fachlicher Entscheidungen gewährleisten zu können, um „fachliche Standards" herausarbeiten, um das professionelle Wissen praxisnah weiterentwickeln zu können, sind vielmehr **Orte kollegialer Beratung** gefragt. Hier haben fachliche Absicherung und persönliche Vergewisserung ihren Platz, hier können die notwendig subjektiven Einschätzungen und Entscheidungen kontrolliert werden, hier wird die erforderliche „Intersubjektivität" hergestellt (nicht zu verwechseln mit 'Objektivität')" (SCHRAPPER 1994, S. 68).

Gerade weil der „Irrtum" bzw. die Irrtumswahrscheinlichkeit ein konstitutives Merkmal sozialpädagogischer Beurteilungs- und Entscheidungsprozesse ist, liegt eine Anforderung an das System darin, bei definierten Problemlagen auf starre Ableitung von Indikationen zu verzichten und alle Entscheidungen – wenn auch zuverlässig und verbindlich gegenüber den betroffenen Kindern und Familien – so doch auch in deren Interesse fehlerfreundlich zu gestalten, so daß jederzeit veränderte Ausgangssituationen oder auch nur veränderte Wahrnehmungen zu einer kritischen Reflexion auffordern und ggf. eine Revision vormals getroffener Entscheidungen möglich machen.

„Der Gesetzgeber hat diesen Eigenarten und Bedingungen sozialpädagogischer Entscheidungsprozesse dadurch Rechnung getragen, daß er sie in doppelter Weise einer „Kontrolle und Korrektur" unterwirft:

1. durch die insgesamt im Gesetz starke Stellung der Leistungsberechtigten (Eltern und Kinder), deren besondere Rechte zu verbindlicher Mitwirkung und Beteiligung gerade im Prozeß der Entscheidungsfindung, welche Hilfe die richtige ist, ausdrücklich betont werden;

2. durch die Verpflichtung 'zum Zusammenwirken mehrerer Fachkräfte' bei der Entscheidung über die 'im Einzelfall angezeigte Hilfeart'. Organisatorische Bedingung dieses 'Zusammenwirkens' ist die strukturell verbindliche und geschützte Zusammenarbeit in Gruppen oder Teams, die Orte kollegialer Beratung eben" (SCHRAPPER 1994, S. 68f.).

SCHRAPPER bezieht sich hiermit auf § 36 KJHG (Mitwirkung, Hilfeplanung), wo entsprechende rechtsstaatlich verbindliche Verfahrensweisen bei der sozialpädagogischen Entscheidungsfindung im Bereich der Hilfen zur Erziehung gesetzlich normiert und vorgeschrieben werden (vgl. hierzu auch MÜNDER u.a. 1993, S. 283ff.).

Zum ersten von SCHRAPPER zitierten Aspekt ist, bezogen auf das Thema „Vernachlässigung", zunächst festzuhalten, daß hier nicht nur ein hoher Anspruch an die sozialpädagogische Entscheidungsfindung gestellt, sondern gleichermaßen ein hoher Anspruch an die Beteiligungsfähigkeit und -bereitschaft der Eltern gerichtet wird. Gerade bei Familien in Vernachlässigungssituationen macht es die oft apathische Haltung der Eltern allerdings häufig schwer, hier angemessene Beteiligungsaktivitäten zu entwickeln.

Vernachlässigungsfamilien besitzen – wie beschrieben – oft die Fähigkeit, bei HelferInnen ein Gefühl der Hoffnungslosigkeit zu erzeugen. Auch die HelferInnen werden nicht selten nach mehrmaligen fruchtlosen Versuchen vom „Apathie-Nutzlosigkeits-Syndrom" (vgl. POLANSKY u.a. 1981) der Familie mit erfaßt. Ein besonderes Problem für die HelferInnen ist dabei, daß das tiefgreifende Unvermögen der

Eltern, Beziehungen aufzubauen und zu erhalten nicht nur deren Problem im Umgang mit dem Kind darstellt, sondern auch zum Kernwiderstand für den Aufbau einer helfenden Beziehung wird. Hinzu kommt, daß die Eltern zumeist nicht in der Lage sind, Hilfsangebote adäquat einzuschätzen und Hilfeprozesse so zu durchschauen, daß eine echte aktive Beteiligung möglich wird (vgl. KNOLLER 1995, S. 232f.).

Hier zeigt sich als ein zentrales Problem, daß einerseits das Bewußtsein bei den SozialarbeiterInnen über die Notwendigkeit und Bedeutung des Beteiligungsaspektes, andererseits aber auch die Methodik, wie angemessene Beteiligungsformen aussehen können, oft noch nicht hinreichend entwickelt sind. So ist es z.B. noch sehr selten, daß dort, wo Eltern ihre Beteiligungsrechte nicht wahrnehmen (können), gezielt nach Vertrauenspersonen der Familie gesucht wird, die die Funktion übertragen bekommen, die Wünsche und Interessen der Familie im Rahmen sozialpädagogischer Entscheidungs- und Hilfeprozesse vorzubringen und zu vertreten (vgl. MÜNDER u.a. 1993, S. 285).

Die Beteiligungsrechte von Eltern stellen vor diesem Hintergrund für den Problembereich Vernachlässigung also nur ein oft schwaches Instrument der „Kontrolle und Korrektur" sozialpädagogischer Entscheidungen dar. Damit wächst dem zweiten von SCHRAPPER benannten Instrument der Zusammenarbeit der Fachkräfte, also der kollegialen Beratung, eine noch bedeutendere Rolle zu. Mit dem § 36 KJHG sind hier Ansprüche an eine fachlich qualifizierte Hilfeplanung formuliert, die bisher in der Praxis völlig unterschätzt worden sind und erst langsam in das Bewußtsein von Fachkräften und in die Organisation von Jugendämtern eindringen. Angesichts fehlender objektiver Maßstäbe läßt sich zwar oft nicht festlegen, was „richtiges" sozialpädagogisches Handeln im Einzelfall ist, es läßt sich aber immer feststellen, ob der Weg zu diesem Handeln im Rahmen des richtigen (d.h. fachlich erforderlichen und gesetzlich vorgeschriebenen) Verfahrens der Hilfeplanung entwickelt worden ist.

Die Handlungs- und Entscheidungsunsicherheiten der SozialarbeiterInnen angesichts unübersichtlicher Vernachlässigungsprobleme und angesichts uneindeutiger Wechselwirkungen von Ursachen und Folgen familialer Problemkonstellationen verpflichten nicht nur gesetzlich, sondern auch und gerade unter dem Gesichtspunkt sozialpädagogischer Fachlichkeit die Fachkräfte dazu, sich verbindlicher Formen kollegialer Beratung zu unterziehen und auf diese Weise Vergewisserung, Reflexion und Revision von Entscheidungen möglich zu machen. Die spezifische sozialpädagogische Fachlichkeit realisiert sich gerade nicht in der Anwendung von „Diagnose-Indikations-Schemata", sondern genau in dieser Form reflexiver, kollegial beratener und kontrollierter Beurteilungs-, Aushandlungs- und Entscheidungsprozesse sowie in der Ausgestaltung darauf aufbauender flexibler Betreuungsarrangements.

„... Formen kollegialer Beratung sind ... die einzige Möglichkeit, den schwierigen gesetzlichen Handlungsauftrag – Eltern zu unterstützen und dadurch Kinder vor Gefahren für ihr Wohl zu schützen sowie, falls erforderlich, entschlossen mit gerichtlicher Hilfe einzugreifen – angemessen und zuverlässig zu kontrollieren und ggf. Fehler in der Einschätzung oder Prognose aufzudecken und zu verhindern. Da keine objektiv prüfbaren, allgemeingültigen Maßstäbe für 'Kindeswohlgefährdung' zur Verfügung stehen, bleibt es qualifizierten Fachkräften vorbehalten, in reflexiven Verfahren durch begründete Nachvollziehbarkeit und Plausibilität intersubjektiv die Einschätzungen und Prognosen der zuständigen KollegInnen zu prüfen und dadurch sowohl fachlich als auch administrativ und rechtlich abzusichern. **Ein höheres Niveau der Prüfung und Absicherung ist im Prozeß der laufenden Hilfeleistung derzeit fachlich nicht zu gewährleisten**" (SCHRAPPER 1996, S. 20; Hervorhebung durch d.V.). Ein geringeres Niveau der Prüfung und Absicherung - so kann man hinzufügen - ist indes fachlich nicht zu vertreten und rechtlich gar nicht zulässig. Eine qualifizierte kollegiale Beratung wird damit zur Ideallinie sozialpädagogischer Entscheidungsprozesse, die kaum überschritten werden kann und die nicht unterschritten werden darf.

Daher verlängert SCHRAPPER in seiner oben zitierten Aussage mit Nachdruck und zu Recht die Notwendigkeit zur kollegialen Beratung über den Bereich der Hilfen zur Erziehung hinaus auch auf Entscheidungen, ob und welche sorgerechtseinschränkende Maßnahmen eingeleitet werden sollen. Gerade weil Kindeswohlgefährdung erst da konstatiert werden kann, wo unter extensiver Ausschöpfung sozialpädagogischer Angebote und Überzeugungskraft Eltern nicht in die Lage zu versetzen sind, das Wohl ihrer Kinder aus eigener Kraft oder eigener Entscheidung (z.B. durch Zustimmung zu einer Fremdunterbringung) zu sichern, kann die kollegiale Beratung über die Notwendigkeit zur Einschaltung des Vormundschaftsgerichtes nur die Fortsetzung (und damit ein Spezialfall) intensiver kollegialer Hilfeplanungsberatung sein.

4.3 Notwendige Rahmenbedingungen qualifizierter ASD-Arbeit

Die bisher beschriebene sozialpädagogische Fachlichkeit im ASD ergibt sich nicht - wie man in der Praxis leicht beobachten kann - automatisch aus dem Selbstverständnis der Fachkräfte oder aus der Struktur des zu bewältigenden Handlungsalltags. Um eine qualifizierte ASD-Arbeit realisieren zu können, muß vielmehr eine Reihe von Rahmenbedingungen gegeben sein. Diese unverzichtbaren Voraussetzungen lassen sich auf drei Ebenen fixieren:

Auf der Ebene der Fachkräfte

Um den Anforderungen an eine qualifizierte sozialpädagogische Fachlichkeit gerecht werden zu können, sind zentrale berufliche Kompetenzen auf seiten der Fachkräfte unverzichtbar. Zu solchen Kompetenzen, die durch Ausbildung erworben und durch Fort- und Weiterbildung vertieft werden müssen und ggf. unterstützt durch Supervision und Praxisberatung auf den Arbeitsalltag übertragen bzw. angewand werden müssen, gehören (vgl. SCHRAPPER 1996, S. 21)

- das Wissen um den gesetzlichen und gesellschaftlichen Handlungsauftrag im Spannungsfeld von sozialer (sozialpädagogischer) Dienstleistung und staatlichem Wächteramt sowie im Spannungsfeld von Elternrecht und Kindeswohl; (Auch wenn dieses Wissen meist diffus vorhanden ist, so wird es doch bisher nicht hinreichend explizit thematisiert und schon während der Ausbildung als konstitutiver Bestandteil der Profession von den zukünftigen Fachkräften angeeignet und akzeptiert.)

- die Kenntnis von körperlichen, psychischen und sozialen Entwicklungs- und Reifungsprozessen von Kindern, das Wissen um entwicklungsfördernde bzw. -hemmende Faktoren in der Erziehung von Kindern in körperlicher, psychischer oder sozialer Hinsicht; (Insbesondere gilt es hier, auch schon in der Ausbildung Fragen des Gedeihens kleiner und kleinster Kinder sowie Fragen der Säuglings- und Kinderpflege als notwenige Wissensbestandteile der Arbeit mit Familien und (Klein-)Kindern wieder stärker zu gewichten.)

- die Kompetenz, sozial belastete Lebenssituationen von Eltern und Kindern angemessen wahrnehmen und verstehen und daraufhin beurteilen zu können, welche eigenen Entwicklungspotentiale der Familie zur Verfügung stehen, und wo sie externer Hilfe und Unterstützung bedarf;

- die Kenntnis des sozialen Umfeldes, in dem Probleme auftreten und die Fähigkeit, die Ressourcen dieses Umfeldes – auch zur Überwindung von Krisen einzelner Familien – zu aktivieren;

- die Kenntnis des sozialpädagogischen Handlungsspektrums für Familien in Krisen und Kinder in Not und die Fähigkeit und Bereitschaft, notwendige und geeignete Maßnahmen zu formulieren, zu entwickeln und durchzusetzen – auch wenn diese nicht explizit im KJHG formuliert sind.

Während die ersten beiden Spiegelstriche eher notwendige Ausbildungsinhalte beschreiben, zielen die letzten drei Spiegelstriche eher auf feldspezifische Kompetenzen, die vor allem im Rahmen erfahrungsorientierter Fort- und Weiterbildung gefestigt und vertieft werden müssen. Insgesamt enthalten die zitierten Spiegelstriche sowohl Kriterien einer guten Ausbildung als auch Kriterien gezielter Personalauswahl (Einstellungskriterien) sowie auch Kriterien für eine gezielte Personalentwicklung und -qualifizierung im ASD.

Auf der Ebene der Organisation des Arbeitsfeldes des ASD

Auch sechs Jahre nach Inkrafttreten des KJHG wird immer wieder deutlich, daß viele Jugendämter keine hilfreichen Organisationsformen entwickelt haben, um den komplexen Anforderungen moderner ASD-Arbeit unter den Ansprüchen des KJHG gerecht zu werden. Insbesondere fehlt es an verbindlichen Strukturen, wie das Zusammenwirken mehrerer Fachkräfte durch kollegiale Beratung als das gesetzlich verbindlich vorgeschriebene Verfahren bei der Hilfeplanung umzusetzen ist. Ein hohes Maß an Handlungsunsicherheit von ASD-Fachkräften ist als 'hausgemacht' anzusehen, da ihnen solche verbindlichen, Sicherheit schaffenden Arbeitsformen nicht angemessen zur Verfügung stehen. Mitunter kommt noch die Scheu einzelner KollegInnen dazu, ihre eigene Arbeit und ihre Unsicherheit in bestimmten Problemsituationen mit ArbeitskollegInnen zu thematisieren. Wenn man solchen Ängsten entgegenkommt, wird allerdings vergessen, daß die Bereitschaft und die Fähigkeit zur kollegialen Reflexion zu den unverzichtbaren Basics sozialpädagogischer Profession gehört.

Vor diesem Hintergrund sind die Möglichkeit und die Verpflichtung zur kollegialen Beratung, Reflexion und Kontrolle im Interesse der Fachkräfte und mehr noch im Interesse der von ihnen betreuten BürgerInnen institutionell verbindlich abzusichern. Zu einer solchen institutionellen Absicherung gehört die

- Verankerung der Verpflichtung zur kollegialen Reflexion, Beratung und Kontrolle in den Arbeitsverträgen aller ASD-Fachkräfte,

- Schaffung eines verbindlichen organisatorischen Rahmens (Zeiten, Orte) für diese Arbeitsform sowie die Ermöglichung ad hoc zusammengerufener Fachteams zur Besprechung akuter Einschätzungs- und Bearbeitungsprobleme,

- Absicherung der kollegialen Beratung, Reflexion und Kontrolle durch die kompetente Wahrnehmung von Leitungsaufgaben (ASD-LeiterInnen) in Form von Begleitung, Moderation, Beratung und Kontrolle,

- ggf. Organisation von externer Unterstützung (Praxisberatung) zur Moderation oder zur Reflexion spezifischer Fragestellungen.

In der Praxis läßt sich immer wieder beobachten, daß insbesondere der dritte Punkt (Rolle der Leitungskräfte) in Jugendämtern unklar und diffus bleibt. Dabei hängt es entscheidend von dem Selbstverständnis, dem Engagement und der Qualifikation von Leitungspersonen ab, ob und wie die Jugendhilfe die durch das KJHG gesetzten Standards umzusetzen vermag. Es macht gravierende Unterschiede, ob der/die ASD-LeiterIn sich selbst als „Ober-SozialarbeiterIn" mit Letztentscheidungskompetenz aufgrund seines eigenen reichen Erfahrungsschatzes sieht, den es „nach unten" weiterzugeben gilt, oder ob er/sie sich vorrangig als ModeratorIn einer produktiven Teamdiskussion versteht.

„Vielfach besteht in Jugendämtern wenig Klarheit über die Funktionen und Aufgaben von Leitungsrollen. In der Wahrnehmung der MitarbeiterInnen pendelt die Ausgestaltung der Leitungsrolle von GruppenleiterInnen, HauptsachbearbeiterInnen, DienststellenleiterInnen o.ä. in der mittleren Leitungsebene zwischen den Extremen:

- 'Ich bin doch einer von Euch': Leitungsverantwortung und -kompetenz wird auf der Ebene der persönlichen Beziehungen und der fachlichen Überzeugung gestaltet und nicht als eine institutionalisierte Funktion mit entsprechenden Rollenanforderungen.

- 'Ich bin der Vorposten des Chefs': Die Vorgesetztenfunktion wird mit der 'geliehenen' Autorität des Abteilungs- oder Amtsleiters ausgefüllt, als Teil der Behördenhierarchie begriffen und damit für die Anleitung und Begleitung fachlicher Beratungsprozesse als ungeeignet angesehen.

Beide Alltagstheorien zu 'Leitung' sind ungeeignet, den Anforderungen an eine sowohl strukturelle Absicherung als auch fachliche Anleitung der MitarbeiterInnen in dem schwierigen Feld der Gestaltung von Hilfeprozessen zu genügen. Vielmehr fordert die praktische Umsetzung der Verfahrensvorschriften des § 36 KJHG (...) die Wahrnehmung von Leitungsaufgaben in bezug auf die Gestaltung der Hilfeplanungsprozesse sowie im Sinne fachlicher und persönlicher Anleitung" (MERCHEL 1994, S. 85f.)

Auf der Ebene der zur Verfügung stehenden Infrastruktur an Hilfen zur Erziehung

Der ASD ist bei bestehenden Erziehungshilfebedarfen zentral darauf angewiesen, daß es vor Ort ein leistungsfähiges Angebot an Erziehungshilfen gibt. Die qualifizierteste Aufgabenwahrnehmung auf den ersten beiden genannten Ebenen versandet, wenn die „notwendigen und geeigneten" Hilfen nicht zur Verfügung stehen.

Die sozialpädagogische Fachlichkeit ist also abhängig davon, daß die „erforderlichen und geeigneten Einrichtungen, Dienste und Veranstaltungen den verschiedenen Grundrichtungen der Erziehung entsprechend rechtzeitig und ausreichend zur Verfügung stehen", wie es wörtlich in § 79 KJHG als Gewährleistungsverpflichtung des öffentlichen Trägers der Jugendhilfe formuliert wird. Im Rahmen seiner fachlichen, fachpolitischen und kommunalpolitischen Verantwortung ist es also Aufgabe des jeweiligen öffentlichen Trägers, dafür Sorge zu tragen, daß Hilfebedarfe von Kindern und Familien auch befriedigt werden können.

Da die Begriffe „erforderlich", „geeignet", „rechtzeitig" und „ausreichend" aber unbestimmte Rechtsbegriffe sind, ist es wiederum Aufgabe des ASD, aus der Praxis der von ihm zu bewältigenden Aufgaben zu formulieren, an welchen Stellen und wie das örtliche Hilfe- und Unterstützungsangebot Lücken aufweist und durch welche Maßnahmen diese Lücken zu schließen sind (Jugendhilfeplanung). (vgl. JORDAN/SCHONE 1992; SCHONE/RÜTING 1993)

Qualifiziertes Handeln – nicht nur – in Vernachlässigungssituationen setzt voraus, daß auf allen Ebenen hinreichend gute Voraussetzungen bestehen oder geschaffen werden. Erst der Dreiklang von persönlicher Qualifikation der Fachkräfte (inkl. der Bereitschaft und der Möglichkeit, sich ständig weiter zu qualifizieren), qualifizierten Organisationsstrukturen und Arbeitsabläufen im ASD (Stichwort: „Verfahrensqualität") sowie einer hinreichend entwickelten Infrastruktur im Bereich der Hilfen zur Erziehung ist Garant dafür, daß Eltern und Kindern in Vernachlässigungssituationen eher, zuverlässiger und problemangemessener Hilfe und Unterstützung zuteil werden kann.

4.4 Von der Hilfe zum Eingriff – Zum professionellen Umgang mit dem Zweifel

Ein wichtiger Aspekt, auf den wir zwar bisher immer hingewiesen haben, den wir aber eher implizit im Kontext der Beurteilungs- und Entscheidungsprobleme bei der Hilfeplanung thematisiert haben, ist der Aspekt des Schutzes der Kinder und der Kontrolle, ob und wieweit ihr Wohl gewährleistet ist. Dieser Aspekt hat aber für das Problem der Vernachlässigung eine eminent wichtige Bedeutung.

Zunächst ist festzuhalten, daß das KJHG selbst – trotz des in § 1 KJHG benannten Spannungsfeldes – viel dazu beiträgt, daß der Auftrag des staatlichen Wächteramtes so uneindeutig und diffus bleibt. Während die Darstellung der Angebote und Leistungen der Jugendhilfe (§§ 11-41 KJHG) einen breiten Raum einnehmen, wird die Wahrnehmung des staatlichen Wächteramtes im Falle der Kindeswohlgefährdung eher beiläufig in § 50 Abs. 3 KJHG behandelt: „Hält das Jugendamt zur Abwendung einer Gefährdung des Wohls des Kindes oder des Jugendlichen das Tätigwerden des Gerichtes für erforderlich, so hat es das Gericht anzurufen. (...)“ Verfahrensregeln analog §§ 36/37 KJHG werden hier nicht explizit benannt, was in einigen Jugendämtern zu der nahezu paradoxen Situation geführt hat, daß Hilfeplanungen im Rahmen kollegialer Beratung (Zusammenwirken mehrerer Fachkräfte) erarbeitet, sorgerechtsentziehende Maßnahmen jedoch mitunter weiter von einzelnen Fachkräften ggf. in Absprache mit Vorgesetzten eingeleitet wurden. Daß ein solches Vorgehen den formulierten fachlichen Standards qualifizierter ASD-Arbeit entgegensteht, muß nicht weiter erläutert werden.

Es soll daher im folgenden betrachtet werden, welche Rolle Schutz- und Kontrollaspekte im Handeln des ASD spielen und wie damit offen, wenn nicht gar offensiv umgegangen werden kann. Im Anschluß daran soll an zwei öffentlich diskutierten Beispielen erläutert werden, welche neuen Sichtweisen hierdurch auf Probleme und Entwicklungsverläufe erschlossen werden können.

1. Schritt: Kontakt zur Familie und Kooperation im Rahmen der Hilfe zur Erziehung

In vielen Fällen besteht zu Familien in Vernachlässigungssituationen schon ein längerer, z.T. aber nur sporadischer Kontakt seitens des ASD aufgrund von Kontakten zum Sozialamt (Hilfe zum Lebensunterhalt), einer zurückliegenden Trennung und Scheidung (Mitwirkung in Familiengerichtsverfahren), einer Kontaktaufnahme anläßlich einer nicht-ehelichen Geburt (gesetzliche Amtspflegschaft/-vormundschaft) oder einer früheren Betreuung der jungen Eltern durch das Jugendamt. Nicht selten wird der Erstkontakt des ASD zu Familien, bei denen es zu Vernachlässigungssituationen kommt, aber auch auf Initiative Dritter, Nachbarn, Kindergarten oder (seltener) KinderärztInnen hergestellt.

Wie immer der Erstkontakt auch gestaltet sein mag, die Thematisierung einer unzureichenden Versorgung des Kindes oder einer beobachteten Überforderung der Eltern/Mutter von seiten der ASD-Fachkraft enthält immer zwei Botschaften:

1. „Ich sehe und verstehe, daß du Hilfe und Unterstützung brauchst, um deine Elternpflichten einlösen zu können."

2. „Ich sehe und verstehe, daß du alleine nicht zurecht kommst, und daß dein Kind schlechter versorgt ist, als es sein sollte."

Beide Aussagen – auch wenn die erste eher nach Hilfsangebot und die zweite eher nach Kontrolle klingt – haben Kontrollcharakter, indem sie die Botschaft enthalten: „Du machst es nicht so (Ist-Situation), wie du es machen solltest (normativ gesetzte Soll-Situation)!" Der Doppelcharakter von Hilfsangebot und Kontrollaspekt ist – wie zu sehen ist – nicht zu hintergehen.

Dieser Kontrollaspekt wird jedoch nur ganz selten offen thematisiert, sondern von seiten der ASD-Fachkräfte, die dem Anspruch der Jugendhilfe als Diensleistung folgen möchten, eher verdrängt. Die Selbstwahrnehmung der ASD-Fachkräfte ist oft, daß sie antreten, in schwierigen Situationen helfend tätig zu werden, mit dem Effekt, daß sie nicht nur der Familie das Bild der ausschließlich Helfenden präsentieren, sondern sie dies z.T. auch ihres eigenen Selbstbildes wegen machen (sonst wären sie nicht SozialarbeiterInnen geworden, sondern vielleicht eher PolizistInnen). Das Problem liegt in der äußeren und inneren Leugnung der eigenen Berufs-Doppel-Rolle (daher auch die Notwendigkeit, dieses Bewußtsein als Basisqualifikation zu benennen – siehe Punkt 4.3).

Die Eltern wiederum haben – oft genährt durch eigene frühere Erfahrungen – das geradezu umgekehrte Bild. Ein von außen formuliertes Hilfsangebot enthält immer auch eine Kritik am Bestehenden. Da diese Kritik nicht – oder oft nicht – von ihnen selbst formuliert und definiert worden ist, sondern allenfalls mit der ASD-Fachkraft gemeinsam „herausgearbeitet" wurde, enthält sie eindeutige Kontrollzüge („Es ist nicht so, wie es sein sollte!"). Jeglichem Thematisieren von Defiziten im familiären oder sozialen Lebenszusammenhang und jeglicher Prüfung (!), ob die Voraussetzungen für eine Hilfe zur Erziehung vorliegen, wohnt dieser Kontrollaspekt inne. So ist es nur verständlich, wenn aus der Sicht der Familie „die Leute vom Jugendamt" oft gänzlich anders wahrgenommen werden, als diese wahrgenommen werden möchten oder sich selbst sehen.

Da es also Brüche und Widersprüche zwischen dem Selbstbild der ASD-Fachkräfte (HelferInnen) und ihrer tatsächlichen Funktion (helfen **und** schützen) gibt, ist es kein Wunder, daß sich diese Brüche auch zwischen der Selbstwahrnehmung der Fachkräfte und der Fremdwahrnehmung durch betroffene Familien – hier nur deutlich verschärft – reproduzieren. (vgl. hierzu insbesondere WENDT 1997)

Hieraus kann sich in der Praxis eine merkwürdig paradoxe Komunikation entwikkeln, die die geforderte Beteiligung und Mitwirkung der Betroffenen im Hilfeplanverfahren nahezu unmöglich macht. Die SozialarbeiterInnen auf der einen Seite leugnen ihren Schutz- und Kontrollauftrag oder versuchen, ihn so gut wie möglich zu verbergen; die Familien wiederum wissen um diesen Auftrag – und spüren ihn in der gesamten Kommunikation – und werden um so mißtrauischer, je versteckter die Fachkräfte damit umgehen. So entsteht in der Folge jeweils ein unterschiedlich fokussierter Blick auf die beiden Aspekte sozialarbeiterischer Tätigkeit, der einen fruchtbaren gemeinsamen Dialog verhindert.

Die Folgerung hieraus ist – aller Umprofilierung der Jugendhilfe von der Ordnungstätigkeit zur Dienstleistung (die damit nicht in Frage gestellt werden soll!) zum Trotz –, daß der Handlungsauftrag der Fachkräfte von Anfang an in beiden Teilen – Hilfeaspekte und Schutz- und Kontrollaspekte – gegenüber den Eltern thematisiert werden muß. Im Rahmen des Projektes zeigte sich, daß immer, wenn dieses im Umgang mit Eltern umgesetzt wurde, damit eine klarere Kommunikation und letztlich ein Akzeptanzgewinn der ASD-Fachkräfte in ihrer Doppelrolle als Unterstützer der Familie und Schützer der Kinder verbunden war (vgl. z.B. hierzu die dargestellten Familiengeschichten, Kapitel 2).

Konkret bedeutet dies, daß es zunächst im Rahmen der kollegialen Beratung und dann auch gegenüber den Familien notwendig ist, den Doppelcharakter der eigenen Rolle zu thematisieren, damit er sich nicht unter der Hand durchsetzt und mögliche Hilfeansätze zunichte macht.

Gerade in Vernachlässigungssituationen von kleinen Kindern, wo nicht davon auszugehen ist, daß diese sich selbst aktiv Gehör verschaffen können, müssen Hilfeplanungsprozesse immer auch unter dem Aspekt gestaltet und geplant werden, welche Wirkungen von den eingeleiteten Hilfen erwartet werden und wer, wann, wo und wie oft diese Wirkungen kontrolliert. Das heißt jedes Hilfekonzept muß durch ein dazugehöriges Schutz- und Kontrollkonzept ergänzt bzw. begleitet werden, welches sowohl für Eltern als auch für den ASD die notwendige Verbindlichkeit und Eindeutigkeit herstellt, derer es zur Unterstützung der Familie und zum Schutz des Kindes bedarf. (Unter diesem Aspekt ist die mitunter aus Reihen der sozialpädagogischen Familienhilfe zu hörende Aussage: „Wir beraten und unterstützen, aber Kontrollaufgaben übernehmen wir nicht," als äußerst fatal anzusehen.)

Ein solches Schutz- und Kontrollkonzept muß dann auch genau und verläßlich definieren, was Gegenstand der Kontrolle ist. Dabei kann den vernachlässigenden Eltern schon deutlich gemacht werden, daß sich das staatliche Wächteramt nicht auf Kontrolle und Eingriff ihnen gegenüber reduziert, sondern daß es darum geht, die Kinder vor Gefahren zu schützen und damit letztlich auch die Eltern davor zu schützen, wissentlich oder unwissentlich ihrem Kind Schaden zuzufügen und in letzter Konsequenz schuldhaft gegenüber ihrem Kind zu handeln.

Es ist davon auszugehen, daß Jugendhilfe als Dienstleistung in Vernachlässigungssituationen zumeist nur dann an die Familien zu bringen ist, wenn offen und ehrlich das vom ASD verfolgte Schutz- und Kontrollkonzept auf den Tisch gelegt wird und nicht mit „gezinkten Karten" bzw. „im Ärmel versteckten Assen" (Optionen zur Anrufung des Vormundschaftsgerichtes) gespielt wird.

Für die Fachkräfte hat eine solche Verbindung eines Hilfekonzeptes mit dem dazu gehörenden Schutz- und Kontrollkonzept den Effekt, daß sie seltener mit dem „unguten Gefühl", ob sie bestimmte Problemsituationen noch weiter verantworten können, den Dienst verlassen und unter „schlaflosen Nächten" leiden. Die im Rahmen oben beschriebener kollegialer Beratung entwickelten und von den KollegInnen mit reflektierten oder mit getragenen Hilfs- und Kontrollkonzepte gewährleisten hier professionelle und letztlich auch persönliche Sicherheit.

Im Zuge eines solchen Konzeptes wird es möglich, alle Energien und fachlichen Kompetenzen in die Ressourcenförderung und Unterstützung der Eltern zu investieren. Im Zuge der Hilfe und Intervention sozialer Dienste werden den Eltern Vorschläge gemacht und verbindliche Absprachen getroffen, wie sie – mit externer Unterstützung – die Erziehung, den Umgang, die Versorgung und das Zusammenleben mit ihren Kindern gestalten können.

Diese Maßgaben werden von den HelferInnen stetig entsprechend des Schutz- und Kontrollkonzeptes auf Einhaltung und Fortentwicklung hin kontrolliert. Diese Kontrolle gewährleistet den größtmöglichen Schutz des Kindes und signalisiert zugleich an die Eltern, daß die HelferInnen an positiven Entwicklungen auch tatsächlich interessiert sind, und daß ein Unterschreiten der definierten basalen Versorgungsleistungen im Interesse des Kindes nicht hingenommen werden kann.

Seriöserweise darf ein solches Angebot nur Eltern unterbreitet werden, wenn die HelferInnen die Einschätzung haben, daß die Eltern eine realistische Chance haben, zukünftig allein oder zumindest weitgehend allein die Verantwortung für ihr Kind zu übernehmen. Ist dies nicht der Fall oder halten Eltern verbindliche, zum Wohl des Kindes getroffene Vereinbarungen nicht ein, sollte vor jedem Eingriff mit den Eltern selbst daran gearbeitet werden, daß verantwortliche Elternschaft auch heißen kann, die Verantwortung für das eigene Kind anderen Menschen zu übergeben.

Ist der beschriebene Doppelcharakter von Hilfe und Kontrolle prinzipiell auch unaufhebbar, so lassen sich in schwierigen und unübersichtlichen Situationen auch organisatorische und inhaltliche Arrangements treffen, die ggf. entstehende Überforderung einzelner Fachkräfte mit der gleichzeitigen Wahrnehmung von Schutzaufgaben für das Kind und Unterstützungsaufgaben für die Familie entgegenwirken. Insbesondere dort, wo nicht einzelne Fachkräfte für einzelne Bezirke zuständig sind, sondern ASD-Teams die Gesamtverantwortung für bestimmte Stadtteile oder Regionen haben, ließe sich ein „Konzept der geteilten Rollen" praktizieren. Hierbei übernähme eine Fachkraft die Rolle, für die Familie optimale Hilfsangebote zu entwickeln und bereitzustellen (Umsetzung des Hilfekonzeptes), während die anderen Fachkraft – auch explizit gegenüber der Familie – die Rolle übernähme, zu kontrollieren, ob und inwieweit das Kindeswohl gewährleistet ist und eine adäquate Versorgung und Förderung des Kindes gegeben ist.

Eine solche Aufteilung des doppelten gesetzlichen und gesellschaftlichen Auftrags der Jugendhilfe (Hilfe und Kontrolle) trüge – sofern die Rollenteilung kompetent und zuverlässig durchgehalten wird – zur Transparenz und Nachvollziehbarkeit bei den Familien bei. Darüber hinaus lieferte sie ein hervorragendes diagnostisches Instrument im Rahmen der kollegialen Beratung, da beide Fachkräfte – mit ihrem jeweiligen Auftrag identifiziert – ganz unterschiedliche Perspektiven in den Diskurs einbringen würden. Entwicklungschancen der Familie und Entwicklungschancen des Kindes müßten nicht mehr durch eine Brille gesehen werden bzw. von **einer** Person zu einem Gesamtkonzept verschmolzen werden. Solche Arrangements trügen dazu bei, daß Teile des Familienkonflikts in die Institution Jugendamt selbst hineingetragen werden und hier unterschiedliche Sichtweise und Identifikationen kontrovers ausgehandelt werden müßten. Sofern es gelingt, die daraus resultierenden Konflikte (die werden nicht ausbleiben) nicht als persönliche Konflikte der beiden beteiligten Fachkräfte zu sehen, sondern sie als Übertragungs- und Gegenübertragungsphänomene professionell (möglichst unter qualifizierter Praxisberatung) durch Leitung oder durch externe Fachkräfte abzuarbeiten, können für die Familie u.U. völlig neue Perspektiven erschlossen werden.

Erste Erfahrungen in einzelnen Jugendämtern zeigen, daß hier noch erhebliche Entwicklungspotentiale für eine qualifizierte Ausgestaltung sozialpädgogischer Beurteilungs- und Entwicklungsprobleme in Vernachlässigungssituationen liegen.

2. Schritt: Einbezug des Vormundschaftsgerichtes bei Kindeswohlgefährdung

Für SozialarbeiterInnen, die ein primär hilfeorientiertes Selbstbild haben, ist der Gedanke, eine Kindeswohlgefährdung durch einen Antrag an das Vormundschaftsgericht zu beenden, ein Paradigmenwechsel in der strategischen Orientierung. Sie schalten – manchmal veranlaßt durch äußere Ereignisse, die „das Faß zum Überlaufen bringen" – um und stellen nun die Beweissicherung gegenüber dem Vormundschaftsgericht in den Vordergrund ihrer Bemühungen. Von diesem Zeitpunkt an gibt es das Signal an die Familien: „Ich bin mit meinen Bemühungen am Ende. Jetzt muß das Gericht ein Machtwort sprechen, um das Wohl des Kindes, das durch Euer Tun oder Unterlassen gefährdet wird, zu sichern!" Zumeist folgt das Vormundschaftsgericht solchen Anträgen und in der Regel ist dies dann mit einer Herausnahme des Kindes aus der Familie verbunden. Der/die SozialarbeiterIn gerät hierbei aus der Sicht der Familie in eine solche Machtposition, die oft noch im Nachhinein die Kooperations- und Beteiligungsangebote früherer Phasen unglaubwürdig erscheinen lassen.

Die hohe Identifikation mit dieser Machtposition wird daran deutlich, daß auch von den SozialarbeiterInnen in der Praxis oft formuliert wird, daß das Jugendamt den Eltern das Sorgerecht entzogen habe, obwohl es lediglich als Antragssteller beim Vormundschaftsgericht fungieren kann. Dennoch sind auch solche Formulierungen – die im übrigen dann auch von den betroffenen Eltern und Kindern übernommen werden – ein Ausdruck mangelnder Rollendistanz der Fachkräfte.

Die Machtfülle des Jugendamtes wird schließlich in seiner ganzen Breite deutlich (der Wolf entschlüpft dem Schafspelz vollends), wenn die elterliche Sorge dann auf das Jugendamt übertragen wird, und der bestellte Amtsvormund nur formale Sorgerechtsaufgaben (z.B. Unterhaltsfragen) wahrnimmt und die Bearbeitung aller erzieherischen Aufgaben in die Zuständigkeit der Fachkraft delegiert, die den Sorgerechtsentzug initiiert hat. Schärfer kann man seine eigene Glaubwürdigkeit als HelferIn für die weitere Zusammenarbeit mit der Familie (vgl. § 37 KJHG) kaum untergraben.

Auch hier eröffnet eine von vornherein transparente Schutz- und Kontrollstrategie neue Perspektiven im Umgang mit sorgerechtseinschränkenden Maßnahmen. Schon der eingangs vorgestellte Fall von Frau Bäcker (vgl. Punkt 2.1) zeigt, daß ein offenes Verständnis und eine transparente Offenlegung des Schutz- und Kontrollbestrebens des Jugendamtes zum Wohl der Kinder auch in Sorgerechtsverfahren dem Vormundschaftsrichter erweiterte Handlungsmöglichkeiten eröffnen. Der Mutter wurde in diesem Fall durch das Gericht aufgegeben, spezifische Hilfen in Anspruch zu nehmen (Kita, sozialpädagogische Familienhilfe) und regelmäßig Kontrollen (Hausbesuche) durch den ASD zuzulassen. Dies entsprach dem Antrag des Jugendamtes. Durch diese klaren Anforderungen (Verpflichtung zur Inanspruchnahme von Hilfe; Zulassen von Kontrolle) konnte auf weitere Sorgerechtseinschränkungen verzichtet werden und wurde für die Mutter ein klarer Handlungsrahmen gestaltet, den diese in der Folge einhalten konnte. Das zeigt, daß auch den Vormundschaftsgerichten Wege zu einer differenziertere Entscheidungsfindungen gewiesen werden können, die sich nicht auf die stereotypen Einschränkungen elterlicher Sorgerechte beschränken.

Ein ähnliches Konzept der Verknüpfung der Sorgerechtsregelungen des BGB mit dem Hilfsangebot des KJHG wurde im Jugendamt Frankfurt/M. entwickelt.

„Verweigert sich eine Familie den intensiven Hilfebemühungen des Jugendamtes nachhaltig oder aber hält eine Familie konkrete Verabredungen mit dem Jugendamt bezüglich der Wahrnehmung bestimmter Hilfsangebote nicht ein, so hat das Jugendamt zu prüfen, ob als Folge dieses Erziehungsverhaltens eine Kindeswohlgefährdung zu erwarten ist. Besondere Bedeutung dürfte hier stets die (...) Fallgestaltung selbst problembeladener Eltern haben, die die Hilfsangebote nicht wahrnehmen können oder wollen. Erscheint dem Jugendamt eine mittel- bis langfristig eintretende Kindeswohlgefährdung wahrscheinlich, so entwickelt es den Entwurf eines detaillierten Hilfeplanes gemäß § 36 KJHG. In diesem Hilfeplan muß klar festgelegt sein, welche kurz-, mittel- und langfristigen Ziele verfolgt werden, welche Maßnahmen einzuleiten sind und welche Beiträge von allen Beteiligten erwartet werden, wenn die Hilfe zur Erziehung gem. den §§ 27ff. KJHG tatsächlich durch Verwaltungsakt gewährt ist, wozu ein Antrag oder zumindest die Zustimmung der Eltern erforderlich ist, da es sich hier um einen mitwirkungsbedürftigen Verwaltungsakt im verwaltungsrechtlichen Sinne handelt. Stimmen die Eltern nun aber dem vom Jugendamt intendierten Hilfeplan nicht zu oder aber ist aufgrund ihres bisherigen Verhaltens zu erwarten, daß sie die Durchführung der Hilfe durch ihr Verhalten stören oder konterkarieren, so legt das Jugendamt den Sachverhalt nebst Hilfeplan dem Vormundschaftsgericht vor und begründet die latente Kindeswohlgefährdung sowie die Notwendigkeit der Hilfeleistung entsprechend dem Hilfeplan. Teilt das Gericht die Auffassung des Jugendamtes, so genehmigt es den Hilfeplan gemäß § 1666 Abs. 2 BGB und macht den Eltern die Auflage, ihren in dem Hilfeplan definierten Pflichten nachzukommen. Erforderlichenfalls ist auch eine Pflegerbestellung mit dem Wirkungskreis der Wahrnehmung bestimmter Aufgaben nach dem Hilfeplan denkbar.

Der Vorteil für die Beteiligten liegt auf der Hand:

- Für die Eltern ist der Umfang der staatlichen Intervention transparenter und kalkulierbarer, da dieser aus dem Hilfeplan ablesbar ist. Die Anforderungen, die an sie gestellt würden, sind klar definiert, ebenso die Konsequenzen, die bei weiterer Verweigerung bzw. mangelnder Mitarbeit zu gewärtigen sind.

- Für das Jugendamt sind klare Handlungsgrundlagen gegeben. Die Kontinuität der Maßnahme ist gewährleistet, da die richterliche Zustimmung Gefahren durch widersprüchliches oder sprunghaftes Elternverhalten ausschließt. Gegebenenfalls können Handlungsweisen der Eltern, die dem Hilfeplan zuwiderlaufen, dem Gericht gemeldet und von dort sanktioniert werden.

- Für den Richter ergibt sich der Vorteil, daß er anders als bei einem vollständigen oder teilweisen Sorgerechtsentzug nicht 'gegen' die Eltern entscheidet, sondern anstelle von ihnen, so daß er ihnen die Möglichkeit belassen kann, sich auf die geplante Maßnahme auch während ihrer Durchführung einzulassen. Da die weiteren Schritte durch den Hilfeplan determiniert sind, kann er dementsprechend auch die Interventionsschranken auf der Tatbestandsebene niedriger ansetzen, da die Rechtsfolgeseite klar definiert ist und überschaubar bleibt. Jede Änderung des Hilfeplanes ist vom Richter zu genehmigen: Hieraus ergibt sich die Begrenzung der richterlichen Entscheidung und damit auch ihre Verhältnismäßigkeit.

- Für das Kind entsteht auf diese Weise ein klarer pädagogischer Rahmen, der ihm die Chance bietet, eine kontinuierliche und kontrollierte Entwicklung zu nehmen.

Die dargestellte Verfahrensweise setzt allerdings ein neues Verständnis von der Rolle des Jugendamtes und des Vormundschaftsgerichtes als den Repräsentanten des staatlichen Wächteramtes voraus: Es gilt, nicht mehr statisch beobachtend den Eintritt der Kindeswohlgefährdung abzuwarten und dann Konsequenzen zu ergreifen, sondern im Vorfeld korrigierend zu begleiten. Dies setzt auch ein anderes Verhältnis von Jugendamt und Vormundschaftsgericht zueinander voraus: In Abkehr von der bisherigen Praxis, in der sich das Jugendamt bei Eintritt der Kindeswohlgefährdung eine Handlungsvollmacht durch das Vormundschaftsgericht erteilen ließ, müssen jetzt beide gemeinsam prozeßbegleitend tätig werden. Dies bedingt ein partnerschaftliches Verhältnis zu einander und ist von der Intention des Gesetzes voll gedeckt. Die Umsetzung der hier skizzierten Verfahrensweise in der Praxis bietet die Chance, im Rahmen der bestehenden Gesetze einen wesentlichen Schritt voranzukommen, in den Fallgestaltungen, die bislang nur unzureichend bewältigt wurden" (MANN 1996, S. 93ff.)

Auch das von MANN dargestellte Verfahren geht von einer offensiven (nicht restriktiven!) Wahrnehmung des staatlichen Wächteramtes durch Jugendamt und Vormundschaftsgericht aus. Es muß nicht mehr gewartet werden, bis „das Kind in den Brunnen gefallen ist" und damit der Beweis für die Kindeswohlgefährdung erbracht ist, sondern es kann auch zu einem wesentlich früheren Zeitpunkt ein verbindliches Konzept verfolgt werden, welches Hilfeangebot und Schutz- und Kontrollaspekte miteinander verknüpft, ohne daß gleich die Frage des Sorgerechts als Ganzes verhandelt werden muß.

Ob es allerdings sinnvoll (oder zulässig?) ist, daß der Richter selbst – wie es im 3. Spiegelstrich heißt – „anstelle" der Eltern über die Zustimmung zum Hilfeplan entscheidet, und er damit zur „Partei" im Aushandlungsprozeß um die geeignete und notwendige Hilfe wird (Befangenheit des Richters), ist eher zu bezweifeln. Das hier skizzierte Verfahren zeigt zwar einen guten Weg, doch dieser entfaltet seine produktive Bedeutung erst dann, wenn tatsächlich – wie angesprochen – ein Verfahrenspfleger für das Hilfeplanverfahren vom Gericht bestellt wird und sich das Gericht bzw. der Richter auf seine zur Neutralität verpflichtete Rolle als rechtsprechendes Organ beschränkt. Nur so kann er im Konfliktfall zwischen Jugendamt, Verfahrenspfleger, Eltern und Kindern seine gesetzlichen Aufgaben wahrnehmen.

Zwei Beispiele

Abschließend sollen die Probleme, die aus der nicht bewußt gestalteten Ambivalenz zwischen Hilfe und Kontrolle resultieren, an zwei Extremfällen, die sich tatsächlich so ereignet haben, verdeutlicht werden.

Fall A: *Beim zuständigen Sachbearbeiter des Jugendamtes meldete sich ein Bürger, der sich namentlich zu dem Anruf bekannte und erklärte, daß eine ihm bekannte junge Familie ein gemeinsames Kind im Alter von acht Monaten habe, das von den Eltern erheblich vernachlässigt würde. Er mache sich daher große Sorgen über den Gesundheitszustand. Der zuständige ASD-Mitarbeiter und sein Gruppenleiter entschieden sich zu einem sofortigen gemeinsamen Hausbesuch, um den Sachverhalt vor Ort zu klären.*

Bei dem unmittelbar danach durchgeführten Hausbesuch wurden die Eheleute nicht angetroffen bzw. es wurde nicht geöffnet, obwohl sich die Mitarbeiter durch Klingeln, Klopfen und Rufen bemerkbar machten. Eine Nachbarin auf der gleichen Etage konnte nichts darüber berichten, ob die Eheleute anwesend oder außer Haus waren.

Gegen Mittag des nächsten Tages wurde die Familie angerufen und dabei wurden unmittelbar (eine Stunde später) ein Hausbesuch und ein Gesprächstermin vereinbart. Der Hausbesuch wurde sogleich durchgeführt. Der Ehemann bat die Mitarbeiter des Jugendamtes ins Wohnzimmer, die dort die Mutter und das Baby antrafen. Das folgende, etwa anderthalb Stunden dauernde Gespräch wurde im wesentlichen vom Ehemann bestritten, während die Ehefrau zu den einzelnen Sachverhalten zustimmend nickte und sich ansonsten nur wenig beteiligte. Sie beschäftigte sich mit dem Kind.

Die Eheleute bestritten im wesentlichen die Vorwürfe des Informanten. Der Ehemann teilte mit, daß er den Anrufer tags zuvor nach einem Streit aus der Wohnung gewiesen habe.

Im einzelnen auf die Ernährungssituation des Kindes angesprochen, konnte die Mutter sowohl Milchnahrung (Pulvernahrung) als auch Kindernahrung (Gemüse im Gläschen) vorweisen. Sie wurde gezielt auf die Ernährungsgewohnheiten des Kindes angesprochen und berichtete von fünf Mahlzeiten zu gängigen Zeiten mit unterschiedlichen Lebensmitteln und durchaus altersentsprechenden Mengenangaben. Da im be-

kleideten Zustand eine Vernachlässigung des Kindes, Unterernährung, Mißhandlung oder sonstige das Kindeswohl gefährdende Tatsachen nicht erkennbar waren, baten die Mitarbeiter, das Kind zu entkleiden. Bei dem nackten Kind konnten lediglich leichte Rötungen im Bereich des Gesässes und im Genitalbereich festgestellt werden. Die Rötungen waren allerdings versorgt. Die Mutter wies auf Befragen dann auch einen entsprechenden Puder vor und teilte mit, mit dem Kind in Behandlung eines Kinderarztes, den sie namentlich nannte, zu sein. Das Kind war während des Besuches relativ ruhig bzw. spielte altersgemäß. Dieses Verhalten wurde von den Mitarbeitern als „gewisser Grad der Zufriedenheit" gewertet. Äußerlich war das Erscheinungsbild des Kindes zart und hellhäutig.

Weder die konkret vom Anfrufer genannten Vernachlässigungssymptome (Unterernährung, mangelnde Pflege und ärztliche Versorgung) waren auch nur ansatzweise nach Feststellung der Mitarbeiter – bis auf die medikamentös versorgten Rötungen – vorhanden bzw. erkennbar.

Das Kind war während der gesamten Gesprächsdauer anwesend und konnte aufgrund der zweiteiligen Aufgabenstellung – Gesprächsführung/Situationsbeobachtung – ständig beobachtet werden. Auffälligkeiten waren nicht feststellbar.

Im übrigen empfanden die Mitarbeiter des Jugendamtes die Situation als etwas angespannt und sprachen deshalb die Eheleute auf weitergehende Angebote, „Hilfe für Familien", an, so auf Familien- und Lebensberatungsstellen, aber auch konkret in bezug auf das Kind auf den möglichen Besuch einer Mütterberatung. Den Wunsch, das Vorsorgeheft des Kindes einsehen zu wollen, erfüllten die Eltern nicht, da das Heft nach ihren Aussagen nicht greifbar war. Die während des Hausbesuchs getroffene Absprache, das Vorsorgeheft des Kindes den Mitarbeitern des Jugendamtes vorzulegen, hielten die Eheleute trotz dreimaliger schriftlicher Erinnerung nicht ein. Da bei dem Hausbesuch keine Anhaltspunkte für eine Vernachlässigung des Kindes festgestellt wurden, rechtfertigte die Unterlassung der Vorlage des Vorsorgeheftes nach Ansicht der Fachkräfte einen erneuten Hausbesuch nicht.

Der Informant wurde bei einem weiteren Anruf im unmittelbaren zeitlichen Zusammenhang zum Hausbesuch über das Ergebnis global informiert.

In der Folgezeit gingen keinerlei Informationen von ihm oder anderen Personen zur Situation des Kindes beim Jugendamt ein.

Circa dreieinhalb Monate später wird das Kind verhungert in der Wohnung gefunden.

Wie läßt sich diese Situation vor dem Hintergrund der vorher angestellten Überlegungen einschätzen? Die Sozialarbeiter kommen zunächst einem Schutz- und Kontrollauftrag nach, indem sie überprüfen wollen, ob das Kind sich in einer kindeswohlgefährdenden Situation befindet. Sie finden eine Situation vor, die sie zwar „künstlich" finden, die jedoch als normal – jedenfalls nicht kindeswohlgefährdend – eingeschätzt wird. Sie gehen dennoch so weit, sich das Kind nackt anzusehen und zu kontrollieren, ob die zu beobachtenden Windeldermatitis angemessen behandelt wird.

Damit ist ihr Kontrollauftrag eigentlich abgeschlossen und sie wenden sich der Familie zu und machen ihr Angebote der Beratung und Unterstützung, die aber in der Folgezeit nicht angenommen werden.

Die Tatsache, daß das Vorsorgeheft für das Kind nicht greifbar ist und die Eltern gebeten werden, dies im Jugendamt vorzulegen (Kontrollaspekt) zeigt aber, daß für die Sozialarbeiter ein Restverdacht auf mangelnde gesundheitliche Versorgung nicht ausgeräumt ist. An dieser Stelle verfangen sich die Sozialarbeiter in ihrer Ambivalenz, indem sie einerseits Kontrollansprüche stellen (Heft vorlegen), andererseits diese selbst nicht ernst nehmen, sondern nur in Abständen dieses Heft schriftlich anmahnen.

Der Tod des Säuglings etwa drei Monate nach dem Besuch der Sozialarbeiter läßt es durchaus möglich erscheinen, daß das Kind zum Zeitpunkt des Besuches noch hinreichend versorgt war und daß der Tod durch Mangelernährung durchaus auch in Folge einer erst wenige Wochen andauernden Krisenzuspitzung der Eltern eingetreten sein konnte (zur Austrocknung reichen bei einem Säugling mehrere Tage). Dennoch, der Restzweifel der Sozialarbeiter wird nicht sehr professionell umgesetzt.

Klare Perspektiven wären gewesen,

- entweder nach dem Besuch das Nichtvorliegen einer Kindeswohlgefährdung aus der Sicht der Sozialarbeiter zu dokumentieren, dies dem Fremdmelder mitzuteilen, die Familie auf die Hilfsangebote des Jugendamtes hinzuweisen und die Akte zu schließen oder

- den Restzweifel in eine bestimmte Schutz- und Kontrollstrategie umzusetzen, d.h. nach Nichtvorlage des Vorsorgeheftes durch die Eltern einen weiteren Hausbesuch **verbindlich** für sich und für die Familie einzuplanen und durchzuführen.

Hätte es einen Kontrollverzicht gegeben, wäre es aller Wahrscheinlichkeit nach ebenfalls zum tragischen Tod des Kindes gekommen (es sei denn, die Eltern hätten nur deshalb keine Hilfe beim Jugendamt geholt, weil sie ein schlechtes Gewissen wegen des nicht vorhandenen oder nicht adäquat geführten Vorsorgeheftes hatten und sich deswegen nicht ins Jugendamt getraut hätten).

Hätte sich jedoch der Restzweifel in der Teamberatung durchgesetzt, wäre eine verbindliche Schutz- und Kontrollstrategie vereinbart worden – auch hier nicht mit der Sicherheit, daß es nicht zum Tode des Kindes gekommen wäre, aber mit einer erhöhten Wahrscheinlichkeit, daß eine längerfristige Unterversorgung (so sie vorgelegen hat) auch erkannt worden wäre.

Fall B: *Eine junge 19jährige alleinerziehende Mutter von zwei Kindern (ein Mädchen, vier Monate, und ein Junge, 20 Monate) wird schon über längere Zeit von den sozialen Diensten betreut. Sie kommt mit dieser Unterstützung mehr schlecht als recht über die Runden, wobei die Mindestversorgung der Kinder in materieller und hygienischer Hinsicht zwar immer wieder in Gefahr gerät, aber doch im Prinzip gewährleistet erscheint.*

Mit viereinhalb Monaten kommt es zu einer Krankenhauseinweisung des Mädchens. Die Mutter selbst bringt das Kind zum Arzt, weil es hohes Fieber und Pusteln am ganzen Körper hat. Der weist das Kind in ein Kinderkrankenhaus ein. Es wird eine großflächige Windeldermatitis mit Pilzbefall am ganzen Körper diagnostiziert, die durch schlechte Pflege über mehrere Tage verursacht ist.

Das Kind wird im Krankenhaus gesund gepflegt und nach 10 Tagen entlassen. Die Entlassung erfolgt unter dem Hinweis des Arztes an die Fachkräfte der Jugendhilfe, daß eine regelmäßige Kontrolle der Pflege des Kindes erforderlich sei. Hierzu solle man zur Vermeidung einer Neuerkrankung auch in die Windeln der Kinder schauen. Zum sonstigen Gesundheitszustand des Kindes sagt er später aus, daß das Kind keinerlei Anzeichen einer körperlichen Mißhandlung (Hämatome oder Striemen) aufgewiesen habe und daß sich das Kind auch bei Krankenhauseinweisung in einem befriedigenden Ernährungszustand befunden habe. Die Mutter sei täglich im Krankenhaus erschienen und es sei sichtbar geworden daß zwischen Mutter und Kind eine Beziehung vorhanden sei. Mit diesen Einschätzungen wird das Kind entlassen.

Das Jugendamt reagiert auf die Entlassung mit der Einsetzung einer sozialpädagogischen Familienhelferin, die den Auftrag hat, die Mutter bei der Herstellung und Erhaltung hygienischer Verhältnisse in der Wohnung zu unterstützen und ihr bei der Versorgung der Kinder zu helfen.

Während dies in den ersten Tagen ganz gut anläuft, kommt es nach ca. drei Wochen dazu, daß die Familienhelferin die Mutter und Kinder zweimal hintereinander nicht antrifft.

Kurz darauf – ca. vier Wochen nach der Krankenhausentlassung – wird eine Nachbarin von der völlig aufgelösten Mutter angesprochen, daß etwas schreckliches passiert sei. Man findet in der Wohnung, die sich in einem katrastophalen hygienischen Zustand befindet, das verhungerte Mädchen und ihren stark ausgehungerten, stark verunreinigten Bruder.

Auch in diesem Fall wird offensichtlich das Spannungsverhältnis zwischen Hilfe und Kontrolle einseitig in Richtung auf den Aspekt der Hilfe aufgelöst. Ausgehend von der Einschätzung, daß die Mutter die notwendigen, die gewünschten und von der Gesellschaft erwarteten Versorgungs- und Betreuungsleistungen für ihre Kinder nicht ohne Unterstützung adäquat erbringen kann, wird eine Familienhelferin beauftragt, diese Hilfe und Unterstützung zu gewährleisten. Diese Hilfeleistung findet aber ausschließlich unter der Prämisse der Dienstleistung statt, die dann eben ausfällt, wenn der Kunde (die Mutter) nicht da ist oder nicht öffnet. Damit wird die Mutter mit dem Status eines autonom agierenden Kunden versehen, den sie aber de facto nicht hat und – wie die Geschichte zeigt – auch nicht ausfüllen könnte.

Auch in diesem Fall stellt sich die Frage – und dies nicht, weil der behandelnde Arzt dies wünscht, sondern weil es die ureigene Aufgabe der Jugendhilfe ist –, ob dem Hilfekonzept und dem Hilfeauftrag nicht als Pendant ein für alle Beteiligten transparentes Schutz- und Kontrollkonzept hätte angegliedert werden müssen.

➲ **Fazit:** Aus beiden Fällen ist zu lernen, daß das Risiko von Kindern (nicht nur) in Vernachlässigungssituationen minimiert werden kann, wird das Unausgesprochene – nämlich wie und mit welcher Verbindlichkeit soll im Interesse von Eltern und Kindern das staatliche Wächteramt wahrgenommen werden – im Rahmen von Teamberatungen thematisiert und in ein verbindliches und transparentes Schutz- und Kontrollsystem umgesetzt, welches dann den Eltern vorgestellt und zuverlässig und verbindlich durchgeführt werden muß.

So sind Schutz und Kontrolle als staatlicher Auftrag im Interesse des Kindeswohls in ein transparentes fachliches Entscheidungsverfahren eingebunden und damit **der isolierten Zuständigkeit, Unsicherheit und ggf. Willkür der einzelnen Fachkräfte** entzogen sowie der **Fachlichkeit des Teams** zugeführt.

5 Vernachlässigung als interdisziplinäres Problem

Die Beschäftigung mit dem Problem der Vernachlässigung von Säuglingen und Kleinkindern kann nicht nur aus dem Blickwinkel einer einzigen Disziplin erfolgen. Die bisherigen Ausführungen haben schon deutlich gemacht, daß die Fachkräfte des ASD – unabhängig von ihrer organisatorischen Anbindung in der Kommunalverwaltung – bezogen auf Familien mit Säuglingen und Kleinkindern im Schnittfeld von Jugendhilfe, Sozialhilfe, Gesundheitswesen und Justiz tätig sind. Die ASD-Fachkräfte haben die Aufgabe, die Beiträge dieser Disziplinen im Fall der Vernachlässigung (nicht nur) von Säuglingen und Kleinkindern – dem Einzelfall angemessen – einzufordern und zu aktivieren.

Abbildung 5.1: Vernachlässigung als interdisziplinäres Problem

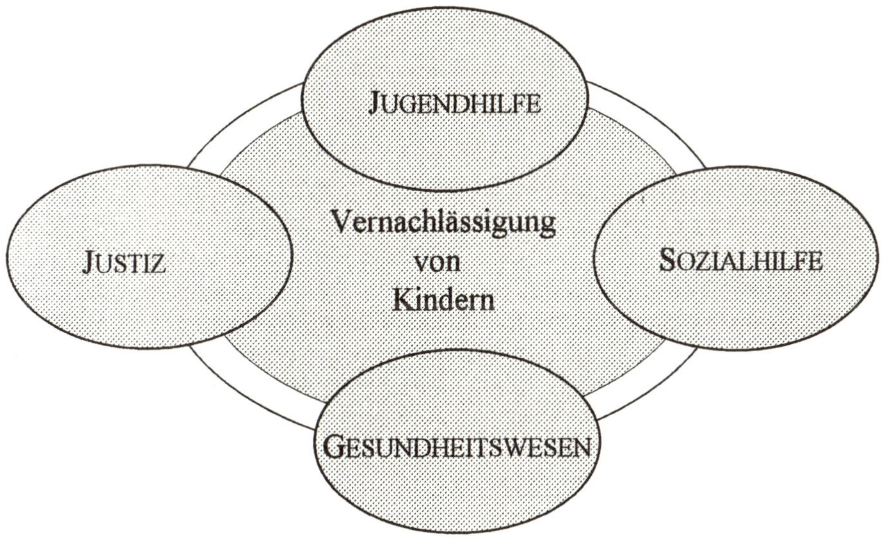

Im folgenden sollen diese Arbeitsfelder je einzeln unter dem Aspekt ihres (möglichen) Beitrags zur Vermeidung und Überwindung von Vernachlässigungssituationen betrachtet und dargestellt werden.

5.1 **Jugendhilfe.** Auftrag und Aufgaben nach dem KJHG

Der Auftrag der Jugendhilfe wird in § 1 des Kinder- und Jugendhilfegesetzes (KJHG) wie folgt gefaßt:

> „(1) Jeder junge Mensch hat ein Recht auf Förderung seiner Entwicklung und auf Erziehung zu einer eigenverantwortlichen und gemeinschaftsfähigen Persönlichkeit.
>
> (2) Pflege und Erziehung der Kinder sind das natürliche Recht der Eltern und die zuvörderst ihnen obliegende Pflicht. Über ihre Betätigung wacht die staatliche Gemeinschaft.
>
> (3) Jugendhilfe soll zur Verwirklichung des Rechts nach Absatz 1 insbesondere
> 1. junge Menschen in ihrer individuellen und sozialen Entwicklung fördern und dazu beitragen, Benachteiligungen zu vermeiden oder abzubauen,
> 2. Eltern und andere Erziehungsberechtigte bei der Erziehung beraten und unterstützen,
> 3. Kinder und Jugendliche vor Gefahren für ihr Wohl schützen,
>
> dazu beitragen, positive Lebensbedingungen für junge Menschen und ihre Familien sowie eine kinder- und familienfreundliche Umwelt zu erhalten oder zu schaffen." (§ 1 KJHG)

Im einzelnen werden im KJHG eine Fülle von Leistungen benannt, mit deren dieser Auftrag umgesetzt und eingelöst werden soll.

Die Literatur zu den einzelnen im KJHG normierten Leistungs- und Aufgabenfeldern ist inzwischen fast unüberschaubar (vgl. hierzu allein die eindrucksvolle Literaturdokumentation von BUSCH (1995) mit über 5.000 Artikeln und Büchern). Von daher kann und soll es im folgenden auch nur darum gehen, die Beiträge der einzelnen Arbeitsgebiete der Jugendhilfe daraufhin zu beleuchten, welchen Beitrag sie hinsichtlich des Problems der Vernachlässigung von Säuglingen und Kleinkindern leisten können.

5.1.1 Jugendarbeit und Jugendsozialarbeit

Familien, die wir als Multi-Problem-Familien gekennzeichnet haben, haben meist nicht erst, wenn sie selbst Eltern geworden sind, sondern bereits als Jugendliche die vielfältigsten Erfahrungen mit der öffentlichen Jugendhilfe gemacht und gesellschaftliche Desintegrationsprozesse erlebt. Ohne nun Jugendliche und den gesellschaftlichen Integrationsauftrag der Jugendarbeit und der Jugendsozialarbeit im Detail zu beschreiben, sei an dieser Stellen angemerkt, daß jeder Abbau von allgemeinen Leistungen für junge Erwachsene in diesem Arbeitsfeld zu Desintegrationsprozessen beiträgt.

Zu den Aufgaben offener Jugendarbeit in Kinder- und Jugendhäusern oder Jugendzentren gehört die Jugendberatung als integraler Bestandteil. Sie ist – da nicht institutionalisiert – für junge Leute zumeist eine wichtige Anlaufstelle im Stadtteil und niedrigschwelliger zu nutzen als jede institutionalisierte Beratungsstelle. Ein Kriterium qualifizierter offener Jugendarbeit ist die Mädchenarbeit einschließlich der Mädchenberatung mit dem Ziel, Mädchen und jungen Frauen gleichberechtigte Zukunftsoptionen zu eröffnen und sie in dem Weg in die Selbständigkeit zu begleiten. Parteiliche Mädchenarbeit ist eine der wichtigsten präventiven Maßnahmen, um längerfristig junge Frauen davor zu schützen, ungewollt als junge Mütter in Krisensituationen zu geraten.

Abbildung 5.2: Leistungen und andere Aufgaben der Jugendhilfe

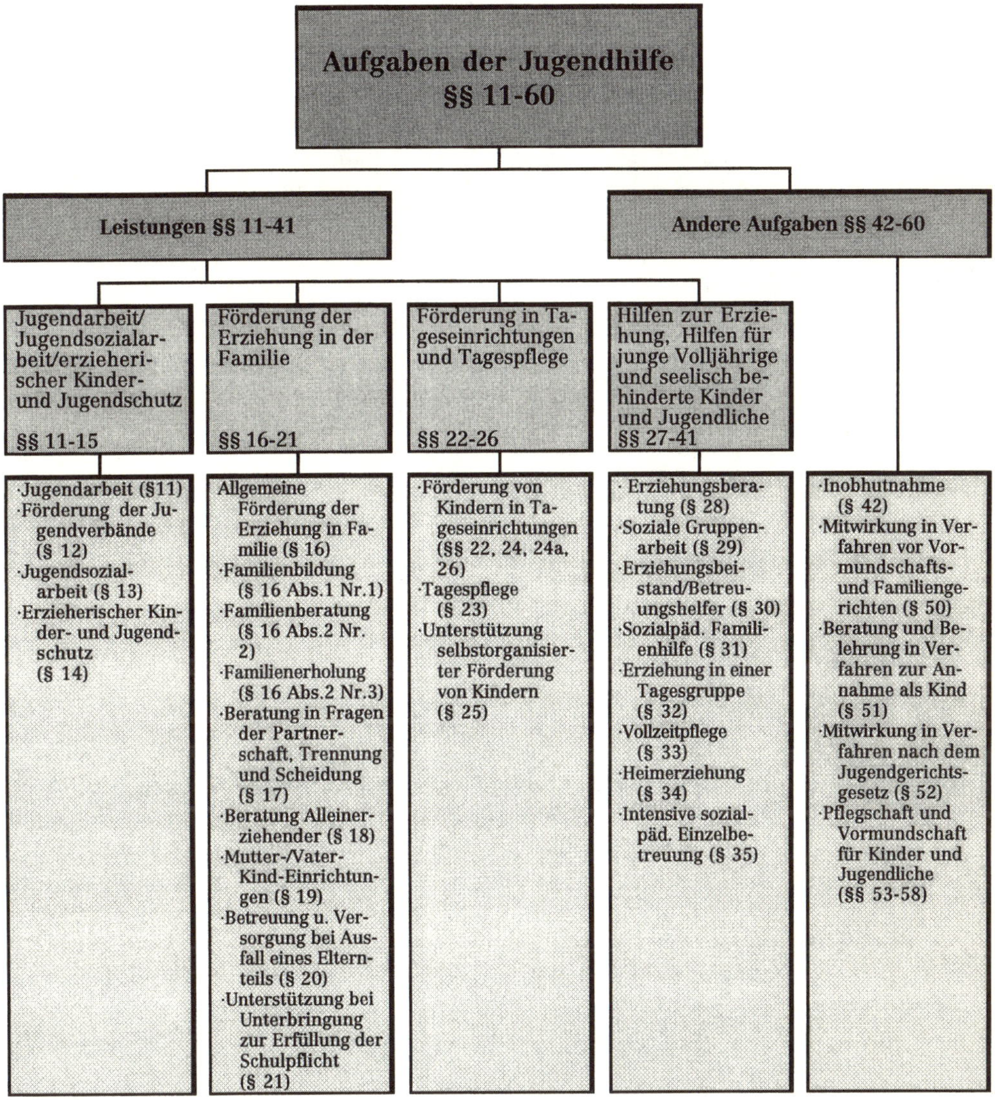

Neben der offenen Arbeit mit Mädchen und jungen Frauen ist die Jugendsozialarbeit (§ 13 KJHG) eine weitere präventive „Säule" der Jugendhilfe. Zielsetzung ist der Ausgleich sozialer Benachteiligungen oder die Überwindung individueller Beeinträchtigungen durch sozialpädagogische Hilfen. Ausgehend von den Ergebnissen der Fallanalysen in den vier Projektstandorten (vgl. Kapitel 3) lassen sich Risikofaktoren ausmachen, die durch qualifizierte Konzepte der Jugendsozialarbeit maßgeblich beeinflußt werden können. So hatte jede zweite Mutter der in den Projektstandorten vernachlässigten Kleinkinder keine Berufsausbildung. Hilfskonzepte sind daher im Rahmen der kommunalen Jugendhilfeplanung zu erarbeiten, die – sollen sie präventiv wirksam werden – Maßnahmen beinhalten, die nachhaltig die berufliche Integration von Mädchen/jungen Frauen beeinflussen, indem ihnen eine angemessene Schul- und Berufsausbildung ermöglicht wird. Neben den klassischen Maßnahmen der Jugendsozialarbeit in Form von Kursangeboten und außerbetrieblichen Ausbildungsmaßnahmen sind die Konzepte der Jugendsozialarbeit stärker auf die Zielgruppe junge Mütter mit Säuglingen und Kleinkindern auszurichten. In der Praxis der Jugendsozialarbeit besteht u.E. hier noch ein erheblicher Nachholbedarf. Qualifizierte Konzepte der Jugendberatung und der Jugendsozialarbeit sind daher ein wesentlicher Eckpfeiler innerhalb der kommunalen Jugendhilfe um gerade jungen Frauen gleichberechtigte Chancen für ein eigene materielle Lebensgrundlage zu eröffnen. Dort, wo in diesem präventiven Bereich Leistungen abgebaut werden, verringern sich die Chancen von jungen Menschen aus problematischen Lebenszusammenhängen enorm. Berufliche Bildung ist der Schlüssel zur materiellen Unabhängigkeit; Jugendhilfe hat hier einen klaren Auftrag insbesondere auch Mädchen und jungen Frauen Zukunftsoptionen zu eröffnen.

Noch Zukunftsmusik in der Praxis aber der logische zweite Eckpfeiler präventiver Jugendförderung sind qualifizierte Konzepte der Jungenarbeit, wenn es um die gemeinsame Übernahme von Verantwortlichkeiten in der (zukünftigen) Familie geht.

5.1.2 Förderung der Erziehung in der Familie

Viele aktuelle Diskussionen in der Jugendhilfe drehen sich um die Leistungsfelder Kindertagesbetreuung (Umsetzung des Rechtsanspruches auf einen Kindergartenplatz) und Hilfen zur Erziehung (Steigende Zahlen und Kosten im Bereich der Heimerziehung). All zu oft gerät dadurch der gesamte Bereich präventiver Leistungen für Familien in den Hintergrund. Angesichts des Themenfeldes der Vernachlässigung kleiner Kinder ist es jedoch gerade dieser Leistungsbereich, der positiven Einfluß auf die konkrete Lebenssituation von Müttern, Vätern und Kindern in Belastungssituationen nehmen kann, da in unterschiedlichen Situationen (z.B. bei Ausfall eines Elternteiles) konkrete Entlastungsmöglichkeiten genutzt werden können. Vergleicht man die Möglichkeiten dieses Leistungsfeldes mit den verschiedenen im Gesetz genannten Hilfen zur Erziehung, so ist die Angebotspalette gerade für Familien mit Säuglingen und Kleinkindern breiter und in vielen Fällen auch leichter annehmbar durch direkte Zugänge und den Charakter der „Normalität". Die Leistungen allgemeiner Familienförderung erfordern im Gegensatz zu den Hilfen zur Erziehung kein Hilfeplanverfahren, Fördervoraussetzungen sind an die aktuelle Lebenssituation einer Familie geknüpft (z.B Arbeitslosigkeit als Anlaß für eine Familienerholungsmaßnahme), nicht aber an die Voraussetzung, daß eine dem Wohl des Kindes entsprechende Erziehung nicht gewährleistet ist.

Die Leistungen der Förderung der Erziehung in der Familie, die insbesondere für Familien zur Verfügung stehen, in denen Kinder (aus welchen Gründen auch immer) vernachlässigt werden bzw. von Vernachlässigung bedroht sein könnten, wenn Familienkrisen sich weiter verschärfen, sind:

- Allgemeine Förderung der Erziehung in der Familie (§ 16 KJHG)
  - Familienbildung
  - Beratung in allgemeinen Fragen der Erziehung und Entwicklung junger Menschen
  - Familienfreizeit und -erholung
- Beratung in Fragen der Partnerschaft, Trennung und Scheidung (§ 17 KJHG)
- Beratung und Unterstützung bei der Ausübung der Personensorge (§ 18 KJHG)
- Gemeinsame Wohnformen für Mütter/Väter und Kinder (§ 19 KJHG)
- Betreuung und Versorgung des Kindes in Notsituationen (§ 20 KJHG)

Vergleichbar mit dem Leistungsbereich der Jugendarbeit richten sich Angebote zur **Familienbildung** potentiell an alle Mütter und Väter. Während klassische Kursstrukturen in Familienbildungsstätten aufgrund ihrer sichtbaren Bildungsorientierung (Seminarräume, Anmeldefristen, Kursgebühren) von Müttern in besonderen Belastungssituationen nur selten genutzt werden, bieten gemeinwesenorientierte und/oder auf Selbsthilfe basierende Ansätze der Familienbildung und -begegnung wichtige Gelegenheiten, sich gerade in schwierigen Situationen als Mutter Unterstützung und Beratung zu holen. Neben Stadtteilzentren, deren Angebote sich an dem Bedarf der Anwohnerinnen und Anwohner orientieren, sind hier die mittlerweile in vielen Orten bestehenden Mütterzentren zu nennen. Das umfassende Konzept mit den Bestandteilen „Offene Tür“, Selbsthilfe, flexible Kinderbetreuung, Secondhand-Shop (insbesondere preiswerte Kinderkleidung), Beratung nach dem „Laien-mit-Laien-Prinzip“, mütterfreundliche Honorarstellen und Arbeitsplätze bietet vielfältige Gelegenheiten gerade für Mütter von mehreren kleinen Kindern sich in Mütterzentren mit anderen Müttern zu treffen und hier konkrete Entlastungs- und Unterstützungsmöglichkeiten vorzufinden.

Zu den klassischen Unterstützungsleistungen der Jugendhilfe gehören neben der Familienbildung und allgemeiner Beratung auch Angebote der **Familienfreizeit und -erholung**. Bereits in § 5 Abs. 1 Ziff. 5 des Jugendwohlfahrtsgesetzes wurde die erzieherische Betreuung von Kindern im Rahmen der Familienerholung als Aufgabe des Jugendamtes genannt. Familienerholungsmaßnahmen richten sich insbesondere an Mütter, Väter und Kinder in belastenden Familiensituationen.

Zusammenlebende und alleinstehende Mütter und Väter haben einen Anspruch auf Beratung in allen Fragen der Erziehung und Entwicklung ihrer Kinder. Als gesetzliche Grundlagen des KJHG sind hier **Beratung in allgemeinen Fragen** der Erziehung und Entwicklung junger Menschen, **Beratung in Fragen der Partnerschaft, Trennung und Scheidung, Beratung und Unterstützung bei der Ausübung der Personensorge** und **Erziehungsberatung** zu nennen. Darüber hinaus ist Beratung integraler Bestandteil jeder Jugendhilfeleistung, die Mütter und Väter in Anspruch nehmen. Sie richtet sich immer gleichzeitig auf sozialpädagogische wie auch auf materielle Leistungen. Die „Beratungslandschaft“ läßt sich differenzieren

- nach institutionalisierten (Beratungsstellen) und nicht-institutionalisierten Beratungsleistungen (z.B. die Beratung einer jungen Mutter durch eine Tagespflegeperson)

- nach problembezogenen (z.B. Trennungs- und Scheidungsberatung), zielgruppenbezogenen (z.B. MigrantInnen) und allgemeinen Beratungsangeboten (z.B. allgemeine Beratung durch den ASD)

- nach zentralen und dezentralen Organisationsformen

- nach klassischen Beratungsangeboten (z.B. Erziehungsberatungsstellen) und „neuen" Angeboten (z.B. die Beratung von Frauen durch Mitarbeiterinnen eines Frauenhauses)

- nach professioneller Beratung durch Fachkräfte und Beratung nach dem Laienprinzip (z.B. in Mütterzentren)

Nicht nur für Mütter und Väter in Krisensituationen ist die „Beratungslandschaft" schwer zu durchschauen, selbst Fachkräfte und Einrichtungen der Jugendhilfe sind oft nicht in der Lage, Konzept und konkrete Ansprechpartner zu benennen. Eine zentrale Aufgabe kommunaler Jugendhilfe ist es zum einen, zu untersuchen, in welchem Maße bestehende Beratungsdienste tatsächlich Familien mit Säuglingen und Kleinkindern in besonderen Krisensituationen erreichen, zum anderen ist die zunehmende Spezialisierung der Beratung zu hinterfragen. Gerade die Mehrfachproblematik vernachlässigender Eltern erfordert ganzheitlich konzipierte Beratungsangebote, die räumlich leicht erreichbar sind (Regionalbezug), in ihrer Organisation auf die Bedürfnisse von Familien abgestimmt sind (Sprechzeiten am Abend für Berufstätige, Kinderbetreuungsmöglichkeit bei Bedarf, Beratung in Form von Hausbesuchen). Wichtig erscheint uns zudem, daß dort, wo Eltern in schwierigsten Lebenssituationen Beratung in Anspruch nehmen, auch konkrete Unterstützungsangebote vermittelt werden können. Zum zentralen Ansprechpartner wird damit der soziale Dienst des Jugendamtes, der neben eigenen Beratungsangeboten sämtliche Unterstützungsmöglichkeiten im Stadtteil vermitteln kann.

In Fällen von (potentieller) Kindesvernachlässigung durch alleinerziehende Mütter oder Väter ist auch die Voraussetzung zu prüfen, ob Hilfen auf der Basis des § 19 KJHG (**Gemeinsame Wohnformen für Mütter/Väter und Kinder**) wirken können. Anlaß einer solchen Hilfe kann Minderjährigkeit bzw. jugendliches Alter (junge Erwachsene), psychische Überforderung, mangelnde Belastbarkeit oder Unselbständigkeit sein, die dazu führt, daß die alleinerziehende Mutter oder der alleinerziehende Vater Unterstützung bei der Pflege und Erziehung eines unter sechsjährigen Kindes benötigt. Ziel ist es, durch eine betreute Wohnform zu erreichen, daß Eltern mit ihren Kindern selbständig und eigenverantwortlich leben können, indem sie während ihres Aufenthaltes in einer betreuten Wohnform im Zusammenleben mit ihren Kindern zu deren Pflege, Erziehung und Förderung befähigt werden. Während dieser Zeit soll ihnen ermöglicht werden, eine berufliche Ausbildung zu beginnen bzw. abzuschließen. Einer schwangeren Frau soll bereits vor der Geburt das betreute Wohnen ermöglicht werden. Das KJHG läßt die konkrete Wohnform bewußt offen. Neben Mutter-Kind-Heimen können Wohngemeinschaften, abgeschlossene

Wohneinheiten in Appartementhäusern, betreutes Einzelwohnen oder Außenwohngruppen von Heimen solche Wohnformen sein.

Die Aufgabe öffentlicher Jugendhilfe ist es schließlich, immer dann, wenn Mütter oder Väter, die die überwiegende Betreuung des Kindes übernommen haben, aus gesundheitlichen oder anderen zwingenden Gründen ausfallen, die Versorgung, Pflege und Betreuung des betroffenen Kindes sicherzustellen (**Betreuung des Kindes in Notsituationen**). Voraussetzung dieser Regelung ist, daß Tageseinrichtungen oder Tagespflege als Alternative nicht ausreichend sind (dies kann durch den Mangel solcher Betreuungsmöglichkeiten oder durch zu geringe Betreuungszeiten gegeben sein).

Die in § 20 formulierte Voraussetzung der Hilfe – „... fällt der Elternteil, der die überwiegende Betreuung des Kindes übernommen hat, für die Wahrnehmung dieser Aufgabe aus gesundheitlichen oder anderen dringenden Gründen aus..." – wird in der Praxis eher noch zu restriktiv ausgelegt, das heißt immer auch verknüpft mit dem Faktum der „physischen Abwesenheit" des bislang betreuenden bzw. versorgenden Elternteils. Dies ist jedoch keinesfalls zwingend. Wir haben auch im Rahmen unserer bisherigen Darlegungen zeigen können, daß Eltern, auch wenn sie im familiären Haushalt anwesend sind, aus unterschiedlichen und gravierenden Gründen vorübergehend oder auf längere Sicht der Aufgabe der Versorgung, Betreuung und Erziehung der eigenen Kinder nicht gewachsen sein können. Dies können psychische Probleme, aus exzessivem Alkohol- bzw. Drogenkonsum resultierende Minderungen der Handlungskompetenz, aber auch andere (zum Beispiel aus Familien- und Lebenskrisen) resultierende Beeinträchtigungen der Handlungskompetenz sein.

5.1.3 Kindertagesbetreuung

Ein konkretes Angebot zur Kompensation eines Betreuungs- und Versorgungsdefizites von Kindern ist die Kindertagesbetreuung.

Auch hier klaffen zwischen gesetzlichem Anspruch nach dem KJHG und dem tatsächlichen Angebot an Krippen-, Kindergarten-, Hortplätzen und Tagespflegestellen zumindest in den alten Bundesländern erhebliche Lücken. Von nahezu allen in den vier Projektstandorten befragten Einrichtungen und Diensten wurde übereinstimmend der bedarfsgerechte Ausbau (bzw. in Neubrandenburg der Erhalt) der Kindertagesbetreuung als dringlichste kommunale Aufgabe gesehen, um vernachlässigten Kindern und ihren Familien eine kurzfristige und umfassende Entlastung zu ermöglichen.

Neben dem Ausbaubedarf an Plätzen in Tageseinrichtungen für Säuglinge, Kleinkinder und Schulkinder und der Ausweitung des Angebotes der Tagespflege betonten die Projektbeteiligten die Notwendigkeit auch weiterer Formen flexibler Kinderbetreuungsmöglichkeiten. Babysitterdienste, die kostengünstig und unbürokratisch zur Verfügung stehen sind ebenso wünschenswert, wie zeitweise offene Kinderbetreuungsangebote in den Ortsteilen und Stadtteilen, die unverbindlich und spontan genutzt werden können.

Auch die Ergebnisse der Fallanalysen bestätigen die hohe Bedeutung, die eine qualifizierte und zuverlässige Kinderbetreuung gerade für vernachlässigte Kinder hat. So wurden in den Belastungsprofilen vernachlässigter Kinder enge Zusammenhänge deutlich zwischen dem Phänomen der Vernachlässigung und den Kompensationsmöglichkeiten durch eine qualifizierte Kinderbetreuung. Beispielhaft sind hier z.B. Alleinelassen des Kindes, mangelnde Aufsicht, Übertragung der Betreuung an ungeeignete Personen, Mangel an Spielmöglichkeiten, unangemessene Versorgung mit Nahrung, mangelnde Aufmerksamkeit und Zuwendung zu nennen.

Kindertagesbetreuung kann sicher nicht allein als die einzige Hilfeform für vernachlässigte Kinder gelten. In der Kombination mit anderen Hilfen bietet sie jedoch folgende Chancen:

- Mütter und Väter können sich leicht auf die Nutzung eines Kindertagesstättenplatzes einlassen, da diese Form der Kinderbetreuung nicht mit dem Zugeständnis der eigenen Unterstützungsbedürftigkeit verbunden ist. Sie können ihr Kind direkt (ohne den Umweg über das Jugendamt) selbst anmelden.
- Durch eine qualifizierte Kinderbetreuung z.B. in einer altersübergreifenden Gruppe in Ganztagsform ist an fünf Tagen in der Woche eine altersgemäße Förderung und Versorgung auch kleiner Kinder garantiert.
- Für die Mütter und Väter wird der Tagesrhythmus planbar, so daß sie eigene Interessen verfolgen können ohne daß es automatisch zu einer Vernachlässigung ihres Kindes kommt.
- Letztendlich kann die Kindertagesstätte eine wichtige Vermittlungsfunktion übernehmen, wenn es beispielsweise darum geht, auch andere Leistungen der Jugend-, Sozialhilfe oder des Gesundheitswesens in Anspruch zu nehmen.

Neben der Notwendigkeit des quantitativen Ausbaus und der Flexibilisierung der Kindertagesbetreuung besteht ein weiterer Handlungsbedarf in der stärkeren Vernetzung von Tageseinrichtungen und sozialen Diensten. So berichtete ein ASD-Mitarbeiter in einem Interview, daß zwei Drittel aller Hilfen zur Erziehung, die in den vergangenen sieben Jahren in seinem Bezirk gewährt wurden, über die Vermittlung durch eine Tageseinrichtung für Kinder (altersgemischte und integrative Gruppen, Kindergarten und Hortgruppe) erfolgt sei. Tageseinrichtungen für Kinder sind damit die wichtigsten Kooperationspartner des ASD wenn es um das Erkennen und Handeln in Notsituationen geht. Dort, wo Kooperationsbezüge zwischen dem Bereich der Kindertagesbetreuung und den in der Region tätigen sozialen Diensten bestehen, kann ein funktionierendes „Frühwarnsystem" des Kinderschutzes entwikkelt werden. Neben der Notwendigkeit der örtlichen Qualifizierung und Vernetzung sind insbesondere die Ausbildungsstätten für ErzieherInnen gefordert, auf die wichtige Aufgabe der Elternberatung im Kontext der Hilfen zur Erziehung vorzubereiten.

Neben der Betreuung von Kindern in Tageseinrichtungen ist die Tagespflege ein stärker auszubauendes Arbeitsfeld der Jugendhilfe, will man niedrigschwellig und problemadäquat auf Kindesvernachlässigung reagieren. Viele zeitliche Betreuungserfordernisse lassen sich nicht allein durch Tageseinrichtungen abdecken. Insbesondere für junge Mütter – zumal dann, wenn sie allein für ein Kleinkind verantwortlich sind – ist eine zeitweise Entlastung dringend erforderlich. Der Bereich der Tagespflege ist daher konzeptionell vielerorts zu verbessern. Qualifizierte Tagespflegepersonen sollten

- angemessen beraten und qualifiziert werden, um auch in hoch belasteten Familien tätig werden zu können,
- angemessen honoriert werden, insbesondere wenn sie in der Familie des Kindes tätig sind,
- auch abends und – bei Bedarf – auch nachts einsetzbar sein, was wiederum eine angemessene Honorierung dieser Tätigkeit erfordert.

Gerade in akuten Notsituationen wird das Vorhandensein eines Pools von qualifizierten und flexibel einsetzbaren Tagespflegepersonen entscheidend sein für die Qualität der weiteren Hilfekonzepte seitens des ASD.

5.1.4 Hilfen zur Erziehung

§ 27 KJHG normiert einen Rechtsanspruch von Müttern und Vätern auf Hilfe zur Erziehung immer dann, wenn eine dem Wohl des Kindes entsprechende Erziehung nicht gewährleistet ist und eine Hilfe zur Erziehung für die Entwicklung des Kindes geeignet und notwendig ist. Art, Umfang und Dauer dieser Hilfe zur Erziehung sind im Einzelfall abhängig vom erzieherischen Bedarf des jeweiligen Kindes. Zentrale Aufgabe aller Hilfen ist es, das engere soziale Umfeld eines Kindes (Eltern, Geschwister, Verwandte, Nachbarn, andere Kinder z.B. in der Kindergartengruppe) einzubeziehen.

Das KJHG beschreibt eine mögliche Palette unterschiedlicher Hilfen zur Erziehung (§§ 28-35 KJHG) und gibt verbindliche Verfahrensregelungen der Hilfegewährung im Einzelfall (§§ 36, 37 KJHG) vor.

Die im vierten Abschnitt des KJHG beschriebenen Hilfen zur Erziehung sind beispielhafte Beschreibungen möglicher Unterstützungsleistungen für Kinder, Jugendliche, junge Erwachsene und Eltern. Sie grenzen nicht abschließend die möglichen Alternativen ein. Die öffentliche Jugendhilfe ist aufgefordert, in jedem Einzelfall zu prüfen, ob die vor Ort zur Verfügung stehenden Hilfen (nach §§ 28-35 KJHG) tatsächlich geeignet und ausreichend sind, dem erzieherischen Bedarf eines Kindes gerecht zu werden.

„Wenn dem § 27 Abs. 1 KJHG für die Hilfegestaltung das entscheidende Gewicht verliehen wird, dann folgt daraus, daß die Jugendhilfe strukturell so zu organisieren ist, daß sie geeignete, für die Persönlichkeit von Kindern und Jugendlichen maßgeschneiderte sozialpädagogische Arrangements für den Einzelfall stets neu schaffen kann. Damit ändert sich der Blickwinkel: Nicht das „Vorhalten" von einzelnen Hilfeformen, denen dann Kinder und Jugendliche zugewiesen werden, ist strukturell sicherzustellen, sondern die Einrichtungen der Jugendhilfe sind so lern- und wandlungsfähig zu organisieren, daß sie ad hoc in der Lage sind, für jeden Jugendlichen und für jedes Kind eine Betreuungsform zu generieren" (KLATETZKI 1995, S. 7).

Die Gewährung einzelner Hilfen zur Erziehung für Kinder unter sechs Jahren im Spiegel der Statistik

Nachfolgend soll kurz die Praxis der Jugendämter in der Hilfegewährung anhand der Jugendhilfestatistik für das Jahr 1994 beschrieben werden. Es wird jeweils auf die Hilfen zur Erziehung für Kinder unter sechs Jahren Bezug genommen. Leider sind in der Jugendhilfestatistik nicht für alle Hilfen durchgängig gleiche Kategorien vorhanden, so daß Angaben zur sozialen Gruppenarbeit nicht einbezogen werden konnten, da sie sich nicht hinreichend nach Altersgruppen differenzieren lassen. Problematisch ist der Vergleich der Hilfen zur Erziehung darüberhinaus durch unterschiedliche „Zählweisen". So werden die durch eine sozialpädagogische Familienhilfe betreuten Kinder nicht erfaßt, die Angaben beziehen sich ausschließlich auf Familien, Altersangaben der betreuten Kinder sind jeweils nur für das jüngste und das älteste Kind vorhanden. Ebenso wird Kindesvernachlässigung als Anlaß einer Hilfe zur Erziehung ausschließlich für die sozialpädagogische Familienhilfe statistisch erfaßt. Im Bereich der Hilfen außerhalb des Elternhauses werden ebenso wie in der Statistik zu Sorgerechtseinschränkungen Anlässe dieser Interventionen nicht erfaßt.

Abbildung 5.3: Kinder unter 6 Jahren und Kinder über 6 Jahren in Hilfen zur Erziehung am 31.12.1994

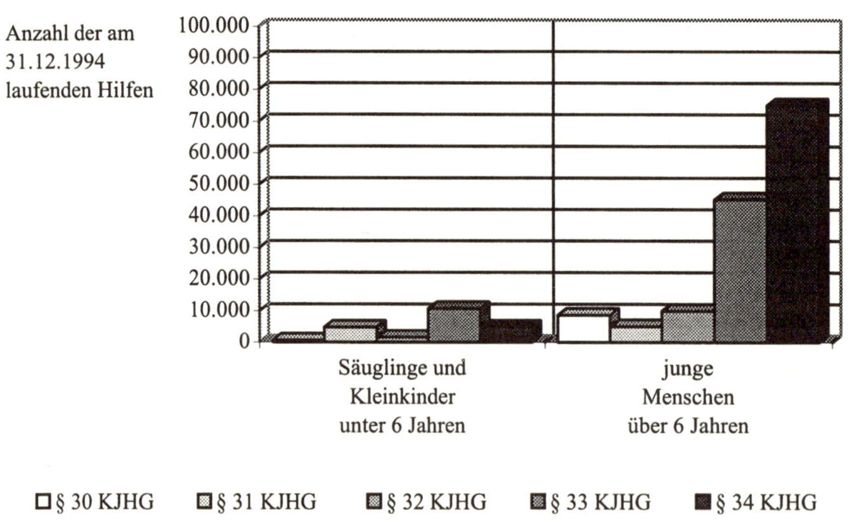

Quelle: Statistisches Bundesamt - Statistik der Jugendhilfe 1994

Insgesamt 167.073 Hilfen zur Erziehung auf der Grundlage der §§ 30, 31, 32, 33 und 34 KJHG wurden am 31.12.1994 für junge Menschen durchgeführt. 13,7% aller Hilfen bezogen sich auf Kinder unter sechs Jahren bzw. im Bereich der SPFH (§ 31 KJHG) auf Familien, in denen mindestens ein Kind unter sechs Jahren lebte.

Abbildung 5.3 zeigt für Kinder unter sechs Jahren und für ältere Kinder die Verteilung der Hilfen zur Erziehung auf der Basis der Ergebnisse der Jugendhilfestatistik für das Jahr 1994. Die Angaben zur SPFH beziehen sich hierbei jeweils auf Familien in denen das älteste Kind unter bzw. über sechs Jahre ist.
69% aller Kinder unter sechs Jahren, die Ende 1994 Hilfe zur Erziehung erhielten, waren außerhalb des Elternhauses in einer Pflegefamilie oder einem Heim untergebracht. Von 10 Kindern dieser Altersgruppe wurden demnach drei ambulant oder teilstationär betreut, für sieben Kinder erfolgte eine vorübergehende oder auch längerfristig angelegte Trennung von den eigenen Eltern.

Bei älteren Kindern und Jugendlichen ist die Unterbringung außerhalb der eigenen Familie allerdings noch häufiger. 124.357 Kinder und Jugendliche aus dieser Altersgruppe wurde hier außerhalb des Elternhauses betreut. Bezogen auf alle Hilfen zur Erziehung macht dies für diese Altersgruppe einen Anteil von 84%.

- **Erziehungsbeistand (§ 30 KJHG):**

Durch einen Erziehungsbeistandschaft wurden Ende 1994 insgesamt 651 Kinder unter sechs Jahren (2,8% aller Kinder dieser Altersgruppe, denen eine Hilfe zur Erziehung gewährt wurde) betreut. (STATISTISCHES BUNDESAMT 1996) Diese Hilfeform scheint in der Praxis der Jugendhilfe nur eine „Notlösung" zu sein, vermutlich dort, wo alternative Formen ambulanter Hilfen für Kleinkinder fehlen.

- **Sozialpädagogische Familienhilfe (SPFH) (31 KJHG):**

Die SPFH ist die wohl meist gewährte ambulante Hilfe zur Erziehung in einer Situation, in der kleine Kinder durch ihre Eltern vernachlässigt werden, eine Fremdunterbringung des Kindes jedoch nicht unmittelbar in Erwägung gezogen wird. Auf der Basis der Jugendhilfestatistik des Jahres 1994 (vgl. STATISTISCHES BUNDESAMT 1996) ergibt sich folgendes Bild:

- Am 31.12.1994 wurden insgesamt 9.951 Familien im Rahmen der SPFH betreut. Von drei betreuten Familien wurden zwei (6395 Familien = 64%) durch einen öffentlichen Träger, eine durch eine Familienhilfe in freier Trägerschaft betreut (3.556 Familien = 36%).

- SPFH wird häufig als Unterstützung kinderreicher Familien eingesetzt. In über zwei von fünf Familien (4.405 Familien = 44%) lebten zum Zeitpunkt der Hilfe drei und mehr Kinder.

- Weiterhin wird die SPFH in hohem Maße dort als Hilfe zur Erziehung gewährt, wo alleinerziehende Elternteile Unterstützung benötigen. In jeder zweiten Familie (4.583 Familien = 46%) lebten die Kinder mit ihrer alleinstehenden Mutter/ihrem alleinstehenden Vater zusammen. In 16% aller Fälle (1.558 Familien) handelte es sich um Stiefelternfamilien.

- Die Jugendhilfestatistik zeigt weiterhin die hohe Bedeutung der SPFH als Hilfe zur Erziehung für Säuglinge und Kleinkinder. In ca. jeder vierten Familie ist das jüngste Kind jünger als drei Jahre (2.575 Familien), in 4.839 Familien (59%) lebten ein oder mehrere Kinder unter sechs Jahren.

- Der Anteil derjenigen Familien, die in eigener Initiative eine SPFH beim Jugendamt beantragen, ist denkbar gering. Nur 18% aller Eltern/Elternteile haben die SPFH selbst angeregt. Überwiegend erfolgt der Einsatz einer Familienhelferin/eines Familienhelfers durch das Jugendamt/den ASD (63%) oder andere öffentliche Stellen (11%). Dienste freier Träger sind demgegenüber eher selten beteiligt (5%).

Tabelle 5.1: Anlässe für eine SPFH in einer Familien mit Kindern unter drei Jahren (Mehrfachnennungen) (n=838)

Anlaß	Familien, in denen alle Kinder unter 3 Jahre sind	Anteil an Familien (n= 838) in %
Erziehungsschwierigkeiten	358	43%
Beziehungsprobleme	341	41%
Wohnungsprobleme	232	28%
Entwicklungsauffälligkeiten	206	25%
Vernachlässigung	193	23%
Überschuldung	120	14%
Krankheit (längere Zeit), Behinderung eines Elternteils	107	13%
Arbeitslosigkeit	92	11%
Trennung/Scheidung der Eltern	79	9%
Suchtprobleme	72	9%
Anzeichen für Kindesmißhandlung	41	5%
Schul/Ausbildungsprobleme	22	3%
Inhaftierung eines Elternteils	21	2,5%
Anzeichen für sexuellen Mißbrauch	5	0,6%

Quelle: STATISTISCHES BUNDESAMT: Statistik der Jugendhilfe – Teil I, 3: Sozialpädagogische Familienhilfe 1994, Wiesbaden 1996

- Für alle Familien, die im Rahmen einer SPFH betreut werden, haben die örtlichen Jugendämter den Anlaß der Hilfe (maximal drei Nennungen) anzugeben. Neben anderen Anlässen taucht hier auch die Kategorie der Vernachlässigung eines Kindes/Jugendlichen auf. Vernachlässigung eines Kindes/Jugendlichen war bei insgesamt 1.625 Familien (16,3%) ein Anlaß für die sozialpädagogische Familienhilfe.

Tabelle 5.1 zeigt die Anlässe für den Einsatz einer sozialpädagogischen Familienhilfe in Familien, in denen alle Kinder jünger als drei Jahre waren.

Vernachlässigung ist bei Kindern unter drei Jahren in ca. jedem vierten Fall der Anlaß für das Tätigwerden der sozialpädagogischen Familienhilfe. Welche Zusammenhänge sich zwischen dem Phänomen der Vernachlässigung und anderen, parallel wirksamen Anlässen ergeben, ist aus der Jugendhilfestatistik leider nicht zu entnehmen. Zwar läßt die Jugendhilfestatistik zu, im Einzelfall maximal drei Anlässe zu nennen, eine Auswertung dieser Mehrfachproblematiken erfolgt jedoch nicht. Hervorzuheben sind jedoch einige Parallelen zu den in Kapitel 3 beschriebenen Ergebnissen der ASD-Fallanalysen. So werden z.B. neben innerfamilialen Belastungen (Beziehungsprobleme, Erziehungsschwierigkeiten, Trennung und Scheidung) in hohem Maße auch materiell/finanzielle Belastungssituationen als Anlaß der sozialpädagogischen Familienhilfe genannt (Wohnungsprobleme, Überschuldung).

- **Erziehung in einer Tagesgruppe (§ 32 KJHG):**

Die Jugendhilfestatistik (1994) für den Bereich der Hilfen nach § 32 KJHG zeigt die hohe Bedeutung der Tagespflege in einer Pflegefamilie für kleinere Kinder. Insgesamt 1.519 Kindern unter sechs Jahren wurden Hilfen zur Erziehung gem. § 32 KJHG gewährt, davon 792 Kindern in Form der sozialpädagogischen Tagespflege. Im Vergleich der Altersgruppen scheint jedoch die Betreuung kleiner Kinder im Rahmen einer Tagesgruppe gegenüber älteren Kinder nur von untergeordneter Bedeutung zu sein. Den 1.519 Kindern unter sechs Jahren stehen insgesamt 10.004 Kinder ab sechs Jahren gegenüber.

- **Vollzeitpflege (§ 33 KJHG):**

Die Anzahl unter sechsjähriger Kinder in Vollzeitpflege übersteigt mit insgesamt 10.807 Kindern deutlich deren Anteil an den ambulanten Hilfen insgesamt. Circa jede zweite Hilfe zur Erziehung für ein Kind unter sechs Jahren war eine Unterbringung in einer Pflegefamilie.

Im Laufe des Jahres 1994 wurden insgesamt 4.942 Kinder unter sechs Jahren neu in Vollzeitpflege in einer anderen Familie untergebracht. Bei 1.355 Kindern (27,4%) war diese Unterbringung mit einer vormundschaftsgerichtlichen Entscheidung verbunden. Bei Kindern unter einem Jahr betrug dieser Anteil sogar 33,9%, d.h. bei jedem dritten in einer Pflegefamilie untergebrachten Säugling (399 Kinder) war im Jahr 1994 ein Vormundschaftsgericht beteiligt.

- **Heimerziehung, sonstige betreute Wohnformen (§ 34 KJHG):**

Auch die Anzahl der in Heimen lebenden Säuglinge und Kleinkinder unter sechs Jahren ist mit 4.989 Kindern höher als die Anzahl der im Rahmen einer SPFH betreuten Familien mit Kindern unter sechs Jahren. Auch hier erfolgte die Unterbringung in 27% aller Fälle gegen den Willen der Eltern in Verbindung mit einer vormundschaftsrichterlichen Entscheidung (begonnene Hilfen im Jahr 1994).

5.1.5 Eingliederungshilfe für seelisch behinderte Kinder (§ 35a KJHG)

Für geistig und/oder körperbehinderte Kinder sind Maßnahmen der Eingliederungshilfe durch den überörtlichen Sozialhilfeträger gem. §§ 39ff. BSHG zu erbringen. Für seelisch behinderte und von einer solchen Behinderung bedrohte junge Menschen ist dagegen die Jugendhilfe, allerdings neben den Hilfen zur Erziehung, vorrangig zuständig. In § 35a KJHG ist für diese Kinder ein Anspruch auf Eingliederungshilfe geregelt.

Nicht anwendbar sind diese Regelungen für Säuglinge und Kleinkinder, bei denen das Vorliegen einer seelischen Behinderung nicht zu diagnostizieren ist. Ob ein Kleinkind von einer seelischen Behinderung bedroht ist, läßt sich in der Praxis gar nicht feststellen.

5.1.6 Andere Aufgaben der Jugendhilfe

Die öffentliche Jugendhilfe hat neben ihrem Auftrag zur umfassenden Unterstützung und Entlastung von Kindern und ihren Familien einen weiteren Auftrag – den **Kinderschutz als hoheitliche Aufgabe**, ggf. auch gegen den Willen derjenigen Eltern, die nicht gewillt oder in der Lage sind eine unmittelbare Gefährdungssituation ihres Kindes abzustellen.

In § 50 Abs. 3 KJHG wird das Jugendamt aufgefordert, das Gericht anzurufen, wenn es dies zur Abwendung einer Gefährdung des Kindeswohls für erforderlich hält. Immer dann, wenn die notwendigen Hilfen zur Erziehung für ein Kind ohne die hierfür erforderliche Zustimmung der Personensorgeberechtigten nicht geleistet werden können und hierdurch einer Kindeswohlgefährdung nicht abgeholfen werden kann, hat das Jugendamt die Pflicht, das Vormundschaftsgericht gem. §§ 1666, 1666a BGB oder 1748 BGB einzuschalten.

Die Initiative zum Eingriff in das Elternrecht ist also im Rahmen öffentlicher Jugendhilfe nur dann zulässig, wenn die Eltern selbst eine Gefährdungssituation nicht abstellen und dies für das Kind zu einer nicht vertretbaren Gefährdungssituation führt (vgl. ausführlich hierzu Punkt 5.2).

Die Initiative zum Eingriff in das Elternrecht ist also im Rahmen öffentlicher Jugendhilfe nur dann zulässig, wenn

1. die Eltern selbst eine Gefährdungssituation nicht abstellen (können) und

2. dies für das Kind zu einer nicht vertretbaren Gefährdungssituation führt.

Das Jugendamt ist außerdem verpflichtet, ein Kind in seine Obhut zu nehmen, wenn eine dringende Gefahr für das Wohl des Kindes dies erfordert (Inobhutnahme – § 42 KJHG). Weiterhin ist es verpflichtet, ein Kind ohne Zustimmung der Personensorgeberechtigten kurzfristig unterzubringen, wenn es sich ohne seine Eltern bei einer anderen Person oder in einer Einrichtung aufhält und indieser Situation eine Gefährdung des Kindeswohls vorliegt (Herausnahme des Kindes oder des Jugendlichen ohne Zustimmung des Personensorgeberechtigten – § 43 KJHG). Beide Tatbestände sind jedoch nicht unmittelbar verbunden mit der Einschränkung der elterlichen Sorge. Diese ist nur zulässig, wenn das Vormundschaftsgericht zu der Überzeugung gelangt, daß die Eltern des Kindes auch bei maximaler Unterstützung durch Hilfen zur Erziehung nicht gewillt und/oder in der Lage sind, Gefahren für das Kind abzuwenden.

5.2 **Justiz.** Zur Rolle der Vormundschaftsgerichte

Anlässe für das Tätigwerden der Jugendhilfe sind in vielen Fällen auch Anlässe für das Tätigwerden von Justiz: Jugendämter und Vormundschaftsgerichte sind von ihrem gesetzlichen Auftrag her verpflichtet, das Kindeswohl zu sichern. Dabei hat jede Institution besondere Aufgaben. Zunächst ist die Jugendhilfe aufgerufen, dafür zu sorgen, daß für Kinder, Jugendliche und ihre Familien Bedingungen zur Verfügung stehen, die ein dem Kindeswohl zuträgliches Aufwachsen ermöglichen. Zu dieser Aufgabe ist die Jugendhilfe rechtlich verpflichtet (§ 1 KJHG). Nach § 27 KJHG hat sie Hilfen zur Erziehung zu leisten, wenn das Wohl des Kindes „nicht gewährleistet" ist. Das Vormundschaftsgericht muß dagegen Maßnahmen ergreifen, sobald das Kindeswohl „gefährdet" ist (§ 1666 BGB). Obwohl es auch vorkommt, daß eine Kindeswohlgefährdung (z.B. Mißhandlung) dem Vormundschaftsgericht direkt bekannt wird, informiert in der Regel das Jugendamt das Vormundschaftsgericht. In § 50 Abs. 3 KJHG wird den öffentlichen Jugendhilfeträgern ein Entscheidungsspielraum dahingehend eingeräumt, ob sie es für „erforderlich" halten, die Vormundschaftsgerichte zu informieren und mit Hilfe dieser Information eingreifende Interventionen in die elterliche Sorge zu veranlassen.

Andererseits hat das Vormundschaftsgericht die Pflicht, in allen Entscheidungen nach § 1666 BGB – auch wenn Meldungen von dritter Seite erfolgen – das Jugendamt anzuhören. Dies ist im Gesetz über die Angelegenheiten der freiwilligen Gerichtsbarkeit (§§ 49 FGG) festgelegt. Mitwirkungspflicht des Jugendamtes (§ 50 Abs. 1 KJHG) und Anhörungspflicht des Vormundschaftsgerichtes (§ 49 FGG) schaffen damit einen hohen wechselseitigen Verpflichtungsgrad in Fällen der Kindeswohlgefährdung.

5.2.1 Sicherung des Kindeswohls

Zu einer Trennung von Eltern und Kindern aufgrund der Entscheidung des Vormundschaftsgerichtes kann es (gemäß § 1666a BGB) nur dann kommen, wenn die Gefährdung nicht in anderer Weise beseitigt werden kann. Das bedeutet nicht stets, daß das Jugendamt vorher andere Hilfen erbringen muß, denn bisweilen ist die durch Entscheidung des Vormundschaftsgerichts ermöglichte sofortige Trennung zwischen Eltern und Kindern die einzig sich anbietende Maßnahme zur Kindeswohlsicherung. In den meisten Fällen aber kennen die Jugendämter die betreffenden Familien schon seit längerer Zeit, haben über einen längeren Zeitraum schon Hilfen angeboten bis dahin, daß sie versucht haben, die Eltern auf einer rechtlich freiwilligen Basis zu veranlassen, einer Unterbringung des Kindes in einer anderen Familie (Vollzeitpflege) oder einer Einrichtung zuzustimmen. Insofern „prüft" das Gericht hier auch die der Information bzw. dem Antrag vorangegangene Arbeit der Jugendämter. In dieser Weise berühren und überschneiden sich die Aufgaben von Jugendämtern und Vormundschaftsgerichten. Bei der „Aufgabenverteilung" zur Sicherung des Kindeswohls zwischen Jugendämtern und Vormundschaftsgerichten kommt der Jugendhilfe faktisch eine viel umfangreichere Aufgabe zu als dem Vormundschaftsgericht. Der nach § 50 Abs. 3 KJHG vorgesehene Entscheidungsspielraum des Jugendamtes bedeutet, daß die sozialpädagogische Fachbehörde Jugendamt selbst beurteilen muß, ob ihre eigenen Handlungsmöglichkeiten ausreichen. Gerichtliches Handeln ist erst dann gefordert, wenn das Jugendamt zu der Einschätzung gelangt, daß die sozialpädagogischen Möglichkeiten erschöpft sind. Die Sorgerechtsverfahren bei den Vormundschaftsgerichten bilden so gesehen nur die „zivilrechtliche Spitze des Eisbergs" der Tätigkeit der Jugendhilfe auf dem Gebiet der Kindeswohlsicherung. Oder andersherum ausgedrückt: Durch den Trichter der breiten Arbeit der Jugendhilfe gelangt auch quantitativ nur noch ein geringer Teil der „Kindeswohlsicherungsfälle" zum Vormundschaftsgericht (vgl. hierzu Kapitel 4).

Unbestimmte Rechtsbegriffe und Generalklauseln – wie in diesem Zusammenhang insbesondere § 1666 BGB und § 50 Abs. 3 KJHG – signalisieren, daß es für die Anwendung der Rechtsnormen für konkrete Sachverhalte erhebliche Spielräume geben kann. Über die Anwendungspraxis in diesem Feld existieren nur wenige Erkenntnisse. Dies gilt besonders auch für die juristische Auslegung des Begriffs des Kindeswohls im Zusammenhang der Vernachlässigung.

Zum Verfahren

Die Anrufung des Vormundschaftsgerichtes ist ein deutlicher Schritt hinaus aus der sozialpädagogischen Handlungsebene in eine neue Prozedur. Mit dem Vormundschaftsgericht ist eine Instanz beteiligt, die mit Entscheidungsgewalt ausgestattet ist. Das kann zur Klarstellung und Bereinigung beitragen. Versteht man die Mitwirkung der Jugendhilfe in den Verfahren vor den Vormundschaftsgerichten so, dann hat dies Auswirkungen. Vormundschaftsgerichte werden dann nicht „angerufen", sondern Vormundschaftsgerichte werden in diesem Verständnis in das Verfahren „einbezogen".

Dies entspricht einer Verfahrensgestaltung, die Nähe zu § 36 KJHG (Mitwirkung, Hilfeplanung) aufweist, sich aber auch von diesen unterscheidet: Es muß hier nicht mit allen Mitteln ein Konsens erzielt werden, sondern es sitzt jemand mit am Tisch, der Entscheidungsgewalt hat. Es handelt sich nicht um ein unverbindliches Gespräch, sondern um eine Absprache mit der deutlichen Zielorientierung, auszuloten, was zur Sicherung des Kindeswohls nötig und möglich ist.

Für die Jugendhilfe bedeutet das Verfahren, daß auch geprüft wird, ob und inwiefern der Gefahr für das Wohl des Kindes „nicht auf andere Weise, auch nicht durch öffentliche Hilfen begegnet werden kann" (§ 1666a BGB). Damit muß sich das Jugendamt aus seiner oft sehr dominanten Stellung immer wieder herausbegeben und auf einen stetigen kommunikativen Prozeß mit den Sorgeberechtigten und den Minderjährigen einlassen, ob und welche Hilfen hierfür in Betracht kämen. Die Anrufung des Vormundschaftsgerichtes stellt in dieser Hinsicht nur einen verlängerten Schritt des Verfahrens nach § 36 KJHG dar, indem damit die entscheidungsfähige Institution eingeschaltet wird, wenn die Eltern „nicht gewillt oder in der Lage sind, die Gefahr abzuwenden" (§ 1666 Abs. 1 BGB).

Zu den Maßnahmen

Liegt eine Gefährdung des Kindeswohls vor und läßt sich bei der Besprechung mit dem Vormundschaftsgericht keine konsensuale Lösung finden, so hat das Vormundschaftsgericht „die zur Abwendung der Gefahr erforderlichen Maßnahmen zu treffen". Die Begriffe weisen auf Rechtsgestaltung und Ermessen hin. Inhaltlich liegt Verwaltungshandeln im justiziellen Rahmen vor. Deswegen kommen die im Verwaltungsrecht entwickelten Grundsätze der „Geeignetheit", der „Erforderlichkeit" und der „Verhältnismäßigkeit" zur Anwendung.

Dabei wird dem Vormundschaftsgericht ein breiter Handlungsspielraum hinsichtlich der zu ergreifenden Maßnahmen eingeräumt. § 1666 BGB ist – wie schon erwähnt – nicht mit „Wegnahme des Kindes" gleichzusetzen. Nach dem Grundsatz der Verhältnismäßigkeit und der in § 1666a enthaltenen Subsidiaritätsklausel hat das Gericht auch Maßnahmen in Betracht zu ziehen, die unterhalb eines Eingriffs in das Aufenthaltsbestimmungsrecht sowie in das Personensorgerecht der Eltern liegen oder nur begrenzt in diese Rechte eingreifen, wenn diese hinreichend geeignet sind, eine Abwendung des Kindeswohls herbeizuführen.

Der Eingriff des Vormundschaftsgerichtes hat dabei keinesfalls – auch wenn dies subjektiv von den Eltern (und manchmal auch von den Fachkräften?) so empfunden wird – einen Strafcharakter gegenüber den Eltern. Der Eingriff in das Elternrecht läßt sich nur aus der Abwehr der Gefährdung des Kindeswohls und mit der Notwendigkeit angemessener Hilfen für das Kind (auch gegen den Willen der Eltern) begünden. Damit hat er einen Leistungscharakter zugunsten des Kindes. Für das Kind in kindeswohlgefährdenden Situationen sind „Eingriff" ins Elternrecht und „Leistung" (gegenüber dem Kind) zwei Seiten einer Medaille.

Eine Staffelung möglicher Maßnahmen des Vormundschaftsgerichtes nach der Intensität des Eingriffs ergäbe in der heutigen Praxis etwa folgende Reihenfolge:

1. Als mildestes Mittel richterlicher Maßnahmen erscheint die **Ermahnung** und **Auflage** bzw. **Verpflichtung** der Eltern, Hilfe zur Erziehung in Anspruch zu nehmen. Eine solche Maßnahme bleibt unterhalb der Schwelle des Eingriffs, reduziert aber punktuell das erzieherische Ermessen der Eltern auf Null. Es erscheint allerdings zweifelhaft, ob diese Verfahrensweise erfolgreich sein kann, wenn doch vorher alle Bemühungen des Jugendamtes zur Beseitigung der Kindeswohlgefährdung gescheitert sind (vgl. WIESNER u.a. 1995, S. 278).

2. Gemäß § 1666 Abs. 2 BGB kann das Gericht **Erklärungen** der Eltern oder eines Elternteils **ersetzen**. Damit wird das Gericht in die Lage versetzt, in den Fällen, in denen eine Erklärung der Eltern oder eines Elternteils, z.B. die Einwilligung in einen operativen Eingriff, notwendig ist, um eine Gefahr für das Kind abzuwenden, und die Eltern oder ein Elternteil diese Erklärung nicht abgeben wollen oder können, diese Erklärung selbst zu ersetzen. Ob die Ersetzung der Einwilligung des Personensorgeberechtigten auch in den Fällen geeignet ist, in denen es um eine für das Kind oder den Jugendlichen nicht nur punktuelle Entscheidungen, sondern z.B. um die Gewährung längerfristiger jugendhilferechtlicher Leistungen geht (z.B. Zustimmung zum Hilfeplan), muß im Einzelfall geprüft werden. „Die bloße Ersetzung der Einwilligung dürfte oft als Basis für die Gewährung von Hilfe zur Erziehung nicht ausreichen, da es sich um eine längerfristige Intervention handelt, die das Elternrecht nicht nur in seiner Funktion als Vertretungsbefugnis, sondern auch und vor allem als Einwirkungsbefugnis tangiert" (WIESNER u.a. 1995, S. 278; vgl. hierzu auch die Überlegungen in Punkt 4.4).

3. In der Regel wird dann, wenn die Eltern öffentliche Hilfen (§ 1666a BGB) ablehnen, die Bestellung eines Pflegers als notwendig erachtet. Im Hinblick auf den Grundsatz der Verhältnismäßigkeit sah sich die Gerichtspraxis in der Vergangenheit i.d.R. gehalten, den Eltern (nur) das **Aufenthaltsbestimmungsrecht** zu **entziehen**, um anschließend die notwendige jugendhilferechtliche Unterbringung eines Minderjährigen einzuleiten.

4. Der intensivste Eingriff dürfte die **Übertragung des Personensorgerechts** ganz oder teilweise auf einen Vormund oder Pfleger sein. Aufgrund der neuen Gesetzeslage des KJHG (Anspruchsberechtiger der Hilfe zur Erziehung ist die personensorgeberechtigte Person, Mitwirkungsrechte der Eltern bzw. Sorgeberechtigten gem. §§ 36, 37 KJHG) dürfte die Entziehung des Aufenthaltsbestimmungsrechts im allgemeinen nicht mehr ausreichen, um eine jugendhilferechtliche Unterbringung mit Hilfe des § 1666 BGB durchführen zu können. Der Entzug der gesamten Personensorge erscheint jedoch in vielen Fällen als zu weitgehend, nicht zuletzt im Hinblick auf das zu beachtende Verhältnismäßigkeitsgebot (vgl. § 1666a Abs. 2 BGB), so daß vor allem die Möglichkeit eines Teilsorgerechtsentzugs in Betracht zu ziehen ist.

FRICKE regt im Falle eines Teil-Sorgerechtsentzugs durch das Vormundschaftsgericht folgende Formulierung an: „... Entzug des Aufenthaltsbestimmungsrechts sowie der Befugnis im Rahmen von Hilfe zur Erziehung nach dem KJHG auch zum Zwecke der Unterbringung des Kindes/Jugendlichen mitzuwirken. (FRICKE 1993, S. 187) Die Autorin hält die Möglichkeit, zunächst das Aufenthaltsbestimmungsrecht zu entziehen, um anschließend die Eltern zur freiwilligen Mitarbeit zu bewegen, in vielen Fällen für praxisfremd und geeignet, die notwendige Hilfe zu verzögern. (vgl. FRICKE 1993, S. 289)

Das Vormundschaftsgericht bestellt in diesen Fällen einen Vormund oder einen Pfleger und verpflichtet diesen, Hilfe zur Erziehung in Anspruch zu nehmen und anstelle der Eltern an der Ausgestaltung der Hilfe mitzuwirken.

Die in 3. und 4. genannten Eingriffe stellen die Standardmaßnahmen vormundschaftsgerichtlicher Praxis dar. Dabei ließen sich aber durchaus auch andere – kreativere – Formen der Beendigung kindeswohlgefährdender Situationen denken. Gerade im Kontext von Vernachlässigung sind beengte Wohnverhältnisse, zu geringe materielle Ressourcen oder durch Arbeitslosigkeit geprägte familiäre Verhältnisse häufige Begleiterscheinungen. Wäre es nicht in diesen Situationen erforderliche und geeignete Maßnahmen, die Familie mit finanziellen Ressourcen auszustatten – z.B. die Zurverfügungstellung eines zusätzlichen monatlichen Budgets von 500 oder 1.000 DM und den Einsatz dieses zusätzlichen Budgets im Zusammenwirken mit den sozialpädagogischen Fachkräften bei gleichzeitiger Haushalts- und Aufgabenplanung? Muß das Vormundschaftsgericht akzeptieren, daß die Handlungsmöglichkeiten der Jugendhilfe erschöpft sind, ohne daß solche Überlegungen im Rahmen der vorhergehenden – und an der Mitwirkungsbereitschaft oder -fähigkeit der Eltern gescheiterten – Hilfeplanung nach § 36 KJHG ernsthaft ins Kalkül gezogen worden sind?

Nicht daß das Vormundschaftsgericht als „Aushandlungspartner" in die Hilfeplanung einbezogen werden soll, aber ihm obliegt die Prüfung, ob einer Gefährdung des Kindeswohls „nicht auf andere Weise, auch nicht durch öffentliche Hilfen begegnet werden kann", bevor es durch den Entzug des Aufenthaltsbestimmungsrechts eine Trennung des Kindes von seinen Eltern einleitet.

Wenn das Gericht auf eine – wie gerade angedeutet – offensive Auslegung des § 27 Abs. 1 (Anspruch auf Hilfe, die für die Entwicklung des Kindes geeignet und notwendig ist) beharrt, bevor eine Beschränkung elterlicher Sorgerechte verfügt wird und wenn es ggf. einen Verfahrenspfleger für das Hilfeplanverfahren bestimmt, der diese Ansprüche gegenüber dem Jugendamt geltend macht und vertritt, könnten neue Perspektiven der Kindeswohlsicherung aufscheinen. Für die Fachkräfte des Jugendamtes entstünde hierdurch die Verpflichtung, entweder solche Hilfen zu entwickeln und durchzusetzen oder aber zu begründen, warum sie nicht geeignet sind, die Gefahr für das Kindeswohl zu beseitigen.

Was auf den ersten Blick wie eine Einschränkung des Jugendamtes erscheinen mag, entpuppt sich auf den zweiten Blick als Triebkraft für die Erweiterung der Handlungsstrategien der Jugendhilfe, indem es solchen Fachkräften des Jugendamtes gerichtliche Schützenhilfe bietet, die im Fall der Kindeswohlgefährdung den Kanon der in §§ 28 ff. beispielhaft genannten Hilfeformen überschreiten möchten.

Nach der Entscheidung

Aber auch wenn das Sorgerecht für Kinder auf einen Vormund oder Pfleger übertragen wird und eine Fremdunterbringung erfolgt, sind ja nicht die Beziehungen zwischen Kindern und Eltern beendet. Deshalb stellt sich die Frage: Wie werden die Eltern eingebunden und beteiligt an den Entscheidungen, die den weiteren Lebensweg des Kindes betreffen?

Gerade wenn es sich um Eingriffe in die elterliche Sorge handelt, muß versucht werden, sicherzustellen, daß die Eltern ihrer Elternrolle nicht enteignet werden. Wie dieser Eingriff in die elterliche Sorge verarbeitet wird, hängt entscheidend davon ab, was nach der Zäsur passiert: Werden die Eltern, nachdem nunmehr der „Fall" erledigt ist, zu entbehrlichen Randfiguren oder werden sie in das Aufwachsen des Kindes, in die Sorge um das Kind weiterhin mit einbezogen?

Hier kommt den Menschen eine außerordentlich hohe Verantwortung zu, denen die entzogenen Elternrechte zur Ausübung übertragen werden (Amts-, Vereins- oder Einzelvormündern oder -pflegern). Sie müssen unter Berücksichtigung der Beziehungen der Kinder zu ihren Eltern dafür Sorge tragen, daß alles getan wird, um den Kindern unter adäquater Ausschöpfung des Leistungsspektrums der Jugendhilfe eine positive Entwicklung zu ermöglichen. Dies kann auch die Perspektive der Rückübertragung des Sorgerechts auf die Eltern sein, nachdem durch entsprechende Aktivitäten der Jugendhilfe diese wieder in die Lage versetzt wurden, ihren Erziehungsauftrag wahrnehmen zu können (vgl. § 37 KJHG). Daß diese Aufgabe mit einer bloß verwaltungstechnischen Wahrnehmung der bestellten Amtsvormundschaften und -pflegschaften nicht zu leisten ist, liegt auf der Hand.

Die vormundschaftsgerichtliche Entscheidung ist „nur" eine besondere Zäsur in dem langfristigen und langwierigen Prozeß der sozialpädagogischen Arbeit mit Eltern, Kindern und Familien. So verstanden, kann die Anrufung des Vormundschaftsgerichtes weder mit einer „Heilserwartung" verbunden werden, noch als Scheitern der sozialpädagogischen Arbeit angesehen werden.

5.2.2 Zur quanitativen Dimension von Vormundschaftsgerichtsentscheidungen zum Kindeswohl

Welche quantitative Bedeutung der zivilrechtliche Kinderschutz im Kontext von § 1666 BGB hat, läßt sich nicht präzise feststellen. Die vorhandenen Daten sind nicht sehr detailliert, so daß nur eine ungefähre Vorstellung des Umfangs der diesbezüglichen Aktivitäten gewonnen werden kann.

Die Jugendhilfe ist nach §§ 98-103 KJHG zur Erhebung bestimmter Daten verpflichtet. Die Jugendämter führen Statistiken über alle Fälle der von ihnen erstatteten Anzeigen/Hinweise ans Gericht und der sich anschließenden gerichtlichen Maßnahmen.

Bei der Betrachtung der Jahre 1982-1994 in der BRD (bzw. nach 1990 in den alten Bundesländern) ergibt sich, daß durchschnittlich jährlich ca. 8.350 Anzeigen von Kindeswohlgefährdungen von Jugendämtern bei Vormundschaftsgerichten erfolgen.

Die geringste Anszahl von Anzeigen gab es in den Jahren 1982 (7.458 Anzeigen) und 1994 (7.745 Anzeigen). Die höchste Anzahl gab es 1986 (9.435 Anzeigen) und 1990 (9.465 Anzeigen). Diese Eckwerte geben die Schwankungsbreite der letzten 12 Jahre wieder, wobei ein Trend nicht auszumachen ist.

Ähnlich verhält es sich mit den tatsächlich von Vormundschaftsgerichten vorgenommenen vollständigen oder teilweisen Entzügen elterlicher Sorgerechte. Laut Jugendhilfestatistik liegt der jährliche Durchschnitt bei ca. 6.180 Entzügen. Die wenigsten Entzüge gab es 1983 (5.378) und 1984 (5.310); die meisten Entzüge elterlicher Sorge erfolgten 1985 (6.908) und 1990 (6.823). Auch hier lassen sich keine Trends zu vermehrter oder verminderter Eingriffshäufigkeit feststellen.

Aussagen zu den Problemen innerhalb der Familien, die zur Kindeswohlgefährdung führten und aufgrund derer es zur Tätigkeit der Jugendämter und der Vormundschaftsgerichte kam, sind auf der Basis des verfügbaren Datenmaterials nicht möglich. Somit können auch die verschiedenen Problemkonstellationen nicht auf empirischer Ebene quantifiziert werden. Von daher kann auf der Basis der veröffentlichten statistischen Daten auch keine Aussage darüber gemacht werden, wie hoch der Anteil der Vernachlässigungsproblematik im Verhältnis zur Gesamtzahl der von den Vormundschaftsgerichten behandelten Fälle ist.

5.2.3 Vernachlässigung im Spiegel veröffentlichter Entscheidungen

Um in den oben genannten Feldern inhaltliche, qualitative Erkenntnisse zu erlangen, bedarf es eines umfangreichen methodischen Ansatzes im Sinne einer Kombination verschiedener Forschungsmethoden und Instrumente. Die Untersuchung von veröffentlichten Gerichtsentscheidungen ist hier das von den Zugängen her am wenigsten aufwendigste und ressourcensparenste Verfahren. Deshalb wurde diese als ein erster Annäherungsschritt gewählt. Ziel dieser Auswertung von Gerichtsentscheidungen ist, herauszufinden, welche Bedeutung die Vernachlässigung im Kontext der Kindeswohlgefährdung in der veröffentlichten Rechtsprechung besitzt und wie die Gerichte mit der Dimension der Vernachlässigung inhaltlich umgehen, insbesondere ob sich hier inzwischen anerkannte, gesicherte Standards der Entscheidungsfindung herausgebildet haben, akzeptierte Kriterien für die Interpretation des Begriffs „Vernachlässigung des Kindes“ gefunden wurden.

Eine Untersuchung von Gerichtsentscheidungen, die in juristischen Fachzeitschriften veröffentlicht wurden, kann nur bestimmte, eingegrenzte Fragestellungen beantworten. Sie dient in erster Linie der Exploration und ist nicht repräsentativ. Jedoch ist die Auswahl von Entscheidungen, die in Fachzeitschriften veröffentlicht werden, nicht völlig willkürlich. Obwohl nur ein sehr kleiner Teil der insgesamt ergangenen Entscheidungen veröffentlicht wird, erhalten diese durch die Fachzeitschriften eine weite Verbreitung. Die Mehrheit der Entscheidungen, die in den juristischen Fachzeitschriften veröffentlicht werden, wird von Richtern eingesandt. Diese wollen damit Einfluß auf die Praxis der Rechtsprechung nehmen. Meist handelt es sich zudem bei den für die Veröffentlichung bestimmten Entscheidungen vermutlich um besonders sorgfältig abgefaßte Entscheidungen.

Auswahl und Eingrenzung der untersuchten Entscheidungen

Ausgewertet wurden die einschlägigen familienrechtlichen Fachzeitschriften: „ZEITSCHRIFT FÜR DAS GESAMTE FAMILIENRECHT“ (FamRZ), „ZENTRALBLATT FÜR JUGENDRECHT“ (ZfJ), „DER AMTSVORMUND“ (DAVorm) und die verbreitetste juristische Fachzeitschrift die „NEUE JURISTISCHE WOCHENSCHRIFT (NJW)“. Berücksichtigt wurden die Jahrgänge 1985-1994 der Fachzeitschriften, also zehn Jahrgänge. Maßgeblich war der Zeitschriftenjahrgang, nicht das Jahr der Entscheidung. Das bedingte, daß auch elf Entscheidungen der Jahre vor 1985 erfaßt wurden (1983 und 1984), daß dagegen aus dem Jahre 1994 selbst nur vier Entscheidungen in die Auswertung einbezogen wurden. Aufgenommen wurden zunächst alle Entscheidungen, die für die Untersuchung im weitesten Sinne als einschlägig zu betrachten sind. Insgesamt wurden so 121 Entscheidungen berücksichtigt. Diese wurden nach der zeitlichen Reihenfolge des Datums der Entscheidung katalogisiert, mit fortlaufender Numerierung, sowie Instanz, Ort, Aktenzeichen, Quellenangabe, betroffenen Paragraphen und Stichworten zur Konstellation der Entscheidung versehen.

Die instanzielle Verteilung der veröffentlichten Entscheidungen gestaltet sich wie folgt: Amtsgericht (11 Entscheidungen), Landgericht (11 Entscheidungen), OLG, KG, BayObLG (91 Entscheidungen) und BVerfG (acht Entscheidungen).

Bei der instanziellen Verteilung überwiegen also eindeutig Entscheidungen auf der Ebene der Oberlandesgerichte. Dies Ergebnis bestätigt die bekannte Tatsache, daß Entscheidung der oberen Instanzen in den Veröffentlichungen der Fachzeitschriften überwiegen. Dies hat damit zu tun, daß derartige Entscheidungen für die Weiterentwicklung von Rechtsprechung und Rechtsdogmatik relevanter angesehen werden als Entscheidungen unterer Instanzen.

Betrachtet man die regionale Verteilung nur auf der Ebene der Oberlandesgerichte/ Kammergericht/Bayerisches Oberstes Landesgericht, so ergibt sich eine völlig ungleichgewichtige Verteilung. Von den 91 oberlandesgerichtlichen Entscheidungen stammen aus Bayern 57 (davon allein 53 vom Bayerischen Obersten Landesgericht); Nordrhein-Westfalen 16; Berlin 6; Baden-Württemberg 5; Hessen 3; Rheinland-Pfalz 3; Niedersachsen 1.

Diese Ergebnisse zeigen die ungleiche Verteilung unter regionalen Gesichtspunkten. Das Bild ändert sich auch dann nicht, wenn man die (geringere) Zahl der Entscheidungen auf der Ebene der Amtsgerichte bzw. Landgerichte einbezieht; allenfalls ist erwähnenswert, daß auf der Ebene der Landgerichte von insgesamt 11 Entscheidungen allein 6 vom Landgericht Berlin stammen. Bei der Veröffentlichung von Entscheidungen spielen somit Gesichtspunkte einer regionalen Auswahl überhaupt keine Rolle. Die Auswahl der Veröffentlichungen sind unter diesem Aspekt völlig subjektiv durch die Veröffentlichungsbereitschaft von RichterInnen geprägt.

Inhaltliche Problemlagen der Entscheidungen

Von den 121 ausgewerteten Entscheidungen beschäftigten sich 20 mit Spezialfragen der Zuständigkeit und Kooperation zwischen Jugendamt, Familiengericht und Vormundschaftsgericht. Weitere 51 bezogen sich auf „Zuordnungskonflikte“, also die

Frage, bei wem (Eltern, Pflegeeltern, Großeltern etc.) das Kind leben soll/darf. Unter Ausschluß dieser 71 verbleiben 50 Entscheidungen, die sich auf Fragen des Kindeswohls beziehen, und die in die weitere Auswertung eingehen sollen.

Diese 50 Fälle ließen sich in ein Kategoriesystem einteilen, welches sich an die 1979 von SIMITIS u.a. entwickelten Fallgruppen anlehnt. (vgl. SIMITIS 1979, S. 152)

Folgende Problemlagen ließen sich feststellen:

- **Autonomiekonflikte** (8 Entscheidungen = 16%)

Als Autonomiekonflikte wurden Problemlagen bezeichnet, bei denen (regelmäßig) Jugendliche in Auseinandersetzungen mit ihren Erziehungsberechtigten verwickelt waren. In allen Fällen bestanden differierende Normenvorstellungen zwischen Erziehungsberechtigten und den betroffenen Jugendlichen. Hier handelte es sich ausschließlich um Mädchen im pubertärem Alter, die eigene Vorstellungen über ihr Leben entwickelt hatten, die von denen ihrer Eltern abwichen. Es handelte sich um Familienkonstellationen, in denen unterschiedliche kulturelle und soziale Vorstellungen aufeinandertrafen. Die Initiative zum Verfahren ging fast immer von den betroffenen Jugendlichen aus. Das Jugendamt versuchte hier in den Konfliktsituationen eher vermittelnd tätig zu sein.

- **Kindesmißhandlung** (6 Entscheidungen = 12%)

Als Mißhandlung wurden aktiv (im Gegensatz zur Vernachlässigung) verursachte Verletzungen des Kindes (meist durch Sorgeberechtigte) bezeichnet, sowohl physischer als auch psychischer Art. Körperliche Mißhandlungen sind u.a. Schlagen, Treten, Verbrennen usw. Schlagen wird vom Gericht häufig nur dann als Mißhandlung gewertet, wenn es „übermäßig" oder ohne Erziehungsvorsatz geschieht.

Während bei den Autonomiekonflikten ausschließlich Mädchen betroffen sind, ist hier unter Geschlechtsaspekten eine in etwa gleichmäßige Verteilung zu finden. Das Alter der Kinder lag zwischen acht und 13 Jahren.

Eine Gefährdung des Kindeswohls ist hier regelmäßig bei Minderjährigen im Kindesalter gegeben, bei den Familien handelt es sich um Familien mit mehreren Kindern, regelmäßig sind generelle Belastungs- und Überlastungssituationen erkennbar. Die Initiative zum Verfahren ging – bezüglich der ersten gerichtlichen Entscheidung auf der Ebene der Vormundschaftsgerichte – gezielt von den Jugendämtern aus. In allen Verfahren wurde zunächst eine einstweilige Anordnung durch die Vormundschaftsgerichte getroffen. Dies scheint darauf hinzuweisen, daß es sich jeweils um sehr schnelle, akute Interventionen gehandelt hat – zumindest was den Unterschied zu den Autonomiekonflikten anbelangt.

- **Sexueller Mißbrauch** (9 Entscheidungen = 18%)

Sexueller Mißbrauch wird definiert als Inanspruchnahme von abhängigen, entwicklungsmäßig unreifen Kindern und Adoleszenten für sexuelle Handlungen, die sie nicht gänzlich verstehen, in die einzuwilligen sie in dem Sinne außerstande sind, daß sie nicht die Fähigkeit haben, Umfang und Bedeutung der Einwilligung zu erkennen oder die sozialen Tabus von Familienrollen verletzen. Sie schließt Pädophilie, Notzucht und Inzest ein.

Von dieser Problemkonstellation waren überwiegend Mädchen betroffen: In 9 Fällen wurden diese als Opfer benannt, nur in einer Entscheidung war (mindestens) ein Junge betroffen, so daß sich sagen läßt, daß sich der sexuelle Mißbrauch hauptsächlich gegen Mädchen richtet. Darin ergibt sich eine Ähnlichkeit zum Autonomiekonflikt, jedoch ein deutlicher Unterschied zur Mißhandlung.

Was das Alter der Kinder anbelangt, handelte es sich überwiegend um jüngere Kinder, das älteste Kind war 13 Jahre alt. Ansonsten handelte es sich um Kinder im Grundschulalter oder um Kleinkinder. Das bedeutet, daß hinsichtlich des Alters eine gewisse Parallelität zur Problemkonstellation der Mißhandlung festzustellen ist.

Bei der Problemkonstellation des sexuellen Mißbrauchs ist das Jugendamt – im Unterschied etwa zur Problemkonstellation der Mißhandlung – nicht der ausschließliche Initiator der Verfahren (in zwei Fällen sind es hier Kindertagesstätten).

Von den neun Entscheidungen ergingen acht Entscheidungen durch einstweilige Anordnung. Insofern findet sich ebenso eine Parallele zur Konstellation der Mißhandlung.

- **Vernachlässigung** (16 Entscheidungen = 32%)

Als Vernachlässigung wurden solche Konflikte bezeichnet, bei denen eine adäquate physische oder psychische (Mindest-)Versorgung von Kindern durch sorgeberechtigte Personen nicht gewährleistet war. Es ging dabei regelmäßig um Handlungen, die unbewußt, aus Unwissenheit oder aus Verkennung der Situation unterlassen wurden. Nicht dazugerechnet wurden Verhaltensweisen der Eltern, in denen aktiv oder gar bewußt Handlungen vorgenommen wurden, die das Wohl der Kinder gefährdeten (siehe Mißhandlung, sexueller Mißbrauch). Die Vernachlässigung wird in den Entscheidungen regelmäßig am Verhalten der Bezugsperson und in Symptomen der Kinder diagnostiziert.

Insgesamt ergibt sich aus den Fallschilderungen der Entscheidungen das Bild einer Häufung von Problemen in den einzelnen Familien. So spielen etwa Arbeitslosigkeit, geringes Einkommen der Familien über lange Jahre hinweg, Verschuldung, Wohnungsnot dies nicht selten auch kumuliert – eine Rolle.

Hinsichtlich des Geschlechts (häufig nicht angegeben) der Kinder ergab sich eine etwa gleichmäßige Verteilung. Es handelte sich vornehmlich um sehr kleine und junge Kinder. Damit ergibt sich auch hier eine gewisse Parallelität zur Altersgruppe der von Mißhandlungen betroffenen Kinder.

Die Initiative zum Verfahren (erste Instanz) ging bei fast allen Konstellationen der Vernachlässigung vom Jugendamt aus. Sehr häufig hatte sich das Jugendamt schon längere Zeit mit der betroffenen Familie befaßt, zum Teil seit Jahren Hilfen angeboten. Somit zeigt sich auch bei der Konstellation Vernachlässigung die überragende Bedeutung der Initiative und der Aktivität des Jugendamtes.

Alle Entscheidungen - sofern Angaben enthalten sind - ergingen durch einstweilige Anordnung, ähnlich wie bei Mißhandlungen und sexuellem Mißbrauch.

- **Dissozialität („Verwahrlosung")** (3 Entscheidungen = 6%)

Mit dem Begriff „Verwahrlosung" wurde ein in den Entscheidungen verwendeter Begriff übernommen. Mit „Verwahrlosung" wird dort ein Verhalten von Kindern und Jugendlichen bezeichnet, die infolge einer defizitären Sozialisation gesellschaftliche Normen übertreten, wie zum Beispiel Schuleschwänzen, Diebstahl, Weglaufen („auf Trebe gehen").

Bezüglich des Alters handelt es sich ausschließlich um Jugendliche und Kinder männlichen Geschlechts (in diesem Punkt die andere Variante zum Autonomiekonflikt, wo nur weibliche Jugendliche betroffen waren). Die Problemkonstellationen Vernachlässigung und „Verwahrlosung" sind sich hinsichtlich der Familiensituation häufig ähnlich: Die Erziehungspersonen sind mit vielfältigen sozialen Problemen konfrontiert und überfordert. Der Unterschied liegt im Alter und Geschlecht der betroffenen Kinder, sie sind älter (meist Jugendliche) und fast ausschließlich männlichen Geschlechts. Ein Zusammenhang von Vernachlässigung und Dissozialität ist häufig offensichtlich.

- **Sonder-/Einzelfälle** (8 Entscheidungen = 16%)

Nicht nach den vorgegebenen Fallgruppen einordnen ließen sich 8 Fälle. Zum Teil ließen sich hier die zugrundeliegenden Problemlagen aus den veröffentlichten Entscheidungen nicht rekonstruieren.

Zusammenfassend läßt sich bei den kategorisierbaren Problemkonstellationen hinsichtlich der Unterschiede und Übereinstimmungen folgendes feststellen: Der Autonomiekonflikt unterscheidet sich deutlich von allen anderen Problemkonstellationen und zwar hinsichtlich der Erkenntnisse zu den betroffenen Minderjährigen, zu den Familienkonstellationen, zur Initiative im Verfahren und zur Rolle des Jugendamtes. Dagegen stimmen die oben genannten Merkmale bei den Problemkonstellationen der Mißhandlung, des sexuellen Mißbrauchs, und der Vernachlässigung weitgehend überein. Bei diesen handelt es sich um die „klassischen" Problemkonstellationen des zivilrechtlichen Kinderschutzes.

Der qualitative Aspekt der Untersuchung der Vernachlässigung

Neben dem dargestellten quantitativen Aspekt ist von besonderem Interesse, die Entscheidungen daraufhin zu untersuchen, inwiefern sich inhaltliche, gar inhaltlich-systematische Kriterien in der Rechtsprechung zur Ausfüllung der Kindeswohlgefährdung speziell der Vernachlässigung herausgebildet haben. Die Herausbildung solch erkennbarer, strukturierter Kriterien zur Vernachlässigung wäre eine wichtige Voraussetzung dafür, daß die beiden Teilsysteme Jugendhilfe und Justiz im Bereich der Kindeswohlgefährdung, und hier der Vernachlässigung als dem quantitativ umfangreichsten Feld, hinreichend miteinander fachlich kommunizieren können. Insofern sagen die positiven bzw. negativen Erkenntnisse aus den Gerichtsentscheidungen etwas darüber aus, inwieweit seitens der Vormundschaftsgerichte dafür bereits hinreichende Bedingungen vorhanden sind.

Allerdings ist die durch die Analyse veröffentlichter Entscheidung gewonnene Basis – wie sich gezeigt hat – äußerst schmal, so daß nur sehr eingeschränkt zu inhaltlichen Kriterien für Kindeswohlgefährdung und Vernachlässigung etwas gesagt werden kann. Da die Entwicklung der Rechtsdogmatik in nicht unerheblichem Umfang auf veröffentlichten Entscheidungen beruht, läßt sich daraus als erster Hinweis bereits entnehmen, daß die Entwicklung einer breiten, gar strukturierten, systematischen Kriterienbildung zum Tatbestand der Vernachlässigung bisher nicht, bzw. nicht über den Weg der veröffentlichten Entscheidungen stattgefunden hat.

Die Rolle des Jugendamtes bei der Vernachlässigung

Von den 16 Entscheidungen zur Vernachlässigung enthalten sieben (Nr. 12, 29, 54, 58, 70, 75, 81) keine Angaben zur Rolle des Jugendamtes in den jeweiligen Verfahren. Damit verbleiben neun Entscheidungen, in denen Aussagen über die Beziehung zwischen den Betroffenen und dem Jugendamt vor Beginn des vormundschaftlichen Verfahrens gemacht werden.

In sieben von diesen neun Fällen wurden die Familien bereits längerfristig vom Jugendamt betreut oder es bestanden zumindest häufiger wechselseitige Kontakte. In drei dieser sieben Fälle traten dann aber jeweils konkrete Ereignisse auf, die das Jugendamt zum Anlaß nahm, das Vormundschaftsgericht anzurufen. So im Fall 34 der Abbruch der familienpflegerischen Unterstützung und die Einreichung des Scheidungsantrages, in den Entscheidungen Nr. 36 und 63 Hinweise aus der Nachbarschaft bzw. des Lebensgefährten und der Großeltern auf die Gefährdung der Kinder.

Im Fall Nr. 59 – auch hier wurde die Familie schon länger durch das Jugendamt betreut – wollte das Jugendamt, noch bevor die Mutter mit dem Neugeborenen die Klinik verlassen konnte, durch einstweilige Verfügung den geistig behinderten Eltern durch das Vormundschaftsgericht das Aufenthaltsbestimmungsrecht entziehen lassen. In diesem sicherlich untypischen Fall wandten sich 16 Ärzte und Schwestern an das Vormundschaftsgericht mit dem Ziel, die durch das Jugendamt beabsichtigte Trennung von Mutter und Kind zu verhindern. In den zwei Entscheidungen, bei denen keine Kontakte zum Jugendamt bestanden, handelte es sich bei der einen Entscheidung (Nr. 51) um einen Fremdmelder, der sich direkt an das Vormundschaftsgericht wandte und dieses dann eine gesundheitliche Untersuchung anordnete, die dazu führte, daß eine stationäre Einweisung des Kindes zur Klärung des Gesundheitszustandes erfolgen mußte. Das Vormundschaftsgericht entzog in dieser Situation dann den Eltern vorläufig das Aufenthaltsbestimmungsrecht. Im zweiten Fall (Nr. 109) wandten sich die Großeltern an das Jugendamt, das dann das Vormundschaftsgericht anrief.

Interessant ist das Ergebnis insoweit, daß von neun Entscheidungen, bei denen Angaben zur Rolle des Jugendamtes gemacht wurden, in fünf Fällen das Tätigwerden des Vormundschaftsgerichts zu § 1666 BGB durch Ereignisse oder Meldungen von Personen bedingt war, die entweder auf das Jugendamt einwirkten oder sich direkt an das Vormundschaftsgericht wandten. Damit könnte auch - vorsichtig formuliert - gesagt werden, daß ein von außen gesetztes Ereignis - wenn das Jugendamt davon wußte - zum Anlaß genommen wurde, sich von der Rolle des Familienhelfers zu verabschieden und Interventionen im Interesse der Kinder zu veranlassen. Insofern hat das Jugendamt zwar eine zentrale Stellung beim zivilrechtlichen Kinderschutz, was jedoch nicht stets bedeutet, daß das Jugendamt auch eine autonom-aktive Rolle wahrnimmt.

Zur Lebenssituation der durch die Gerichtsentscheidung betroffenen Kinder

Erkenntnisreich ist auch ein Blick auf die Situation der von den Entscheidungen betroffenen Kinder. Hier zeigte sich, daß in 12 von 16 Fällen die betroffenen Kinder aufgrund der Entscheidungen der Vorinstanzen wegen Vernachlässigung nicht mehr im elterlichen Haushalt leben. Nur in drei Fällen (Nr. 75, 81, 85) wurde durch die vorinstanzliche Entscheidung keine Herausnahme bewirkt; in einem Fall (Nr. 34) fehlen in den veröffentlichten Teilen der Entscheidung nähere Angaben zur Herausnahme. Insgesamt bedeutet dies, daß in ca. 80 % der veröffentlichten Entscheidungen bereits durch die Vorinstanzen aufgrund der Vernachlässigung eine Herausnahme der Kinder stattgefunden hat. Durch die Entscheidung der zweiten bzw. dritten Instanz verändert sich die konkrete Lebenssituation eines Kindes nur in einem Fall (Nr. 59). Hier wird die Herausnahmeentscheidung der Vorinstanz insoweit aufgehoben als den Eltern entsprechend § 1666 a BGB durch intensive Leistung öffentlicher Hilfe die Möglichkeit gegeben werden soll, ihr Kind selbst zu erziehen.

In allen anderen Fällen wird durch die Entscheidung der zweiten bzw. dritten Instanz die Lebenssituation der Kinder nicht mehr verändert.

Inhaltliche Kriterienbildung

Bei dem Begriff der Vernachlässigung handelt es sich um einen unbestimmten Rechtsbegriff. Die Kommentarliteratur versteht hierunter üblicherweise die elterliche Untätigkeit in Fällen, in denen Elternpflichten ein Handeln zum Wohl des Kindes geboten hätten. Mit dieser sehr allgemeinen Umschreibung ist weitere Präzisierung auch noch nicht gewonnen. Eine erste Orientierung kann § 1666 BGB selbst vorgeben, wenn er von einer Gefährdung des körperlichen, geistigen oder seelischen Wohls des Kindes spricht. An diesen Begriffen des körperlichen, geistigen oder seelischen Wohls könnte sich somit eine Kriterienbildung zum Tatbestand der Vernachlässigung entwickeln.

Werden die genannten 16 Entscheidungen – trotz der bereits erörterten Schwierigkeiten – im Hinblick auf die Auswertung nach Kriterien zur Vernachlässigung untersucht, so scheint es in einem ersten Schritt sinnvoll, die durch das Gesetz selbst vorgegebenen Kriterien zum Orientierungspunkt zu nehmen. Allerdings können drei Entscheidungen nicht in die weitere Untersuchung einbezogen werden. Im Fall Nr. 12 werden keine differenzierten Angaben zur Vernachlässigungsproblematik gemacht, in den Fällen Nr. 54 und 59 handelt es sich um Neugeborene, die nicht in die Obhut der leiblichen Eltern gegeben werden sollen, weil die Eltern die notwendige Erziehungsleistung nicht erbringen können.

- **Gefährdung des körperlichen Wohls**

In der Kommentarliteratur werden als Gefährdung des körperlichen Wohls durch Vernachlässigung mangelhafte Pflege, Ernährung, Bekleidung, Betreuung, Aufsicht und Gesundheitsfürsorge benannt. Hieran orientiert beziehen sich von den verbleibenden 13 Entscheidungen acht auf die Gefährdung des körperlichen Wohls. Die Untätigkeit der Eltern – so wird es in diesen veröffentlichten Entscheidungen dargestellt – erstreckt sich schwerpunktmäßig auf die Bereiche der Ernährung, der körperlichen Versorgung und Hygiene sowie der ärztlichen Versorgung. Aus den auswertbaren Entscheidungen lassen sich folgende Kriterien für die Basisversorgung von Kindern (wie zu zeigen sein wird für Kleinkinder) benennen:

- Im Bereich der Ernährung: Regelmäßig (warme) Mahlzeiten (ein „Abfüttern" mit Popcorn reicht nicht aus); Zuführung der lebensnotwendigen Flüssigkeiten bei kleinen Kindern, um ein Austrocknen zu verhindern.

- Im Bereich der körperlichen Versorgung und Hygiene: Gefährdung durch dauerhaftes Wundliegen, das zu Hautschäden führt; stundenlanges Einschließen in der Wohnung, so daß Kleinkinder in Kot und Unrat verwahrlosen; die Kleidung der Kinder ist wiederholt in verschmutztem und durchnäßtem Zustand; mangelnde hygienische Verhältnisse (Mutter lebt mit ihrem Kind in einem Aussteigermilieu in einer Höhle).

- Im Bereich der ärztlichen Versorgung: Arzt ist bei einem 14 Monate alten Kind über größere Distanz (kein Telefon) nicht erreichbar; medizinisch verordnete Massagen wegen körperlicher Schäden beim Kind können wegen des Verhaltens der Eltern nicht durchgeführt werden; nicht gerechtfertigte (selbst-)medizinische Eingriffe durch Falschbeurteilung des Gesundheitszustandes durch die Mutter.

Wie sich aus den von den Gerichten herangezogenen Kriterien schon ansatzweise ergibt, bezieht sich die Gefährdung des körperlichen Wohls durch Vernachlässigung fast ausschließlich auf kleinere Kinder. In vier der acht sich auf die Gefährdung des körperlichen Wohls beziehenden Entscheidungen (Nr. 34, 36, 51, 109) sind regelmäßig Kleinkinder im Alter zwischen 11 Monaten und vier Jahren gefährdet. Nur in einem Fall (Nr. 34) sind die älteren Geschwister des zweijährigen Kindes (im Alter von vier und sieben Jahren) mitbetroffen. In vier weiteren Fällen (Nr. 52, 58, 63, 70) ist neben der körperlichen Gefährdung nach den veröffentlichten Entscheidungen auch eine geistige oder seelische Gefährdung gegeben. Auch in diesen Fällen handelt es sich, abgesehen von einer Ausnahme (Nr. 63), um Kleinkinder im Alter zwischen einem und drei Jahren.

Aus den veröffentlichten Entscheidungen ergibt sich somit, daß die Basisfürsorge im Bereich des körperlichen Kindeswohls darauf ausgerichtet sein muß, Ernährung, Hygiene, ärztliche Versorgung sicherzustellen, um so das Leben des Kindes zu erhalten und zu schützen.

- **Gefährdung des geistigen oder seelischen Wohls**

Der Begriff des seelischen Wohls wurde in § 1666 BGB erst durch die Reform des Sorgerechtsgesetzes von 1980 eingeführt. Sichtet man die Kommentarliteratur, so erschließt sich jedoch schwer, was unter einer geistigen oder seelischen Gefährdung zu verstehen ist. Eine Differenzierung zwischen geistigem und seelischem Wohl wird selten vorgenommen, da davon ausgegangen wird, daß Abgrenzungsprobleme für die Praxis nicht zu erwarten seien, da beide Tatbestände in der Regel gleichzeitig, miteinander auftreten.

Von den auswertbaren 13 Fällen betreffen fünf Fälle (Nr. 29, 75, 81, 85, 119) ausschließlich die Gefährdung des geistigen oder seelischen Wohls. Auch in den veröffentlichten Entscheidungen, die sich mit der Gefährdung des geistigen oder seelischen Wohls befassen, ist die Einordnung zum geistigen bzw. seelischen Gefährdungstatbestand nicht immer eindeutig. So wird die nicht altersgemäße sprachliche Entwicklung verbunden mit starken Artikulationsstörungen als emotionale Vernachlässigung durch die Eltern interpretiert (Nr. 119) und stellt gemäß der Entscheidung eine ausschließliche seelische Kindesgefährdung dar; in einer älteren Entscheidung (Nr. 58) wird die mangelnde Zuwendung als eine geistig-seelische Gefährdung bewertet. Im einzelnen wird das Fehlen des Schulbesuches als eine Verletzung der geistig-seelischen Entwicklung (Nr. 81) angesehen; das nicht hinreichend korrekte Einschätzen des erforderlichen schulischen Förderungsbedarfes für die Kinder wird als geistige Gefährdung angesehen (Nr. 75); die mangelnde Zuwendung wird als allgemein geistig-seelische Gefährdung betrachtet (Nr. 58). Emotionale Defizite, die zu Verhaltensauffälligkeiten in Form des familiären Hospitalismus geführt haben (Nr. 85) werden als Vernachlässigung angesehen ohne diese näher zu differenzieren.

Versucht man unter dem Gesichtspunkt von Basisfürsorgekriterien im Bereich der Vernachlässigung Erkenntnisse aus den Entscheidungen im Kontext des geistig-seelischen Bereichs zu gewinnen, so wird deutlich, daß sehr allgemein von einer „altersentsprechenden Entwicklung“ in den Entscheidungen ausgegangen wird. Maßstab ist hierfür insbesondere die sprachliche Entwicklung, das Fehlen von Verhaltensauffälligkeiten und die hinreichende Sicherstellung des Schulbesuchs bzw. des schulischen Förderungsbedarfs.

Während bei der Gefährdung des körperlichen Wohls fast ausschließlich Kleinkinder betroffen waren, handelt es sich hier um Kinder zwischen vier und 12 Jahren sowie einem Jugendlichen. Damit wird erkennbar, daß in den veröffentlichten Entscheidungen von einer geistigen, seelischen Gefährdung – wenn es ausschließlich um diese geht – ältere Kinder, in der Regel Schulkinder, betroffen sind.

Vernachlässigung und schichtenspezifische Wertungen

Angesichts des vom Gesetz her sehr weit gefaßten Tatbestandes der unbestimmten Rechtsbegriffe muß man sich stets auch überprüfend die Frage stellen, inwiefern Wertungen und schichtspezifische Vorurteile in die Auslegung und Würdigung des Sachverhaltes und der Entscheidung mit einfließen; dies gilt auch für den Sachverhalt der Vernachlässigung. Auch dann, wenn es um Kriterien für eine „Basisfürsorge" geht, muß geprüft werden, ob es sich dabei um generelle, unabhängig von konkreten Lebenslagen und schichtspezifischen Situationen, gültige Kriterien handelt. An dieser Stelle soll nur der Hinweis erfolgen, daß in den hier untersuchten Entscheidungen auch Anlaß besteht, dieses normative Element zu berücksichtigen. Beispiele der veröffentlichten Entscheidungen mögen dies verdeutlichen.

Betrachtet man die Vernachlässigung durch die körperliche Kindeswohlgefährdung, so kann die Überlegung angestellt werden, ob etwa im Fall 109 normative Vorstellungen mit einfließen. Hier lebte die Mutter im sogenannten „Aussteigermilieu". Vorgelegte Lichtbilder zeigten, daß das Kind in einer nicht möblierten Höhle am Meeresstrand unter einfachsten Bedingungen lebte. Angesichts der völlig unzureichenden hygienischen Bedingungen in der Höhle sah das Gericht erhebliche gesundheitliche Gefährdungen, dies auch deswegen, weil eine ärztliche Versorgung nicht gewährleistet sei. Nicht auszuschließen ist aber, daß in die Entscheidung auch Vorverständnisse über „ordnungsgemäße" Lebensweise bzw. „ordnungsgemäßes" Aufwachsen von Kindern mit eingeflossen sind.

Auch in einem weiteren Fall der geistigen bzw. seelischen Kindeswohlgefährdung durch Vernachlässigung läßt sich die Frage nach normativen Wertungen stellen (Nr. 81). Hier handelt es sich um einen türkischen Jugendlichen, der seit einem Jahr bei seinem älteren Bruder in Deutschland lebt. Er stammt aus ärmlichen, ländlichen Verhältnissen in der Osttürkei. Seine Eltern leben weiterhin dort. Eine geistig-seelische Gefährdung sah das Gericht für den Jugendlichen darin begründet, daß ihm die Teilnahme an einem geordneten Schulbesuch seit längerer Zeit versagt ist. Diese Wertung des Gerichtes wird durchaus üblichen und herrschenden Auffassungen über die Entwicklung von Kindern und Jugendlichen entsprechen. Aus der Sicht des Jugendlichen, aber auch aus der seiner Eltern, wird es schwer zu vermitteln sein, daß durch die Nichtteilnahme am Unterricht eine geistig-seelische Gefährdung gegeben sei.

Resümee

Wird nunmehr abschließend danach gefragt, ob sich in den veröffentlichten Entscheidungen der Rechtsprechung als einem für die Rechtsdogmatik zentral wichtigen Bereich inzwischen hinreichend inhaltliche, gar systematisch-inhaltliche Kriterien für den Tatbestand der Vernachlässigung zu finden sind, so muß die eigentlich deutlich verneint werden. Eine Konkretisierung von inhaltlichen Kriterien zur Vernachlässigung ist faktisch nur im Bereich der Gefährdung des körperlichen Kindeswohls erkennbar. Hier läßt sich eine gewisse Übereinstimmung der verschiedenen diesbezüglichen Entscheidungen erkennen – wenngleich auch hier noch einmal festzuhalten ist, daß es sich hier um letztlich nur acht Entscheidungen handelt, von denen nur vier sich ausschließlich mit dem körperlichen Wohl der Kinder befaßten. Erkennbar bleibt aber, daß die Entscheidungen hier gewisse Basiskriterien im Bereich der Ernährung, der körperlichen Versorgung, der Hygiene und der ärztlichen Versorgung formuliert haben. Diese Kriterien werden insbesondere in der Rechtslehre und der Kommentarliteratur aufgegriffen, so daß sich – mit aller Zurückhaltung – sagen läßt, daß sich hier gewisse inhaltliche Kriterien herausgebildet haben.

Für den Bereich der geistigen oder seelischen Kindeswohlgefährdung läßt sich dies auf der Basis der auswertbaren Entscheidungen nicht sagen. Dies hat zum einen damit zu tun, daß die Basis sehr schmal ist (fünf Fälle) und zum anderen damit, daß den Fällen, in denen eine geistige bzw. seelische Gefährdung angenommen wurde, sehr unterschiedliche Situationen zugrundelagen. Bisweilen entsteht hier sogar eher der Eindruck, als würde eine „allgemeine Kindeswohlgefährdung" angenommen und die benannten Aspekte der geistigen bzw. seelischen Kindeswohlgefährdung dienten nur dazu, das rechtliche Fundament für die Entscheidung des Vormundschaftsgerichtes zu liefern. Wenn auch keine Kriterien im Bereich der seelisch geistigen Kindeswohlgefährdung benannt werden können, so kann doch – bei aller Vorsicht – gesagt werden, daß Verhaltensauffälligkeiten und eine nicht altersgerechte Sprachentwicklung als Indizien der Gefährdung gelten.

Folgerungen

Ziel der Untersuchung war es, auf Grundlage der veröffentlichten Gerichtsentscheidungen herauszufinden, welche Bedeutung der Vernachlässigungsdimension im Kontext der Kindeswohlgefährdung zukommt. Ebenso war mit der Untersuchung die Erwartung verknüpft, Aussagen darüber treffen zu können, wie die Vormundschaftsgerichte mit der Kindeswohlgefährdung nach § 1666 BGB, speziell mit der Vernachlässigung umgehen, insbesondere, ob sich hier inzwischen anerkannte, gesicherte Standards der Entscheidungsfindung herausgebildet haben.

Im Verlauf der Auswertung, die den quantitativen wie den qualitativen Aspekt beleuchtetet, mußte jedoch festgestellt werden, daß die Erwartungen nicht erfüllt wurden.

Die veröffentlichten Gerichtsentscheidungen spiegeln nicht den quantitativen Aspekt der tatsächlichen Aktivitäten der Jugendhilfe und der Vormundschaftsgerichte, was dazu führen könnte, daß die zentralen Problemfelder des Kinderschutzes von der juristischen Fachöffentlichkeit nicht in ihren tatsächlichen Dimensionen wahrgenommen werden. Da es sich bei den veröffentlichten Entscheidungen fast ausschließlich um Entscheidungen der dritten Instanz handelt, werden überwiegend für die Rechtsfortbildung wichtige Rechtsfragen behandelt. Die Nachprüfung der tatsächlichen Verhältnisse ist in der dritten Instanz jedoch ausgeschlossen, so ist nicht verwunderlich, daß sich hier die Entwicklung von Standards bei der Vernachlässigung nicht herausgebildet hat, denn dies könnte nur im Zusammenhang mit dem zu erörternden Sachverhalt geschehen.

Darüber hinaus lassen sich aufgrund der Unterrepräsentanz der Entscheidungen zur Vernachlässigungsdimension (16 Fälle) schwerlich inhaltlich verwertbare Kriterien der Entscheidungsfindung benennen. Interessant ist, daß die Entscheidungen über die tatsächlichen Lebensverhältnisse der betroffenen Kinder überwiegend in der ersten Instanz getroffen werden, d.h. auf der Ebene, auf der das Jugendamt durch § 50 KJHG in Verbindung mit § 49 FGG unmittelbar an dem Gerichtsverfahren mitwirkt.

Die Hoffnung, Antworten auf die Frage zu erhalten, ob sich bei den Vormundschaftsgerichten inzwischen anerkannte gesicherte Standards der Entscheidungsfindung herausgebildet haben, die durch die veröffentlichten Urteile sichtbar würden, hat sich nicht erfüllt. Diese Erwartung, nicht selten von der Jugendhilfe an die Vormundschaftsgerichte herangetragen, stimmt aber auch nicht mit der, auch gesetzlich geregelten Aufgabenverteilung zwischen beiden Institutionen, überein. Denn aufgrund der Aufgabenverteilung zwischen Jugendamt und Vormundschaftsgericht hat das Jugendamt die Aufgabe nach § 50 Abs. KJHG, zu entscheiden, wann eine Kindeswohlgefährdung vorliegt, die es erforderlich macht, das Vormundschaftsgericht anzurufen. Deshalb kann eine Systematisierung der Kindeswohlgefährdungstatbestände nicht vom Vormundschaftsgericht erwartet werden, denn dieses richtet sein Augenmerk bei seiner Entscheidungsfindung immer nur auf den konkreten Einzelfall. Vielmehr ist die Jugendhilfe aufgerufen, aus ihrer Interessenslage heraus Kriterien für eine Systematisierung der Problemlagen zu entwickeln. Nur wenn es ihr gelingt, inhaltlich beschreibbare Dimensionen der Kindeswohlgefährdung zu entwickeln, kann sie mit dem Vormundschaftsgericht in dieser Frage in einen fachlichen Kommunikationsprozeß treten. Erst wenn Jugendhilfe diese „Hausaufgabe“ erfüllt hat, wird sie ihre zentrale Stellung bei der zivilrechtlichen Kindeswohlsicherung fachlich und autonom-aktiv ausfüllen können.

5.3 **Sozialhilfe.** Existenzsicherung und Eingliederung

Unter dem Stichwort „Sozialhilfe“ sollen hier einerseits materielle Hilfen nach dem Bundessozialhilfegesetz (BSHG), die sich unmittelbar mit der Existenzsicherung von Familien befassen, behandelt werden. Ein zweiter Blick gilt dem Bereich der Frühförderung, der zumindest in einigen Ländern dem Sozialhilfebereich zugeordnet ist.

5.3.1 Materielle Hilfen als Zugangsweg zu Familien

Leistungsansprüche nach dem BSHG haben diejenigen Familien (Personen), die über kein (ausreichendes) Einkommen aus Erwerbsarbeit oder Lohnersatzleistungen (Arbeitslosengeld, Arbeitslosenhilfe) verfügen. Gemäß §§ 11ff. BSHG ist Hilfe zum Lebensunterhalt dem zu gewähren, der für sich und seine unterhaltsberechtigten Angehörigen den notwendigen Lebensunterhalt nicht oder nicht ausreichend aus eigenen Kräften und Mitteln beschaffen kann. Ziel ist es, „dem Empfänger der Hilfe die Führung eines Lebens zu ermöglichen, das der Würde des Menschen enspricht“. (§ 1 BSHG)

Auf die Bedeutung des Zusammenhangs von Armut und unzureichenden Lebensbedingungen von Kindern und ihren Familien ist gerade in jüngster Zeit in zahlreichen Veröffentlichungen (von Wissenschaft und Praxis) der Sozialarbeit und Sozialpolitik hingewiesen worden (vgl. z.B. AWO 1996, HAUSER/HÜBINGER 1993 und 1994).

HAUSER/HÜBINGER stellen fest, daß sich die Altersstruktur der sozialhilfeabhängigen Menschen in den letzten 10-30 Jahren völlig gewandelt hat. Nicht mehr alleinstehende Frauen über 70 Jahre – eine früher dominante Gruppe –, sondern Kinder unter sieben Jahren stellen die höchste Empfängerquote in der Sozialhilfehilfe dar. „Während 1965 nur 1,3% der Kinder unter sieben Jahren – also etwa jedes fünfundsiebzigste – zeitweilig oder länger in einem Sozialhilfeempfängerhaushalt aufwuchs, war es 1990 jedes elfte (Jahresgesamtzahl) bzw. jedes siebzehnte Kind (Jahresendzahl). Man kann daher von einem sozialpolitisch äußerst bedenklichen Trend zu einer „Infantilisierung“ der Armut sprechen.“ (HAUSER/HÜBINGER 1994, S. 37)

DER SPIEGEL stellt für 1992 fest, daß in diesem Jahr in Westdeutschland – also ohne die ostdeutschen Bundesländer – knapp 600.000 Kinder unter sieben Jahren SozialhilfeempfängerInnen waren (DER SPIEGEL, 42/1992, S. 140ff.), das waren ca. 15% der gleichaltrigen Wohnbevölkerung oder jedes siebte Kind unter sieben Jahren.

Auch in den am Projekt „Kinder in Not“ beteiligten Kommunen ließen sich ähnliche Entwicklungen feststellen. In der Stadt Köln betrug am 1.1.1995 die Sozialhilfequote (Hilfe zum Lebensunterhalt) bei den unter sechsjährigen 12,1% und in dem vom Projekt erfaßten Stadtteil 14,5%. In der Stadt Neubrandenburg war dieser Anteil (noch) nicht ganz so hoch, jedoch ließ sich hier ein Anstieg der Sozialhilfequote der unter siebenjährigen von 3,2% im Jahr 1991 auf 6,2% im Jahr 1992 feststellen.

WOLFF stellt – bezogen auf unser Thema – fest: „Vernachlässigungsfamilien sind zu über 90% arme Familien (seit Generationen chronisch arme Familien und Neue

Arme, die nach Krankheiten und Unfällen und sich zuspitzenden ökonomischen Strukturkrisen ein Deklassierungsschicksal erlitten haben). Die meisten Eltern (oft ohne Schulabschluß und ohne Berufsausbildung) sind in diesen Familien arbeitslos und abhängig von Sozialhilfe bzw. schlagen sich mit Schwarzarbeit durch; nicht selten haben sie mit riesigen Schuldenbergen zu kämpfen.

Sie wohnen in den schlechtesten Wohngegenden, in Obdachlosensiedlungen und Sozialwohnungen der untersten Kategorie; die Wohnungen sind bei durchschnittlich größerer Kinderzahl zu klein und in der Regel schlecht ausgestattet. In einem solchen Milieu ist es schwer, Kinder mit Sorgfalt und vor allem mit Zukunftshoffnungen aufzuziehen". (Wolff 1994, S. 89)

Auch in unserer eigenen ASD-Befragung (vgl. Kapitel 3) ließ sich feststellen, daß 52% aller vom ASD betreuten Kinder unter sieben Jahren auf Hilfe zum Lebensunterhalt angewiesen waren, und daß sich dieser Anteil bei den Kindern, die als vernachlässigt angesehen wurden, nochmal deutlich erhöht.

Für Nordrhein-Westfalen stellt das Ministerium für Arbeit, Gesundheit und Soziales in seinem 6. Jugendbericht für einen wachsenden Teil von Kindern und Jugendlichen eine drastische Zuspitzung im Hinblick auf eine unzureichende materielle Situation in ihren Familien fest. Die Sozialhilfeabhängigkeit erhöht sich zudem eindeutig mit der Zahl der Kinder. „Das heißt, mehr als jede fünfte Familie mit Kindern, die auf den Bezug von laufender Hilfe zum Lebensunterhalt aus der Sozialhilfe angewiesen ist, ist eine kinderreiche Familie. In der Gesamtsituation der Familien mit drei und mehr Kindern bedeutet dies, daß kinderreiche Familien in der Sozialhilfe überrepräsentiert sind: während ihr Anteil an allen in Nordrhein-Westfalen lebenden Familien mit Kindern bei 12,7% lag, machte ihr Anteil an der Sozialhilfe 22,5% aus." (MAGS 1995, S. 94)

Unzureichende materielle Lebensbedingungen wirken dabei insbesondere durch folgende Faktoren:

- reduzierte Möglichkeiten bei der Ernährung und Kleidung,
- eingeschränkte bzw. unzureichende Wohnbedingungen und häufig unzureichendes Wohnumfeld,
- mangelnde Kompensationsmöglichkeiten durch materielle Ressourcen und
- tendentielle Isolierung der Familien.

Es ist nicht von der Hand zu weisen, daß der für Kinder zugrundeliegende Sozialhilfesatz nur eine sparsamste Haushaltsführung ermöglicht. Der Einkauf von frischem Obst, Gemüse und anderen Nahrungsmitteln muß auf ein Minimum beschränkt werden. Ähnliches trifft auf Pflegemittel (Windeln, Cremes) und Wäsche zu. Zudem haben viele Mütter gerade unter Armutsbedingungen eine ausgesprochene Scheu, ihre Kinder mit Secondhand-Bekleidung oder mit geschenkten gebrauchten Bekleidungsstücken zu versorgen.

Bezogen auf die Wohnsituation von Kindern heißt es im Kinderbericht 1994 der Stadt Essen: „Das Zusammenleben mit Kindern findet unter räumlich denkbar ungünstigen Rahmenbedingungen statt." (Stadt Essen 1994, S. 38).

Die durchschnittliche Wohnfläche je Person beträgt demnach bei

- Single-Haushalten 55,4 qm
- Mehr-Personen-Haushalte ohne Kinder 44,5 qm
- Mehr-Personen-Haushalte mit Kindern 24,9 qm
- Haushalt mit zwei Erwachsenen u. drei Kindern 18,9 qm

Diese Situation dürfte sich noch einmal negativer für Familien unter Sozialhilfe-Lebensbedingungen darstellen. Daneben zeigen die Wohnquartiere von Familien mit Kindern und insbesondere solchen mit Armutsproblematiken zumeist unzureichende und wenig entwicklungsförderende Wohnumfeldbedingungen. (vgl. MAGS 1995, S. 95ff.)

Armut zwingt Familien in aller Regel, auf kompensatorischen Konsum zu verzichten. Dies betrifft sowohl die Gestaltung der Wohnräume wie die Versorgung mit Spielzeug. Es bedeutet aber auch, daß z.B. kein Geld für regelmäßige Kinderbetreuung durch fremde Personen (Babysitter) vorhanden ist.

Was für Familien unter Armutsbedingungen allgemein zutrifft, verschärft sich noch für Alleinerziehende, welches in nahezu 90% der Fälle die Mütter sind. „Alleinerziehenden stellen sich die familiären Alltagsprobleme in zugespitzter Form, Schwierigkeiten bei der Integration in den Arbeitsmarkt und bei der Verbindung von Einkommenserwerb und Kinderbetreuung; Probleme mit Unterhaltszahlungen; häufigere Armutslagen; Wohnungsprobleme; Erziehungsfragen; fehlende Kontakte und geringere Unterstützung durch Verwandte und Freunde.“ (HAUSER/HÜBINGER 1993, S. 179)

Nicht zuletzt kann und muß festgestellt werden, daß sich die Lebensenergien von Familien unter Armutsbedingungen – wiederum noch verschärft für Alleinerziehende – sehr viel schneller verschleißen und damit ein weiteres Gefährdungspotential für eine kindgemäße Versorgung entsteht.

Der Bearbeitung der hier skizzierten Problemlagen von Familien mit kleinen Kindern durch Fachkräfte und Dienste Sozialer Arbeit – auch der Sozialhilfe – sind indes Grenzen gesetzt. MERCHEL stellt fest: „Ein pädagogischer Optimismus nach dem Motto 'Sozialpädagogen kompensieren Armutsprobleme' ist völlig unangebracht. Armut ist ein sozialpolitisches Problem, und alle Versuche, die Gültigkeit dieser Tatsache durch Pädagogisierung kleinzuarbeiten, gehen einen Irrweg. Diese Erkenntnis ist zwar banal, muß aber angesichts der Allmachtsphantasien von Pädagogen einerseits und angesichts des auf unmittelbare Problemlösungen zielenden Drucks im Alltag sozialer Arbeit andererseits immer wieder betont werden. Armut ist nicht durch pädagogisches Handeln zu bearbeiten. Unterschlägt man den sozialpolitischen Zusammenhang, so besteht die Gefahr der Pädagogisierung eines sozialen Problems.“ (MERCHEL 1992, S. 37)

Auch TRAUERNICHT macht auf grundsätzliche Grenzen aufmerksam: „Der Versuch, mit Mitteln und Möglichkeiten der Jugendhilfe die Armutsproblematik zentral und strukturell anzugehen, wäre zum Scheitern verurteilt. Die Jugendhilfe würde sich theoretisch und praktisch übernehmen. Die gesellschaftsrelevante Beschäftigung mit dem Armutsthema und darauf bezogene Lösungen müssen dort angelagert werden, wo sie zentral auch hingehören: in den gesellschaftspolitischen Diskurs und die hieraus sich ergebenden Möglichkeiten zur Ausgestaltung wirtschafts- und arbeitsmarktpolitischer sowie sozialpolitischer Konzepte." (TRAUERNICHT 1995, S. 1)

Aber auch diese grundsätzlichen Anmerkungen entbinden die Fachkräfte sozialer Arbeit nicht von ihrer Verantwortung, das ihnen Mögliche zur Verbesserung der Lebenssituation und der Lebenschancen von Kindern zu tun. Gerade der Sozialhilfe – respektive den Sozialämtern und den dort tätigen Fachkräften – kommt dabei eine Schlüsselposition zu, sowohl was ihre Möglichkeiten zum Abfedern extremer Armut als auch was ihre Zugangsmöglichkeiten zu betroffenen Familien betrifft. Kinder im Vorschulalter leben in absoluter Abhängigkeit von ihren Eltern. Bei den unter dreijährigen Kindern gibt es – mit Ausnahme der Gesundheitsdienste (vgl. Punkt 5.4) – so gut wie keine gesellschaftlichen Institutionen, bei denen Notlagen und Vernachlässigungen direkt sichtbar werden. Die Aufmerksamkeit der Fachkräfte in den Sozialämtern ist daher ein zentraler Zugang zur Wahrnehmung von und Unterstützung bei drohender oder eingetretener Vernachlässigung infolge materieller und damit oft einhergehender sozialer Notstände.

Verantwortung und Handlungsverpflichtung kann jedoch nicht der einzelnen Fachkraft im Sozialamt übertragen werden. Vielfach sehen die Fachkräfte der Sozialämter die sich abzeichnenden Krisen als erste, ohne jedoch über ein Handlungsrepertoire zu verfügen, mit dem reagiert werden könnte. Vom Arbeitsvolumen und -auftrag her sind sie meist auf Entgegennahme von Hilfeanträgen, Berechnen des Anspruches und Verwaltung der Hilfegewährung beschränkt. Nur dort wo persönliche Beziehungen zu anderen Diensten (ASD, Jugendamt, Beratungsstellen freier Träger) bestehen, haben sie die Möglichkeit vermittelnd oder helfend einzugreifen.

Von daher sind Veränderungen erforderlich, die insbesondere bei Familien mit kleinen Kindern eine engere Verzahnung der kommunalen Dienste bewirken. Die Abkehr vom „Buchstabenprinzip" und die gemeinsame Zuständigkeit von Jugendamt – ASD und Sozialamt für kommunale Bezirke könnte es den Sozialhilfefachkräften z.B. erleichtern, weitergehende Beratung und Unterstützung für Eltern und Kinder zu initiieren. Umgekehrt wären auch situationsangemessene Hilfen nach dem BSHG durch Kooperation und Hinweise anderer Dienst leichter zu realisieren.

Besondere Bedeutung erhält die Zusammenarbeit von Sozialamt mit anderen sozialen Diensten dort, wo es um die Vermeidung von Obdachlosigkeit durch Mietschulden geht. Die Erfahrung in der Stadt Hilden zeigen z.B. wie es gelingt durch Kooperation eines freien Trägers (der die Beratung macht) mit dem Sozialamt den Verlust von Wohnung und Obdachlosigkeit zu vermeiden. Damit können für die betroffenen Kinder und ihre Eltern einschneidende negative Erfahrungen vermieden werden. Letzlich ist es auch im Interesse einer Kommune, eher in die Vermeidung von Obdachlosigkeit einer Familie zu investieren, als die in aller Regel viel höheren Kosten für Obdachlosigkeit zu finanzieren.

Einen Weg hierzu zeigt URBAN auf, indem er analog zur Praxis in der Jugendhilfe „Hilfeplan(ung) in der Sozialhilfe" fordert (vgl. URBAN 1995). Danach wird offensichtlich die gängige Praxis der Sozialhilfegewährung den veränderten Aufgaben der Sozialhilfe immer weniger gerecht. Daraus könne sich nur eine Umorientierung der Sozialämter und ihrer Fachkräfte zur Maxime „Gestalten statt Verwalten“ ergeben. Die Aufforderung zur Hilfeplanung statt die Verfügung und Durchführung von Verwaltungsakten ist auch schon in § 46 BSHG enthalten. Vor allem aber ließen sich durch Beratung und Beteiligung der Leistungsberechtigten und auch gemeinsame Hilfeplanung sicher zusätzliche Ressourcen der Krisenbewältigung bei den Betroffenen wecken und nutzen.

Den Ansatz von Urban verfolgend könnten gerade bei Familien in Krisensituationen und mit Vernachlässigungsrisiken Wege gefunden werden, die eine interdisziplinäre Klärung und Unterstützung möglich machen und die die Leistungsberechtigten in ihren Handlungskompetenzen stärken würde.

Zumindest müßte im Hinblick auf die Vernachlässigungsprobleme aber die Kommunikation zwischen den beteiligten und die Familie beratenden und unterstützenden Institutionen und Fachkräfte gestärkt und verbessert werden. (Dabei dürfen natürlich datenschutzrechtliche Vorschriften nicht verletzt werden.) Die Erfahrungen der beteiligten Fachkräfte an den Projektstandorten zeigen, daß Kooperationen gewünscht werden und die Mitarbeit der Fachkräfte finden.

Nicht zuletzt ist die Mitwirkung von Fachkräften der Sozialämter an regionalen Arbeitskreisen notwendig. Dabei kann es jedoch weniger um Lösungen in Einzelfällen gehen. Vielmehr können diese Arbeitskreise wichtige Beiträge zur Einschätzung des Bedarfes an infrastrukturellen Angeboten (Förderung der Familien, Wohnumfeldmaßnahmen, Beratungsdienste, Begegnungsstätten, Selbsthilfeinitiativen) leisten und gemeinsam für deren Realisierung wirken. Solche Arbeitskreise wären darüber hinaus ein erster Schritt, sich der fachlichen Herausforderung an die Sozialarbeit angesichts der Armutsproblematik zu stellen, „politisches Handeln als eines ihrer methodischen Instrumente auszubauen“. (MERCHEL 1992, S. 37)

5.3.2 Frühförderung behinderter Kinder

Die Frühförderung behinderter oder von Behinderung bedrohter Kinder ist in vielen (nicht allen) Bundesländern eine Aufgabe der Sozialhilfe, die den Zugang zu Familien mit kleinen Kindern in Belastungssituationen (hier an erster Stelle die Behinderung des Kindes) ermöglicht.

Das System der Frühförderung läßt sich für die Bundesrepublik nicht darstellen, weil das inhaltliche Verständnis zwischen den Bundesländern (und z.T. sogar innerhalb der Bundesländer) differiert. Einheitliche Organisations- und Finanzierungsmodi sowie einheitliche Qualifikationsstandards der Fachkräfte (Heil-, Sonder-, SozialpädagogInnen, ÄrztInnen, PsychologInnen, TherapeutInnen) gibt es im Bereich der Frühförderung nicht.

In Nordrhein-Westfalen z.B. regelt das Ausführungsgesetz zum KJHG vom 16.12. 1994: „Maßnahmen der Frühförderung für Kinder, die das sechste Lebensjahr noch nicht vollendet haben, sind unabhängig von der Art der Behinderung vorrangig von den Trägern der Sozialhilfe nach den Bestimmungen des Bundessozialhilfegesetzes zu gewähren.“ (§ 27 AG-KJHG)

„Frühförderstellen sind pädagogisch orientiert und arbeiten in der Regel ohne ständige ärztliche Mitwirkung, aber häufig mit Behandlungsangeboten aus dem medizinischen Bereich (Krankengymnastik, Ergotherapie, Logopädie). Die Zusammenarbeit mit niedergelassenen Ärzten, sozialpädiatrischen Zentren und Kliniken ist vor allem für die Diagnostik unerläßlich. Träger von Frühförderstellen sind Kommunen, Kirchen, Behindertenverbände und andere gemeinnützige Vereinigungen, in einigen Bundesländern auch die Sonderschulen. ... Frühförderung wird teils ambulant durchgeführt (Eltern und Kind suchen die Frühförderstelle auf), teils mobil (Mitarbeiter der Frühförderstellen suchen das Kind zu Hause auf)" (SCHLACK 1995, S. 221)

Das Arbeitsfeld der Frühförderung – auch wenn es der Sozialhilfe angegliedert ist – befindet sich in der Schnittstelle zwischen Jugend-, Sozial- und Gesundheitshilfe.

Frühförderstellen übernehmen im Rahmen eines umfassenden, wohnortnahen Beratungs- und Hilfesystems für Kinder mit Behinderungen und deren Eltern zentrale Aufgaben. Im Zusammenhang mit Maßnahmen der Früherkennung bieten sie Familien mit entwicklungsauffälligen Kindern Hilfen und Beratung an. In der Betreuung der Kinder mit Behinderung können sie vermittelnde Funktionen zwischen den früherkennenden medizinischen Instanzen (Kliniken, ÄrztInnen und Gesundheitsämtern) und weiterführenden, sozialpädagogischen und heilpädagogischen Einrichtungen der Sozial- und Jugendhilfe im vorschulischen Bereich übernehmen.

Gleichzeitig ist festzustellen, daß es zwischen den beteiligten Systemen, Institutionen und Fachkräften zu wenig Kenntnis voneinander, Information füreinander und Kooperation miteinander gibt. Mitunter wissen die begleitenden Fachkräfte des Jugendamtes nicht einmal, daß es eine Frühförderstelle gibt, welche Möglichkeiten diese hat, welche Kinder gefördert werden und wer die Kosten für die Förderung übernimmt. Umstritten ist zudem vielerorts die Ausrichtung (pädagogische versus medizinische) und die Zuständigkeit für zumindest die „seelisch behinderten Kinder". In NRW ist z.B. derzeit geplant, die Zuständigkeit der Sozialhilfe für die Frühförderung von Kindern unter sechs Jahren festzuschreiben (MAGS 1995, S. 186)

Dabei ist angesichts des Aufgabenfeldes der Frühförderung die interdisziplinäre Zusammenarbeit ein unverzichtbarer Grundsatz. Einerseits müssen Jugendhilfe und Gesundheitswesen auf Angebote der Frühförderung als Hilfsangebot für überforderte Eltern und entwicklungsverzögerte oder behinderte Kinder verweisen können. Die Frühförderung stellt einen unverzichtbaren Baustein einer geeigneten und notwendigen Infrastruktur für Familien mit (behinderten) Kindern dar. Andererseits kann und muß die Frühförderung Hilfsangebote der Jugend- und Gesundheitshilfe mobilisieren, wenn sie feststellt, daß die Entwicklungsverzögerung oder die Behinderung des Kindes Ursache oder gar Folge von Kindesvernachlässigung ist. Die oft zu beobachtende Abkoppelung der Frühförderung vom übrigen Hilfesystem ist kontraproduktiv für Kinder, die gerade wegen ihrer Behinderung von Vernachlässigung bedroht sein können.

5.4 **Gesundheitswesen.** Aufgaben und Strukturen medizinischer Versorgung

5.4.1 Armut und Gesundheit von Kindern

Das Gesundheitswesen spielt im Kontext der Vernachlässigung von Säuglingen und Kleinkindern eine zentrale Rolle. Durch die dem Gesundheitswesen zugeordnete Schwangerenfürsorge, Geburtsvorbereitung, Geburt und Nachsorge für Mutter und Kind sind alle Mütter mit neugeborenen Kindern im Blick von Fachkräften des Gesundheitssystems. Hieraus resultiert auch eine besondere Verantwortung der Akteure des Gesundheitswesens für die Sicherstellung des Kindeswohls vor, während und nach der Geburt.

Allerdings wäre es ein Irrglaube zu meinen, daß alle Familien und Kinder in gleicher Weise hiervon profitieren können. Soziale Benachteiligung von Familien und Kindern werden auch durch unser Gesundheitssystem nicht so kompensiert, daß die Gesundheitsfürsorge für alle Kinder sichergestellt wäre.

In der Stadt Hamburg wird z.B. von der Senatorin HELGRIT FISCHER-MENZEL anläßlich einer Fachtagung zu „Armut und Gesundheit von Kindern in Hamburg“ im November 1995 festgestellt:

„... Der Gesundheitszustand von Kindern wird nicht nur vom Stand der medizinischen Versorgung bestimmt, sondern auch von den sozialen und materiellen Lebensumständen: Armut ist für Kinder gleichbedeutend mit einem höheren gesundheitlichen Risiko. Davon betroffen sind z.B. Kinder von Alleinerziehenden, von Asylbewerbern, Bürgerkriegsflüchtlingen und ausländischen Mitbürgern, von arbeitslosen und suchtkranken Eltern, Kinder mit Behinderungen oder auch obdachlose oder arbeitslose Jugendliche.

Die Gesundheitsberichterstattung hat eindeutig festgestellt, daß mit sinkender sozialer Schicht die Säuglingssterblichkeit zunimmt, ebenso die Zahl untergewichtiger Neugeborener; dasselbe gilt für psychomotorische Auffälligkeiten, Infektionskrankheiten, Unfälle und anderes mehr.

Die Statistik über **untergewichtig Neugeborene** differenziert nach Hamburger Stadtteilen zeigt, daß die Stadtteile mit einer hohen Rate untergewichtig Neugeborener zu den überdurchschnittlich sozial Benachteiligten zählen. Dieser Zusammenhang tritt seit Beginn der 90er Jahre sogar noch deutlicher zutage als in den Jahren davor. Ein immer größerer Anteil der untergewichtigen Neugeborenen konzentriert sich in immer weniger Stadtteilen, die durch soziale Problemfelder gekennzeichnet sind. ...

Ganz deutlich wird ein Unterschied im Gesundheitsverhalten auch im Hinblick auf die Teilnahme an den **Kinderfrüherkennungsuntersuchungen** (U1-U9). Im Jahre 1992 nahmen z.B. in Hamburg nur 45% der Kinder an- und ungelernter Arbeiter und 39% der Kinder von Arbeitslosen die U8-Untersuchung wahr. Die Teilnahme der Kinder leitender Angestellter und Beamter lag hingegen bei 83%.“ (aus: Mitteilung der Staatlichen Pressestelle der FREIEN UND HANSESTADT HAMBURG vom 20. November 1995)

Bei all den hier genannten Gesundheitsrisiken von sozial benachteiligten Kindern spielen meist nicht allein unzureichende materielle Möglichkeiten, sondern oft auch fehlende Kenntnisse bzw. mangelnde Kompetenzen der Eltern zur adäquaten Inanspruchnahme der Leistungsangebote des Gesundheitssystems eine Rolle.

Die hier zitierte Situation ist außerdem keine Hamburger Besonderheit. Die 67. Gesundheitsministerkonferenz (GMK) hat gleiches in ihrer Entschließung „Auswirkung von sozialer Benachteiligung auf die Gesundheit bei Kindern" im November 1994 festgestellt. Aus der Sicht des Gesundheitswesens läßt sich damit unsere eingangs aufgestellte Hypothese zur Vernachlässigung so variieren: Je eingeschränkter materielle, soziale, familiale und persönliche Bedingungen und Ressourcen in der Familie sind, um so höher ist das Risiko der Kinder, akute und dauerhafte Gesundheitsschäden davonzutragen. An der so umformulierten These zeigt sich, daß die Vernachlässigung von Kindern auch ein zentraler Gegenstand und eine zentrale Herausforderung für das Gesundheitswesen, insbesondere die Sozialpädiatrie, darstellt. „Die Sozialpädiatrie umfaßt individualmedizinische und bevölkerungsmedizinische Aufgabengebiete. Individualmedizinisch gesehen bedeutet Sozialpädiatrie die Konzeption einer 'ganzheitlichen' Kinderheilkunde, welche die äußeren Lebensumstände und deren Wechselbeziehung zu Krankheit und Gesundheit des einzelnen Kindes berücksichtigt. ... Zu ihren Aufgaben gehört es, die in der sozialen Umwelt zu vermutenden Ursachen häufiger Krankheiten zu erforschen, präventiv medizinische Maßnahmen einzuleiten (und zu evaluieren) und auf der Basis konkreter Daten beratend Einfluß auf die Gesundheitspolitik zu nehmen." (SCHLACK/SCHLACK 1995, S. 117)

Solche Rückmeldungen aus dem Bereich der Sozialpädiatrie aufnehmend, hat die oben zitierte GMK die Gesundheitsbedrohung sozial benachteiligter Kinder konstatiert und u.a. folgendes Maßnahmeprogramm empfohlen:

- Ausbau der (regionalen) Gesundheitsberichterstattung insbesondere über den Zusammenhang von sozialer Lage und Kindergesundheit

- Abbau von Zugangsbarrieren zur gesundheitlichen Versorgung (Zuzahlungsregelungen, Sprach- und Kulturbarrieren, Öffnungszeiten, wohnortnahe Angebote). „Für Kinder und Eltern mit massiven Versorgungsdefiziten ist zu erwägen, ob der ÖGD (Öffentliche Gesundheitsdienst) subsidiär spezielle Versorgungsangebote entwickeln und vorhalten muß." Entwicklung regionaler Aktivitäten zur Gesundheitsförderung insbesondere für sozial benachteiligte Familien (Federführung beim Öffentlichen Gesundheitsdienst)

- Organisation von regionalen Gesundheitsförderungskonferenzen mit der verpflichtenden Teilnahme auch für Krankenkassen

- Kooperation und Vernetzung der Akteure des Gesundheitswesens mit anderen Institutionen und Diensten (VerkehrsplanerInnen, StadtplanerInnen, VertreterInnen der Sozial- und Jugendhilfe etc.)

- Entwicklung und Umsetzung von Modellprojekten in sozialen Brennpunkten zur „... Vernetzung der vorhandenen Träger von Gesundheitsangeboten und -hilfen und unter Einbeziehung der lokal tätigen Ärzte, Apotheken, Schulen, Sportvereine, Mütter- und Familienberatungsstellen sowie der lokalen sozialen Dienste und Sozialämter ..." (vgl. Entschließung der 67. Gesundheitsministerkonferenz am 17./18.111994 in Hamburg zu „Auswirkungen von sozialer Benachteiligung auf die Gesundheit bei Kindern)

5.4.2 Organisation des Gesundheitswesens

In Deutschland besteht ein umfassendes und komplexes System der medizinischen Versorgung. Innerhalb dieses Systems ist auch die Versorgung von Müttern und Kindern eingeschlossen.

Dieses Versorgungssystem besteht im wesentlichen aus drei Säulen:

1. Die **ambulante medizinische Versorgung durch niedergelassene Ärzte/Ärztinnen.** für unsere Fragestellung spielen neben den Allgemeinärzten/-ärztinnen als klassischer Hausarzt/klassische Hausärztin insbesondere die GynäkologInnen im Zuge der Geburtsvorbereitung, -begleitung und -nachsorge und die KinderärztInnen eine besondere Rolle.
2. Die **stationäre medizinische Versorgung in Krankenhäusern**, hier insbesondere Entbindungsstationen und Kinderkrankenhäuser mit ihren (nicht nur medizinischen) Fachkräften (Hebammen, (Kinder-)Krankenschwestern, TherapeutInnen).
3. Das **öffentliche Gesundheitswesen**, hier insbesondere der öffentliche Gesundheitsdienst ÖGD der örtlichen Gesundheitsämter.

Während die ambulante und stationäre Medizin fast ausschließlich auf einzelfall- und individuenzentrierte Arbeitsansätze (Behandlung eines kranken Patienten) gerichtet ist, ist der Auftrag des ÖGD eher durch seine Verpflichtung zur Sicherung der kollektiven Gesundheit charakterisiert.

Niedergelassene KinderärztInnen

Die FachärztInnen für Pädiatrie, die KinderärztInnen, sind die zentrale Instanz zur Sicherstellung der gesundheitlichen Grundversorgung von Säuglingen und Kleinkindern. Ende 1992 waren in Deutschland 5.396 niedergelassene KinderärztInnen in eigener Praxis tätig. (vgl. SCHLACK/SCHLACK 1995, S. 119)

Ein zentrales Aufgabenfeld stellt außerhalb der Krankenbehandlung der präventive Auftrag der niedergelassenen KinderäztInnen vor. Sie sind zuständig für die gesetzlichen Vorsorgeuntersuchungen von Säuglingen und Kleinkindern.

Eine 1992 durchgeführte Umfrage bei niedergelassenen KinderärztInnen in Deutschland zur Verdachtshäufigkeit von Kindesmißhandlung und -vernachlässigung in der täglichen Praxis ergab, daß ca. ein Drittel der ÄrztInnen jährlich ein bis zwei Kinder mit dieser Verdachtsdiagnose behandeln. (JUNGJOHANN 1993, S. 15) Solche

Verdachtsmomente werden jedoch nicht systematisch dokumentiert. Das Zentralinstitut für die kassenärztliche Versorgung wertet zwar die „Standortdokumentation zum Krankheitsfrüherkennungsprogramm der Kinder“ (U1-U9) aus, doch lassen sich hieraus nicht ohne weiteres Rückschlüsse über die Häufigkeiten von Vernachlässigungsfällen ziehen. Ein Problem hierbei ist, daß alle Dokumentationen der neun Vorsorgeuntersuchungen (U1-U9) als „offene Dokumentation“ durchgeführt werden, d.h. daß die Einträge für Eltern nachvollziehbar sind. Aus Scheu vor der Auseinandersetzung mit Eltern wird der Verdacht auf Vernachlässigung daher in diesen Vorsorgeheften meist nicht dokumentiert. Sie können daher auch keinen Beitrag zur Epidemiologie des Problems leisten, wie auf der 209. Tagung der Vereinigten Rheinisch-westfälischen Kinderärzte und Kinderchirurgen in Bonn (18.11.1995) von FRAU DR. OTTEN aus dem Kreisgesundheitsamt Unna vorgetragen und in der anschließenden Diskussion von TagungsteilnehmerInnen bestätigt wurde.

Hinzu kommt, daß gerade sozial schwache Familien die Vorsorgeuntersuchungen für ihre Kinder nicht immer in der gebotenen Regelmäßigkeit wahrnehmen. „Die Teilnahme ist um so geringer, je ungünstiger die sozialen Bedingungen sind; gleiches gilt auch für den Impfschutz ... Mit anderen Worten: Diejenigen Kinder, die am dringendsten präventiver Maßnahmen bedürfen, nehmen sie aufgrund mangelnder Initiative ihrer Bezugspersonen am wenigsten wahr. Der niedergelassene Arzt hat wegen des Werbeverbots praktisch keine Möglichkeit, die Initiative zu ergreifen und diesen benachteiligten Kindern ohne Aufforderung durch die Sorgeberechtigten präventive oder gar kurative Maßnahmen zukommen zu lassen.“ (SCHLACK/SCHLACK 1995, S. 119f.)

Stationäre Versorgung

Im Jahr 1991 standen in Deutschland ca. 32.000 Krankenhausbetten in pädiatrischen Kliniken und Fachabteilungen anderer Krankenhäuser zur Verfügung. Das entspricht einem Anteil von 4,8% aller Krankenhausbetten für einen Personenkreis, der ca. 16% der Gesamtbevölkerung ausmacht (Kinder und Jugendliche bis zum vollendeten 15. Lebensjahr). (vgl. SCHLACK/SCHLACK 1995, S. 122)

Welcher Stellenwert der stationären Krankenbehandlung für Kinder aus Familien in Not- und Krisensituationen zukommt, wird deutlich, wenn man sich die Inanspruchnahmehäufigkeit von (Kinder-)Krankenhäusern im Rahmen unserer ASD-Befragung anschaut (vgl. Kapitel 3). Von 183 Kindern unter 7 Jahren in ASD-Betreuung hatten 45 (24,6%) bereits einen und 19 (10,4%) mehrere Krankenhausaufenthalte hinter sich (vgl. Tabelle 5.2).

Tabelle 5.2: Gründe und Dauer von Krankenhausaufenthalten von ASD-betreuten Kindern unter 7 Jahren (Gesamtstichprobe n=183) (vgl. auch Tab. 3.1)

lfd. Nr.	Alter	Grund des Aufenthaltes	Dauer d. Aufenthalts (Wochen)	mehrere Aufenthalte
1	3	OP Luft- und Speiseröhre	12	x
2	nach Geburt	Eßstörungen nach Geburt	32	x
3	1	Lungenentzündung	3	
4	k.A.	Bronchitis/Herzklappenfehler	2	x
5	1	Krätze	2	
6	1	Magenprobleme	k.A.	
7	k.A.	Bronchitis	k.A.	x
8	nach Geburt	Frühgeburt/Untergewicht	12	x
9	5	Krätze	2	x
10	1	Infekt	2	
11	2	Ernährungsstörung	5	x
12	1	Infekt	2	x
13	2	Ernährungsstörung	5	x
14	3	schlechter Pflegezustand	3	
15	3	Knochenbruch	3	
16	1	Gefahr des Austrocknens	2	
17	4	Gefahr des Austrocknens	1	
18	5	HIV-Infektion	1 x mtl.	
19	6	Diabetes	4	x
20	nach Geburt	Frühgeburt/Untergewicht	12	
21	2	Epilepsie	3	x
22	4	Erstickungsanfälle	8	
23	k.A.	Polypen entfernt	k.A.	
24	k.A.	Schnittwunde/Kopfverletzungen	k.A.	
25	2	Kopfverletzungen	2	
26	nach Geburt	Frühgeburt/Entzugserscheinungen wegen drogensüchtiger Mutter	6	

27	nach Geburt	Frühgeburt/Entzugserscheinungen wegen drogensüchtiger Mutter	14	
28	3	Gehörschädigung	k.A.	x
29	1	Darmgrippe/Bronchitis	2	
30	nach Geburt	Frühgeburt/Untergewicht	3	
31	nach Geburt	Atemstillstand	24	x
32	2	Infekt	4	x
33	2	angeborene Stoffwechselkrankheit	3	x
34	1	Zustand nach Mißhandlung	3	
35	nach Geburt	Lungenentzündung	12	x
36	1	Schädeltrauma, Unterernährung, Pilzbefall	16	x
37	4	diverse Krankheitsbilder	6	
38-45	Krankenhausaufenthalte ohne nähere Angaben zu Gründen, Alter oder Dauer			

„Bei Vernachlässigung, Mißhandlung und sexuellem Mißbrauch ergibt sich häufig (und offenbar zunehmend) die Notwendigkeit stationärer Behandlung. Eine sozialpädiatrische Station, die den therapeutischen Bedürfnissen dieser psychisch schwer traumatisierten Kinder gerecht werden soll, muß folgende Voraussetzungen erfüllen:

- Schaffung eines 'therapeutischen Milieus' auf der Station mit einer konstanten Bezugsperson für das einzelne Kind,
- Angebote von Einzeltherapie, je nach Fragestellung mehr psychotherapeutisch oder mehr funktionstherapeutisch orientiert,
- therapeutische Elternarbeit während der stationären Behandlung des Kindes,
- Netzwerkarbeit zur Koordination der beteiligten Institutionen (Klinik, niedergelassener Arzt, Jugendamt und andere Dienste) am Ende der stationären Behandlung, entweder mit Wiedereingliederung des Kindes in seine Familie oder mit Vermittlung in eine besser geeignete Fremdbetreuung." (SCHLACK/ SCHLACK 1995, S. 122f.)

Öffentlicher Gesundheitsdienst

Der öffentliche Gesundheitsdienst (ÖGD) – organisiert in Gesundheitsbehörden des Bundes (Bundesgesundheitsamt) und der Länder sowie in Kreisen und kreisfreien Städten (örtliche Gesundheitsämter) – ist neben der ambulanten Versorgung durch niedergelassene ÄrztInnen und der stationären Versorgung durch Krankenhäuser die dritte Säule des Gesundheitswesens in Deutschland.

Allgemeine Aufgaben des ÖGD sind:

„• Beobachtung der gesundheitlichen Situation in der Bevölkerung durch Erhebungen, Messungen usw. oder durch die Gesundheitsstatistik.

- Erhaltung oder Verbesserung der Gesundheit der Bevölkerung durch Gesundheitserziehung, durch Gesundheitshilfen sowie durch Unterstützung aller Bestrebungen, welche in diese Richtung zielen.

- Gesundheitlicher Schutz von hilfsbedürftigen Personen, so z.B. Behinderte, psychisch Kranke und Suchtkranke, alte Menschen etc.

- Bekämpfung gesundheitlicher Gefahren für die Bevölkerung durch Infektionskrankheiten, Umweltbelastung, hygienische Mängel und Zivilisationskrankheiten.

- Beachtung der Durchführung und Einhaltung von gesetzlichen Normen mit gesundheitlichem oder sozialhygienischem Bezug für die Bevölkerung." (STEUER/LUTZ-DETTINGER 1995, I-10, S. 1)

Die gesetzliche Grundlage des ÖGD ist in den meisten Bundesländern das auch heute noch gültige „Gesetz zur Vereinheitlichung des Gesundheitswesens" von 1934, wobei jedoch insbesondere in den neuen Bundesländern z.T. sehr fortschrittliche Gesetze verabschiedet wurden (z.B. Gesetz über den Öffentlichen Gesundheitsdienst in Mecklenburg-Vorpommern - vgl. Punkt 5.5), welche hohes Gewicht auf präventiv beratende Angebote insbesondere für Familien mit Säuglingen und Kleinkindern legen.

Bezogen auf den Jugendärztlichen Dienst haben sich jedoch aufgrund unterschiedlicher Wertsetzungen und beträchtlicher Ermessensspielräume zwischen den einzelnen Ländern und Kommunen große Unterschiede in der Aufgabenwahrnehmung und Ausstattung ergeben, so daß das Aufgabenprofil insgesamt, aber auch innerhalb der einzelnen Kommunen unscharf geworden ist. Die bekannteste und transparenteste Aufgabe des ÖGD sind dabei noch die regelmäßigen Untersuchungen zur Früherkennung von Krankheiten und Fehlentwicklungen, die allerdings in einigen Kommunen allein auf die verpflichtenden Schuleingangsuntersuchungen reduziert wurden, da nach Inkrafttreten des Krankenversicherungsänderungsgesetzes viele Aufgaben der Gesundheitshilfe für Säuglinge und Kleinkinder auf die freie Ärzteschaft übertragen wurden.

„Die subsidiäre, sozial-kompensatorische Funktion des ÖGD spielt in der Gesundheitsvor- und -fürsorge im Kindesalter eine besonders wichtige Rolle, nicht nur auf dem Gebiet der Impfungen. Vor allem Kinder aus sozial unterprivilegierten Schichten partizipieren nicht ausreichend an den Leistungen des Gesundheitswesens, die in 'Komm-Strukturen' (Praxen, Kliniken und andere Einrichtungen) angeboten werden. Der Jugendärztliche Dienst hat auch - im Gegensatz zum niedergelassenen Arzt - die Möglichkeit der nachgehenden Fürsorge, die nicht nur sozial benachteiligten Kindern zugute kommt." (SCHLACK/SCHLACK 1995, S. 118)

Dennoch bleibt für den ÖGD eine besondere – wenn nicht gestiegene – Verantwortung für jene Kinder und Familien, die den Zugang zum Gesundheitswesen nicht oder nur schwer finden.

Andere sozialpädiatrische Gesundheitsdienste

• Sozialpädiatrische Zentren

In Deutschland gibt es derzeit etwa 80 sozialpädiatrische Zentren. Sozialpädiatrische Zentren sind in § 119 SGB V (Krankenversicherungsgesetz) als eine besondere Form ambulanter sozialpädiatrischer Krankenversorgung beschrieben. Außer dem Hinweis, daß Art, Schwere und Dauer der Krankheit die Behandlung in sozialpädiatrische Zentren erfordern, wird über die dort zu behandelnden Krankheiten nichts ausgesagt.

In der Realität konzentrieren sich sozialpädiatrische Zentren jedoch derzeit fast ausschließlich auf Kinder mit Behinderungen und Entwicklungsstörungen, die im Rahmen der Frühförderung nicht hinreichend zu fördern sind.

Die Konzeption sozialpädiatrischer Zentren, die einerseits eine interdisziplinäre Zusammensetzung medizinischer, psychologischer und pädagogischer Fachkräfte zwingend erfordert und andererseits der Einschätzung folgt, daß den äußeren Lebensbedingungen der Kinder eine besondere Rolle bei Entstehung, Verlauf und Überwindung von Krankheiten zukommt, macht diesen Arbeitsansatz auch für kranke Kinder und ihre Familien im Kontext von Vernachlässigungssituationen attraktiv.

• Ärztliche Beratungsstellen

Insbesondere in den letzten Jahren ist eine Reihe von ärztlichen Beratungsstellen und Kinderschutzambulanzen entstanden. Initiiert von engagierten KinderärztInnen, KinderchirurgInnen oder Kinder- und JugendpsychiaterInnen befassen sich diese Beratungsstellen unter Beteiligung von ÄrztInnen, SozialarbeiterInnen, PsychologInnen und JuristInnen mit dem Problem der Gewalt gegen Kinder.

„Diese Institutionen wenden sich an potentielle Selbstmelder, denen sie Anonymität zusichern. Nur wenn das Ziel, die Beendigung der Mißhandlung, nicht erreicht wird, wenn alle Hilfsangebote nicht zum Erfolg führen, wenn es zu keiner konstruktiven Zusammenarbeit mit der Familie kommt, werden juristische Schritte eingeleitet. Wesentliches Merkmal aller helfenden Institutionen ist die interdisziplinäre Zusammenarbeit der Berufsgruppen, die mit dem Problem befaßt sind. Voraussetzung ist, daß die Hemmschwelle der Beteiligten abgebaut wird, daß sich der einzelne an die Institutionen wendet und mit ihnen zusammenarbeitet.“ (ANDLER 1995, S. 208)

Einer Informationsschrift der „Arbeitsgemeinschaft Ärztlicher Beratungsstellen zur Verhütung von Vernachlässigung und Mißhandlung bei Kindern e.V.“ (1. Vorsitzender PROFESSOR DR. H.P. WEBER, Kinderklinik Lüdenscheid) zufolge gab es 1996 21 solcher Ärztlichen Beratungsstellen/Kinderschutzambulanzen, die mit einer Ausnahme (Osnabrück) alle in Nordrhein-Westfalen angesiedelt waren. Im Jahr 1994 wandten sich nach eigenen Angaben dieser Arbeitsgemeinschaft ca. 3.000 Personen an diese Beratungsstellen, wobei sich die Anlässe zu 59% auf sexuellen Mißbrauch, zu 21% auf körperliche Mißhandlung, zu 18% auf Vernachlässigung und zu 2% auf sonstige Anlässe verteilten.

- **Familienhebammen**

Ein wichtiges – wenn auch nicht pädiatrisches – Konzept einer sozial-kompensatorischen Gesundheitshilfe ist das Konzept der „Familienhebamme“. Dieses Konzept wird schon seit Jahren in Bremen und Hannover sowie in verschiedene Modellkommunen in Nordrhein-Westfalen realisiert, ohne daß es allerdings bisher die Verbreitung und Anerkennung gefunden hat, die ihm als Brücke zwischen der Gesundheitshilfe einerseits und der Sozial- und Jugendhilfe andererseits eigentlich zukommen müßte.

Familienhebammen betreuen schwangere Frauen und Mütter mit Kindern bis zu einem Jahr, die aufgrund eines erhöhten sozialen Risikos – und damit einhergehend auch einem erhöhten medizinischen Risiko – besonderer Hilfe und Unterstützung vor, während und nach der Geburt benötigen. Das spezifische an diesem Konzept ist seine Niedrigschwelligkeit und der in der Regel nicht-stigmatisierende Zugang zu Familien/Müttern in Notlagen über das Thema der Geburt sowie der Verbindung von geburtsorientierten Hilfen mit sozialen/sozialpädagogischen Hilfen. Entsprechend der doppelten Indikation (medizinisch/sozial) sind in der Regel gesplittete Finanzierungen durch Krankenkassen (für die Regelbetreuung vor, während und nach der Geburt) und durch die Sozial- und Jugendhilfe (für die sozial bzw. sozialpädagogisch motivierte und begründete Beratung, Betreuung und Unterstützung) erforderlich (vgl. hierzu auch Punkt 8.4).

5.4.3 Zusammenfassung

Wie die dargestellten Probleme der Gesundheitshilfe für Kinder und Familien in schwierigen Lebenssituationen zeigen, gibt es einen erheblichen gesundheitspolitischen Handlungsbedarf, damit die erreichten hohen Standards gesundheitlicher bzw. medizinischer Versorgung in Deutschland nicht für einen Teil der Bevölkerung verschlossen bleiben. Andererseits gibt es eine Fülle von Bestimmungen zum Gesundheitsschutz und zur Gesundheitsvorsorge ebenso wie zu Begleitmaßnahmen bei Krankheit für Familien mit Kindern (vgl. auch Punkt 5.5). Diese Bestimmungen reichen von der Schwangeren- und Neugeborenenberatung über die Beratung nach § 218 StGB, Familienberatung, Säuglings-, Kinder- und Jugendberatung durch die öffentlichen Gesundheitsdienste (ÖGD) bis hin zum Anspruch auf FamilienhelferInnen bei Krankheit der betreuenden Eltern(teile) und zur aufsuchenden Beratung durch den ÖGD.

Es ist ein Zeichen mangelnder Kooperation und Abstimmung, daß viele dieser Leistungen anderen sozialen Diensten nicht bekannt sind und bisher eine sinnvolle Zusammenführung von Ressourcen – die auch und gerade Familien in Vernachlässigungssituationen zugute kämen – bisher kaum stattgefunden hat. Andererseits sind auch im Bereich der Fachkräfte des Gesundheitswesens die Leistungen anderer sozialer Dienste nicht hinreichend bekannt. Wie gering auch hier die Aufmerksamkeit für Entwicklungen in anderen Bereichen ist, läßt sich schlaglichtartig – und für die Jugendhilfe schmerzlich – daran erkennen, daß das „Handbuch für Gesundheitswesen und Prävention“ als Loseblattsammlung noch Ende 1994 (vier Jahre nach Inkrafttreten des KJHG) in einer Ergänzungslieferung (!) als aktuelle Gesetzesgrundlage der Jugendhilfe längere Auszüge aus dem Jugendwohlfahrtsgesetz (JWG) vom 25.4.1977 abdruckt. (vgl. STEUER/LUTZ-DETTINGER 1995 – Ergänzungslieferung 12/94 II - 3.10, S. 13)

Hier kann allen mit der Vernachlässigung von Säuglingen und Kleinkindern konfrontierten Fachkräften nur mehr Aufmerksamkeit anempfohlen werden, damit die Chancen dieser Kinder auf adäquate Hilfe durch Zusammenarbeit verschiedener Dienste auch eingelöst werden.

5.5 Gesetzliche Grundlagen des Handelns. Ein Überblick

Die bisherigen Ausführungen sollten belegen, daß ein so komplexes Phänomen wie das der Vernachlässigung von Säuglingen und Kleinkindern einer interdisziplinären Herangehensweise bedarf. Wenn auch unstrittig ist, daß hier der Jugendhilfe (in Sonderheit dem Allgemeinen Sozialen Dienst) eine besondere Schlüsselrolle (bei der Problemerkennung und -lösung) zukommt, so können und müssen doch andere Disziplinen – intensiver wohl noch als dies in der Vergangenheit geschehen ist – beteiligt werden.

Um einen ersten (vermutlich auch immer noch unvollständigen) Einblick in rechtliche Grundlagen, hieraus sich ergebende Förderungsmöglichkeiten und Beratungs- und Unterstützungsangebote für Familien mit jungen Kindern aufzuzeigen, werden im folgenden einschlägige Bestimmungen aus

- der Reichsversicherungsordnung (RVO),
- der Krankenversicherung (SGB V),
- der Sozialhilfe (Bundessozialhilfegesetz/BSHG),
- den gesetzlichen Aufgaben des öffentlichen Gesundheitsdienstes (Gesundheitsamt) und
- der Jugendhilfe (KJHG – SGB VIII) aufgeführt.

Diese Gesetzesauszüge können aufzeigen, daß neben (und sicherlich auch zeitlich gesehen nicht selten vor) den Möglichkeiten und Verpflichtungen der Jugendhilfe im Falle einer Krisenintervention (zum Beispiel Herausnahme/Inobhutnahme eines Kindes, vorübergehende oder längerfristige Unterbringungen außerhalb der eigenen Familie, und der Betreuung und Versorgung des Kindes in Notsituationen – § 20

KJHG) den allgemeinen (prophylaktischen) Angeboten zur gesundheitlichen Förderung und Rehabilitation von Eltern und Kindern und den Angeboten der allgemeinen Förderung der Erziehung in der Familie große Bedeutung zukommt.

Nach unseren bisherigen Erfahrungen wird jedoch von diesen Möglichkeiten sehr unterschiedlich, zum Teil in nicht hinreichendem Umfang Gebrauch gemacht. So haben wir auch immer wieder feststellen müssen, daß von den sehr intensiven und im Haushalt der Familie stattfindenden „Frühförderungsangeboten" (z.B. „Heilpädagogische Maßnahmen für Kinder, die noch nicht im schulpflichtigen Alter sind" nach § 40 der Eingliederungshilfeverordnung zum BSHG) bei Familien aus dem Bezugskreis der Jugendhilfe nur sehr wenig Gebrauch gemacht wird. Vermittlungen in dieses Förderungsangebot finden heute zumeist noch über Kinderärzte oder andere medizinische Dienste statt, während Vermittlungen durch bzw. über die sozialen Dienste eher seltener erfolgen. Hier wäre noch weiter zu prüfen, ob sich ein vergleichbares Bild auch bei anderen vorbeugenden bzw. rehabilitativen gesundheitsfördernden Angeboten zeigt (z.B. Müttergenesungskuren, nichtärztliche sozialpädiatrische Leistungen etc.).

Aber auch im eigentlichen Bezugsfeld der Jugendhilfe selbst ist nach unserem Eindruck noch ein erheblicher Entwicklungsbedarf zu verzeichnen. So wird unseres Erachtens zur Zeit noch viel zu wenig diskutiert, geschweige denn praktiziert, daß der mit dem Kinder- und Jugendhilfegesetz von 1990/91 neu eingeführte § 20 KJHG (**Betreuung und Versorgung des Kindes in Notsituationen**) ein wesentlicher und entscheidender Schlüssel ist bzw. sein kann, um in Familien, in denen Kinder vernachlässigt werden bzw. ihnen Vernachlässigung droht, eine intensive und zugleich auch familienstützende Hilfe zu geben.

Insgesamt muß es also in Zukunft verstärkt darum gehen, die heute schon verfügbaren (wenngleich in Teilen auch immer noch unzulänglichen) rechtlichen Möglichkeiten für unterschiedliche Hilfen zu nutzen, die die konkrete Situation des Kindes nachhaltig verbessern und gleichzeitig die Option offenzuhalten, daß die sorgeverpflichteten Personen (die Eltern, die Mutter) in die Lage versetzt werden, ihren Aufgaben und den Rechten und Interessen ihrer Kinder wieder gerecht zu werden. Da hierfür Anknüpfungspunkte bei den gegebenen gesetzlichen Leistungen bestehen, brauchen wir also zunächst nicht neue und bessere Gesetze (mit den „besseren" Gesetzen wäre gegenwärtig ohnehin nicht zu rechnen), sondern in erster Linie eine die gegebenen Möglichkeiten extensiver nutzende Praxis. Dafür soll die nachstehende Übersicht Hinweise geben.

Rechtliche Grundlagen, Förderungshilfen etc. für die Beratung und Unterstützung von Familien mit jungen Kindern und die Frühförderung von Säuglingen und Kleinkindern - Materialsammlung (Stand: Dezember 1996)

Leistung	Rechtsgrundlage	Anmerkung
REICHSVERSICHERUNGSORDNUNG - RVO (2. BUCH KRANKENVERSICHERUNG)		
HIER: LEISTUNGEN BEI SCHWANGERSCHAFT UND MUTTERSCHAFT		
Ärztliche Betreuung	*§ 196*	*§ 196 (Ärztliche Betreuung)* (1) Die Versicherte hat während der Schwangerschaft, bei und nach der Entbindung Anspruch auf ärztliche Betreuung einschließlich der Untersuchungen zur Feststellung der Schwangerschaft und zur Schwangerenvorsorge sowie auf Hebammenhilfe. (2) Bei Schwangerschaftsbeschwerden und im Zusammenhang mit der Entbindung erhält die Versicherte Arznei-, Verbands- und Heilmittel. § 31 Abs. 3 und § 32 Abs. 2 des Fünften Buches Sozialgesetzbuch gelten nicht.
Hauspflege	*§ 198*	*§ 198 (Hauspflege)* Die Versicherte hat Anspruch auf häusliche Pflege, soweit diese wegen Schwangerschaft oder Entbindung erforderlich ist. § 37 Abs. 3 und 4 des Fünften Buches Sozialgesetzbuch gilt entsprechend.
Haushaltshilfe	*§ 199*	*§ 199 (Haushaltshilfe)* Die Versicherte erhält Haushaltshilfe, soweit ihr wegen Schwangerschaft oder Entbindung die Weiterführung des Haushalts nicht möglich ist und eine andere im Haushalt lebende Person den Haushalt nicht weiterführen kann. § 38 Abs. 4 des Fünften Buches Sozialgesetzbuch gilt entsprechend.

LEISTUNGEN DER KRANKENVERSICHERUNG - SGB V

Leistung	Rechtsgrundlage	Anmerkung
Gesundheitsförderung Krankheitsverhütung	*§ 20*	*§ 20 (Gesundheitsförderung, Krankheitsverhütung)* (1) Die Krankenkassen haben ihre Versicherten allgemein über Gesundheitsgefährdungen und über die Verhütung von Krankheiten aufzuklären und darüber zu beraten, wie Gefährdungen vermieden und Krankheiten verhütet werden können. Sie sollen den Ursachen von Gesundheitsgefährdungen und Gesundheitsschäden nachgehen und auf ihre Beseitigung hinwirken. (3) Die Krankenkasse kann in der Satzung Ermessensleistungen zur Erhaltung und Förderung der Gesundheit und zur Verhütung von Krankheiten vorsehen. Sie kann in der Satzung Art und Umfang dieser Leistungen bestimmen und dabei auch Leistungen in Form von Zuschüssen vorsehen. Leistungen, die im Dritten bis Neunten Abschnitt dieses Kapitels aufgeführt sind, dürfen nach Satz 1 und 2 nicht erweitert werden. Leistungen zur Verhütung von Krankheiten während eines nicht beruflich bedingten Auslandsaufenthalts dürfen nicht vorgesehen werden. (3a) Die Krankenkassen können Selbsthilfegruppen und -kontaktstellen mit gesundheitsfördernder oder rehabilitativer Zielsetzung durch Zuschüsse fördern. (4) Die Krankenkassen sollen bei der Durchführung von Maßnahmen zur Gesundheitsförderung und Krankheitsverhütung mit den Kassenärztlichen Vereinigungen und mit auf diesem Gebiet bereits tätigen und erfahrenen Ärzten sowie mit den dafür zuständigen Stellen, insbesondere den Gesundheitsämtern und der Bundeszentrale für gesundheitliche Aufklärung, eng zusammenarbeiten. Über die gemeinsame und einheitliche Durchführung von Maßnahmen können die Landesverbände der Krankenkassen und die Verbände der Ersatzkassen gemeinsam Rahmenvereinbarungen mit den zuständigen Stellen schließen. (5) Aufgaben anderer Stellen bei der Gesundheitsförderung und Krankheitsverhütung bleiben unberührt.
Medizinische Vorsorgeleistungen	*§ 23*	*§ 23 (Medizinische Vorsorgeleistungen)* (1) Versicherte haben Anspruch auf ärztliche Behandlung und Versorgung mit Arznei-, Verband-, Heil- und Hilfsmitteln, wenn diese notwendig sind, 1. eine Schwächung der Gesundheit, die in absehbarer Zeit voraussichtlich zu einer Krankheit führen würde, zu beseitigen, 2. einer Gefährdung der gesundheitlichen Entwicklung eines Kindes entgegenzuwirken oder 3. Pflegebedürfigkeit zu vermeiden.
Vorsorgekuren für Mütter	*§ 24*	*§ 24 (Vorsorgekuren für Mütter)* (1) Die Krankenkasse kann unter den in § 23 Abs. 1 genannten Voraussetzungen aus medizinischen Gründen erforderliche Maßnahmen in Form einer Vorsorgekur in einer Einrichtung des Müttergenesungswerks oder einer gleichartigen Einrichtung erbringen. Die Satzung der Krankenkasse kann vorsehen, daß die Kosten der Kur übernommen werden oder dazu ein Zuschuß gezahlt wird. (2) § 23 Abs. 5 Satz 1 und 2 gilt entsprechend. (3) Für Versicherte, die eine Leistung nach Absatz 1, deren Kosten voll von der Krankenkasse übernommen werden, in Anspruch nehmen, gilt § 23 Abs. 6 entsprechend.
Kinderuntersuchung	*§ 26*	*§ 26 (Kinderuntersuchung)* (1) Versicherte Kinder haben bis zur Vollendung des sechsten Lebensjahres Anspruch auf Untersuchungen zur Früherkennung von Krankheiten, die ihre körperliche oder geistige Entwicklung in nicht geringfügigem Maße gefährden. (2) § 25 Abs. 3 und Abs. 4 Satz 2 gilt entsprechend.

Häusliche Krankenpflege	*§ 37*	*§ 37 (Häusliche Krankenpflege)* (1) Versicherte erhalten in ihrem Haushalt oder ihrer Familie neben der ärztlichen Behandlung häusliche Krankenpflege durch geeignete Pflegekräfte, wenn Krankenbehandlung geboten, aber nicht ausführbar ist, oder wenn sie durch die häusliche Krankenpflege vermieden oder verkürzt wird. Die häusliche Krankenpflege umfaßt die im Einzelfall erforderliche Grund- und Behandlungspflege sowie hauswirtschaftliche Versorgung. Der Anspruch besteht bis zu vier Wochen je Krankheitsfall. In begründeten Ausnahmefällen kann die Krankenkasse die häusliche Krankenpflege für einen längeren Zeitraum bewilligen, wenn der Medizinische Dienst (§ 275) festgestellt hat, daß dies aus den in Satz 1 genannten Gründen erforderlich ist. (2) Versicherte erhalten in ihrem Haushalt oder ihrer Familie als häusliche Krankenpflege Behandlungspflege, wenn sie zur Sicherung des Ziels der ärztlichen Behandlung erforderlich ist. Die Satzung kann bestimmen, daß die Krankenkasse zusätzlich zur Behandlungspflege nach Satz 1 als häusliche Krankenpflege auch Grundpflege und hauswirtschaftliche Versorgung erbringt. Die Satzung kann dabei Dauer und Umfang der Grundpflege und der hauswirtschaftlichenVersorgung nach Satz 2 bestimmen. Leistungen nach den Sätzen 2 und 3 sind nach Eintritt von Pflegebedürftigkeit im Sinne des Elften Buches nicht zulässig. (3) Der Anspruch auf häusliche Krankenpflege besteht nur, soweit eine im Haushalt lebende Person den Kranken in dem erforderlichen Umfang nicht pflegen und versorgen kann. (4) Kann die Krankenkasse keine Kraft für die häusliche Krankenpflege stellen oder besteht Grund, davon abzusehen, sind den Versicherten die Kosten für eine selbstbeschaffte Kraft in angemessener Höhe zu erstatten.
Haushaltshilfe	*§ 38*	*§ 38 (Haushaltshilfe)* (1) Versicherte erhalten Haushaltshilfe, wenn ihnen wegen Krankenhausbehandlung oder wegen einer Leistung nach § 23 Abs. 2 oder 4, §§ 24, 37, 40 oder § 41 die Weiterführung des Haushalts nicht möglich ist. Voraussetzung ist ferner, daß im Haushalt ein Kind lebt, das bei Beginn der Haushaltshilfe das zwölfte Lebensjahr noch nicht vollendet hat oder das behindert und auf Hilfe angewiesen ist. (2) Die Satzung kann bestimmen, daß die Krankenkasse in anderen als den in Absatz 1 genannten Fällen Haushaltshilfe erbringt, wenn Versicherten wegen Krankheit die Weiterführung des Haushalts nicht möglich ist. Sie kann dabei von Absatz 1 Satz 2 abweichen sowie Umfang und Dauer der Leistung bestimmen. (3) Der Anspruch auf Haushaltshilfe besteht nur, soweit eine im Haushalt lebende Person den Haushalt nicht weiterführen kann. (4) Kann die Krankenkasse keine Haushaltshilfe stellen oder besteht Grund, davon abzusehen, sind den Versicherten die Kosten für eine selbstbeschaffte Haushaltshilfe in angemessener Höhe zu erstatten. Für Verwandte und Verschwägerte bis zum zweiten Grad werden keine Kosten erstattet; die Krankenkasse kann jedoch die erforderlichen Fahrkosten und den Verdienstausfall erstatten, wenn die Erstattung in einem angemessenen Verhältnis zu den sonst für eine Ersatzkraft entstehenden Kosten steht.
Müttergenesungskuren	*§ 41*	*§ 41 (Müttergenesungskuren)* (1) Die Krankenkasse kann unter den in § 27 Satz 1 genannten Voraussetzungen aus medizinischen Gründen erforderliche Maßnahmen in Form einer Rehabilitationskur in einer Einrichtung des Müttergenesungswerkes oder einer gleichartigen Einrichtung erbringen. Die Satzung der Krankenkasse kann vorsehen, daß die Kosten der Kur übernommen werden oder dazu ein Zuschuß gezahlt wird. (2) § 40 Abs. 3 Satz 1 und 2 und Abs. 4 gilt entsprechend. (3) Für Versicherte, die eine Leistung nach Absatz 1, deren Kosten voll von der Krankenkasse übernommen werden, in Anspruch nehmen, gilt § 40 Abs. 5 entsprechend.
Nichtärztliche sozialpädiatrische Leistungen	*§ 43a*	*§ 43a (Nichtärztliche sozialpädiatrische Leistungen)* Versicherte Kinder haben Anspruch auf nichtärztliche sozialpädiatrische Leistungen, insbesondere auf psychologische, heilpädagogische und psychosoziale Leistungen, wenn sie unter ärztlicher Verantwortung erbracht werden und erforderlich sind, um eine Krankheit zum frühestmöglichen Zeitpunkt zu erkennen und einen Behandlungsplan aufzustellen. *Anmerkung: vgl. dazu auch § 119 SGB V*
Förderung der ambulanten sozialpädiatrischen Behandlung	*§ 119*	*§ 119 (Sozialpädiatrische Zentren)* (1) Sozialpädiatrische Zentren, die fachlich-medizinisch unter ständiger ärztlicher Leitung stehen und die Gewähr für eine leistungsfähige und wirtschaftliche sozialpädiatrische Behandlung bieten, können vom Zulassungsausschuß (§ 96) zur ambulanten sozialpädiatrischen Behandlung von Kindern ermächtigt werden. Die Ermächtigung ist zu erteilen, soweit und solange sie notwendig ist, um eine ausreichende sozialpädiatrische Behandlung sicherzustellen. (2) Die Behandlung durch sozialpädiatrische Zentren ist auf diejenigen Kinder auszurichten, die wegen der Art, Schwere oder Dauer ihrer Krankheit oder einer drohenden Krankheit nicht von geeigneten Ärzten oder in geeigneten Frühförderungstellen behandelt werden können. Die Zentren sollen mit den Ärzten und den Frühförderstellen eng zusammenarbeiten. *Anmerkung: eingeführt mit Gesundheitsreformgesetz ab 1.1.1989, verpflichtet die Krankenkassen zur Übernahme der Kosten (einschließlich der Leistungen der nichtmedizinischen Dienste) von „Sozialpädiatrischen Zentren"*

BUNDESSOZIALHILFEGESETZ (BSHG)

Familiengerechte Hilfe	*§ 7*	Bei Gewährung der Sozialhilfe sollen die besonderen Verhältnisse der Familie des Hilfesuchenden berücksichtigt werden. Die Sozialhilfe soll die Kräfte der Familie zur Selbsthilfe anregen und den Zusammenhalt der Familie festigen.
Hilfe zum Lebensunterhalt	*§ 11*	hier insbesondere § 11 Abs. 3. „Hilfe zum Lebensunterhalt kann auch dem gewährt werden, der ein für den notwendigen Lebensunterhalt ausreichendes Einkommen oder Vermögen hat, jedoch einzelne für seinen Lebensunterhalt erforderliche Tätigkeiten nicht verrichten kann (...)."
Hilfe zum Lebensunterhalt in Sonderfällen	*§ 15a*	Hilfe zumLebensunterhalt kann in Fällen, in denen nach den vorstehenden Bestimmungen die Gewährung von Hilfe nicht möglich ist, gewährt werden, wenn dies zur Sicherung der Unterkunft oder zur Behebung einer vergleichbaren Notlage gerechtfertigt ist. (...)
Vorbeugende Gesundheitshilfe	*§ 36*	Zu den Maßnahmen der vorbeugenden Gesundheitshilfe gehören vor allem die nach dem Gutachten des Gesundheitsamtes oder des Medizinischen Dienstes der Krankenversicherung im Einzelfall erforderlichen Erholungskuren, insbesondere für Kinder, Jugendliche und alte Menschen sowie für Mütter in geeigneten Müttergenesungsheimen. (§ 36 Abs. 2 BSHG)
Eingliederungshilfe für Behinderte	*§§ 39,40 Abs. 1 Ziff. 2a*	Nach § 40 der Eingliederungshilfe-Verordnung umfaßt die Eingliederungshilfe auch „Heilpädagogische Maßnahmen für Kinder, die noch nicht im schulpflichtigen Alter sind"
Hilfen zur Weiterführung des Haushalts	*§ 70*	(1) Personen mit eigenem Haushalt soll Hilfe zur Weiterführung des Haushalts gewährt werden, wenn keiner der Haushaltsangehörigen den Haushalt führen kann und die Weiterführung des Haushalts geboten ist. Die Hilfe soll in der Regel nur vorübergehend gewährt werden. (2) Die Hilfe umfaßt die persönliche Betreuung von Haushaltsangehörigen sowie die sonstige zur Weiterführung des Haushalts erforderliche Tätigkeit.
Hilfe in besonderen sozialen Schwierigkeiten	*§ 72*	(1) Personen, bei denen besondere soziale Schwierigkeiten der Teilnahme am Leben in der Gemeinschaft entgegenstehen, ist Hilfe zur Überwindung dieser Schwierigkeiten zu gewähren, wenn sie aus eigener Kraft hierzu nicht fähig sind. (...)

GESETZLICHE AUFGABEN DES ÖFFENTLICHEN GESUNDHEITSDIENSTES (GESUNDHEITSAMT) - AUFGABEN ALLGEMEIN

Gesundheitsförderung/ Gesundheitspflege		Aufklärung über Gesundheitsrisiken und Anleitung zu deren Verhütung, Früherkennung von drohenden Erkrankungen und Behinderungen, Vorsorgemaßnahmen, Verhinderung von Folgeschäden
Gesundheitsfürsorge für Mütter, Kinder und Jugendliche		hier vor allem Schwangeren- und Neugeborenenvorsorge, Fürsorge für werdende Mütter, Säuglings- und Kleinkinderfürsorge
Kinder- und Jugendärztlicher Dienst		u.a. Mütterberatung, Impfungen, Entwicklungsmedizinische Untersuchungen, Förderungsangebote, Schul- und Jugendärztlicher Dienst
Hilfen für Behinderte und von Behinderung bedrohte Personen		hier vor allem soziale und emotionale Retardierungen

aus: Gesetz über den öffentlichen Gesundheitsdienst (Schleswig-Holstein) (GDG)

Gesundheitsberatung	*§ 18ff*	Aufklärung über Gesundheitsrisiken und Anleitung zu deren Verhütung, Früherkennung von drohenden Erkrankungen und Behinderungen, Vorsorgemaßnahmen, Verhinderung von Folgeschäden Im Rahmen der Gesundheitshilfe nach §§ 18 ff. GDG haben die Gesundheitsämter Gesundheitsberatung, allgemeine Familienberatung, Beratung nach § 218 StGB, Schwangeren- und Mütterberatung sowie die Beratung kranker oder behinderter Kinder und Jugendlicher zu gewähren. Die Gesundheitsberatung wird durch Maßnahmen der Gesundheitsaufklärung unterstützt.
Familie	*§ 19*	Zur Gesundheitshilfe für die Familie gehören insbesondere - Familienberatung einschließlich der Beratung über Vererbung und Geburtenplanung, - Beratung nach § 218 Abs. 1 Nr.1 StGB - Beratung sowie Betreuung von Schwangeren, Müttern und Säuglingen, insbesondere zur Senkung der Mütter- und Säuglingssterblichkeit, - Beratung und Betreuung kranker oder behinderter Kinder und Jugendlicher sowie ihrer Sorgeberechtigten.
Kinder und Jugendliche	*§ 20*	Die Kreisgesundheitsbehörde hat im notwendigen Umfang Untersuchungen zur Früherkennung von Krankheiten, Behinderungen, Fehlentwicklungen und Verhaltensstörungen bei Kindern und Jugendlichen durchzuführen, soweit diese Untersuchungen nicht nach anderen Rechtsvorschriften (...) gewährt werden. Die Untersuchungen nach Satz 1 sollen mit den schulärztlichen Untersuchungen nach § 8 verbunden werden.

aus: Gesetz über den Öffentlichen Gesundheitsdienst in Mecklenburg-Vorpommern (ÖGDG)

Ziele und Aufgaben	*§ 1*	Der Öffentliche Gesundheitsdienst hat die Gesundheit der Bevölkerung zu fördern und zu schützen. Er wirkt nach Maßgabe dieses Gesetzes an der bedarfsgerechten Versorgung der Bevölkerung komplementär mit. (...)
Leistungen	*§ 2*	(...) Soweit es erforderlich ist, sucht der Öffentliche Gesundheitsdienst Betroffene auf, um ihnen seine Leistungen anzubieten.
Zusammenarbeit	*§ 5*	(....) Der Öffentliche Gesundheitsdienst arbeitet mit den anderen an der gesundheitlichen Versorgung Beteiligten, mit den im Gesundheitsbereich tätigen Verbänden und Selbsthilfegruppen sowie mit Trägern der Gesundheitsförderung zusammen, um aufeinander abgestimmte regionale Systeme der Gesundheitsförderung und Gesundheitsvorsorge, der medizinischen Behandlung, Beratung und Betreuung und

		der Nachsorge zu schaffen, zu erhalten und zu verbessern. Dies gilt insbesondere für die Beratung von Schwangeren, Müttern, Behinderten und Suchtkranken. Der Öffentliche Gesundheitsdienst soll die Bildung von regionalen Arbeitsgemeinschaften zur Gesundheitsförderung und Gesundheitserziehung anregen und sich an ihnen beteiligen.
Kinder- und Jugendärztlicher Dienst	*§ 15*	Die Gesundheitsämter bieten Säuglings-, Kinder- und Jugendberatung ergänzend zu vorhandenen Einrichtungen an. Besonders gefährdete Säuglinge, Kinder und Jugendliche sollen aufgesucht werden, um ihnen oder ihren Personensorgeberechtigten Beratung anzubieten. (...) Die Gesundheitsämter beraten Personen, die beruflich Säuglinge, Kinder und Jugendliche betreuen oder erziehen, in gesundheitlichen Fragen.
Gesundheitsberichterstattung	*§ 24*	(1) Die Gesundheitsberichterstattung dient der Planung und Durchführung von Maßnahmen, die die Gesundheit fördern und Krankheiten verhüten (2) Die Gesundheitsämter (...) sammeln hierfür nicht personenbezogene Daten, stellen regelmäßige Berichte zusammen, die die gesundheitliche Situation beschreiben, und leiten sie dem Sozialminister zu.

JUGENDHILFE KJHG – SGB VIII – SIEHE AUCH LANDESAUSFÜHRUNGSGESETZE

Allgemeine Förderung der Erziehung in der Familie	*§§ 16-20 KJHG*	*(§ 16) Angebote zur Familienbildung, Beratung in allgemeinen Fragen der Erziehung, Angebote der Familienfreizeit und der Familienerholung (insbesondere in belastenden Familiensituationen, die bei Bedarf die erzieherische Betreuung der Kinder einschließen)* *(§ 17) Beratung in Fragen der Partnerschaft, Trennung und Scheidung* *(§ 18) Beratung und Unterstützung bei der Ausübung der Personensorge* *§ 19 Gemeinsame Wohnformen für Mütter/Väter und Kinder* (1) Mütter oder Väter, die allein für ein Kind unter sechs Jahren zu sorgen haben, sollen gemeinsam mit dem Kind in einer geeigneten Wohnform betreut werden, wenn und solange sie auf Grund ihrer Persönlichkeitsentwicklung dieser Form der Unterstützung bei der Pflege und Erziehung des Kindes bedürfen. Die Betreuung schließt auch ältere Geschwister ein, sofern die Mutter oder der Vater für sie allein zu sorgen hat. Eine schwangere Frau kann auch vor der Geburt des Kindes in der Wohnform betreut werden. (2) Während dieser Zeit soll darauf hingewirkt werden, daß die Mutter oder der Vater eine schulische oder berufliche Ausbildung beginnt oder fortführt oder eine Berufstätigkeit aufnimmt. (3) Die Leistung soll auch den notwendigen Unterhalt der betreuten Personen sowie die Krankenhilfe nach Maßgabe des § 40 umfassen. *§ 20 Betreuung und Versorgung des Kindes in Notsituationen* (1) Fällt der Elternteil, der die überwiegende Betreuung des Kindes übernommen hat, für die Wahrnehmung dieser Aufgabe aus gesundheitlichen oder anderen zwingenden Gründen aus, so soll der andere Elternteil bei der Betreuung und Versorgung des im Haushalt lebenden Kindes unterstützt werden, wenn 1. er wegen berufsbedingter Abwesenheit nicht in der Lage ist, die Aufgabe wahrzunehmen, 2. die Hilfe erforderlich ist, um das Wohl des Kindes zu gewährleisten, 3. Angebote der Förderung des Kindes in Tageseinrichtungen oder in Tagespflege nicht ausreichen. (2) Fällt ein alleinerziehender Elternteil oder fallen beide Elternteile aus gesundheitlichen oder anderen zwingenden Gründen aus, so soll unter der Voraussetzung des Absatzes 1 Nr. 3 das Kind im elterlichen Haushalt versorgt und betreut werden, wenn und solange es für sein Wohl erforderlich ist.
Förderung von Kindern in Tageseinrichtungen und in Tagespflege	*§§ 22-26 KJHG*	hier vor allem: Rechtsanspruch auf einen Kindergartenplatz, bedarfsgerechtes Angebot an Plätzen in Tageseinrichtungen auch für Kinder unter 3 Jahren, Förderung von Kindern insbesondere in den ersten Lebensjahren durch Tagespflege, Unterstützung selbstorganisierter Kinderbetreuung
Hilfe zur Erziehung, Eingliederungshilfe für seelisch behinderte Kinder und Jugendliche	*§§ 27 ff. KJHG*	hier vor allem: Erziehungsberatung, Sozialpädagogische Familienhilfe, Erziehung in einer Tagesgruppe, Vollzeitpflege, Heimerziehung, sonstige betreute Wohnform
Inobhutnahme	*§ 42 KJHG*	Das Jugendamt ist verpflichtet, ein Kind oder einen Jugendlichen in seine Obhut zu nehmen, wenn eine dringende Gefahr für das Wohl des Kindes oder des Jugendlichen die Inobhutnahme erfordert.
Mitwirkung in Verfahren vor dem Vormunschafts- und Familiengericht	*§ 50*	Hält das Jugendamt zur Abwendung einer Gefährdung des Wohls des Kindes (...) das Tätigwerden vor Gericht für erforderlich, so hat es das Gericht anzurufen (§ 50 Abs. 3).

6 Kooperation und Vernetzung

„Irgendwie hatte ich schon das Gefühl, daß alle mir helfen wollten, doch ein Konzept, das hatten sie – glaube ich wenigstens – nicht. Immer muß ich mit jedem Kind zu unterschiedlichen Stellen (Kita, Tagesheimgruppe, JGH, Erziehungsberatungsstelle, Frühförderung, Sozialamt, Wohnungsamt , Krankengymnastik, ASD im Jugendamt, BaföG-Amt, Kinder- und Jugendpsychiatrie und andere). Dann kommt auch noch die Familienhelferin einmal in der Woche, die will mich auch noch beraten und ich muß dann zuhause sein und ihr Kaffee kochen. Eigentlich hält sie mich jeden Montag vormittag von der Arbeit ab. Aber 'nen Babysitter, der auch mal am Wochenende kommt, den krieg ich nicht. Ist wohl irgendwie keine Hilfe zur Erziehung. Glauben Sie mir, mit sieben Kindern, da brauch ich 'nen Terminkalender nur für die Behörden und Beratungsstellen. Da sind dann noch die unterschiedlichen Zeiten, zu denen ich die Kleinen abholen muß, M. ist im Kindergarten, der hat um 16 Uhr Schluß, C. soll aber bis 17 Uhr im Hort bleiben – es wäre wichtig für sie sagen die Erzieher –, zwischendurch wird B. von der Tagesheimgruppe gebracht, da muß ich ja dann auch zu Hause sein. Daß ich S. dann immer mitnehmen muß (zwei Jahre), das ist denen egal. Irgendwie habe ich das Gefühl, daß ich mehr Zeit im Auto mit den Kindern verbringe, als daß ich mich mit Ihnen beschäftigen kann. Jetzt sagen Sie, ich muß regelmäßig an den Elternnachmittagen in der Tagesheimgruppe teilnehmen. Deshalb hab ich die Krankengymnastik für C. und M. auch erst einmal gestrichen... Nein gegen jeden einzelnen kann ich eigentlich nichts sagen, die bemühen sich wirklich, aber die vergessen immer wieder, daß ich mich ja um alle sieben kümmern muß."

(Frau G., alleinstehende Mutter von sieben Kindern im Alter von zwei bis 21 Jahren).

Hilfemanagement und Abstimmung der Institutionen – eine Aufgabe der Betroffenen oder eine Aufgabe der professionellen HelferInnen?

Die oben beschriebenen Erfahrungen verdeutlichen, daß Handlungsstrategien im Kontext der Vernachlässigung kleiner Kinder sich nicht ausschließlich auf das Vorhandensein bestimmter Angebote vor Ort beziehen können, sondern daß insbesondere die Kooperation der beteiligten Institutionen und die Vernetzung ihrer Angebote für die Wirksamkeit der Hilfen entscheidend sind. Vernetzung und Kooperation entstehen nicht zwangsläufig, wenn mehrere Beteiligte (Personen, Institutionen, Disziplinen) mit gleichen Zielgruppen (Familien mit Kleinkindern, im oben beschriebenen Fall sogar mit den Kindern **einer** Familie) arbeiten. Gerade aber Familien, in denen das Risiko der Vernachlässigung gegeben ist, sind in besonderer Weise aufeinander abgestimmte, ganzheitliche Unterstützungsleistungen der Professionellen angewiesen. Erforderlich ist demnach ein hohes Maß an Kooperation und Vernetzung auf seiten des „helfenden Systems".

Im Rahmen des Projektes „Kinder in Not" waren an allen vier Standorten (Neubrandenburg, Glinde, Hilden, Köln-Mülheim) projektbegleitende, interdisziplinäre Arbeitskreise (öffentlicher und freier Träger) zum Thema „Vernachlässigung von Säuglingen und Kleinkindern und Hilfsmöglichkeiten der sozialen Dienste" eingerichtet worden. Zentrales Thema dieser Arbeitskreise war die (Nicht-)Gewährleistung einer funktionierenden Zusammenarbeit in Fällen von Kindesvernachlässigung. So unterschiedlich die Diskussionen dieser Arbeitskreise auch in den einzelnen Standorten verliefen, so läßt sich doch eine Reihe von Schlüssen und Folgerungen ziehen, die im folgenden dargestellt werden sollen.

Da es entwickelte Kooperations- und Vernetzungsstrukturen an den meisten Standorten erst in Ansätzen gibt (Ausnahme: Glinde), geben die folgenden Darstellungen keine Zustandsbeschreibung der Situation in diesen Orten wieder, sondern sie sind eher zu verstehen als aus den Diskussionen und Erfahrungen sichtbar gewordene Handlungs- und Entwicklungsbedarfe.

6.1 Zauberwort Vernetzung.
Problembeschreibung und Zielbestimmung

In allen Projektstandorten war bereits bei der Bildung der interdisziplinären Arbeitskreise deutlich zu beobachten, daß die gemeinsame Diskussion zwischen beispielsweise Kindertageseinrichtungen, KinderärztInnen, Erziehungsberatungsstellen und ASD-MitarbeiterInnen keine Tradition hat, obwohl alle Beteiligten mit der gleichen Zielgruppe arbeiten und im konkreten Einzelfall immer wieder Kooperationsbezüge haben.

Brüche und Defizite in der Kooperation der Beteiligten sind auf den verschiedensten Ebene festzustellen: Innerhalb die Jugendhilfe läßt sich bereits zwischen den verschiedenen Arbeitsfeldern (z.B. Kindertagesbetreuung und ASD) wie auch zwischen öffentlichem und freien Trägern (z.B. ASD und Erziehungsberatungsstellen), zwischen verschiedenen beteiligten Berufsgruppen (ErzieherInnen, SozialarbeiterInnen, PsychologInnen) und den unterschiedlichen Hierarchieebenen einer Institution (ASD-Fachkraft, Team, Gruppen-, Abteilungs- und Amtsleitung) ein Mangel an strukturierter Kommunikation und Kooperation beobachten.

Beleuchtet man die Kooperationsbezüge zwischen den verschiedenen Disziplinen Jugendhilfe, Gesundheitswesen, Sozial- und Wohnungswesen, Justiz und Polizei so zeigt sich in der Praxis ebenfalls, daß Kooperation zumeist nur dann stattfindet, wenn ein konkreter Anlaß besteht, oft in einer konkreten Krisenintervention. Auch innerhalb der Organisationen (Kommunalverwaltungen wie freie Träger) hat die disziplinübergreifende Kooperation nur selten formelle Strukturen.

Dort, wo Kooperationsformen entwickelt wurden, sind sie oft Ergebnis eines bereits erfolgten Krisenmanagements, wenn z.B. ein Stadtteil zum sozialen Brennpunkt zu werden droht oder ein Kind vernachlässigt wurde und Kooperationsversäumnisse im Rückblick erkannt wurden. Kooperationsbezüge sind häufig eher informell als strukturell in einer Institution bzw. zwischen Institutionen angelegt, sie sind vielfach institutions-, weniger problembezogen.

Erstaunlich sind diese Beobachtungen angesichts der Tatsache, daß die Kooperation der Professionellen sowohl in der Entwicklung geeigneter Hilfen für Familien im

Einzelfall als auch in der Planung und Abstimmung der vor Ort erforderlichen Leistungsangebote zumindest für den Bereich der Jugendhilfe als gesetzliche Anforderung verankert ist. So beschreibt das KJHG einen klaren Auftrag der Jugendämter zur interdisziplinären Kooperation und Vernetzung.

- In §§ 36, 37 KJHG wird die kollegiale Beratung und das Zusammenwirken mehrerer Fachkräfte in der individuellen Hilfeplanung beschieben. Kooperationspartner sind hier die Betroffenen selbst, die zuständige Fachkraft im ASD, ihr Team im Jugendamt sowie all diejenigen professionellen HelferInnen, die mit der Familie zusammenarbeiten bzw. tätig werden sollen.

- Hinsichtlich der Schaffung bedarfsgerechter und abgestimmter Leistungsangebote für Familien und Kinder in besonderen Belastungssitutionen wird als Ziel der Jugendhilfeplanung die Schaffung eines vielfältigen, aufeinander abgestimmten, wirksamen Angebotes von Jugendhilfeleistungen formuliert (§ 80 Abs. 2 Ziff. 2 KJHG). Die beteiligten Träger sollen im Rahmen von Arbeitsgemeinschaften (§ 78 KJHG) ihre geplanten Maßnahmen aufeinander abstimmen und die öffentliche Jugendhilfe hat mit allen Institutionen, die für Familien mit kleinen Kindern von Bedeutung sind, zusammenzuarbeiten (§ 81 KJHG). Priorität bei der Umsetzung des Verfahrens der Jugendhilfeplanung hat darüber hinaus die vorrangige Berücksichtigung von Hilfen für junge Menschen und ihre Familien in gefährderten Lebens- und Wohnbereichen.

Diese gesetzlichen Vorgaben des KJHG können als Verpflichtung zur interdisziplinären Kooperation und Vernetzung aller beteiligten Institutionen und Fachkräfte angesehen werden. Der Auftrag zur Initiierung beider Verfahren (Hilfeplanung und Jugendhilfeplanung) richtet sich zwar an den Träger der öffentlichen Jugendhilfe, bei der Umsetzung jedoch sind öffentliche und freie Träger gleichermaßen in der Pflicht.

„Wir müssen uns stärker vernetzen!" lautet zwar der vielfach geäußerte Handlungsbedarf, wenn MitarbeiterInnen der Jugendhilfe gefragt werden, welche Maßnahmen erforderlich seien, um Strategien im Kontext der Vernachlässigung kleiner Kinder zu entwickeln. Eine Priorität im Handeln wird hieraus jedoch häufig nicht abgeleitet. Nur wenige Jugendämter verbinden mit den gesetzlichen Aufgaben der Hilfeplanung und der Jugendhilfeplanung den Auftrag, systematisch bestehende Kooperationsformen zu analysieren und Kooperationsnetze gezielt zu installieren.

Wo Kooperationsbezüge aber schon innerhalb der Jugendhilfe nur unzureichend existieren, sind Strukturen der Kooperation mit anderen Disziplinen noch seltener entwickelt. So sind beispielsweise gemeinsame Fachtagungungen von Jugendhilfefachkräften und Vormundschafts- und FamilienrichterInnen oder gemeinsame Hilfeplangespräche mit Frühförderung und Fachkräften des Wohnungsamtes eher ungewöhnlich. Gerade aber die Hilfen für Familien in besonderen Belastungssituationen erfordern eine kontinuierliche, strukturell verankerte Kooperation aller Beteiligten.

Angesichts der Tatsache, daß es sich bei den von uns betrachteten Familien häufig um Multiproblemfamilien handelt, ist in den meisten Fällen von Voraussetzungen auszugehen, die den Zugang zu diesen Familien erschweren und ein erhöhtes Maß an Abstimmung zwischen der „erstberatenden Institutionen" erfordern:

- Viele Mütter und Väter haben schon als Kinder oder Jugendliche Erfahrungen mit Jugendämtern und Erziehungshilfen gemacht. Das Thematisieren einer Vernachlässigung des eigenen Kindes gegenüber dem Jugendamt wird - sofern diese Vorerfahrungen nicht positiv erlebt wurden - schnell Ängste vor Eingriffen (Fremdunterbringung des Kindes) bei diesen Eltern hervorrufen. Solche Eltern werden in der Regel nicht davon ausgehen, daß ihnen eine Palette unterschiedlicher ambulanter und teilstationärer Hilfen angeboten werden könnte; auch die gleichberechtigte Teilhabe an Entscheidungsprozessen im Jugendamt werden sie nicht erwarten. Während Hilfen wie z.B. eine Schuldnerberatung oder die Behandlung des Kindes durch einen Kinderarzt noch angenommen werden können, wird die Ansprache des Jugendamtes aus Angst vor möglichen Interventionen nicht selten gemieden oder offen abgelehnt.

- Es bestehen häufig Mehrfachbetreuungen durch verschiedene HelferInnen, ohne daß eine Vernachlässigung und deren Ursachen erkannt werden. Gerade „Multiproblemfamilien" müssen zu den verschiedenen Ämtern Kontakte aufnehmen um ihre materielle Situation zu klären (Sozialhilfe, Krankenversicherung, Wohnungsamt, Amtspflegschaft etc.). Familien, in denen Kinder vernachlässigt wurden, sind in den seltensten Fällen unbekannt. Oft bestehen bereits längere Kontakte zum ASD des Jugendamtes und anderen sozialen Diensten, ohne daß das Risiko einer Kindesvernachlässigung erkannt wird. Abgestimmte ganzheitliche Hilfekonzepte werden nicht entwickelt, da die Betroffenen ihre (oft vordergründigen) Probleme benennen und in der Lage zu sein scheinen, Hilfen in Anspruch zu nehmen. Eine zusammenhängende Sicht auf die verschiedenen Risikofaktoren (materielle, gesundheitliche, soziale, familiale, persönliche Probleme) als Auslöser für Vernachlässigungssituationen entsteht jedoch oft nicht.

- Weiterhin ist davon auszugehen, daß viele Familien Schwierigkeiten haben, selbstbewußt gegenüber den professionellen HelferInnen auf ihre Situation aufmerksam zu machen und konkrete Unterstützungsleistungen einzufordern. Skepsis, Ohnmachtsgefühle und Angst gegenüber helfenden Institutionen charakterisieren damit nicht selten die Beziehung von Betroffenen gegenüber professionellen HelferInnen.

Ausgehend von der These, daß eine effektive Unterstützung von Säuglingen, Kleinkindern und ihren Familien nur gelingen kann, wenn sowohl die Hilfsangebote und Maßnahmen, als auch das professionelle Handeln der verschiedenen beteiligten Disziplinen aufeinander abgestimmt sind, ist der Grad der Kooperation und Vernetzung der beteiligten Institutionen entscheidend für die Entwicklung geeigneter Unterstützungskonzepte.

In der Praxis fällt in diesem Zusammenhang häufig das **Zauberwort Vernetzung**, ohne daß von den Beteiligten eine nähere Differenzierung vorgenommen wird. Gemeint ist vielfach die „gute Beziehung zwischen der professionellen HelferInnen" und/oder die Einschätzung, daß man über hinreichende Arbeits- und Projektgruppen verfüge, die der Verbesserung der Zusammenarbeit dienen.

Die Vorstellung gelingender Kooperation und Vernetzung wird von den Fachkräften zumeist verbunden mit der Hoffnung auf Entlastung, gegenseitige Qualifizierung, Absicherung des eigenen Handelns, Erfahrungsaustausch sowie Gewinnung von BündnispartnerInnen in einer von der einzelnen Person oder Institution nicht allein zu bewältigenden Aufgabe. Gleichzeitig bietet die Kommunikation mit anderen Personen und Institutionen auch die Möglichkeit, die eigenen Handlungsstrategien zu reflektieren und sich einer kritischen Diskussion zu stellen.

Neben der zweifellos notwendigen Entlastungs- und Qualifizierungsfunktion der professionellen HelferInnen lassen sich zwei weitere zentrale Ziele der Kooperation und Vernetzung benennen:

1. Für Familien, in denen für kleine Kinder die Gefahr der Vernachlässigung gegeben ist, dient die Kooperation der beteiligten professionellen HelferInnen dem Zweck einer schnelleren und umfassenderen – weil reflektierten und abgestimmten – Hilfeleistung. Ziel der Vernetzung ist die Entwicklung eines interdisziplinären Sensor- und Sicherungssystem im Einzelfall, welches maximale Unterstützung der Mütter und Väter bei gleichzeitiger Gewährleistung maximalen Kinderschutzes im Einzelfall bewirkt.

2. Ein weiteres Ziel der Kooperation und Vernetzung der professionellen Helfer liegt in der Weiterentwicklung der örtlichen Infrastruktur, d.h. der Schaffung eines bedarfsgerechten Leistungsangebotes für Familien in besonderen Belastungssituationen. Dies kann eine Erweiterung der bestehenden Angebotspalette sein oder die konzeptionelle oder organisatorische Neuorientierung bestehender Angebote. Ziel ist hier die interdisziplinäre Kooperation in der Jugendhilfeplanung. Aufgabe der Beteiligten ist die kritische Reflektion der zur Verfügung stehenden Angebote und die offensive Weiterentwicklung insbesondere der vor Ort benötigten Hilfen zur Erziehung.

Beide Zielsetzungen verbinden sich an der Nahtstelle der Erfahrungen im Einzelfall (Welche Hilfen wurden benötigt und standen in dieser Situation nicht zur Verfügung?) und der gemeinsamen, zukunftsgerichteten Planung (Welche Hilfen werden zukünftig in ähnlichen Fällen benötigt werden, um angemessener handeln zu können?).

6.2 Formen der Kooperation

Kooperation und Vernetzung bezeichnet auf einer ersten Ebene die zielgerichtete Zusammenarbeit zwischen Personen, zwischen zwei oder mehreren Organisationen sowie zwischen VertreterInnen verschiedener Disziplinen in der Beratung und Unterstützung einer Familie im Einzelfall. Darüber hinaus erfordert die vorausschauende Planung und Gestaltung bedarfsgerechter Leistungen für Familien in besonderen Belastungssituationen auf einer zweiten Ebene die einzelfallunabhängige Kooperation der beteiligten Professionen.

Zu differenzieren ist dabei zwischen jeweils

- strukturell verankerten Kooperationsbezügen (z.B. die Fallberatung in einem Fachteam des ASD) **und** informeller Zusammenarbeit beteiligter Personen (z.B. die spontane Kooperation zwischen Beratungsstelle, ASD und Kinderklinik in einer akuten Krisensituattion)

- Kooperationsformen innerhalb einer Institution (Zusammenarbeit zwischen Fachkräften, Teams und Vorgesetzten), die wiederum strukturell verankert (z.B. Dienstbesprechung, Teamsupervision) oder informell sein können (z.B. Beratung in gemeinsamen Pausen) **und** Kooperationsbezügen zwischen zwei oder mehreren beteiligten Institutionen (z.B. zwischen den sozialen Diensten in einem Stadtteil).

- Kooperation innerhalb der eigenen Disziplin (z.B. zwischen ASD und sozialpädagogischer Familienhilfe) **und** zwischen zwei oder mehreren Disziplinen (z.B. zwischen Gesundheitswesen, Sozialhilfe, Jugendhilfe und Justiz).

Einzelfallbezogene Kooperation

Jede Fachkraft und jede Institution ist – wenn sie mit einer (potentiellen) Vernachlässigungssituation konfrontiert ist – auf Kooperationspartner angewiesen. Kooperationserfordernisse zur Vermeidung, Abwendung oder Kompensation von Risiken der Vernachlässigung bezieht sich auf alle Schritte des Hilfe- und Unterstützungsprozesses:

- das Erkennen und Wahrnehmen einer (potentiellen) Vernachlässigung,

- das Bewerten der Situation des Kindes unter Hinzuziehung anderer Fachkräfte und die Thematisierung der vermuteten bzw. faktischen Risiken für das Kind gegenüber den Müttern und Vätern,

- das Hinzuziehen derjenigen professionellen HelferInnen, die unterstützend tätig werden können, insbesondere der jeweiligen Fachkraft des ASD in Absprache mit den Müttern und Vätern,

- die gemeinsame Abklärung und Vorbereitung konkreter Handlungsschritte mit Eltern und Jugendamt,

- die qualifizierte, interdisziplinäre Beratung des Unterstützungsbedarfes des Kindes und seiner Familie, sowie die Beratung eines möglichen Hilfekonzeptes mit allen Beteiligten (Eltern und professionelle HelferInnen),

- die Durchführung der jeweiligen im Hilfeplan festgelegten Aufgaben,

- die kontinuierliche Kontrolle der Wirksamkeit einer Hilfe, ggf. das Tätigwerden bei Hilfen, die sich als unzureichend herausstellen.

Diese Schritte lassen sich grob in zwei Phasen einteilen: die Wahrnehmungs- und Beurteilungsphase und die Handlungsphase.

In der ersten Phase haben alle beteiligten Fachkräfte und Institutionen die Funktion von „Sensoren“, wenn es gilt, eine (potentielle) Vernachlässigung zu erkennen und die „Brücken zum ASD“ herzustellen. Dabei bleiben die Fachkräfte, die mit dem Kind bzw. seiner Familien arbeiten (z.B. der Kinderarzt, die Erzieherin im Kindergarten) weiter in der Verantwortung. Nicht allein der ASD hat im Kontext der Vernachlässigung von Kindern die doppelte Aufgabe von Unterstützung und gleichzeitiger Einschätzung des Gefährdungsrisikos eines Kindes in der Familie. In seiner Verantwortung liegt zwar unmittelbar der Auftrag zum Hilfemanagement und Kinderschutz. Bereits das Erkennen und die Wahrnehmung einer möglichen Vernachlässigungssituation erfordert jedoch die Mitwirkung aller Fachkräfte und Institutionen, die meist unmittelbarer mit dem Kind und seiner Familie im Kontakt sind. Verantwortlich für eine frühzeitig einsetzende Hilfe für Kinder in Not sind damit insbesondere KinderärztInnen, Kinderabteilungen der Krankenhäuser, Hebammen, ErzieherInnen in Kindertagesstätten sowie alle sozialen Dienste, die bereits mit Familien bzw. mit Müttern in Notsituationen arbeiten. Da in vielen Fällen von Kindesvernachlässigung die Mütter und Väter dieser Kinder bereits langjährige Erfahrungen mit sozialen Diensten haben (oft auch negative Jugendamtserfahrungen aus der eigenen Kindheit), besteht die Gefahr, daß diese Familien sich nicht selbst an den ASD eines Jugendamtes wenden und dort direkt um Hilfe und Unterstützung nachsuchen werden.

Ein Sensorensystem muß demnach zunächst auch aus Institutionen außerhalb des Jugendamtes bestehen, was einerseits Verantwortung für ein von Vernachlässigung betroffenes Kind und seine Familie übernimmt, indem es auf die geäußerten Wünsche der Familie des Kindes reagiert (z.B. die kurzfristige Aufnahme in einer Kinderklink, das kurzfristige Organisieren eines Babysitters durch die MitarbeiterIn der Frühförderung, der Anruf beim Wohnungsamt durch die Mitarbeiterin der Familienberatungsstelle), andererseits den Weg bereitet für ein Hinzuziehung des ASD. Das Erkennen und Wahrnehmen erfordert die Möglichkeit für die Fachkräfte, Beratung in Anspruch zu nehmen zu können. In dieser Phase ist es von Vorteil, neben der Beratung mit ArbeitskollegInnen und Vorgesetzten auch über interdisziplinäre Beratungssettings zu verfügen, um beispielsweise Gefährdungen eines Säuglings besser abschätzen zu können.

Wesentliche Voraussetzungen eines solch abgestimmten „Sensorensystems“ vor Ort sind:

- Kenntnis möglicher AnsprechpartnerInnen, ihrer Angebote, Arbeitsformen und Unterstützungsmöglichkeiten (z.B. in Form einer Informationsbroschüre, so daß sie für andere Disziplinen verfügbar sind),

- Kenntnis des Auftrages und des Selbstverständnisses des ASD im Jugendamt. Dies erfordert neben einer gezielten Öffentlichkeitsarbeit des ASD, die persönliche Bekanntheit der jeweiligen ASD-Fachkraft bei den anderen sozialen Diensten im Bezirk,

- Vorhandensein verfügbarer Orte kollegialer Beratung, die strukturell innerhalb der Institutionen sowie zwischen den Institutionen verankert sein sollten.

Die Beratung der für die Familie und das Kind erforderlichen Unterstützungsleistungen erfordert eine qualifizierte Bewertung der aktuellen Situation der Familie. Hierzu ist es oft notwendig, neben der kollegialen Beratung innerhalb des ASD, solche Personen hinzuzuziehen, die ihre spezifische Kompetenz einbringen können (z.B. die Kompetenz, Entwicklungsverzögerungen zu erkennen und mögliche Ursachen auszumachen) oder die intensiver mit der Familie in Kontakt stehen und deshalb den Hilfebedarf besser einschätzen können (beispielsweise Erzieherinnen in Tagesstätten, KinderärztInnen, Frühförderung).

Wichtig in dieser zweiten Phase ist:

- die Transparenz des Verfahrens der Hilfeplanung für Eltern und beteiligte Fachkräfte,
- die Aufmerksamkeit aller Beteiligten für die formulierten Entlastungswünsche der Familie sowie
- die Offenheit für die möglicherweise neu zu entwickelnden Hilfsangebote.

Auch in dieser Phase ist es vorteilhaft, auf gut entwickelte Kooperationsbezüge zurückgreifen zu können. Entstehen solche Kooperationsbezüge erst in einer Krisensituation, so wird es unnötige Reibungsverluste aufgrund fehlender Erahrung mit den Kompetenzen der jeweils anderen Profession/Disziplin geben.

In der Praxis stellt sich bereits die Umsetzung des § 36 KJHG innerhalb der Jugendämter oft als unzureichend dar. Wenig entwickelt scheint auch die Beratung in interdisziplinären Teams zu sein. Dort, wo sie praktiziert wird, ist sie zumeist eine Einzelinitiative einer „verunsicherten" Fachkraft, nicht aber ein verbindlicher Baustein im Hilfeplanverfahren.

Die geforderte und zu entwickelnde Kooperation von Fachkräften verschiedener Dienste und Disziplinen in Fällen der Vernachlässigung ist bislang eher unzureichend. Hier ist vielerorts noch grundsätzliche Arbeit zu leisten.

Kooperationsnetze können nicht erst in einer akuten Notsituation entwickelt werden. Gelingende Kooperation entsteht durch strukturierte Orte kollegialer Beratung, in denen die handelnden Personen verbindlich ihre Kooperationsbezüge untereinander festigen können.

Jugendhilfeplanung als interdisziplinäre Vernetzungsaufgabe

Neben der einzelfallbezogenen Kooperation ist die Beteiligung der relevanten Disziplinen an der kommunalen Jugendhilfeplanung ausschlaggebend für die Weiterentwicklung des örtlichen Leistungsangebotes für die betroffenen Kinder, Mütter und Väter. In der Verantwortung jedes Jugendamtes liegt es, rechtzeitig problemadäquate Angebote für Familien in besonderen Belastungssituationen zu entwickeln. So hat neben einer systematischen Bestandsaufnahme der bestehenden Angebote eine Bedarfsermittlung zu erfolgen, indem die vor Ort zur Verfügung stehenden Unterstützungssysteme kritisch reflektiert werden. Ausgehend von der Frage „Welche Hilfen benötigen Familien und Kinder?" sind Handlungskonzepte zu entwickeln, die einen flexiblen und ausreichenden Einsatz von Leistungen ermöglichen. Im Kontext der Vernachlässigung von Säuglingen und kleinen Kindern geht es z.B. um folgende Fragestellungen:

- Welche Institutionen haben einen Zugang zu Familien mit Säuglingen und Kleinkindern unter drei Jahren außerhalb der Jugendhilfe? Welche Kompetenzen sind erforderlich, um über diese Multiplikatoren Notsituationen von Familien zu erkennen? Welchen Informationsbedarf über Auftrag und Arbeitsweise des Jugendamtes haben diese Institutionen und welche Rolle spielen sie im „Sensorensystem"? Welcher Qualifizierungsbedarf ist bei den jeweiligen Disziplinen gegeben, wenn es um das Erkennen und die Ansprache von Familien in einer Vernachlässigungssituation geht?

- Wie gestaltet sich die aktuelle Kooperation zwischen Jugendamt und anderen Diensten und Instanzen der Jugendhilfe, des Gesundheitswesens, der Sozialhilfe und der Justiz? Gibt es ein gemeinsames Verständnis der unterschiedlichen Rollen und Aufträge?

- Wo entwickeln sich innerhalb der Stadt/des Landkreises soziale Brennpunkte, in denen sich Risikofaktoren für kleine Kinder erhöhen?

- Wie kann schnell und flexibel die Versorgung und Betreuung eines Kindes im Haushalt der Eltern abgesichert werden, wenn Mütter und/oder Väter (aus welchen Gründen auch immer) hierzu nicht mehr in der Lage sind (vgl. § 20 KJHG – Betreuung und Versorgung von Kindern in Notsituationen)? Welche Hilfen sind innerhalb der Jugendhilfe zu entwickeln (z.B. der kurzfristige Einsatz einer Tagespflegeperson), welche Möglichkeiten bieten sich darüberhinaus über andere gesetzliche Grundlagen (Krankenversicherung, BSHG) um Notsituationen abzuwenden?

- Wie bedarfsgerecht ist das bestehende Angebot in den Bereichen Kindertagesbetreuung in Tageseinrichtungen und in Tagespflege? Sind alternative Formen der Kindertagesbetreuung erforderlich (Babysitterdienste, offene flexibel zu nutzende Kleinkindergruppen, Nachbarschaftshilfen)? Besteht bei den Fachkräften der Dienste und Einrichtungen der Kindertagesbetreuung (ErzieherInnen, Tagespflegepersonen) ein Qualifizierungsbedarf hinsichtlich der Betreuung vernachlässigter Kinder und der Beratung der Eltern?

- Reicht das bestehende Angebot an ambulanten und teilstationären Hilfen zur Erziehung aus? Entspricht die Konzeption der bestehenden Hilfen dem Bedarf auf Seiten der Familien? Sind neue Formen ambulanter Erziehungshilfen als Alternativen zu entwickeln um vernachlässigten Kindern und ihren Eltern gerecht zu werden? (vgl. hierzu auch Kapitel 8)

- Gibt es adäquate Hilfen zur Krisenintervention und Inobhutnahme (z.B. Bereitschaftspflegestellen, Kinderschutzzentren), wenn ein Verbleib des Kindes bei seinen Eltern unmöglich ist?

- Welche Konzepte sind zu entwickeln, um Familien in massiven Krisen- und Notsituationen den Zugang zu Hilfen zu ermöglichen und sie dauerhaft zu unterstützen ihre Erziehungsverantwortung wahrzunehmen? Welche Kompetenzen, Professionen, Institutionen und Methoden werden benötigt?

Jugendhilfeplanung wird damit in erster Linie zur Aufgabe derjenigen Personen, die auch in der Einzelfallhilfe für Familien und Kinder vor Ort tätig werden. Sie erfordert die Kooperation all derer, die Einschätzungen zur Bedarfsgerechtigkeit bestehender Leistungsangebote vornehmen können. Neben strukturell verankerten interdisziplinären Beratungssettings im Einzelfall sind daher in allen Kommunen Jugendhilfeplanungsprozesse auch für Institutionen außerhalb der Jugendhilfe zu öffnen, da diese oft frühzeitiger und intensiver Kontakt zu Familien in besonderen Belastungssituationen haben (Hebammen, KinderärztInnen und Kinderkliniken, Gesundheitsamt, verschiedene Beratungsdienste wie z.B. Schwangerschaftskonfliktberatung, Sucht- und Drogenberatung, Schuldnerberatung, Sozial- und Wohnungsämter, Frühförderung etc.). Ihre Erfahrungen und ihr „Blick von außen" können im Planungsprozeß das notwendige innovative Potential darstellen und besser als eine „Planung vom grünen Tisch im Jugendamt" dazu beitragen, angemessene Unterstützungsangebote zu entwickeln.

6.3 Voraussetzungen gelingender Kooperation

Die Weiterentwicklung von Handlungsstategien, Konzepten und Angeboten für Familien in besonderen Belastungsituationen erfordert eine interdisziplinäre Kooperation und Vernetzung. Jugendhilfe muß sich öffnen und Kooperationsbeziehungen zu den relevanten Personen und Institutionen aufbauen (niedergelassene KinderärztInnen, öffentlicher Gesundheitsdienst, Kinderkliniken, Hebammen und andere Fachkräftes des Gesundheitswesen, Einrichtungen und Dienste der Sozialhilfe, Vormundschafts- und Familiengerichte etc). Fachkräfte außerhalb der Jugendhilfe, z.B. im Gesundheitswesen und in der Justiz, sind in besonderer Weise angewiesen auf die Transparenz der innerhalb der Jugendhilfe wahrzunehmenden Aufgaben von Hilfeplanung und Jugendhilfeplanung. Es sind daher erhebliche Anstrengungen zu unternehmen, diese „Multiplikatoren" zu informieren und die Zielsetzung ihre Beteiligung zu vermitteln. Solange aber Jugendhilfe (bzw. das Jugendamt) die eigenen Grenzen nicht erkennt und sich nicht aktiv den anderen Disziplinen gegenüber öffnet, bleibt Kooperation auf den akuten Krisenfall beschränkt.

Im folgenden sollen daher auf der Basis unserer Erfahrungen in den Projektstandorten und der dort geführten Diskussionen mit den VertreterInnen aus unterschiedlichen Diensten und Diszplinen einige Voraussetzungen und Anforderungen benannt werden, die in jeder Kommune angestrebt werden sollen, um über eine verbesserte Kooperation der vor Ort Beteiligten wirksame Handlungsstrategien im Kontext der Vernachlässigung von Kindern entwickeln zu können:

➲ **Jede Kooperation benötigt – soll sie über einen längeren Zeitraum wirksam werden – ein begleitendes Vernetzungsmanagement. Verantwortlich für den Aufbau und die Begleitung der erforderlichen Beratungssettings im Einzelfall (Hilfeplanung) und einrichtungsübergreifender Arbeitsgruppen im Rahmen der Jugendhilfeplanung ist der öffentliche Träger der Jugendhilfe.**

Kooperation und Vernetzung ist nicht eine freiwillige Aufgabe der einzelnen Fachkraft. Die Bereitstellung verläßlicher Orte der Beratung und der gemeinsamen Planung der Infrastruktur ist eine Leitungsaufgabe. Ausgehend von den fachlichen Zielen sind durch die öffentliche Jugendhilfe zunächst einmal bestehende Kooperationsbezüge zu analysieren. Auftrag ist es dann, Personen bzw. Teams zu benennen, die den Prozeß der Vernetzung verantwortlich initiieren und begleiten. Sie sind quasi die Kristallisationspunkte aller Kooperationsbezüge. Ihre Aufgabe ist es, Anregungen zu geben, die Kontinuität der Arbeit zu sichern, Arbeitsprozesse zu strukturieren und die formale Organisation der Vernetzung/Kooperation abzudekken. Sie müssen die Fähigkeit besitzen, Gruppenprozesse zu leiten und die Interessen aller Beteiligten möglichst neutral in etwa gleichem Maße zu berücksichtigen.

Verantwortlich für das Vernetzungsmanagement auf der Ebene der unmittelbaren Hilfeleistung im Einzelfall ist u.E. das jeweils für einen Bezirk zuständige ASD-Team und seine unmittelbare Leitung. Bei der Jugendhilfeplanung liegt die Verantwortung für die Beteiligung von Institutionen, insbesondere aus Disziplinen außerhalb der Jugendhilfe, bei derjenigen Person, die als PlanungskoordinatorIn die Jugendhilfeplanung des jeweiligen Jugendamtes begleitet. Auf beiden Ebenen wird es erforderlich sein, neben erforderlichen Qualifizierungsmöglichkeiten auch Zeitbugdets in Form der Freistellung für Vernetzungsaufgaben zur Verfügung zu stellen.

➲ **Voraussetzung der Kooperation und Vernetzung ist die Akzeptanz der spezifischen Kompetenzen der beteiligten Berufsgruppen und Institutionen in einem gleichberechtigten Kommunikationsprozeß. Kooperation erfordert die Akzeptanz hierarchiefreier Kommunikationsformen.**

Kooperation erfordert von den jeweils beteiligten Personen und Institutionen zunächst die Akzeptanz der Tatsache, auf die Mitwirkung anderer KooperationspartnerInnen angewiesen zu sein. Wird z.B. die Erzieherin im Kindergarten nicht als Expertin ihres Aufgabengebietes geschätzt oder der Kinderarzt als „bedrohlicher Kritiker der Sozialarbeit“ gesehen, so werden sich Kooperationen vermutlich nur dann entwickeln, wenn die KooperationspartnerInnen in einer konkreten Krisensituation zwangsläufig aufeinander angewiesen sind. Jede innovative Weiterentwicklung ist angewiesen auf die Kreativität der Beteiligten, diese entsteht jedoch erst in einer hierarchiefreien Kommunikation.

➲ **Ein hinreichender Informationsstand aller Beteiligten über Auftrag, Arbeitsweise und „handelnde Personen“ sämtlicher in der jeweiligen Region tätigen Institutionen ist die Grundvoraussetzung jeglicher Kooperation.**

Voraussetzung einer gelingenden Kooperation ist weiterhin die Kenntnis möglicher KooperationspartnerInnen und deren Handlungsmöglichkeiten. Diese auf den ersten Blick banal wirkende Voraussetzung stellt sich in der Praxis dagegen vielfach als konkretes Kooperationsproblem dar.

In alltäglichen Kooperationsbezügen sind Auftrag, Arbeitsweise und AnsprechpartnerInnen im ASD des Jugendamtes – und dies mag an der zumeist unprofessionellen oder fehlenden Öffentlichkeitsarbeit liegen – vielen Einrichtungen oft nicht bekannt. Ein systematischer Überblick über alle AnsprechpartnerInnen fehlt in der Regel sowohl den beteiligten Diensten als auch den betroffenen BürgerInnen. Dort wo jedoch bereits die KooperationspartnerInnen keine (oder falsche) Vorstellungen von den Konzepten anderer Dienste haben, muß Kooperation im Ansatz scheitern.

➲ **Kooperation ist regional zu verankern. Bezugspunkt muß ein für alle beteiligten überschaubarer Sozialraum sein.**

Kooperationskontakte zwischen verschiedensten Institutionen und Personen können nur in einem für alle Beteiligten überschaubaren Rahmen gestaltet werden. Sowohl die Anzahl der beteiligten Personen als auch die räumliche Entfernung bestimmen maßgeblich die Effizienz der Kooperation. Ausgangspunkt sollte daher ein Stadtteil, eine Region in einem Landkreis sein, der/die für die jeweils Beteiligten (Familien und Dienste) in ihrem Alltag von Bedeutung sind. Sinnvoll ist es zunächt einmal, die Einzugs- bzw. Zuständigkeitsbereiche der beteiligten Institutionen zu erfassen, um dann mit allen Beteiligten geeignete Kooperationsnetze zu entwickeln. Je kleinräumiger diese Netze entwickelt werden, um so eher betreffen sie den Alltag der zu betreuenden Familien. Gleichzeitig ist jedoch zu bedenken, daß Einzugsbereiche der Institutionen sehr variieren. So sind z.B. Kindertageseinrichtungen unmittelbar in einem Ortsteil oder einer Siedlung präsent, während viele Spezialdienste stadtweit tätig sind. Schwierig ist die Einbindung von Organisationen, die nicht regional gegliedert sind (z.B. Wohnungsämter) oder Institutionen, deren Zuständigkeiten nach dem Buchstabensystem festgelegt sind (z.B. Sozialämter).

➲ **Der zeitliche Aufwand für Kooperation und Vernetzung muß in einem angemessenen Verhältnis zum insgesamt zur Verfügung stehenden Zeitbudget der Beteiligten stehen.**

Inwieweit die Beteiligung an interdisziplinären Netzwerken von der einzelnen Fachkraft als effektiv eingeschätzt wird hängt neben Akzeptanz, Problembewußtsein, Qualifizierungs- und Entlastungseffekten insbesondere von ihrem objektiv zur Verfügung stehenden Zeitbudget, sowie den zeitlichen Spielräumen des jeweiligen Aufgabengebietes ab. So erfordert die Beteiligung niedergelassener ÄrztInnen und TherapeutInnen andere ökonomische Überlegungungen als dies im öffentlichen Dienst der Fall ist. Auch die Fachkräfte der personell unterbesetzten Kindertagsstätte werden eine geringere zeitliche Flexibilität haben als die MitarbeiterInnen des ASD. Voraussetzung für kontinuierliche Kooperationsbezüge ist deshalb die Verankerung der Kooperationsaufgaben in den jeweiligen Arbeitsplatzbeschreibungen sowie die Transparenz innerhalb der Institution, mit welchem Ziel und Zeitbudget MitarbeiterInnen und Mitarbeiter an Fallbesprechungen, HelferInnenkonferenzen, Arbeitskreisen etc. mitarbeiten sollen.

➲ **Die Motivation zur Beteiligung an Netzwerken hängt entscheidend von Verläßlichkeit und Kontinuität bei gleichzeitiger Flexibilität der beteiligten Personen ab. In regelmäßigen Abständen sind daher Ziele, Inhalte, Form und Organisation der Kooperation zu reflektieren und ggf. zu verändern**

Aufgabe des Vernetzungsmanagements ist die regelmäßige Reflexion des „Vernetzungsprozesses“ und die Formulierung der jeweils anstehenden Ziele, Inhalte und Aufgaben. Eine geeignete Strategie hierfür ließe sich als „Vernetzung durch gemeinsame Qualifizierung“ beschreiben. Durch interdisziplinäre Qualifizierungsmaßnahmen (Veranstaltungen) lassen sich z.B. folgende Ziele erreichen:

- Es wächst das Verständnis für die Möglichkeiten und Grenzen der anderen Dienste und Disziplinen.
- Es kann eine gemeinsame fachliche Basis im Umgang mit dem Problem der Vernachlässigung (Prävention und Intervention) herausgearbeitet werden.
- Es können überschaubare Zielsetzungen für die Kooperation der nächsten Zukunft erarbeitet werden.
- Es kann im Rahmen solcher Veranstaltungen eine Vielzahl persönlicher Kontakte hergestellt, erneuert und vertieft werden, die im Einzelfall die Wahrscheinlichkeit angemessener Hilfen für Familien und Kinder und angemessenen Schutzes für die Kinder deutlicher erhöhen.

Zusammenfassung

Zentrale Elemente – „die 7 K“ – einer gelingenden Vernetzung sind:

Kennenlernen: Eine in der Praxis der Hilfeinstanzen gar nicht so selbstverständliche Grundbedingung jeglicher Kooperation und Vernetzung ist das persönliche Kennen der Vertreterinnen und Vertreter der anderen Dienste, Instanzen, Initiativen und Disziplinen. Erst der persönliche Zugang zu Mitgliedern anderer Hilfesysteme ermöglicht den Austausch über die gegenseitigen Vorstellungen.

Kommunikation: Auf der Basis gegenseitiger Kenntnis der Vertreterinnen und Vertreter der verschiedenen Institutionen ist eine wechselseitige Kommunikation, ein wechselseitiger Austausch über Erfahrungen, Ziele, fachliche Positionen etc. zu organisieren und zu institutionalisieren.

Kooperation: Der wechselseitige Austausch über Arbeitsziele, Arbeitsformen sowie personelle, organisatorische und fachliche Möglichkeiten der anderen Institutionen erlaubt die zielgerichtete Zusammenarbeit im Einzelfall und sichert ein hohes Maß an Wirksamkeit (d.h. Umsetzung der fachlichen Ressourcen) der einzelnen Institutionen und Fachkräfte auch über den Einzelfall hinaus.

Koordination: Eine weitere Stufe ist dann erreicht, wenn es gelingt, nicht nur das eigene Profil zu schärfen und zu qualifizieren, sondern diese Qualifzierung in bewußte Berücksichtigung der Ressourcen und Potenzen anderer Hilfeanbieter zu betreiben, so daß Angebotslücken gefüllt und Angebotsüberhänge im Zuge koordinierter Angebotsentwicklung vermieden werden können.

Kontinuität: Voraussetzung für das Gelingen der zuvor genannten Punkte ist, daß es gelingt, Kontinuität herzustellen und allzu häufige Umbrüche (Personalwechsel, konzeptionelle Neuorientierungen, organisatorische Umstellungen etc.) zu vermeiden, so daß die im Netzwerk vertretenen Partnerinnen und Partner bezüglich ihres Arbeitsprofils ein Mindestmaß an Zuverlässigkeit gewährleisten.

Konfliktfähigkeit: Da all dies nicht ohne Widersprüche und Interessenkollisionen (sowohl hinsichtlich der fachlichen Konzeptionen als auch hinsichtlich der Zuteilung finanzieller Ressourcen) vorstellbar ist, ist sowohl ein hohes Maß an Empathie, als des Hineinversetzens in die Position anderer Netzwerkmitglieder, als auch eine ausgeprägte Fähigkeit, Konflikte produktiv auszutragen, erforderlich. Beides ist lernbar, sofern hierfür geeignete Ausgangsbedingungen und Foren geschaffen werden (wie z.B. das oben erwähnte Konzept der „Vernetzung durch gemeinsame Qualifizierung").

Kleinräumigkeit: All die dargestellten Elemente verlieren an Durchschlagkraft im Einzelfall, wenn es nicht gelingt, Netzwerke so zu schaffen, daß gegenseitiges Kennen, Kommunikation, Kooperation und Koordination sowie eine personenbezogene Kontinuität und Konfliktfähigkeit möglich und im fachlichen Alltag (er-)lebbar werden. Realistisch zu gewährleisten ist dies nur in einer kleinräumigen Struktur, die sowohl für die Betroffenen als auch für die Helferinnen und Helfer noch überschaubar ist.

7 Handlungsbedarf aus der Sicht von Eltern

7.1 Mütter und Väter als ExpertInnen für schwierige Lebenssituationen

Die Beschäftigung mit Vernachlässigung von kleinen Kindern – sozialarbeiterisch wie sozialwissenschaftlich – geschieht auf der Grundlage von mehr oder weniger konkreten Bildern von Kindern, Eltern/Familien und normativen Setzungen bzw. Definitionen. Die Bandbreite der Einschätzungen sozialarbeiterischer wie anderer ExpertInnen ist im Verlaufe des Projektes immer wieder deutlich geworden. Nur dort wo sich Lebenssituationen von Kindern lebensbedrohlich zuspitzen, werden die Übereinstimmungen eindeutig.

In der sozialwissenschaftlichen Forschung, wie auch in der örtlichen Diskussion um geeignete Hilfen für Familien in schwierigen Lebenssituationen, bleiben die Sichtweisen von betroffenen Eltern und Kindern oft unberücksichtigt. Die Praxis der sozialen Dienste wird von einem akuten Handlungsdruck bestimmt, der zumeist die grundsätzliche (einzelfallübergreifende) Auseinandersetzung mit den Sichtweisen der Eltern und Kinder nicht aufkommen läßt. Dieses Phänomen ist aber auch aus anderen Handlungsfeldern der Jugendhilfe bekannt, wo die objektiven Schwierigkeiten und der akute Handlungsdruck nicht so hoch sind. Beteiligung von Kindern, Jugendlichen, Müttern und Vätern an einer kritischen Diskussion der Konzepte und Angebote der Jugendhilfe ist – so unsere Einschätzung – ein wichtiges, gleichzeitig bei den Professionellen in der Jugendhilfe (noch) nicht hinreichend akzeptiertes Instrument der erforderlichen Qualitätssicherung.

Wenn aber schon die Beteiligung von Leistungsberechtigten in eher unproblematischen Arbeitsfeldern der Jugendhilfe wie der Kindertagesbetreuung, Familienbildung oder bei Beratungsangeboten schwerfällt, so erhöhen sich die Schwierigkeiten nochmal erheblich, wenn es um die Frage der Vernachlässigung von Kindern und um geeignete Hilfestrategien für diese Situation geht.

So war der Aspekt der Sichtweisen von Eltern im Kontext von Vernachlässigung auch im Projektantrag „Kinder in Not“ wenig ausgeführt. Lediglich durch Erstellung von Fallanalysen sollten exemplarisch die Aussagen und Interpretationen einzelner Mütter und Väter einfließen. Sehr schnell wurde in der Projektarbeit dieser Mangel jedoch erkannt. Unter dem Stichwort „Elternbeirat“ wurden die Möglichkeiten der Beteiligung von Eltern als „ExpertInnen für schwierige Lebenslagen“ diskutiert. Neben den biographischen Interviews sollte der Versuch gemacht werden, in direkte Gespräche mit Eltern zur Thematik des Projektes einzutreten. Im Rahmen einer kritischen Diskussion während der ersten Sitzung des (wissenschaftlichen) Projektbeirates (vgl. Vorbemerkung) wurde einerseits dieser Ansatz grundsätzlich bestärkt, andererseits zeichneten sich aber entscheidende Fragen ab:

- Haben Mütter/Väter in extremen Belastungssituationen, die zu Vernachlässigungsgefahren führen, angesichts des Zwangs zur Bewältigung ihrer aktuellen Krisen überhaupt noch Ressourcen zu grundsätzlicheren, generalisierenden Diskussionen?
- Lassen sich in einem zweijährigen Praxisforschungsprojekt kontinuierliche Kontakte in Form einer Arbeitsgruppe/eines Beirates von Eltern überhaupt herstellen?

Als Konsequenz aus dieser Diskussion wurde der Weg gewählt, Kontakt zu bestehenden Elterngruppen zu suchen und mit diesen über Elternperspektiven und Sichtweisen von Eltern zu diskutieren.

Der Handlungsbedarf aus Sicht von Eltern wird in diesem Kapitel auf der Basis von zwei Elternseminaren beschrieben. Da wir alle interessierten LeserInnen ermutigen wollen, ähnliche Projekte der Beteiligung umzusetzen, werden neben den Ergebnissen der beiden Treffen auch der organisatorische Rahmen und unsere gewählten Methoden kurz skizziert.

7.2 Familienseminare als Zugang zu Lebenswelten aus Elternsicht

Zur Realisierung der Beteiligung von Eltern ergaben sich am Projektstandort Hilden hervorragende Bedingungen. In dem Projektarbeitskreis Hilden arbeiteten von Beginn an Fachkräfte der „Sozialpädagogischen Einrichtung (SPE) Mühle e.V." mit, die aufgrund ihrer Kooperation mit dem Jugendamt ASD-Aufgaben wahrnehmen. Dieser freie Träger verfügt über eine breite Palette von Angeboten – von der Tagesstätte über die Familienberatung bis zur Obdachlosenarbeit. Die Tagesstätte gliedert sich in einen Kindergarten und einen Hort. Ein großer Teil der Plätze wird unter Berücksichtigung besonderer Entlastungs- oder Unterstützungsbedarfe von Kindern bzw. deren Müttern/Eltern vergeben. Die Arbeit schließt im Einzelfall auch ein, daß in die Familien gegangen wird oder Kinder von zuhause abgeholt werden. Die Kinder kommen sowohl aus ökonomisch, sozial und familiär hoch belasteten Familien als auch aus intakten familiären Zusammenhängen. Es gibt eine intensive Elternarbeit zu der auch regelmäßige Wochenendveranstaltungen und Freizeiten mit Familien gehören. Diese Familienarbeitsansätze werden entscheidend vom Leiter und der stellvertretenden Leiterin der Tagesstätte getragen. In ersten Gesprächen erklärten diese sich spontan bereit, die ProjektmitarbeiterInnen an einem Wochenendseminar zu beteiligen und dieses gemeinsam vorzubereiten. Die Eltern wurden befragt und gaben ebenfalls ihre Zustimmung.

Im Rahmen des Praxisforschungsprojektes „Kinder in Not" wurden zwei Elternseminare jeweils an Wochenenden durchgeführt.

Ziele der Zusammenarbeit bei den beiden Wochenendveranstaltungen mit Familien waren, mit den Eltern über ihre Lebenserfahrungen unter teilweise schwierigen Bedingungen ins Gespräch zu kommen und ihre Sichtweisen vom Leben mit Kindern unter schwierigen Bedingungen deutlich werden zu lassen. Dazu wurden folgende Fragestellungen bearbeitet:

- Was braucht ein Kind?
- Welche Lebensbedingungen können das Leben mit einem Kind/mit mehreren Kindern erschweren?
- Wann wird ein Kind vernachlässigt?
- Was brauchen Familien, um die Erziehung und Betreuung ihrer Kinder ohne Unterstützung durch soziale Dienste wahrnehmen zu können?
- Wie müssen MitarbeiteInnen sozialer Dienste handeln, damit Eltern in Notsituationen Hilfen in Anspruch nehmen können?
- Welche Erwartungen und welche Ängste richten sich an die Fachkräfte der sozialen Dienste?

In beiden Wochenendveranstaltungen ging es auch darum, ein ausgewogenes Verhältnis von gemeinsamem Leben und Erleben von Erwachsenen und Kindern einerseits und intensive Arbeitsphasen der Erwachsenen andererseits zu finden, wobei dann eine ausreichende Kinderbetreuung gesichert werden mußte.

7.2.1 **„Wer hilft Pipi Langstrumpf?“** Das erste Familienwochenende

Ende September 1995 fand das erste dreitägige Familienwochenende in einer Familienbildungsstätte im Bergischen Land statt. Das Thema „Wer hilft Pipi Langstrumpf?“ diente als Motto und sollte auch den Kindern ermöglichen, sich mit den Fragen zu beschäftigen. Gespräche in Gruppen, Malen, Singen, Spielen, Theater, Videoaufnahmen waren die wesentlichen Formen der Gestaltung. Insgesamt nahmen 10 Erwachsene und 16 Kinder im Alter von zwei bis 15 Jahren aus acht Familien teil. Dabei gab es für die Eltern vier Gesprächseinheiten in der Gruppe mit insgesamt fünf Stunden Zeit.

Nachdem in einer ersten Gruppenrunde gegenseitiges Kennenlernen und Informationen über das Projekt Thema waren, beschäftigte sich die zweite Gesprächsrunde grundsätzlich mit der Frage „Was braucht ein Kind?“. Da dieses Thema bei der zweiten Veranstaltung ausführlicher behandelt wurde, wird an dieser Stelle auf eine Darstellung verzichtet. Stichpunkte der Diskussion waren u.a. Liebe, Zeit der Eltern, Zuwendung, Aufmerksamkeit, dem Kind etwas zutrauen, Kind auch mal zu verläßlichen anderen Erwachsenen geben.

Im weiteren wurde dann das Thema **„Welche Bedingungen können das Leben mit einem Kind erschweren bzw. ein Kind in Not bringen?“** behandelt.

Nach einer allgemeinen Diskussion wurden die Eltern gebeten, eine Einschätzung zu erschwerenden Bedingungen vorzunehmen. Diese Kategorien, zu denen die Mütter und Väter Stellung nehmen sollten, waren aus dem Fallerhebungsbogen der ASDs der vier Projektstandorte abgeleitet (vgl. hierzu Punkt 3.3). Zu jedem der dargestellten kind-, eltern- und lebensweltbezogenen Belastungsindikatoren wurde dabei folgende Skala vorgegeben:

1 = kein Problem
2 = geringes Problem, ein bißchen problematisch
3 = muß kein Problem sein – kann aber ein Problem sein
4 = auf jeden Fall schwierig – auf jeden Fall ein Problem
5 = großes Problem.

Acht Eltern beteiligten sich an dieser Form der Befragung. Die Ergebnisse sind in den Tabellen 7.1-7.3 dargestellt.

Tabelle 7.1: Welche Bedingungen/Erscheinungen, die beim Kind liegen, können das Leben mit einem Kind erschweren?(n=8)

Rang	kindbezogene Belastungen	Gesamtpunktzahl		Spanne von/bis
		Addition	Mittelwert	
1	Aggressivität	35	4,5	2-5
2	geistige Behinderung	32	4	3-5
3	körperliche Behinderung	31	3,9	3-5
4	Inaktivität	30	3,8	1-5
5	psychische Auffälligkeit	29	3,6	2-5
6	Eßstörung	27	3,4	2-4
7	Überaktivität	26	3,3	1-5
8	Schlafstörungen	25	3,1	2-4
9	Krankheit des Kindes	24	3	1-4

Bei den **kindbezogenen Belastungsindikatoren** zeigt Tabelle 7.1, daß insbesondere der Aggressivität und Inaktivität sowie der geistigen und körperlichen Behinderung von Kindern ein hoher Problemcharakter zugeschrieben wird. In der anschließenden Diskussion zeigte sich zudem – wie auch aus der Spanne der Einschätzungen sichtbar –, daß es extrem voneinander abweichende Beurteilungen einzelner Faktoren gibt. Dabei war allerdings nicht erkennbar, daß Eltern, die über Erfahrungen mit bestimmten Verhaltensweisen oder Lebenseinschränkungen bei eigenen Kindern verfügen, automatisch diesen Erscheinungen einen hohen Problemwert beimessen. Vielmehr bestimmen viele Einzelfaktoren der Familiensituation die Beurteilung als eher geringes oder eher großes Problem.

Tabelle 7.2.: Welche Bedingungen/Erscheinungen, die bei den Eltern liegen, können das Leben mit einem Kind erschweren bzw. ein Kind in Not bringen?

Rang	elternbezogene Belastungen	Gesamtpunktzahl		Spanne von/bis
		Addition	Mittelwert	
1	Alkoholabhängigkeit	40	5	5
1	Drogensucht	40	5	5
1	Tablettensucht	40	5	5
1	Gewalt zwischen Eltern	40	5	5
5	unerwünschte Schwangerschaft	34	4,3	3-5
5	psychische Behinderung	34	4,3	3-5
7	Krankheit	28	3,5	2-5
7	körperliche Behinderung	28	3,5	2-5
9	Trennung	27	3,4	2-5
9	Partnerkonflikte	27	3,4	2-4
11	frühe Schwangerschaft	24	3	3
12	Alleinverantwortung für die Fam.	23	2,9	1-5

Auffällig bei den Einschätzungen zu den **elternbezogenen Belastungen** (Tabelle 7.2) ist die klare Einschätzung von Suchterkrankungen als großes Problem. Dies bestätigte sich auch in der anschließenden Diskussion, in der Erfahrungen aus dem eigenen Leben bzw. aus der unmittelbar erlebten Nachbarschaft berichtet wurden. Ebenso eindeutig wird die Gewalt zwischen den Eltern als eindeutig großes Problem eingestuft. An diesem Thema entspann sich eine längere Diskussion, ob und wieviel die Kinder von Meinungsverschiedenheiten und Streits ihrer Eltern mitbekommen dürfen. Ein hoher Problemgrad wird der auch unerwünschten Schwangerschaft und der psychischen/geistigen Behinderung eines Elternteils zuerkannt. Auch dies konnte an eindrücklichen Beispielen illustriert werden. Die Alleinverantwortung für die Familie hingegen wird nicht generell als Problem angesehen. Hier gingen die Meinungen weit auseinander. So erlebte eine Alleinerziehende diese Lebenslage als eher positiv während eine andere darin ein großes Problem für sich und ihre Kinder sah.

Alle in Tabelle 7.3 enthaltenen **lebensweltbezogenen Belastungsindiaktoren** erhielten von den beteiligten Eltern eine Beurteilung mit großem Problemwert. Dabei stimmen die Einschätzungen weitgehend überein, unabhängig davon ob die eigene Familie selbst von Armut oder Isolierung betroffen ist oder nicht. Die hinter den Begriffen stehenden konkreten Lebenslagen konnten sich alle Erwachsenen sehr gut vorstellen, hatten selbst damit Erfahrung oder konnten sich in Bekanntenkreis oder

Nachbarschaft ein Urteil bilden. Zusätzlich wurde die Ablehnung der Familie durch die Nachbarn als wichtiger Faktor für eine erschwerte Lebensführung genannt.

Tabelle 7.3: Welche Bedingungen, die in der Lebenswelt liegen, können das Leben mit einem Kind erschweren bzw. ein Kind in Not bringen?

Rang	lebensweltbezogene Belastungen	Gesamtpunktzahl		Spanne von/bis
		Addition	Mittelwert	
1	Verschuldung der Familie	37	4,6	4-5
1	soziale Isolation	37	4,6	4-5
3	Armut der Familie	35	4,5	3-5
3	Arbeitslosigkeit	35	4,5	3-5
5	unzureichende Wohnung	32	4	3-5

7.2.2 „Mirko und Dr. Doolittle". Das zweite Familienwochenende

Im April 1996 fand in nahezu gleicher Zusammensetzung ein dreitägiges Familienseminar ausschließlich und speziell zum Thema „Vernachlässigung" statt, an dem insgesamt 16 Kinder im Alter von 2 bis 15 Jahren, 7 Mütter und zwei Väter sowie der Leiter der Kindertagesstätte der SPE Mühle teilnahmen. Drei jugendliche Animateure/Babysitter sorgen dafür, daß alle Kinder ein spannendes Wochenende erlebten und die Erwachsenen die Gelegenheit hatten, sich intensiv über Risiken der Kindesvernachlässigung auszutauschen. Hilfreich für einen schnellen Einstieg in das Thema war die bereits bestehende Vertrautheit in der Gruppe.

Als Einstieg in die Thematik wurde zunächst ein Märchen erzählt und diskutiert, in dem die Lebenssituation eines fünfjährigen Jungen und seiner Familie beschrieben wurde (siehe S. 211).

Die neun Mütter und Väter hatten zunächst die Aufgabe in der Diskussion diejenigen Aspekte zu benennen, die sie für notwendig halten, die Gefahr der Vernachlässigung von Kindern möglichst gering zu halten. Ausgangspunkt war die Frage: **„Was benötigen Mütter und Väter um unabhängig von der Hilfeleistung durch soziale Dienste alleine die Erziehung und Betreuung ihrer Kinder auch in schwierigen Lebenssituationen selbst übernehmen zu können?"** Anhand eines Arbeitsblattes wurden in drei Kleingruppen die Aspekte zusammengetragen.

Insgesamt acht Voraussetzungen wurden hier genannt, die es Eltern ermöglichen, unabhängig von öffentlichen Unterstützungsleistungen für ihre Kinder angemessen zu sorgen:

Mirko und Dr. Doolittle

Es war einmal vor gar nicht langer Zeit ein kleiner Junge der Mirko hieß und in Berlin wohnte. Mirko ist gerade fünf Jahre alt geworden und geht seit einem halben Jahr in den Kindergarten.

Mirkos Mutter ist 22 Jahre also noch ziemlich jung. Sie holt gerade ihren Hauptschulabschluß nach. Als Mirko geboren wurde war sie 17 Jahre und mußte die Schule abbrechen. Als Mirko drei wurde, wurde Alexandra geboren. Sie ist jetzt zwei Jahre.

Mirkos Vater hat russische Eltern, die früher nach Deutschland gezogen sind, um hier zu arbeiten. Er erzählt oft wie schwierig es war, mit den deutschen Kindern klar zu kommen. Irgendwie hat es nie richtig mit der Schule und den verschiedenen Jobs geklappt, immer gab es Streß mit den Vorgesetzten in der Firma, in der Mirkos Vater gerade arbeitete. Zur Zeit ist er wieder mal arbeitslos und ziemlich unzufrieden mit sich und der Welt.

Mirko und Alexandra geht es ziemlich mies. Ihre Mutter hat alle Hände voll zu tun, muß sich um den Haushalt, die Kinder und ihre Schule kümmern. Mirkos Vater fällt die Decke auf den Kopf, wenn er den ganzen Tag in der Wohnung sitzt und deshalb ist er meistens mit Freunden unterwegs. Zur Zeit steckt er das wenige Geld, was vom Sozialamt kommt, auch noch in irgendwelche Spielautomaten und lädt seine Freunde zu Bier und Schnaps ein, obwohl er eigentlich pleite ist. Ständig gibt es zwischen den Eltern deswegen Streit. Mirkos Mutter ist in letzter Zeit immer müde. Abends, wenn die Geschäfte zu haben, geht sie putzen beim Aldi in der Siedlung. Viel Geld gibt es dafür nicht, aber sie sagt, das wäre schon ok., sonst würde sie zu Hause noch durchdrehen.

Vor zwei Monaten wurde es ganz schlimm. Der Vermieter der alten Wohnung hat die ganze Familie vor die Tür gesetzt. In der Siedlung, in der Mirko, Alexandra und die Eltern jetzt wohnen, sind viele Familien, denen es ähnlich geht. Alexandra ist oft allein und bei der Nachbarin, die sich manchmal um sie kümmert. Seit Mirko den Kindergartenplatz hat, ist sie morgens öfter alleine. Oft weiß Mirko nicht, ob er lieber zu Hause bleiben soll.

Mirko weiß nicht genau, ob er im Kindergarten etwas sagen soll. Seine Mutter schimpft ständig, wenn die Nachbarin ihr mal wieder sagt, daß sie sich nicht genug um ihre Kinder kümmern würde. Mirko findet zwar, daß Frau Müller dann meistens recht hat, aber er weiß auch nicht warum in letzter Zeit auch alles schief läuft.

Über seine Sorgen kann Mirko nur mit Dr. Dolittle reden. Das ist der große Schäferhund vom Hausmeister. Dr. Dolittle mag Mirko. Jedesmal wenn Mirko kommt, wedelt er mit dem Schwanz und begrüßt Mirko freudig. Dann gehen sie gemeinsam in den Stadtpark, setzen sich auf eine Bank und Mirko kann Dr. Dolittle alles erzählen. Dr. Doolittle kann zwar nicht reden aber er ist ein toller Kumpel. Letztens hat er Schmiere gestanden als Mirko die Erdbeeren geklaut hat, die der türkische Gemüseladen vor der Tür aufgebaut hatte. Zu Hause war mal wieder der Kühlschrank leer.

- **Zuverlässige Kinderbetreuungsmöglichkeiten**

Aus Sicht der Mütter und Väter ist es zunächst erforderlich, ausreichende Kindergartenplätze zur Verfügung zu stellen. Kinderbetreuung muß zeitlich flexibel sein. So verhindert aktuell oft die reduzierte Öffnungszeit von Kindergärten die Aufnahme einer Beschäftigung, da Arbeitszeiten, Anfahrtszeiten zum Kindergarten und Öffnungszeiten des Kindergartens sich nicht aufeinander abstimmen lassen. Für alleinerziehende Mütter bedeutet das Fehlen geeigneter Kinderbetreuungsmöglichkeiten zumeist die Verhinderung eigener Berufstätigkeit und hiermit verbunden oft die Abhängigkeit von der Sozialhilfe.

Kinderbetreuung muß auch für unter dreijährige Kinder zur Verfügung stehen, ebenso wie für Kinder im Schulalter. So wurde von einer alleinerziehenden Mutter berichtet, daß sie aktuell ein Angebot für eine Vormittagsbeschäftigung an zwei Tagen in der Woche nicht annehmen kann, da ihre zweieinhalbjährige Tochter noch nicht im Kindergartenalter ist. Ob in einem halben Jahr diese Arbeitsmöglichkeit noch gegeben ist, sei jedoch fraglich. Zur Zeit bliebe ihr, aufgrund der fehlenden Kinderbetreuungsmöglichkeit nur „der Gang zum Sozialamt". Eine andere Mutter berichtete von der Problematik der Kinderbetreuung im Schulalter. Durch den unregelmäßigen Stundenplan ihres Sohnes könne sie nicht wieder berufstätig werden. Vielfach reiche es, die Kinderbetreuung am Vormittag abzusichern, da viele Mütter eine Halbtagsbeschäftigung bevorzugen würden. Gleichzeitig sei jedoch die Schaffung von Tagesstättenplätzen in Kindergärten erforderlich. Schulen müßten bei Bedarf halbtags oder ganztags die Betreuung absichern.

Alleinerziehende Mütter und Väter benötigen darüber hinaus Angebote wie z.B. einen flexiblen Babysitterservice am Abend und an den Wochenenden. Deutlich wurde betont, daß es nicht darum ginge Kinder zu jeder Tageszeit „abschieben zu wollen" sondern, daß – so drückte es eine alleinerziehende Mutter von sieben Kindern aus – „Streß innerhalb der Familie doch vorprogrammiert ist, wenn man das ganze Wochenende allein mehreren kleinen Kindern gerecht werden soll."

Wichtig – weil nicht selbstverständlich – erschien den Eltern, daß sich die Forderungen flexibler Kinderbetreuung auch auf behinderte Kinder beziehen müssen. Gerade behinderte Kinder benötigen in erhöhten Maße Förderung und Zuwendung und lassen Eltern mit mehreren Kindern schnell an ihre Grenzen kommen. Die Gewinnung von Nachbarn oder jugendlichen Babysittern für die Betreuung eines behinderten Kleinkindes sei jedoch besonders schwierig. Integrative Kindergartengruppen – wie sie vereinzelt bekannt sind – sollten stärker ausgebaut werden.

Die Gefahr, daß kleine Kinder von ihren Eltern vernachlässigt werden, könne maßgeblich reduziert werden, wenn Kinderbetreuung schnell, flexibel, zuverlässig und kostengünstig zur Verfügung stünde. Das **Fazit** der Gruppe:

➲ Je schneller eine Kinderbetreuungsmöglichkeit zur Verfügung steht, je flexibler Kinderbetreuung in zeitlicher Hinsicht ist, je breiter das Angebot für Kinder aller Altersstufen ist, je intensiver Kindertagesstätten auf den Alltag in einer Familie eingehen und je näher und „normaler" Betreuungsmöglichkeiten für behinderte Kinder zur Verfügung stehen, desto besser schaffen es Mütter und Väter, eine angemessene Erziehung und Betreuung ihrer Kinder aus eigener Kraft zu gewährleisten.

- **Einbindung der Familie in das soziale Umfeld, Nachbarschaftshilfe**

Aus der Sicht der Eltern ist die Isolation einer Familie innerhalb des Wohnumfeldes ein Risiko, welches im Zusammenhang mit der Vernachlässigung von Kindern eine entscheidende Rolle spielt. Notwendig seien soziale Kontakte der Familie d.h. der Eltern und der Kinder. Eine Familie, die keine Kontakte zu anderen Familien in der Nachbarschaft, im Stadtteil, zu Vereinen oder anderen Gruppen habe, sei kaum in der Lage mit dieser „Insel-Situation" fertig zu werden. Ablehnung und Ausgrenzung durch die Nachbarn verschärfe diese Situation noch. Aus der Sicht der Mütter und Väter wurde die Qualität der Nachbarschaftskontakte und der Unterstützung durch Nachbarn wichtiger als die Unterstützung durch soziale Dienste eingeschätzt. Hilfen durch soziale Dienste, d.h. professionelle Unterstützung können die alltäglichen Kontakte und gegenseitige Unterstützung innerhalb der Nachbarschaft nicht ersetzen. Als **Fazit** wurde deshalb folgendes festgehalten:

➲ Je familienfreundlicher das Umfeld ist, je besser die sozialen Kontakte einer Familie innerhalb ihres Wohnviertels sind und je besser die gegenseitige Unterstützung innerhalb der Nachbarschaft funktioniert, um so besser schaffen es Mütter und Väter, eine angemessene Erziehung und Betreuung ihrer Kinder aus eigener Kraft zu gewährleisten.

- **Ausreichender und bezahlbarer Wohnraum**

Aus der Sicht der Mütter und Väter ist ausreichender Wohnraum für eine Familie wichtig und notwendig. Insgesamt müsse mehr Wohnraum für Großfamilien zur Verfügung gestellt werden. Insbesondere für kinderreiche Familien ist es sehr schwierig, geeignete Wohnungen zu bekommen. Eine zweite Forderung betrifft die Höhe der Mieten. Bezahlbarer Wohnraum, insbesondere für kinderreiche Familien oder für Alleinerziehende mit mehreren Kindern sei kaum noch zu bekommen.

Eine bessere Unterstützung durch das Jugendamt, die jetzige Wohnung behalten zu können, wünschte sich eine Mutter. Konkret drohe ihr der Verlust der jetzigen Wohnung im Falle des Auszug ihres ältesten Sohnes. Von den zuständigen Ämtern wünschte sie sich mehr Verständnis für die Notwendigkeit angemessenen Wohnraumes für ihre Familie. „Man kann doch nicht einfach die Quadratmeter zusammenrechnen und dann, wenn eine Person auszieht, die ganze Familie umziehen lassen!" **Fazit** der Gruppe:

➲ Je mehr ausreichender Wohnraum für kinderreiche Familien zur Verfügung steht, je bezahlbarer die Wohnungen sind und je größer die Sicherheit ist, eine geeignete Wohnung auch behalten zu können, um so besser schaffen es Mütter und Väter, eine angemessene Erziehung und Betreuung ihrer Kinder aus eigener Kraft zu gewährleisten.

- **Bessere und verbindliche Ämterkooperation**

Im Zusammenhang von Wohnraum und Sozialhilfebezug wurden weitere Probleme formuliert, die es Familien schwer machen, „die eigenen Angelegenheiten zu regeln". „In dem Dschungel von Sozialhilfe, Wohngeld, BaföG, häusliche Ersparnis für den Kindertagesstättenplatz usw. blickt man doch nicht mehr durch!". Die Angst aber, die vertraute Wohnung verlassen zu müssen, könnte reduziert werden, „wenn man nicht ständig verschiedene Auskünfte verschiedener Ämter bekommt". Wohnungsamt, Sozialamt und Jugendamt müßten eigentlich gemeinsam ein Konzept für die ganze Familie machen, anstatt „die Leute hin und her zu schicken". **Fazit** der Gruppe:

➲ Je verständlicher sich die BehördenvertreterInnen gegenüber Eltern ausdrücken und je abgestimmter die Beratung der zuständigen Ämter ist, desto besser schaffen es Mütter und Väter, eine angemessene Erziehung und Betreuung ihrer Kinder aus eigener Kraft zu gewährleisten.

- **Finanzielle Sicherheit**

Aus Sicht der Eltern ist die finanzielle Sicherheit einer Familie ausschlaggebend auch für die Erziehung und Betreuung der Kinder. Familien, die auf finanzielle Unterstützung durch Dritte angewiesen sind, sind oft auch nicht mehr in der Lage, die Erziehung ihrer Kinder selbst zu regeln. Viele Familien könnten jedoch durch eine bessere finanzielle Unterstützung selbst wieder in die Lage versetzt werden, unabhängig von sozialen Diensten klarzukommen.

Viele Dinge, die für Familien mit einem regelmäßigen Einkommen kein Problem sind, sind für Familien im Sozialhilfebezug nahezu unmöglich zu realisieren. Auch hier wurde ein konkretes Beispiel aus dem TeilnehmerInnenkreis genannt: Während andere Eltern einen Babysitter finanzieren könnten, sei dies mit dem Budget der Sozialhilfe kaum möglich. Man müsse dann dem Jugendamt klar machen, daß eine solche Hilfe erforderlich sei, aufgrund der „Sparsamkeit" des Jugendamtes sei ein „Antrag auf einen Babysitter" jedoch kaum aussichtsreich. Man müsse dann nachweisen, daß ein Kind besonders zu fördern sei („Das nennt sich dann Hilfe zur Erziehung"), allein die Tatsache, daß man als Mutter einmal in der Woche abends einen Kurs machen möchte, zähle nicht.

Als weitere Bedürfnisse von Familien, die mit dem Budget der Sozialhilfe nicht befriedigt werden können, wurden z.B. Möglichkeiten des gemeinsamen Urlaubs mit den Kindern, Freizeitaktivitäten u.a. benannt. Als **Fazit** ließ sich festhalten:

➲ Je höher die finanzielle Sicherheit einer Familie und je besser die finanzielle Unterstützung in Notsituationen geregelt ist, desto besser schaffen es Mütter und Väter, eine angemessene Erziehung und Betreuung ihrer Kinder aus eigener Kraft zu gewährleisten.

- **Streßfreies Zusammenleben in der Familie**

Aus der Sicht von Eltern ist ein wesentlicher Aspekt der Vernachlässigung von Kindern das Problem „Streit und Streß innerhalb der Familie“. Ausschlaggebend für die Erziehung und Betreuung der Kinder sei deshalb der familiäre Frieden. Je besser die Zusammenarbeit innerhalb der Familie gelingen würde, desto geringer sei das Risiko der Vernachlässigung eines oder mehrerer Kinder. Folgende Aussage wurde festgehalten:

➲ Je größer der familiäre Frieden und je geringer der Streß innerhalb der Familie ist und je besser die Zusammenarbeit innerhalb der Familie gelingt, desto besser schaffen es Mütter und Väter eine angemessene Erziehung und Betreuung ihrer Kinder aus eigener Kraft zu gewährleisten.

- **Familienfreundliche ArbeitgeberInnen**

Neben einer Ausweitung und Flexibilisierung der Kinderbetreuungsangebote richteten sich die Forderungen der Eltern an ArbeitgeberInnen. Erforderlich seien flexible Arbeitszeiten, insbesondere für Mütter von kleinen Kindern am Vormittag, weniger Streß im Beruf, Gleichstellung von Frauen im Beruf, mehr Rücksicht der ArbeitgeberInnen auch im Einzelfall auf Mütter und Väter mit kleineren Kindern (z.B. bei Krankheit der Kinder). Gewünscht wurden genügend und flexible Arbeitsplätze. Arbeitslosigkeit wurde als einer der wichtigsten Risikofaktoren genannt. **Fazit** der Gruppe:

➲ Je besser die Chancen von Müttern mit kleinen Kindern im Beruf sind, je mehr Rücksicht ArbeitgeberInnen auf die Situation der Familie nehmen, je ausreichender Arbeitsplätze zur Verfügung stehen und je geringer der Streß der Eltern im Beruf ist, um so besser schaffen es Mütter und Väter eine angemessene Erziehung und Betreuung ihrer Kinder aus eigener Kraft zu gewährleisten.

- **Möglichkeiten für die Wahrnehmung eigener Interessen**

Intensiv und kontrovers diskutiert wurde der Aspekt, inwieweit es für Eltern wichtig sei, auch eigene Interessen wahrnehmen zu können. Während ein Teil der TeilnehmerInnen die Meinung vertrat, „Wer kleine Kinder hat, der muß sich auch ausschließlich um die Kinder kümmern“, sahen andere in der völligen Aufgabe eigener Interessen eher eine Gefahr für die Beziehung zwischen Eltern und Kindern. Vernachlässigung von Kindern sei immer dann eine Gefahr, wenn beispielsweise alleinerziehende Mütter ausschließlich d.h. rund um die Uhr für die Kindererziehung allein zuständig seien, ohne daß es ihnen noch möglich sei, auch eigene Interessen wahrnehmen zu können. Nicht allein die ständige Anwesenheit von Eltern in der Wohnung sei entscheidend für die Frage, ob ein Kind vernachlässigt wird. Gerade für Alleinerziehende sei es wichtig, neben der Kindererziehung auch eigene Interessen (z.B. eine berufliche Ausbildung) verwirklichen zu können. Je ausgeglichener und zufriedener Mütter und Väter mit ihrer Situation seien, um so intensiver können sie auch die Bedürfnisse ihrer Kinder erkennen und befriedigen.

Die authentische Schilderung eines Tages- und Wochenablaufes einer alleinerziehenden Mutter machte schließlich allen TeilnehmerInnen deutlich, daß eine völlige Aufgabe eigener Wünsche und Vorstellungen zugunsten der Kindererziehung nicht sinnvoll sein kann und eher massive Krisen innerhalb der Familie die Folge sein können. Ein Vorwurf, Kinder würden vernachlässigt, wenn eine Mutter daran dächte, wieder berufstätig zu werden oder wenn sie sich wünschen würde, wenigstens einmal in der Woche abends unter Menschen zu kommen, sei nicht gerechtfertigt. Als **Fazit** wurde – wenn auch nicht einhellig – formuliert:

➲ Je größer die Möglichkeiten für Mütter oder Väter sind, auch eigene Interessen wahrnehmen zu können, um so besser schaffen sie es, eine angemessene Erziehung und Betreuung ihrer Kinder aus eigener Kraft zu gewährleisten.

7.3 Vom Elternseminar zur Jugendhilfeplanung. Eine Zusammenfassung

In Diskussionen im Projekt aber ebenso in unterschiedlichen Facharbeitsgruppen wurde die Frage der Sichtweisen der Eltern immer wieder gestellt. Häufig lautete die Antwort, daß es schwierig bis unmöglich sei, mit (potentiell betroffenen) Eltern über das Thema Vernachlässigung zu sprechen. Nicht selten wird Eltern im Kontext von Jugendhilfeleistungen die Kompetenz zur Reflektion und Diskussion ihrer Lebenssituation abgesprochen. Aus den Erfahrungen mit den Elternveranstaltungen im Rahmen des Projektes (andere InitiatorInnen von Elterngruppen bestätigen dies) lassen sich jedoch folgende Schlüsse ziehen:

1. Viele Eltern haben ein großes Interesse sowohl an Gesprächen über ihre Lebenssituation als auch an generellen Themen der Lebensgestaltung mit Kindern. Daraus ergeben sich häufig gegenseitig hilfreiche Anregungen und Erklärungen. Bei den an den Wochenenden beteiligten Eltern wurde ohne Einschränkung der Wunsch geäußert, regelmäßige Begegnungsmöglichkeiten und Gespräche zu haben.

2. Um mit Eltern intensiver ins Gespräch zu kommen, werden Rahmenbedingungen benötigt, bei denen die Kinderbetreuung so gesichert ist, daß sie sich ohne Sorgen um die Kinder auf das Gespräch konzentrieren können. Dies erschwert sicherlich die Organisation und Durchführung von inhaltlich bestimmten Veranstaltungen und Diskussionen mit Eltern. Je mehr Kinder vorhanden sind und je jünger diese sind, desto aufwendiger sind diese Bedingungen zu schaffen.

3. Auch Eltern in sehr belasteten Lebenssituationen können – wenn geeignete Foren und Arbeitsformen gefunden werden – von ihrer konkreten Lebenssituation abstrahieren und generalisierbare Schlüsse ziehen. Dabei zeigte sich, daß sowohl individuelle Erfahrungen wie gesellschaftspolitische Bedingungen selbstkritisch und kritisch hinterfragt werden und auf dieser Grundlage Wünsche, Forderungen oder Empfehlungen an die sozialen Dienste oder an die (kommunale) Politik formuliert werden können.

4. Eltern im Kontext von Jugendhilfe und sozialen Diensten haben oft sehr konkrete Vorstellungen von ihrem familiären Unterstützungsbedarf. Ebenso haben sie zumeist sehr realistische Einschätzungen zu den Möglichkeiten der sozialen Dienste und Fachkräfte.

5. Für Eltern mit kleinen Kindern werden negative individuelle, soziale oder gesellschaftliche Bedingungen häufig so bedeutsam, daß es zu einer Unterversorgung ihrer Kinder kommt. Präventive Jugendhilfe könnte sich daher über die Schaffung von Elterngruppen und -begegnungen einen besseren Einblick in deren Lebenswelten verschaffen, um die Ressourcen der Eltern zur Krisenbewältigung besser erkennen und besser aktivieren zu können. Aus diesen Ressourcen könnte z.B. gegenseitige Unterstützung und Selbsthilfe in erheblichem Umfang entstehen.

Vor dem Hintergrund unserer Erfahrungen ist es bedauerlich, daß die Fachkräfte der sozialen Dienste so gut wie keine Gesprächszusammenhänge – über die unmittelbare Hilfeleistung hinaus – mit den Eltern haben, für die Hilfe geleistet wird. Als hindernde Faktoren werden meist Zeitmangel, die Höhe des Aufwandes und mangelnde Erfahrung im Anleiten und Begleiten von Gruppen genannt.

Es könnten jedoch Anstrengungen unternommen werden, mit bestehenden Einrichtungen wie Tagesstätten, Familienbildungseinrichtungen, Alleinerziehendengruppen oder anderen Initiativen zu kooperieren, um einzelfallübergreifende Gesprächszusammenhänge zu schaffen. Dies ist den Fachkräften dringend zu empfehlen. Eine lebensweltorientierte Jugendhilfe benötigt systematische Gesprächszusammenhänge mit den NutzerInnen von Leistungen, um Rückmeldungen und Einschätzungen bezüglich des Leistungssystems als Ganzem zu erhalten und um auf dieser Grundlage Folgerungen für Weiterentwicklungen ziehen zu können.

Unsere Erfahrungen bestätigen, daß bei entsprechenden Bemühungen auf der örtlichen Ebene konkrete Elternbeteiligung auch mit Eltern in schwierigen Lebenssituationen möglich ist. Dies könnte ein Schritt zur wünschenswerten Betroffenenbeteiligung bei der Jugendhilfeplanung auch im Feld der Hilfen zur Erzieung sein, indem auch hier einzelfallübergreifend mit Leistungsberechtigten über ihre Wünsche, Interessen und Bedürfnisse gesprochen wird und diese in die Planung der Jugendhilfeangebote einfließen.

Hier tut sich im übrigen – wie die Struktur der in diesem Kapitel dargestellten Elternbeteiligung zeigt – ein bislang vernachlässigtes (ignoriertes?) Feld der Familienbildung auf, die als Leistung der Jugendhilfe nach § 16 KJHG den Auftrag hat, „... auf die Bedürfnisse und Interessen sowie auf Erfahrungen von Familien in unterschiedlichen Lebenslagen und Erziehungssituationen (einzugehen) und die Familie zur Mitarbeit in Erziehungseinrichtungen und in Formen der Selbst- und Nachbarschaftshilfe besser (zu) befähigen ...“. Die Umsetzung der fachlichen und methodischen Möglichkeiten und Kompetenzen der Familienbildung für Familien in schwierigen Lebenslagen und für die Sicherstellung ihrer Artikulationsmöglichkeiten im Rahmen der Jugendhilfe(planung) bleibt bislang deutlich hinter den gesetzlichen Intentionen und den sozialpolitischen Erfordernissen zurück.

Abschließend ist festzustellen, daß auch das im Kontext der Diskussion um neue Steuerungsmodelle formulierte Ziel der stärkeren „Kundenorientierung“ für den Bereich der Hilfen zur Erziehung solche Beteiligungsformen, wie sie beispielhaft im Rahmen des Projektes versucht wurden, durchaus nahelegt.

8 Konzepte und Modelle

Das Problembewußtsein hinsichtlich der Vernachlässigung von Säuglingen und Kleinkindern ist in den Arbeitsfeldern der sozialen Arbeit in den letzten Jahren deutlich gestiegen. Eine wachsende Zahl von Fachtagungen und Fortbildungsangeboten ist hierfür ein geeigneter und aussagefähiger Indikator. Gleichzeitig offenbart dieser Tagungs-„Boom“, daß sich viele Fachkräfte auf der Suche nach neuen oder besseren Wegen im Umgang mit dem Problem der Vernachlässigung befinden.

An vielen Orten werden – sicher noch zusätzlich angeheizt durch die öffentliche Diskussion zum Auftrag und zur Verantwortlichkeit der Fachkräfte sozialer Arbeit, wenn Kinder in Familien zu Schaden oder gar zu Tode kommen – Überlegungen angestellt, wie frühzeitige Zugangsmöglichkeiten zu stark belasteten Familien mit kleinen Kindern geschaffen werden können, wie sich die Risiken dieser Kinder minimieren lassen, welche Hilfsangebote bezogen auf die Problemlagen dieser Familien angemessen sind und wie die Familien zur Inanspruchnahme solcher Hilfen motiviert werden können.

Hierbei gilt es, z.T. „alte“ Konzepte neu zu entdecken und in ihrer Bedeutung (wieder) wahrzunehmen, z.T. neue Wege zu entwickeln und zu erproben. Zu den eher „alten“ Konzepten, die es neu zu entdecken und weiterzuentwickeln gilt, gehören z.B. die Arbeit der Kinderschutzzentren und die ihnen z.T. angeschlossenen Kinderwohngruppen als Möglichkeit schneller Krisenintervention (vgl. hierzu schon BEIDERWIEDEN u.a. 1986; Konzepte aufsuchender Mütterberatung wie z.B. in der Stadt Gütersloh, wo **alle** Mütter mit neugeborenen Kindern von der Mütterberatung aufgesucht werden und wo ihnen Information, Beratung und Unterstützung angeboten wird oder wie z.B. in der Stadt Beckum, wo der ASD **alle** Familien mit neugeborenen Kindern aufsucht, um ihnen persönlich eine Sammelmappe mit Elternbriefen zu überbringen und ebenfalls hierbei bei Bedarf Information, Hilfe und Unterstützung anbieten; „Notmütterdienste“ oder „Mutter-Kind-Hilfe“-Vereine, die auf der Grundlage ehren- und nebenamtlichen Engagements Hilfe und Unterstützung (z.B. Tagespflege, Betreuung und Versorgung in Notsituationen) für Familien in Krisen anbieten (z.B. Kreis Warendorf, Schwalm-Eder-Kreis); Mütterzentren, die als Anlauf- und Kommunikationsorte für Mütter gerade mit kleinen Kindern zur Aufhebung der Isolation und zur Abfederung von Überforderungen beitragen.

Zu den eher neuen Konzepten gehören z.B. spezifische Beratungsstellen für Eltern mit Säuglingen und Kleinkindern mit interdisziplinärer Besetzung und mit Angeboten entwicklungsbezogener Beratung, Psychotherapie und/oder konkreter lebenspraktischer Hilfeleistung (vgl. z.B. Beratungsstelle „Menschenskind – Beratungsstelle für Eltern mit Säuglingen und Kleinkindern“, Hamburg), ärztliche Beratungsstellen zur Verhütung von Vernachlässigung und Mißhandlung von Kindern (bisher fast ausschließlich in Nordrhein-Westfalen), spezifische Beratungs- und Unterstützungsangebote für drogenabhängige Eltern und ihre Kinder (Hamburg, Frankfurt, Berlin).

Da ein umfassendere Darstellung der hier nur beispielhaft benannten Arbeitsansätze und Konzepte den Rahmen dieses Kapitels sprengen würde, sollen im folgenden nur vier Konzepte bzw. Modelle – dafür etwas ausführlicher – vorgestellt werden, die im Rahmen des Projektes „Kinder in Not" auf besonderes Interesse gestoßen oder die von den ProjektpartnerInnen an den vier Praxisstandorten direkt aufgegriffen bzw. selbst entwickelt worden sind.

8.1 Begegnungs- und Beratungszentrum für Eltern und Kinder

Im Zuge der Diskussion um eine bessere Verzahnung von materiellen, sozialpädagogischen und medizinischen Hilfsangeboten entstand im Rahmen des Projektes „Kinder in Not" in Neubrandenburg die Idee, eine Modellkonzeption zu entwikkeln und umzusetzen, die diesem Ziel unter kleinräumigem, lebensweltorientiertem Aspekt Rechnung zu tragen versucht. Im folgenden wird die Konzeption beschrieben, die in ihren ersten Elementen seit dem Sommer 1996 in einer Kindertageseinrichtung, in der durch rückläufige Kinderzahlen Räume frei wurden, umgesetzt wird:

Ausgangspunkt

Eltern mit kleinen Kindern sind hohen Belastungen ausgesetzt. Diese Belastungen verschärfen sich insbesondere dann,

- wenn die Familien sich in finanziellen/materiellen Schwierigkeiten befindet (Arbeitslosigkeit, Wohnungsnot, Sozialhilfeabhängigkeit),
- wenn die Familie im Stadtteil sozial isoliert ist, über wenig Außenkontakt verfügt,
- wenn die familiale Situation konflikthaft ist (Partnerkonflikte, Trennung/Scheidung, alleinerziehend),
- wenn die persönliche Situation der Erziehungspersonen ihre Leistungsfähigkeit beeinträchtigt (eigene Deprivationserfahrungen, Krankheit, Sucht, mangelnde Belastbarkeit),
- wenn das Kind besonderer Aufmerksamkeit bedarf (Krankheit, Behinderung) oder es belastende Verhaltensweisen zeigt („Schreikind").

Je mehr eine Familie unter solchen Belastungen zu leiden hat, um so höher steigt die Wahrscheinlichkeit, daß die Ressourcen der Familie/Eltern nicht ausreichen, um eine adäquate Befriedigung kindlicher (Entwicklungs-)Bedürfnisse in der Familie zu gewährleisten. Das Vernachlässigungsrisiko wächst!

Zielsetzung

Das vorgeschlagene Modellprojekt entspricht den Erfordernissen veränderter Anforderungen an Familien und sich verändernden Familienkonstellationen auf der einen Seite und den Erfordernissen einer offensiven, flexibel und lebensfeldorientierten Gestaltung der Hilfs- und Unterstützungsangebote für Familien mit Kindern durch die Jugendhilfe auf der anderen Seite.

Die Praxis der sozialen Dienste in der Unterstützung von Familien mit insbesondere jüngeren Kindern zeigt, daß in vielen Familien psychische, materielle und gesundheitliche Problemlagen oft vielfältig miteinander verwoben sind. Die Trennung von „Kinderproblemen" und „Erwachsenenproblemen" erweist sich zunehmend als wenig zweckvoll.

Auch wenn das Kinder- und Jugendhilfegesetz (KJHG) mit dem dort definierten Erziehungshilfespektrum viele Möglichkeiten der Beratung und Unterstützung von Familien mit Kindern eröffnet, stoßen die Fachkräfte der Jugendhilfe immer wieder auf Bedarfslagen, die ihren eigenen Handlungsrahmen sprengen.

Die Tatsache, daß die Hilfsangebote einer Kommune der Lebenssituation Betroffener in „gesplitteter" Form begegnen (Jugendhilfe, Sozialhilfe, Gesundheitshilfe) ist oft die Ursache dafür, daß Eltern notwendige Hilfe nicht oder nicht rechtzeitig in Anspruch nehmen bzw. daß sie von dieser Hilfe nicht oder nicht rechtzeitig erreicht werden. Dies – so eine zentrale Erfahrung – geht fast immer zu Lasten der Kinder. Dies um so mehr, wenn die Kinder noch sehr klein sind und nicht über eigene Außenkontakte (Kindergarten, Schule) auf ihre Notsituationen z.B. durch auffälliges Verhalten aufmerksam machen können.

Handlungsorientierte Forschung und Praxiserfahrungen zeigen, daß insbesondere für Eltern mit kleineren Kindern ein ganzheitlich, d.h. interdiziplinär organisiertes Angebot gestaltet werden muß, um dem Anspruch der Familie auf Hilfe und Unterstützung und dem Anspruch der Kinder auf positive, entwicklungsfördernde Bedingungen gerecht werden zu können.

Ziel des Modellprojektes ist es vor diesem Hintergrund, ein stadtteilbezogenes Begegnungs-, Kommunikations-, Beratungs- und Unterstützungszentrum für Familien mit insbesondere jüngeren Kindern zu schaffen, welches alle Angebote familienunterstützender Erziehungshilfen im weitesten Verständnis im Rahmen eines kleinräumigen, niederschwelligen Angebots bündelt und vernetzt. Damit wird das Projekt zu einem Modell für die anderen Stadtteile der Stadt Neubrandenburg wie auch für andere Städte und Kommunen, die neue Wege familienorientierter Erziehungshilfen beschreiten wollen.

Die Situation in Neubrandenburg

In der Stadt Neubrandenburg ist es in den sechs Jahren seit der Wende und seit Inkrafttreten des Kinder- und Jugendhilfegesetzes gelungen, eine leistungsfähige Jugendhilfe bereitzustellen. Gerade in Zeiten des gesellschaftlichen Umbruchs hat die Jugendhilfe mit ihren Angeboten der Kindertagesbetreuung, der Jugendarbeit sowie der sozialpädagogischen Dienste der öffentlichen und der freien Träger für viele Familien wertvolle Hilfe- und Unterstützungsleistungen erbringen können.

Der Versuch, hierbei nicht nur reagierend tätig zu werden, dokumentiert sich daran, daß die Stadt Neubrandenburg schon sehr früh mit einer umfassenden Jugendhilfeplanung begonnen hat und derzeit bereits auf der Basis der 1. Fortschreibung von 1995 arbeitet. (vgl. STADT NEUBRANDENBURG 1992, 1994)

Trotz der hier angerissenen Bemühungen stößt die Jugendhilfe in ihrer derzeitigen Struktur aber immer häufiger an ihre Grenzen, und es wird immer schwieriger, Familien mit Kindern frühzeitig zu erreichen, wenn Hilfe- und Unterstützungsbedarf besteht. Die allgemeinen Tendenzen und Entwicklungen lassen sich etwa folgendermaßen zusammenfassen:

- Bedingt durch die Nutzung des Erziehungsurlaubes und Tagespflege ist die Tendenz zu verzeichnen, daß Kindertagesbetreuung im Krippenbereich von einigen Familien als zweitrangig angesehen wird. Wenn auch unbestreitbar ist, daß insbesondere in den ersten drei Lebensjahren eine intensive familiäre Pflege, Versorgung und Betreuung optimale Entwicklungsvoraussetzungen für Kinder schafft, wird gerade der Rückzug aus Kindertageseinrichtungen dort zum Problem, wo Eltern nicht in der Lage sind, ihre Kinder selbst angemessen zu versorgen. Diese Eltern sind es auch, denen andererseits der Kindertagesstättenplatz aufgrund massiver Schulden (Beiträge, Essengeld) gekündigt wird. Die Not dieser Kinder ist nicht selten der öffentlichen Aufmerksamkeit (als Grundlage für Hilfsangebote) entzogen.

- Die – immer schon – hohe Zahl der Trennungen und Scheidungen von Familien mit Kindern wächst weiter an. Gerade in Trennungs- und Scheidungssituationen steigen psychische, soziale, materielle, rechtliche Problemlagen von Familien deutlich an, die nicht ohne Folgen für Kinder sind.

- Es gibt eine steigende Zahl von Familien, die über kein (ausreichendes) Arbeitseinkommen verfügen und auf Sozialhilfe (Hilfe zum Lebensunterhalt) angewiesen sind. Hiervon sind besonders Familien mit mehreren Kindern und überproportional Familien mit Kindern unter sieben Jahren betroffen. In der überwiegenden Zahl handelt es sich hier um alleinerziehende Familien – zumeist Mütter mit Kindern.

- Die Häufigkeit gesundheitlicher Beeinträchtigungen von kleinen und kleinsten Kindern steigt an. Reihenuntersuchungen in Kindertagesstätten und Schulen zeigen, daß
  - Schutzimpfungen und Vorsorgeuntersuchungen von Eltern oft nicht wahrgenommen werden,
  - eine hohe Zahl der Kinder an Zahnerkrankungen, unbehandelten Körperschwächen (Sehfehlern, Hörfehlern, Haltungsschäden) oder schlicht an unbehandelten Infektionserkrankungen leiden.

  Oft haben solche Schäden bereits in frühen Jahren einen irreversiblen Charakter angenommen, obwohl frühzeitiges Erkennen völlige Wiederherstellung ermöglicht hätte.

- Auf der anderen Seite berichteten niedergelassene KinderärztInnen von PatientInnen, die den Weg in die Praxis oder in die Klinik wählen, auch wenn es nicht um gesundheitliche Probleme geht, sondern um soziale Konflikte und um Erziehungskrisen. Hier wiederum sehen sich die ÄrztInnen überfordert.

- Aus der Sicht der Jugendhilfe läßt sich zudem ein wachsender Bedarf an intensiven Hilfen zur Erziehung konstatieren. Auch und gerade jüngere Mütter müssen im Rahmen intensiver Hilfen betreut werden. Zumeist zeigen sich hier in den Familien die oben skizzierten Verflechtungen materieller, sozialer, gesundheitlicher, psychischer und pädagogischer Problemlagen, die allein durch sozialpädagogische Interventionsformen nicht hinreichend zu lösen sind. Nicht selten müssen Aspekte der materiellen, finanziellen und gesundheitlichen Sicherung als Grundlage sozialpädagogischer Arbeit vorrangig bearbeitet werden.

Das Konzept

Das Projekt ist ein auf die reale Situation von Familien mit (kleineren) Kindern zugeschnittenes Angebot, das alle Möglichkeiten der öffentlichen Hilfen (Jugend-, Sozial- und Gesundheitshilfe) für diese Zielgruppe ausschöpft, koordiniert und komprimiert. Im Projekt arbeiten verschiedene Fachkräfte, Dienste und Disziplinen in einem Verbundsystem, welches sich als umfassendes Angebots- und Unterstützungszentrum für Eltern und Kinder begreift.

Den schwer durchschaubaren herkömmlichen Behördenstrukturen und sich ausdifferenzierenden freien Trägern sowie dem Nebeneinander unterschiedlicher Bildungs-, Beratungs- und Unterstützungsdienste (für jedes Problem ein eigener Dienst) setzt das Projekt eine stadtteilorientierte Anlaufstelle entgegen, die in Zusammenarbeit mit den Betroffenen eine koordinierte, zielgerichtete Bewältigung der jeweiligen Problemlagen ermöglicht.

Dabei muß und soll eine reine Defizitorientierung des Angebots vermieden werden. Zur Stärkung des präventiven Aspektes und zur Sicherung entstigmatisierter Zugänge ist es geboten, in dem Projekt allgemein familienfördernde Angebote (Kindertagesbetreuung, Familienbildung, Familienberatung, Familienerholung, Schwangerschaftsvorbereitung, Stillgruppen, familiäre Freizeitgruppen etc.) mit spezifischen Beratungs- und Unterstützungsangeboten (Gesundheitsberatung, Beratung durch den sozialpädagogischen Dienst des Jugendamtes, Sozialamtsberatung, Schuldnerberatung) für Familien in schwierigen Lebenslagen miteinander zu verknüpfen.

• Stadtteilorientierung

Das vorgeschlagene Projekt eines Begegnungs- und Beratungszentrums für Eltern mit Kindern wird im Neubrandenburger Stadtteil „Reitbahnweg" errichtet. In diesem Stadtteil leben ca. 9.000 EinwohnerInnen (Stadt Neubrandenburg: ca. 80.000 EinwohnerInnen) und ca. 800 Kinder unter sieben Jahren. Das Durchschnittsalter in diesem Stadtteil beträgt 27,4 Jahre (Neubrandenburg gesamt: 35,3 Jahre). Allein in den ersten 10 Monaten des Jahres 1995 waren in diesem Stadtteil 62 Kinder von Ehescheidungen betroffen, 38 Kinder unter sieben Jahren erhielten Hilfe zum Lebensunterhalt vom Sozialamt.

Zur Umsetzung des Projektes wird ein Teil einer bestehenden Tageseinrichtung im Stadtteil, bei Erhalt eines anderen Teils zur flexiblen Kinderbetreuung, zum Begegnungs- und Beratungszentrum umgewandelt. Dieses Zentrum soll sich mit seinen Angeboten an alle Eltern mit Kindern, aber auch an PädagogInnen und ErzieherInnen im Stadtteil richten. Ein Einbezug von Familien aus benachbarten Stadtteilen in das Angebot soll durchaus möglich sein, darf allerdings den engeren Stadtteilbezug des Projektes selbst nicht gefährden.

- **Ganzheitlichkeit**

Das Projekt versucht, innovative familienorientierte Erziehungshilfen durch integrierte Angebote der Jugend-, Sozial- und Gesundheitshilfe zu realisieren. Hierfür sollen umfassende und leicht erreichbare Angebote für Eltern und Kinder in dem Begegnungs- und Beratungszentrum geschaffen werden. Im einzelnen umfaßt dies einen Angebotsverbund, der folgende Elemente enthält:

- Kindertagesstätte
  - Regelangebote (Krippe, Kindertagessätte, Hort)
  - Angebote flexibler Kinderbetreuung in Bedarfs- und Notfällen
  - usw.
- Eltern-Kind-Café
  - als offener Treff
  - als offene Anlaufstelle
  - als Möglichkeit der aktiven Einbeziehung von Eltern
  - usw.
- Angebote der Familienbildung und Familienfreizeit (§ 16 KJHG)
  - Elternseminare
  - Alleinerziehendenseminare
  - Geburtsvorbereitungskurse
  - Stillgruppen/Gesprächskreise
  - usw.
- Sozialpädagogische Hilfen
  - allgemeine Beratung durch den sozialpädagogischen Dienst
  - Trennungs- und Scheidungsberatung
  - ambulante Hilfen zur Erziehung (sozialpädagogische Familienhilfe, Schülerhilfe etc.)
  - Beratung und Unterstützung in Erziehungsfragen
  - usw.
- Sozialhilfe
  - Hilfen zum Lebensunterhalt
  - Sozialberatung

  - Hilfen in besonderen Lebenslagen
  - Hilfen zur Arbeit
  - usw.
- Gesundheitshilfe
  - Mütterberatung
  - Familienhebammen
  - aufsuchende Gesundheitsberatung
  - usw.

Die Nutzungszeiten des Begegnungs- und Beratungszentrums müssen bedarfsorientiert gestaltet werden. Die Festlegung dieser Zeiten soll daher flexibel den Wünschen und Interessen der Eltern und Kinder entsprechend möglich sein soll (z.B. bestimmte Öffnungszeiten am Wochenende, Sonntagsfrühstück, Freizeitveranstaltungen etc.).

- **Professionalität und Selbsthilfe**

In dem Projekt soll versucht werden, neben dem Einsatz hauptamtlicher Kräfte (Professionalität) auch neben- und ehrenamtlich Engagement von Eltern (Selbsthilfe) zu fördern. Hierzu sollen Eltern in das Geschehen des Zentrums aktiv einbezogen werden.

Möglichkeiten für einen solchen Einbezug ergeben sich z.B. im geplanten Eltern-Kind-Café, in dem Eltern selbst nebenamtlich mitarbeiten können. Weitere Möglichkeiten bestehen in der partiellen Beteiligung an der Kinderbetreuung (z.B. wenn Eltern Freizeit- oder Bildungsangebote wahrnehmen). Solche Beteiligung von Eltern trägt dazu bei, Kommunikation unter den Eltern zu fördern, Isolation zu überwinden und ist ein wichtiges Instrument der Selbstwertförderung gerade für Eltern und Familien in schwierigen Lebenssituationen. Außerdem entspricht dies häufig auch den Wünschen von Eltern, stärkt ihr Eigenpotential und gibt ihnen Sicherheit im eigenen Erziehungshandeln. Hier eröffnet sich auch die Möglichkeit der gegenseitigen Unterstützung von Eltern z.B. beim gegenseitigen Babysitting in Abendstunden oder an Sonn- und Feiertagen.

- **Trägerschaft**

Träger der Einrichtung wird die Stadt Neubrandenburg sein, da die Gewährleistung des Arbeitens im Verbund mit Jugend-, Sozial- und Gesundheitshilfe so am ehesten zu realisieren ist. Dies scheint insbesondere auch deshalb wichtig, weil hier kommunale Zuständigkeiten miteinander koordiniert und komprimiert werden sollen. Eine solche Leistung ist von einem freien Träger kaum zu erbringen.

Dessen ungeachtet sollen die freien Träger in der Stadt im Rahmen ihrer Möglichkeiten und Interessen an der inhaltlichen Arbeit im Modellprojekt beteiligt werden und insbesondere in die Diskussion um die Weiterentwicklung der Projektidee einbezogen werden.

8.2 Psychoanalytische Sozialarbeit in der (sozialpädagogischen) Familienhilfe

Wir haben Kindesvernachlässigung definiert **als „chronische Unterversorgung des Kindes durch die nachhaltige Nichtberücksichtigung, Mißachtung oder Versagung der Lebensbedürfnisse des Kindes“** (vgl. Punkt 1.2) und dabei auf die Unfähigkeit oder fehlende Bereitschaft der Eltern abgehoben, kindliche Lebensbedürfnisse wahrzunehmen und/oder angemessen zu befriedigen. Diese Unfähigkeit oder fehlende Bereitschaft der Eltern haben wir als **basale Beziehungsstörung zwischen Eltern und Kindern** definiert.

Von dieser Grundüberlegung ausgehend soll an dieser Stelle ein Dienst vorgestellt werden, der sich in besonderer Weise dem Aspekt der Aufarbeitung von Beziehungsstörungen in Familien widmet.

Die sozialpädagogische Familienhilfe in Trägerschaft des Internationalen Bundes für Sozialarbeit (IB) in Offenbach setzt sich mit dieser Problematik auf der Basis psychoanalytischer Sozialarbeit auseinander. Es handelt sich bei diesem Ansatz zwar nicht um ein spezifisch auf Vernachlässigungsfamilien mit Säuglingen und Kleinkindern gerichtetes Angebot – auch hier werden Familien zumeist erst vorgestellt, wenn die Probleme der Kinder in öffentlichen Institutionen (Kindergarten, Schule) auffällig werden –, jedoch weist der Ansatz selbst eine Perspektive, die für die Arbeit mit Vernachlässigungsfamilien von besonderer Bedeutung sein können.

Der Dienst verfügt über 12 psychoanalytisch vorgebildete MitarbeiterInnen (Abschlüsse: Sozialpädagogik, Sozialarbeit, Sonderpädagogik, Sozialpsychologie, Psychologie), die jeweils vier bis sechs Fälle (im Umfang zwischen 10 und 80 Monatsstunden) betreuen. Hinzu kommen bei Bedarf Honorarkräfte, die jeweils für einzelne Fälle zuständig sind. Der Zugang zur Familienhilfe erfolgt über die Entscheidung der Jugendämter im Rahmen der Hilfe zur Erziehung nach §§ 27ff. KJHG. Die Finanzierung erfolgt ausschließlich im Rahmen von Einzelfall-Abrechnungen von Fachleistungsstunden (Selbstkostenerstattung 1994: DM 55,60 pro Stunde).

Die Arbeitsweise wird vom Dienst selbst wie folgt beschrieben: „Die SPFH beim IB Offenbach arbeitet in der Regel mit sogenannten ‘Multiproblemfamilien’, die unter erheblichen sozioökonomischen und psychosozialen Benachteiligungen und Lebensschwierigkeiten zu leiden haben. Entsprechend häufig hatten sie bereits Kontakte mit Sozialbehörden und helfenden Institutionen. Zumeist wird mit Kindern gearbeitet, deren Eltern (und sogar Großeltern) bereits unter traumatisierenden Bedingungen aufwuchsen. Nicht eine traumatisierende Erfahrung, sondern die Kumulierung von sozialen, ökonomischen und psychischen Belastungen haben einen ‘traumatisierenden Lebenszusammenhang’ hergestellt, in dessen Folge extreme Beziehungsstörungen und geringe Chancen für Entwicklung festgestellt werden müssen. Frühe und mehrfache Trennungen, Verwahrlosung, Vernachlässigungen, Mißbrauch und Mißhandlungen, schwere psychische und körperliche Erkrankungen, Suchtmittelmißbrauch etc. beschreiben Zustände, Lebensbedingungen und Verhalten der Menschen, die von der Familienhilfe betreut werden. Aufgrund dieser vielfältigen Problemlagen kommt es zu Schwierigkeiten mit dem sozialen Umfeld und bilden sich

Symptome aus, die schließlich über das Jugendamt zur Familienhilfe führen: Schul- bzw. Lernprobleme, diverse Verhaltensauffälligkeiten und massive Aggressionen, Bettnässen und Einkoten, Autismus und Mutismus, Delinquenz, Drogenmißbrauch etc.

Nach Vorstellung 'eines Falls' durch das Jugendamt führt die SPFH mit der Familie ein – oder auch mehrere – Erstgespräch(e), dessen/deren umgehende Auswertung in der Supervision erste Hypothesen bezüglich der Problematik und erste Festlegungen von Rahmen und Vorgehen in der Arbeit ermöglicht. Entscheidend ist, daß ein schützender Gesamtrahmen für die 'Beziehungsarbeit' mit den Eltern, Kindern und Jugendlichen gefunden werden kann, der in hohem Maße an den Problemlagen, den Möglichkeiten und dem Bedarf der Familie angepaßt ist. Wer mit wem in der Familie arbeitet, an welchem Ort (z.B. bei der Familie, in den Räumen der SPFH, an anderen Orten), mit welcher Frequenz und Dauer etc., bestimmt sich ebenso nach der Einschätzung des konkreten Einzelfalles wie das „Medium" der Arbeit: Von Lernen, Spielen, Basteln, malen und Sprechen etc. mit den Kindern, Unterstützung und Hilfe bei alltagspraktischen Tätigkeiten und Kontakten mit Institutionen und Behörden wie auch Gesprächen nur mit den Erwachsenen ist alles denkbar. Manchmal erfordert eine Problemstellung oder eine bestimmte Familienkonstellation und -dynamik auch ein 'Mehr-Personen-Setting', z.B. arbeitet eine Person mit den Erwachsenen, eine mit den Kindern, aber auch andere Aufteilungen mit unterschiedlichen Aufgabenstellungen sind denkbar. Die Beziehungsarbeit gestaltet sich entlang der Herstellung, Aufrechterhaltung/Veränderung eines flexiblen und den Problemlagen angemessenen Settings mit der Familie. Ziel ist die Konstruktion eines 'schützenden Raums', in dem Entwicklungsschritte für die Eltern und ihre Kinder möglich werden.

Charakteristisch für das Arbeitsfeld der SPFH ist, entsprechend der Vielfältigkeit der Problemlagen und Symptome der Klienten, eine Vielfalt verschiedener Tätigkeiten der Helfer sowie die Tatsache, daß Arbeit mit einer Familie immer auch Arbeit mit ihrem jeweiligen sozialen Umfeld ist (Kindergarten, Hort, Schule, Ämter, Ärzte, Ausbildungswerkstätten, Kreditinstitute etc.).

Die notwendige professionelle Distanz, als Voraussetzung zum Verstehen der Problematik und für die Handlungsfähigkeit in der Familie, wird immer wieder hergestellt durch systematische Formen der Reflexion des Geschehens und Erlebens in der Familie wie z.B. das Erstellen von Berichten entlang eines hierfür geeigneten Rasters und spezifische Fallgespräche. Der entscheidende Ort in der Arbeit für die Überprüfung eines angemessenen Gleichgewichts im Oszillieren zwischen Nähe und Distanz ist allerdings die Supervision. Hier werden die auftretenden Gefühle in bezug auf die Familie interpretiert, die Bedeutung nicht ausgesprochener, sondern inszenierten Wünsche etc. herausgearbeitet, der eigene nicht bewußte Einfluß der Professionellen auf den Verlauf der Beziehungsarbeit zusammengetragen etc. Mit Hilfe der Gruppe und 'Fachleuten für Übertragungs- und Gegenübertragungsprozesse' wird am Verstehen der, auch unbewußten, Beziehungsdynamik gearbeitet und die Arbeitshypothesen werden immer wieder überprüft." (vgl. Selbstdarstellung des Trägers)

Ausgangspunkt der theoretisch konzeptionellen Überlegungen ist hierbei die durch empirische Befunde belegte Annahme, daß familiale Beziehungsprobleme oft einer Dynamik entspringen, die sich z.T. über mehrere Generationen hinweg herausgebildet und aufgeschaukelt hat. Bei vielen Eltern läßt sich rekonstruieren, daß sie selbst als Kinder mißhandelt und/oder deutlich vernachlässigt wurden (vgl. z.B. BEIDERWIEDEN u.a. 1986).

Um an diesen Problemen arbeiten und Veränderungen für die Familienmitglieder ermöglichen zu könen, ist es von seiten der FamilienhelferInnen notwendig, eine verstehende Beziehung zur Familie bzw. zu einzelnen Familienmitgliedern aufzubauen. Da das Problem ja gerade darin gesehen wird, daß auch die Familien das offen zutage liegende Verhalten ihrer Mitglieder – in unserem Fall die Mütter (Väter) ihren eigenen Umgang mit den von ihnen abhängigen (Klein-)Kindern – selbst nicht verstehen und ihnen keinen Sinn abgewinnen können und auch die BeraterInnen nicht von vornherein über den Schlüssel verfügen, dieses Unverständliche zu entschlüsseln, erschließt sich der Zugang zur Problematik für die BeraterInnen erst in der gemeinsamen Beziehungserfahrung. BEIDERWIEDEN u.a. charakterisieren diesen Zugang mit dem Begriff der „Familienberatung als Beziehungsprofis" (1986, S. 268ff.).

Die Familienhilfe formuliert dies in einer Kurzdarstellung so: „Da Symptome Ausdruck von Beziehungsstörungen sind, ist unser Weg, einen schützenden Raum anzubieten, in dem sich das Symptom nun als Beziehungsstörung zwischen Professionellen und Klienten gestaltet. Ist die Beziehung etabliert, kommt es unvermeidlich – und nicht selten in dramatischer Weise – zu einer Re-Inszenierung der in der Familie verinnerlichten Konflikte. In dieser Wiederholung liegt die zentrale Chance zum Verstehen der verschlüsselten Symptomsprache. Diese Szenen geben uns die Grundlage zur Formulierung einer Arbeitshypothese über ein erstes Verständnis der unbewußten Beziehungsdynamik und der Problematik."

Schon mit dem ersten Kontakt zur Familie beginnt ein (kognitiver und emotionaler) Verstehensprozeß, in dem die BeraterInnen versuchen, aktuelle und vergangene Beziehungserfahrungen der Familienmitglieder zu rekonstruieren und den Sinn der Problematik – hier der Vernachlässigung – zu entschlüsseln. Insofern läßt sich im Verständnis psychoanalytischer Sozialarbeit Familienberatung und -therapie als „Beziehungspraxis" oder als „Sinn-verstehende-Methode" kennzeichnen (vgl. BEIDERWIEDEN u.a. 1986, S. 262).

Solche Beratungsbeziehungen lassen sich nicht allein – oft noch nicht einmal vorrangig – über das Medium des Gespräches herstellen. Sie läßt sich zumeist nur dann erreichen, wenn die BeraterInnen in praktischer Solidarität zur Entschärfung aktueller Notsituationen beitragen (alltagspraktische Hilfe, Schuldenregulierung, Vermeidung von Zwangsräumung, Behördengänge, Organisation einer Tagesbetreuung für die Kinder etc.). So unverzichtbar diese praktische Solidarität („Hand anlegen") aber auch ist, so birgt sie immer die Gefahr für die BeraterInnen (und für die Entwicklung der Familie), daß sie sich in das Beziehungsgeflecht der Familie mit einspinnen (lassen), mitagieren statt die Familienkonflikte zu thematisieren und damit zur weiteren „Entmächtigung" der Familie zur eigenständigen Lebensbewältigung beitragen.

Die OFFENBACHER FAMILIENHILFE schreibt hierzu: „Da wir in diesem Arbeitsfeld in der Regel einem 'Chaos', einem Mangel an innerer und äußerer Struktur ausgesetzt sind, setzen wir eine geordnete Struktur, ein hohes Maß an Strukturierung dagegen: Strukturiertes Erstgespräch, Arbeitshypothese, Entwicklung eines Settings, Planung des Vorgehens in aufeinanderfolgende machbare Schritte, Eindeutigkeit und Transparenz bezüglich aller Vereinbarungen, Überprüfungssysteme durch Berichte mit speziell entwickeltem Berichtsraster, durch Supervision etc. Das angemessene Gleichgewicht im Oszillieren zwischen Nähe und Distanz müssen wir kontinuierlich überprüfen. Die Arbeitsweise ist so strukturiert, daß die Professionellen weder durch zu große Nähe quasi von dem unersättlichen 'Sog' nach 'mehr' 'geschluckt' und handlungsunfähig werden (frühe ungestillte Bedürfnisse bringen Suchtstrukturen hervor), noch daß sie zu eingreifenden Interventionen verführt werden, die ihren Zugang zur Familie beenden. Nicht die Dauer der mit einer Familie verbrachten Zeit ist entscheidend für Progression in der Arbeit, sondern die Qualität dieser Zeit und ihre Strukturierung."

Um diesen Anspruch einlösen zu können, führen die MitarbeiterInnen, die zumeist über eine psychoanalytische Selbsterfahrung verfügen, zweimal pro Woche Supervisionssitzungen (Gruppengröße: sechs bis sieben MitarbeiterInnen) mit PsychoanalytikerInnen durch. Mit diesem Reflexionsniveau nimmt der Dienst wahrscheinlich eine Ausnahmestellung unter allen bekannten Ansätzen der Hilfe zur Erziehung ein.

Mit diesem Aufwand versucht der Dienst den immer wieder beklagten Teufelskreis („Vernachlässigende Eltern sind vernachlässigte Kinder!") nicht nur zu benennen, sondern auch zum Thema zu machen. Auch wenn es oft nicht gelingt, Kindern die Trennung von ihren Eltern zu ersparen und Heim- oder Pflegestellenunterbringungen erforderlich werden, so erhöht sich doch die Wahrscheinlichkeit – insbesondere bei der Arbeit mit älteren Kindern –, daß diese die Trennung besser verarbeiten können und nicht automatisch die eigene Vernachlässigung an ihren Kindern reproduzieren.

8.3 **Familien-Hebammen.** Brücke zwischen Jugendhilfe und Gesundheitswesen

Das Konzept der Familien-Hebammen gibt es seit 1977. In diesem Jahr wurde – ausgelöst durch die Erkenntnis einer im internationalen Vergleich deutlich höheren Säuglingssterblichkeit in der BRD – in Bremen ein flächendeckendes Modellprojekt zur Senkung der Säuglingssterblichkeit eingerichtet. Im Gefolge dieses Modellprojektes wurde 1982 in Hannover ein weiteres Projekt eingerichtet, und seit 1990 werden auch in verschiedenen Städten und Kreisen in Nordrhein-Westfalen Familien-Hebammen im Rahmen des Landesprogramms „Gesundheit von Mutter und Kind" vom Land gefördert. Ziel dieser Projekte war und ist es, in Regionen mit erhöhter Säuglingssterblichkeit ein präventives Gesundheitsangebot „rund um die Geburt" zu installieren. Alle Projekte sind an die Gesundheitsämter der jeweiligen Kommunen angebunden.

Der Begriff der Familien-Hebamme hebt darauf ab, daß über den eng verstandenen Begriff der Hebammen-Tätigkeit (Geburtsvorbereitung, Geburtsbegleitung, Geburtsnachsorge) hinaus die ganze Familie und damit die psychosozialen Rahmenbedingungen von Schwangerschaft und Geburt mit berücksichtigt werden.

Da schon lange bekannt ist, daß ein enger Zusammenhang zwischen den sozialen Lebensumständen der Schwangeren/Mütter und den gesundheitlichen Risiken für Mütter und Kinder besteht, haben die meisten Projekte eine eindeutige Schwerpunktsetzung bei der Betreuung von Familien in „sozialen Brennpunkten". Hier sollen Frauen mit medizinischen und/oder psychosozialen Risiken möglichst früh in der Schwangerschaft erreicht und begleitet werden und – falls notwendig – bis maximal zum Ende des ersten Lebensjahres des Kindes betreut werden. Dabei ist es durchaus sinnvoll, wenn diese Betreuung nach der Geburt von Kinderkrankenschwestern übernommen werden, besser noch, wenn die Familien-Hebammen über eine Doppelqualifikation als Hebamme und Kinderkrankenschwester verfügten. So kann die Schwerpunktverlagerung von dem anfänglichen Blick auf die schwangere und entbindende Mutter zu der notwendigen und geeigneten Versorgung und Pflege des Säuglings am besten umgesetzt werden.

Die Zielsetzung des Angebotes der Familien-Hebammen besteht darin,

- Frauen in schwierigen materiellen und psychosozial belastenden Lebenslagen und/oder mit medizinischen Risiken möglichst frühzeitig in der Schwangerschaft, spätestens jedoch sofort nach der Entbindung zu erreichen;
- diesen Frauen – ggf. in Kooperation mit anderen Diensten – eine umfassende Beratungs- und Unterstützungsleistung in gesundheitlicher, psychosozialer und materieller Hinsicht anzubieten und damit die Voraussetzungen für eine komplikationslose Schwangerschaft und Geburt zu schaffen sowie die Bedingungen für gedeihliche Lebensumstände für den Säugling zu verbessern;
- Entwicklungsdefizite von Kindern früher zu erkennen und die Inanspruchnahme der Schwangerenvorsorge und der Untersuchungen der Kinder zur Früherkennung von Krankheiten zu erhöhen;
- mit allen an der gesundheitlichen, sozialen, psychischen und materiellen Versorgung der Familie beteiligten Fachkräfte und Einrichtungen zusammenzuarbeiten, um durch die Koordination und Vernetzung der sozialen Dienste die Risiken zu minimieren, daß Mütter/Familien an ihren individuellen und sozialen Lebensumständen scheitern und daß Säuglinge und Kleinkinder vermeidbaren Gefahren für ihre körperliche, geistige und seelische Entwicklung ausgesetzt werden.

Der so verstandene Ansatz der Familien-Hebamme geht über die reine medizinische Indikation bzw. über ein rein gesundheitsorientiertes Angebot weit hinaus und macht die familiale und soziale Situation, in deren Kontext sich Schwangerschaft, Geburt und Säuglingsbetreuung vollzieht, mit zum Gegenstand der Hilfe.

Als Zielgruppen der Betreuung durch Familien-Hebammen lassen sich Frauen beschreiben, die statistisch – nicht unbedingt im Einzelfall – ein erhöhtes gesundheitliches und psychosoziales Risiko tragen. Zu solchen Risikogruppen gehören

- schwangere Alleinstehende,
- erstgebärende Frauen unter 18 Jahren,
- schwangere Frauen (insbesondere solche, die bereits mehrere Kinder geboren haben) aus Familien mit sozialen Schwierigkeiten,
- schwangere Frauen, die in gewalttätigen Milieus oder mit gewalttätigen Männern leben,
- ausländische schwangere Frauen mit Hemmschwellen zum deutschen Gesundheitssystem,
- psychisch labile oder kranke schwangere Frauen,
- körperlich/geistig behinderte schwangere Frauen,
- alkohol- und/oder drogenabhängige schwangere Frauen.

Eine statistische Auswertung des Modellprojektes „Familien-Hebammen" am Gesundheitsamt Herne ergab für den Zeitraum von Mai 1990 bis Juni 1993 folgende Angaben:

Von 257 Frauen bzw. Familien mit Säuglingen
- waren 26% ausländische Frauen/Familien,
- begann die Betreuung bei 41% während der Schwangerschaft und bei 59% nach der Geburt des Kindes,
- wurden 42% unter 3 Monate, 44% zwischen 3 Monaten und einem Jahr und 14% über ein Jahr betreut,
- waren 44% Selbstmelderinnen, kamen 23% vermittelt über das Jugendamt, 12% über Krankenhäuser, 4% über Frauen- oder KinderärztInnen, die verbliebenen 17% kamen über andere Institutionen oder Fachkräfte oder vermittelt über andere Frauen (Mund-zu-Mund-Propaganda),
- lebten 74% von Transferleistungen (Arbeitslosengeld, -hilfe, Sozialhilfe).

Als herausragende Schwangerschaftsrisiken wurden bei den 257 Frauen dokumentiert:
- 31% Nikotin-, Alkohol-, Drogengebrauch während der Schwangerschaft
- 27% besondere sozialen Belastungen
- 27% besondere psychische Belastungen

Als besondere gesundheitliche Risiken und Störungen der 218 betreuten Kinder im ersten Lebensjahr traten auf (ohne „normale akute Erkrankungen"):
- 28% gehäufte Infekte und Bronchitis im Säuglingsalter
- 21% Ernährungsprobleme
- 17% Stillschwierigkeiten

Dieser kurze – sicher nicht für alle Projekte repräsentative – Überblick aus dem Tätigkeitsbericht (1990-1993; unveröffentlichtes Manuskript) des Herner Familien-Hebammen-Projektes kann einen guten Einblick in die Arbeit des Dienstes vermitteln. Einerseits werden die Belastungen und Risiken der Mütter/Familien und Kinder deutlich, andererseits zeigt sich, daß es den Familien-Hebammen zu einem hohen Anteil gelingen kann, schon zu einem sehr frühen Zeitpunkt (während der Schwangerschaft) Hilfs- und Unterstützungsangebote zu formulieren, die zudem noch auf eine breite Akzeptanz (44% Selbstmelderinnen) stoßen.

Die Betreuungen durch die Familien-Hebammen erfolgen insbesondere in Form von Hausbesuchen, wo Beratung, Unterstützung, Geburtsvorbereitung, Anleitung bei der Säuglingspflege usw. stattfinden. Beratungen im Gesundheitsamt stehen deutlich an zweiter Stelle. Ein wichtiger Bestandteil der Arbeit der Familien-Hebammen besteht darin, die Mütter/Eltern zu ÄrztInnen, TherapeutInnen oder in Kliniken zu begleiten und so sicherzustellen, daß gesundheitlich notwendige Leistungen und Maßnahmen (z.B. Vorsorgeuntersuchung) nicht aufgrund von Schwellenängsten unterbleiben.

Auf der Grundlage eines so gewonnenen Vertrauens sind Familien-Hebammen häufig auch gefordert, die Mütter/Eltern zu weiteren Ämtern (Sozialamt, Jugendamt, Arbeitsamt, Ausländerbehörde etc.) zu begleiten und sie dort zu unterstützen. Häufig sind solche Kontakte die Voraussetzung dafür, die Lebenssituation der Familie positiv zu beeinflußen.

Generell wird die Betreuung abgeschlossen, wenn eine angemessene Pflege und Versorgung des Kindes gewährleistet ist, die Eltern die Vorsorgeuntersuchungen wahrnehmen und die Einschätzung besteht, daß die Eltern sich im Bedarfsfall selbst Hilfe organisieren können. Maximal ist die Hilfe jedoch auf das erste Lebensjahr des Kindes beschränkt. Ist weitere intensive Hilfe notwendig, muß das Jugendamt für geeignete Anschlußmöglichkeiten sorgen.

Mit der hier skizzierten Arbeitsweise schaffen Familien-Hebammen einen Brückenschlag zwischen den Aufgabenfeldern des Gesundheitswesens und der Sozialpädagogik/Jugendhilfe. Einerseits nehmen sie – wie viele freiberufliche Hebammen auch – die medizinisch indizierten, gesundheitsorientierten Aufgaben der Schwangerschaftsbegleitung, Geburtsvorbereitung, Geburtsbegleitung und Geburtsnachsorge wahr und können diese Leistungen auch gegenüber den Krankenkassen in Anrechnung bringen (in Form von Kostenerstattungen an die Kommunen in Anlehnung an die Gebührenordnung für Hebammen). Andererseits haben sie einen psychosozialen Auftrag, indem sie sich – dem Begriff der Familien-Hebamme entsprechend – den z.T. sehr schwierigen Lebenssituationen der Mütter/Familien und der neugeborenen Kinder zuwenden und hier ein ganzheitliches und letztlich disziplinübergreifendes Unterstützungskonzept realisieren. Sie stoßen damit in die Lücke, die weder von der medizinischen Seite noch von der sozialpädagogischen Seite allein kompetent gefüllt werden kann. Der einen Seite fehlt die Kompetenz und oft auch der Blick für die Bearbeitung psychosozialer Notstände, der anderen Seite fehlt die Kompetenz und oft auch der Blick für die Gewährleistung kinderpflegerischer und gesundheitsfürsorgerischer Notwendigkeiten.

So stehen Familien-Hebammen in der Nahtstelle zweier Disziplinen, denen sie jedoch nicht angehören, da sie weder MedizinerInnen noch SozialpädagogInnen sind. Ihre Impulse zum Tätigwerden erhalten sie je nach Einzelfall aus der einen oder anderen Richtung, zuweilen auch aus beiden Richtungen gleichzeitig. Ihr Vorteil ist, daß sie den Zugang zu Familien nicht (nur) über fremdbestimmte Problemdefinitionen finden, sondern daß sie in der Schwangerschaft, Geburt und Geburtsnachsorge ein völlig stigmafreies Thema haben und hierüber konkrete, erwartbare und überschaubare Leistungen anbieten können. Die so von den Müttern gewonnenen Erfahrungen sind die beste Voraussetzung dafür, auch weitere – über das enge

Thema der Geburt hinausgehende – Hilfs- und Unterstützungsangebote zu akzeptieren.

Die oft beschriebene Gratwanderung zwischen Hilfe und Kontrolle betrifft dabei die Familien-Hebamme in gleicher Weise wie die SozialpädagogInnen. Eine im Rahmen des Projektes „Kinder in Not" befragte Familien-Hebamme schätzte es so ein, daß ca. 25% ihrer Hausbesuche nach der Geburt des Kindes deutliche Züge der Kontrolle bezüglich einer angemessenen Pflege und Versorgung der Kinder tragen. Allerdings könne dies auf seiten der Familien – sofern man dieses auch offen anspreche – in der Regel von der Familien-Hebamme oder ggf. der Kinderkrankenschwester, deren Aufgabe das gesundheitliche Wohlergehen des Kindes ist, eher akzeptiert werden als z.B. vom Jugendamt. Dennoch stehen Familien-Hebammen – aufgrund ihrer Nähe zu Situationen, an welche SozialpädagogInnen mitunter nicht einmal herankommen – oft in der Situation, Kindeswohlgefährdungen durch Vernachlässigung oder unsachgemäße Pflege und Ernährung zu erleben und zu erkennen, daß die Mütter/Eltern nicht bereit oder in der Lage sind, diese Gefährdungen zu beenden. Dann geraten sie – gemeinsam mit dem Jugendamt – in die Pflicht, das staatliche Wächteramt wahrzunehmen und ggf. gegen den Willen der Eltern eine Herausnahme von Kindern aus der Familie durch das Vormundschaftsgericht zu bewirken.

Die beruflichen und persönlichen Belastungen der Familien-Hebammen dürften angesichts ihrer Nähe zu den Familien, Müttern und Kindern das Maß der Belastungen von SozialarbeiterInnen erreichen und oft überschreiten. Teamarbeit, Fortbildung, Praxisberatung und Supervision sind vor diesem Hintergrund unverzichtbare Bestandteile einer verantwortlichen Gestaltung eines Dienstes der Familien-Hebammen.

Das folgende Beispiel, das die Arbeitsweise der Familien-Hebammen transparent machen soll, entstammt dem schon zitierten Tätigkeitsbericht des Herner Modellprojektes „Familien-Hebammen":

Fallbeispiel

„Frau X. wird mir im Juni 1990 von einem Sozialarbeiter des Jugendamtes übermittelt. Sie ist eine 33jährige Frau, die zum 10. Mal schwanger ist und neun Kinder gesund und spontan geboren hat. Alle neun Kinder sind zur Adoption freigegeben oder in Pflegefamilien untergebracht, nachdem es immer wieder Probleme bei der Versorgung der Kinder gab. Der Ehemann ist Alkoholiker, der zeitweise einer Beschäftigung nachgeht. Die Familie lebt in einer Ein-Zimmer-Wohnung, hat ständig finanzielle Probleme und ist hoch verschuldet.

Bei Beginn der Betreuung ist die Frau in der 12. Schwangerschaftswoche. Die ersten Gespräche haben die Wichtigkeit der Vorsorgeuntersuchung, die Ernährung und das Verhalten in der Schwangerschaft zum Thema. Im Laufe der Zeit kann ein Vertrauensverhältnis zu Frau X. aufgebaut werden. Sie erzählt von den Schwierigkeiten mit ihrem Ehemann, die immer wieder zur Herausnahme der Kinder führten. Frau X. leidet sehr darunter und ist auch immer wieder bemüht, Kontakt zu den Kindern aufzunehmen.

Die Schwangerschaft verläuft normal, und das Kind wird im Februar 1991 gesund geboren. Nach der Klinikentlassung führe ich lange, ausführliche Gespräche über die Förderung der psychischen und physischen Entwicklung des Kindes (Beschäftigung mit dem Kind, richtige Ernährung, Vorsorgeuntersuchung usw.). Herr X. will nicht in die Gespräche einbezogen werden. Er läßt sich nicht von der Meinung abbringen, daß Kinder schreien, um „ihren Willen durchzusetzen", und daß man Kinder „verwöhnt und verzieht", wenn man sie auf den Arm nimmt und tröstet.

Tagsüber wird das Kind von Frau X. gut versorgt. Die Vorsorgeuntersuchungen und Impfungen werden gewissenhaft durchgeführt, aber abends, wenn Herr X. oftmals betrunken zu Hause ist, kommt es immer wieder zu Streit.

Es kommen die ersten Beschwerden der Nachbarn an das Jugendamt über das lautstarke Streiten und das stundenlange Schreien des Säuglings.

Im Juni 1991, als das Kind vier Monate alt ist, stellt das Jugendamt einen Antrag auf Entziehung des Sorgerechts. Frau X. beauftragt sofort einen Rechtsanwalt, um das Kind zu behalten.

Im Juli 1991 wird der Familie das Sorgerecht gerichtlich entzogen, da Herr X., was seine Erziehungsmethoden betrifft, sich nicht einsichtig zeigt. Frau X. ist zu diesem Zeitpunkt noch nicht in der Lage, sich gegen ihren Ehemann durchzusetzen. Sie sucht desweiteren regelmäßigen Kontakt mit mir, da sie große Probleme hat, mit der Situation fertig zu werden. Frau X. setzt sofort ihr Verhütungsmittel ab, um möglichst bald wieder schwanger zu werden. Ihre Aussage: „Ich werde soviele Kinder bekommen, bis sie mir eins lassen!" Wir führen weiterhin Gespräche, in denen ich versuche, ihr Selbstbewußtsein zu stärken. Frau X. erkennt langsam, daß nur eine Trennung von ihrem Ehemann für sie eine Besserung bringen kann, aber noch schafft sie es nicht, diesen Schritt zu tun. Nach fünf Monaten, im Dezember 1991, ist Frau X. wieder schwanger. Sie bemüht sich, eine größere Wohnung zu finden, und es gelingt ihr. Der Ehemann geht jetzt wieder regelmäßig arbeiten, und die Spannungen zwischen den beiden lassen etwas nach. Frau X. nimmt alle Vorsorgeuntersuchungen regelmäßig wahr. In der 28. Schwangerschaftswoche bekommt sie vorzeitige Wehen, die aber mit Medikamenten und Schonung gelindert werden können. Dem Ehemann wird fristlos von seinem Arbeitgeber gekündigt, da er Geld unterschlagen hat. Er trinkt wieder mehr Alkohol, der Streit zwischen den beiden nimmt wieder zu. Frau X. denkt daran, die Scheidung einzureichen, hat aber immer noch große Angst, ganz allein zu bleiben.

Vier Wochen vor der Entbindung, im Juli 1992, bekommt Frau X. starke Ödeme und nimmt stark an Gewicht zu. Der Arzt rät zu stationärer Aufnahme, die Frau X. aber ablehnt. Ich besuche sie fast täglich, um den Blutdruck und die Ödeme zu kontrollieren.

Am 12.8.1992 treffe ich Frau X. mit regelmäßiger Wehentätigkeit zu Hause an. Ich bringe sie sofort in die Entbindungsklinik, wo sie dann auch noch am gleichen Tag entbindet. Auch dieses Kind wird von Frau X. gut versorgt. Sie beginnt, an den regelmäßigen Stillgruppen teilzunehmen und erlebt dort auch zum erstenmal, wie andere Mütter mit ihren Kindern umgehen. Der Streit zu Hause setzt sich fort. Frau X. lebt in ständiger Angst, daß ihr dieses Kind wieder entzogen wird. Sie braucht im-

mer wieder Bestätigung und Unterstützung von mir, daß sie das Kind richtig versorgt. Nach zwei Monaten schafft sie es endlich, die Scheidung bei ihrem Rechtsanwalt einzureichen. Ihr Ehemann setzt sie massiv unter Druck und droht ihr, daß sie das Kind verliert. Wir reden gemeinsam mit dem Sozialarbeiter des Jugendamtes und schildern die neue Situation. Herr X. muß die eheliche Wohnung verlassen. Es braucht noch etwas Zeit bis Frau X. beginnt, ihre Selbständigkeit zu genießen und Selbstvertrauen bekommt, eigenverantwortlich zu leben. Das Kind entwickelt sich gut, sie macht lange Spaziergänge und beschäftigt sich viel mit ihm. Nach und nach ist sie in der Lage, sich von mir zu lösen und auch Bekanntschaften mit anderen Frauen einzugehen.

Wir bleiben weiterhin in losem Kontakt, aber die intensive Betreuung ist erstmal abgeschlossen. Im August dieses Jahres wird die Ehe endgültig geschieden."

Dieses Fallbeispiel schildert eindrucksvoll die intensive, ganzheitliche Betreuung einer Familie mit psychosozialen Risiken über mehr als zwei Jahre. Dank eines tragfähigen Vertrauensverhältnisses zwischen Mutter und Familien-Hebamme gelingt es nach und nach, Lebensumstände, Wohnsituation und die familiären Schwierigkeiten dieser sozial randständigen jungen Mutter zu verbessern und ihre Wiedereingliederung in die Gesellschaft zu unterstützen.

Perspektive

Im Hinblick auf das Thema Vernachlässigung von Säuglingen und Kleinkindern zeigen die Projekte der Familien-Hebammen eine deutliche Perspektive der Qualifizierung des sozialen Dienstleistungsangebotes für Familien mit kleinen Kindern auf. Die Verbindung von sozial- und gesundheitsfürsorgerischen Aspekten sind Bestandteil des professionellen Selbstverständnisses dieses althergebrachten Berufes. Daher ist er (ggf. zusammen mit der Kinderkrankenschwester, die tendenziell auch gesundheitliche und pädagogische Aspekte in ihrem Berufsbild vereinen) in besonderer Weise geeignet, den geforderten und notwendigen Brückenschlag zwischen den beiden Disziplinen herzustellen.

Organisatorisch ist die Anbindung dieses Tätigkeitsfeldes an die Gesundheitsämter allerdings eher kontraproduktiv. Auch wenn sich in den letzten Jahren eine Aufgabenverschiebung des öffentlichen Gesundheitsdienstes von ehedem eher kontroll- und ordnungspolitischen Funktionen zu mehr präventiver Arbeit, zur Gesundheitsförderung und Gesundheitsaufklärung vollzogen hat, ist ihm der Charakter eines aufsuchenden, dienstleistungsorientierten Angebotes – gerade auch angesichts seiner gebotenen Zurückhaltung wegen des Systems niedergelassener ÄrztInnen – eher fremd. Andererseits werden die Aufgaben der Familien-Hebammen – sinnvollerweise – in ihren gesundheitsbezogenen Teilen über die Krankenkassen abgerechnet und in ihren psychosozialen Teilen über die Jugendhilfe bzw. Sozialhilfe zu finanzieren sein.

Gerade die Zwitterstellung der Familien-Hebammen zwischen Sozial-, Jugendhilfe und Gesundheitssystem hat ein eingängiges Finanzierungsmodell bisher noch nicht hervorbringen können. Einerseits mag dies ein Grund sein, daß eine fachlich begrüßenswerte flächendeckende Ausbreitung dieser Angebotsform in Deutschland nicht stattgefunden hat, andererseits erklärt sich so, daß die seit über 15 Jahren bekannte Arbeitsform in Nordrhein-Westfalen erneut als Modellprojekt (mit gesondererter Finanzierung) konzipiert wurde, anstatt von vornherein eine Regelfinanzierung hierfür zu finden.

Perspektivisch bietet es sich an, Familien-Hebammen völlig aus dem Korsett klassischer Verwaltungsstrukturen herauszulösen und freien Trägern diese Aufgabe zu übertragen. Solche Träger könnten mit festangestellten Familien-Hebammen (und Kinderkrankenschwestern) und/oder mit freiberuflichen Hebammen auf Honorarbasis zusammenarbeiten und hätten so ein hohes Maß an Flexibilität. Diese Dienste könnten dann ihre medizinisch indizierten Aufgabenteile der Hebammentätigkeite entsprechend der Gebührenordnung für Hebammen mit den jeweiligen Krankenversicherungsträgern abrechnen. Für die psychosozialen Betreuungsanteile wären dann supplementär Fachleistungsstunden beim öffentlichen Träger der Jugendhilfe in Anrechnung zu bringen, die dem notwendigen und geeigneten Bedarf (§ 27 KJHG) entsprechen. Zur Sicherung flexibler Handlungsmöglichkeiten könnte eine geeignete Summe als fixe institutionelle Basisförderung zur Verfügung gestellt werden. Durch ein solches Modell könnte in relativ kurzer Zeit ein bedarfsgerechtes Angebot für die o.g. Zielgruppen geschaffen werden, ohne daß – bis auf die ggf. verzichtbare Basisförderung – neue Finanzierungswege erschlossen werden müßten, die nach RVO oder KJHG nicht ohnehin schon gegeben sind. Ein Einstieg ist allein schon darüber zu schaffen, daß im Rahmen einer Hilfeplanung der Hilfe zur Erziehung ein entsprechendes Hilfekonzept mit den Eltern abgestimmt wird, und eine freiberufliche Hebamme diese Leistungen als Hilfe zur Erziehung auf der Basis von Fachleistungsstunden durchführt.

Perspektivisch wäre ein solcher Leistungsbestandteil ein wichtiger, ja unverzichtbarer Baustein einer auf Familien mit jüngeren Kindern gerichteten Erziehungshilfestation.

Die Gewährung von Jugendhilfeleistungen muß dabei nicht erst nach der Geburt einsetzen. Schon während der Schwangerschaft ist oft absehbar, ob eine dem Wohl des Kindes entsprechende Erziehung gewährleistet erscheint oder nicht. Wenn nicht, ist Jugendhilfe gefordert, die geeigneten und notwendigen Maßnahmen zu ergreifen und Hilfe und Unterstützung zur Verfügung zu stellen. Das Leben von Kindern wird oft drastisch dadurch geprägt, wie ihre Mütter in der Schwangerschaft mit sich (und damit mit ihnen) umgegangen und zurechtgekommen sind.

Während das alte JWG noch die Gewährleistung von Hilfen für Mutter und Kind **vor** und **nach** der Geburt vom Jugendamt forderte, enthält das KJHG nur allgemeine und umfassende Formeln. Diese Formeln schließen aber Jugendhilfeleistungen für Mutter und Kind **vor** der Geburt an keiner Stelle aus. Gerade bei Schwangeren mit besonderen gesundheitlichen und psychosozialen Risiken muß präventive Hilfe bei pränataler Hilfe beginnen.

8.4 Qualifiziertes Erkennen und Beurteilen. Das „Glinder Manual"

Die in diesem Buch dargelegten Ausgangslagen sozialpädagogischen Handelns im Bezugsfeld der Kindesvernachlässigung (Komplexität des Beurteilens und Handelns, Prognoseunsicherheit, unzulängliche Hilfekonzepte etc.), die damit gegebenen Schwierigkeiten und Unwägbarkeiten sollten jedoch nicht den Blick dafür verstellen, daß oft noch „hausgemachte" Probleme und Defizite innerhalb des ASD im Jugendamt hinzukommen, die den fachlich ausgewiesenen Umgang mit diesem sensiblen Bereich zusätzlich erschweren.

Defizite der Praxis

Als beispielhafte Belege für derartige – grundsätzlich zu bearbeitende – Defizite seien hier nur genannt:

- Das Instrument des **Hausbesuches** ist ein für die Interaktion der Professionellen mit ihren Adressaten bedeutsame Form der Beziehungsaufnahme und Beziehungsgestaltung. In den zurückliegenden Jahren hat es hier durchaus heftige Debatten darüber gegeben, ob Hausbesuche als eine subtile Form der „Kolonialisierung", also des Eindringens in die Intimität und die Lebenswelt der Handlungsadressaten anzusehen wären – also tunlichst vermieden werden sollten – oder aber ob im Kontext einer wohlverstandenen „Lebensweltorientierung" SozialarbeiterInnen ihre AdressatInnen auch in deren Umfeld aufsuchen sollten, damit auch sich einiger Statussymbole und Distanzierungen entledigen und punktuell die Definitionsmacht an die PartnerInnen zurückgeben (man kann vor einer verschlossenen Tür stehen, man kann „hinausgeschmissen" werden, man kann das Gespräch unter mehr oder minder dominanten Kindergeschrei, Hundegebell, Radio- und Fernsehberieselung durchführen, man muß sich auf den „zugewiesenen Platz" setzen etc.).

- In gleicher Weise wird natürlich die umgekehrte Form der Kontaktaufnahme und Interaktion – die **„Einbestellung ins Amt"** – ebenso kontrovers diskutiert. Ist es für die einen die machtvolle Repräsentation von Amtsautorität (SozialarbeiterInnen hinter, KlientInnen vor dem Schreibtisch), so sehen andere darin eine Form, die den PartnerInnen, den Eltern, Kindern und Jugendlichen ein hohes Maß an Distanzierung und eine hohe Chance an selbstgewählter Verhaltensinszenierung bietet. Kurzum: Die Frage, wie in der Sozialarbeit Tätige Beziehungen gestalten und relevante Informationen bekommen, um eine Problemsituation und mögliche Handlungsperspektiven einzuschätzen, ist unentschieden, bleibt im Zweifelsfall höchst kontrovers. Und so finden wir denn nicht selten in einem ASD-Team Personen, die „ständig auf Achse sind" und andere wiederum, die es vorziehen, ihren Schreibtisch im Amt zum Mittelpunkt ihres beruflichen Handelns zu machen. Wenn es aber richtig ist, daß diese sehr extrem verschiedenen Zugänge auch unterschiedliche Möglichkeiten der Informationsbeschaffungen und andere Qualitäten von Informationen hervorbringen, so kann eine permissive Toleranz – in dem Sinne, daß jeder halt die Methode praktizieren möge, die ihm persönlich am besten entspricht – nicht ohne weiteres hingenommen werden. Sie bedürfte zunächst einer kritischen Revision vor dem Hintergrund des Anspruchs, „anerkannte Regeln beruflichen Handelns“ zu generieren.

- Vergleichbares kann auch zu dem Stichwort **Akte** und **Aktenführung** gesagt werden. Mit Ausnahme bestimmter Verbindlichkeiten und Regularien (z.B. Datenschutz) und der Interessen und Bedürfnisse der „wirtschaftlichen Jugendhilfe“ (also zum Beispiel Ermittlung von unterhaltspflichtigen Personen, von Einkommensverhältnissen, des Wohnortes etc.) gibt es kaum eine „Familien-“ bzw. „Erziehungsakte“, die einer anderen, von einem anderen Kollegen oder einer Kollegin geführten, nur annähernd gleichkommt. In einem Fall seitenlange „Lyrik“, im anderen kurze Stichworte im „Telegrammstil“.

- Die kritischen Hinweise zur „Aktenführung“ sind auch zu erweitern auf die **Art und Weise und den Umfang der ermittelten und dokumentierten Informationen**, sei es im Kontext eines Erstkontaktes, sei es im Zusammenhang mit einer fortlaufenden Betreuung. Welche Informationen und Hinweise es sind, die aus dem prinzipiell nahezu unbegrenzten Universum relevanter Informationen herausgefiltert werden und es dann schließlich verdienen, in der ein oder anderen Form aktenmäßig festgehalten zu werden, bleibt im Regelfall im Dunkeln. Diese Unbestimmtheit bezieht sich auch auf noch relativ einfache – weil objektiv feststellbare – Daten und Informationen. Nicht immer finden wir Familienverhältnisse und Strukturen (wer gehört eigentlich zur Familie?) hinreichend erfaßt, oft wissen wir nicht, welche individuelle Biographie die Mutter, der Vater aufweist und schließlich – dies in Sonderheit auf das hier anstehende Thema „Kindesvernachlässigung“ – haben wir bei den uns möglichen Einsichtnahmen in Akten nur relativ selten Hinweise darauf gefunden, ob Informationen zur gesundheitlichen Situation der Kinder überhaupt erfragt wurden (also z.B. die Frage, ob die Vorsorgeuntersuchungen denn tatsächlich gemacht wurden bzw. was denn unternommen wurde bzw. unternommen werden sollte für den Fall, daß dies noch nicht geschehen ist).

- Weiterhin ist bei einer **Rekonstruktion der Überlegungen und Entscheidungen** vor dem Hintergrund von ASD-Akten gelegentlich nicht nachvollziehbar, warum gerade zu einem bestimmten Zeitpunkt ein „Umschalten“ von einer „lockeren Beobachtung“ der familiären Situation zu einer intensiveren, bis schließlich auch das Vormundschaftsgericht zur Entscheidung anrufenden, Intervention gekommen ist. Ob eine Intervention ein halbes Jahr früher zu früh oder ein halbes Jahr später zu spät gewesen wäre – bzw. hätte sein können –, war den dokumentierten Entscheidungsprozessen selten zu entnehmen.

- Hier zeigt sich auch das Phänomen – was angesichts der relativ hohen Fluktuation (und des mitunter hohen Krankenstandes) in den sozialpädagogischen Tätigkeitsfeldern nicht unwesentlich ist –, daß es relativ selten, eher zufällig, eine **kontinuierliche Fortführung** von Familienbegleitung, Familienbeobachtungen und Handlungsstrategien gibt. Personelle Veränderungen erleben Familien und Kinder oft als Brüche. Sie sind die eigentlichen „Konstanten des Systems“, die definitionsmächtigen PartnerInnen (die SozialarbeiterInnen) hingegen beginnen immer wieder, sich ein neues Bild und eine eigene Definition der Situation „zurechtzulegen".

- Und schließlich ein letztes: Nur selten haben wir anhand der dokumentierten Entscheidungen nachvollziehen können, daß diese – wie es eigentlich die Profession und (glücklicherweise) zudem auch das KJHG verlangt – vor dem Hintergrund **prognostischer Entscheidungen und perspektivischer Planungen** erfolgten. Wir haben die Sozialarbeit seltener als eine Realität gestaltende, denn als auf singuläre (und bedrohlich interpretierte) Ereignisse der Umwelt reagierende Instanz erlebt (zum Beispiel Problemanzeigen des Kindergartens, der Schule, nachhaltige wiederholte Problemanzeigen aus der Verwandschaft, der Nachbarschaft, signalisierter Handlungsbedarf durch Polizei und Justiz etc.).

In der Quintessenz kommen wir aufgrund dieser eher kritischen Einschätzung zu dem Schluß, daß es auch unter Anerkennung der prinzipiellen Unwägbarkeit sozialpädagogischer Arbeit (hochkomplexe Handlungs- und Entscheidungssituation, nichttechnologisches Handlungsmodell) im Sinne einer Qualitätssteigerung und einer interdisziplinären Absicherung sozialpädagogischen Handelns dringlichst geboten schiene, hier geeignete Hilfsmittel (Instrumente) zu entwickeln und zur Verfügung zu stellen.

Vom Aktenvermerk zum qualifizierten Beobachtungskatalog – Vorschlag einer Status- und Prozeßdokumentation: Das Glinder Manual[1]

Vor dem bisher skizzierten Hintergrund haben wir es als einen ersten und wichtigen Schritt angesehen – und diesen auch mit unseren KooperationspartnerInnen in den beteiligten Projektstandorten diskutiert – zu gewissen Festlegungen und Orientierungen bezüglich einer intersubjektiv vergleichbaren Status- und Prozeßdokumentation im Handlungsfeld der „Kindesvernachlässigung" zu kommen. Ein erstes Ergebnis hieraus ist das im folgenden vorgeschlagene „Glinder Manual".

Es geht hierbei um ein arbeitsökonomisch einsetzbares Raster zur Dokumentation einer Familiensituation und der in dieser lebenden Kinder zum Zeitpunkt der Kontaktaufnahme und um eine kontinuierliche Fortschreibung und Bewertung der familiären Veränderungen bzw. Entwicklungen.

Das Dokumentationinstrument

- soll die eine bestimmte Situation erfassenden SozialarbeiterInnen daran erinnern, möglichst umfassend potentiell und/oder faktisch relevante Einflußgrößen zu erfassen und zu dokumentieren (Vollständigkeit),
- enthebt die es einsetzende Person nicht von der Notwendigkeit, die jeweils vorgegebenen Kategorien inhaltlich zu füllen,

1 Im Rahmen des ISA-Forschungsprojektes „Kinder in Not" wurde dieses Instrument zuerst mit dem ASD-Team am Projektstandort Glinde (Kreis Stormarn) diskutiert, entwickelt und „getestet". Daher stammt dann auch – zuerst im projektinternen Sprachgebrauch – die Kurzbezeichnung „Glinder Manual".

- erinnert an eine regelmäßige Überprüfung bisheriger Beobachtungen,
- verlangt nach einer jeweils neuen Einschätzung und Bewertung der Situation und insgesamt daraus resultierend auch eine Einschätzung der Entwicklungsbedingungen (das heißt umgekeht auch des Risikos) des/der in der Familie lebenden Kindes/Kinder.

Gerade unter dem Aspekt der Vernachlässigung ist diese Prozeßdokumentation von eminenter Bedeutung. Wir haben schon mehrfach darauf hingewiesen, daß Vernachlässigung nicht als einmaliger Akt verstanden werden kann, sondern als ein fortdauernder bzw. sich wiederholender Prozeß der Versagung (Frustration) vitaler kindlicher Lebendsbedürfnisse. Hier gibt die in regelmäßigen Abständen vorzunehmende Bewertung der Situation der Familie und des Kindes die Möglichkeit, einen negativen Trend nicht nur zu registrieren, sondern bezüglich der hieraus resultierenden Handlungsnotwendigkeiten zu bewerten und umgekehrt auch einen positiven Trend zu registrieren und gegebenenfalls zu verstärken. Daß eine solche kontinuierliche Prozeßdokumentation auch in Konflikt- und Krisenfällen (bis hin zu gerichtlichen Überprüfungen) ein Stück professionelle Sicherheit gibt, muß nicht besonders hervorgehoben werden.

Schließlich sollte nicht unerwähnt bleiben, daß das „Glinder Manual“ uns auch als geeignete Informationsgrundlage für Helferkonferenzen, Hilfeplangespräche, Entscheidungsteams etc. erscheint und zudem darüber hinaus bei personellen Wechseln (der Fallzuständigkeiten) der jeweils nachfolgenden Person einen gewissen Einblick in die Grundlage der bisherigen Einschätzungen und Wahrnehmungen gibt und somit die Chance eröffnet, an bisherige Programme und Strategien anzuknüpfen (bzw. diese auch begründet abzulehnen).

In der – neuerdings auch in der Sozialarbeit virulenten – Diskussion um Qualität und Qualitätssicherung von sozialer Arbeit und sozialen Diensten wird gemeinhin zwischen drei Qualitätsdimensionen unterschieden: der Strukturqualität, der Verfahrensqualität und der Ergebnisqualität. Das hier vorgestellte Instrument kann dabei angesiedelt werden auf der Ebene der „Verfahrensqualität“, da hiermit gewisse Mindeststandards einer möglichst umfassenden und transparenten Dokumentation von Ausgangsbedingungen und Entwicklungsverläufen gesichert werden können.

Dabei geht es auch darum, diese Einschätzungen und Bewertungen mit den Beteiligten (der Familie) zu verhandeln (Transparenz des Verfahrens und der Positionen). Dies schließt ein, daß mit den Familien über Notwendigkeit (Sinnhaftigkeit), Zielsetzung und Umfang der Dokumentation gesprochen und die Bereitschaft zur Mitarbeit (vor allem durch die Zurverfügungstellung und Interpretation der gewünschten Informationen) erreicht werden kann.

Abschließend sollte jedoch noch herausgestellt werden, daß diese Dokumentation nur dann eingesetzt werden sollte, wenn voraussichtlich ein längerer und intensiverer Beratungsprozeß zu erwarten ist. Und: **Keinesfalls kann dieses Instrument einen offenen Dialog mit den Familien ersetzen.**

a) Glinder Manual - Version „Ersterfassung"

Die in der Version „Ersterfassung" aufgeführten Merkmale zum familiären Kontext (finanzielle/materielle Situation, soziale Situation, familiale Situation, persönliche Situation der Erziehungspersonen, bisherige Angebote und Leistungen) ebenso wie die Kategorien zur Erfassung der Situation des Kindes/der Kinder sind entwickelt worden aus den im Zusammenhang mit dem Vernachlässigungssyndrom relevanten primären und sekundären Einflußfaktoren. Unseres Dafürhaltens sind diese Kriterien aber auch verallgemeinerbar, das heißt geeignet, als Grundbeschreibung für alle Familien und Kinder, die in das Handlungsfeld der sozialen Arbeit (der Allgemeinen Sozialen Dienste) hineinkommen.

b) Glinder Manual - Nacherhebungsbogen

Auch die „Nacherhebungsbogen" sind nicht nur zugeschnitten auf das Problemfeld Vernachlässigung, sondern eignen sich zum Einsatz für Familien generell. Hier sind nicht nur die fortlaufende Beurteilungen von Veränderungen der Familienkonstellationen bzw. der Situation des Kindes von Bedeutung, sondern auch die als letzte Rubrik zu vermerkenden „Vereinbarungen" bzw. „Kontrakte" mit der Familie. Gerade hier scheint es uns wichtig, mehr Klarheit und Transparenz zu schaffen, auch um retrospektiv die Frage zu beantworten, welche Handlungsziele (warum) formuliert und wie diese erreicht bzw. verfehlt wurden.

Wir würden es sehr begrüßen, wenn das hier vorgestellte Instrument in möglichst vielen sozialen Diensten diskutiert und auf seine Praktikabilität hin erprobt werden könnte. Dabei soll das Instrument nur als eine erste Anregung verstanden werden, die es sehr wohl vertragen kann, in der weiteren praktischen Erprobung modifiziert zu werden (sei es im Sinne einer Erweiterung, sei es im Sinne einer Konzentration).

Wichtig ist es dabei jedoch, daß das Instrument auch routinisiert, das heißt ständig und ohne Ausnahme, eingesetzt wird. Das setzt allerdings voraus, daß eine breite Akzeptanz erreicht wird, d.h. diejenigen, die mit dem Instrument arbeiten sollen, hierin auch eine hilfreiche Unterstützung in ihrer Arbeit erkennen können und das Ausfüllen der Bogen nicht als eine „lästige Pflichtübung" verstehen. Eine solche Gefahr wird in dem Maße reduziert, wie diese Bögen wirklich zur Qualifizierung der Arbeitsgestaltung, der kollegialen Diskussion und schließlich auch der einzelfallübergreifenden Auswertung beitragen können.

Familienbeurteilungsbogen (Version „Ersterfassung“) („Glinder Manual zur Kindesvernachlässigung“) (Blatt E1)

Beurteilung der familiären Situation – Ersterfassung
Termin:
Familienname, Straße, Ort, ggf. Tel.Nr.
Beurteiler/in:

Daten zur Familienkonstellation (nur Erwachsene)

(zutreffendes unterstreichen)	Name	Geburts-datum	Nationalität	Familien-stand: ledig/vh./ gesch./ge-trennt leb./ faktisch al-leinerzieh. ja / nein	Berufstätig-keit nein ja (VZ-TZ)
Mutter/Stiefmutter/Adoptiv-/ Pflegemutter/ Großmutter/ sonst. Verwandte/sonst. Per-son (zutreffendes unterstrei-chen)					
Vater/Stiefvater/Adoptiv/Pfle-gevater/Großvater/ sonst. Verwandter/sonst. Person (zutreffendes unterstreichen)					
weitere Person, welche?					
weitere Person, welche?					

Daten zum Kind/zu den Kindern

	Name	Geburtsdatum/ Geschlecht	Nationalität	rechtl. Stellung zur Mutter (ehel./nicht-ehel./Stiefkind/ anderes)	rechtl. Stellung zum Vater/ Part-ner (ehel./ nicht-ehel./Stiefkind/ anderes)
1. Kind					
2. Kind					
3. Kind					
4. Kind					
5. Kind					

Anmerkungen/Hinweise/Kommentare:

Familienbeurteilungsbogen (Version „Ersterfassung")
(„Glinder Manual zur Kindesvernachlässigung") (Blatt E2)

Erhebungsbogen Familie (familiärer Kontext)		
	Bereich/Merkmale	Beschreibung/Bewertung
1. finanzielle/materielle Situation		
	Einkommensituation	
	Arbeit/Arbeitslosigkeit	
	Wohnverhältnisse	
2. soziale Situation		
	Isolation/Integration der Familie im sozialen Umfeld (Nachbarschaft)	
	Isolation/Integration der Familie im verwandschaftlichen Kontext	
	Unterstützung der Familie durch externe Institutionen (Schwellängste der Familie?)	
3. familiale Situation		
	Familienkonflikte (Trennung/Scheidung?)	
	(mobilisierbare) Stärken/Potentiale	
4. persönliche Situation der Erziehungsperson(en)		
	eigene Deprivationserfahrungen der Eltern	
	unerwünschte Schwangerschaft(en)?	
	Leistungsfähigkeiten der Eltern (psychische Belastbarkeit)	
	Sucht (Tabletten, Alkohol, harte Drogen)	
	Kooperationsbereitschaft a) Mutter, b) Vater	
5. bisherige Angebote und Leistungen		
	Jugendhilfe	
	Sozialhilfe	
	Gesundheitshilfe	
	sonstige Angebote, welche?	

Familienbeurteilungsbogen (Version „Ersterfassung“)
(„Glinder Manual zur Kindesvernachlässigung“) (Blatt E3)

Erhebungsbogen Kind (Kind 1, 2, 3, ... je einen Bogen)		
	Name:	Geburtsdatum: Alter z. Zeitpunkt der Erhebung:
	Geschlecht:	Stellung in der Geschwisterreihe:
Situation des Kindes		
	Gesundheit/Krankheitsanfälligkeit (Vorsorgeuntersuchungen)	
	körperliche Erscheinung (Gewicht, Wachstum, motorische Entwicklung)	
	kognitive Entwicklung (Sprachentwicklung)	
	psychische Erscheinung (Aktivität, Wach-, Schlafverhalten, Depressionen, Ängste)	
	Sozialverhalten („schwieriges Kind“, Umgang mit anderen Kindern, mit Erwachsenen)	
Eltern-Kind-Interaktion		
	Sicherung der medizinischen Versorgung	
	Versorgung (Nahrung, Kleidung, Körperpflege)	
	Aufsicht, Schutz des Kindes	
	Kind wird häufig alleingelassen, Isolation des Kindes	
	Gewalt gegen das Kind	
	Aufmerksamkeit/Zuwendung der Eltern	
	Zuverlässigkeit/Berechenbarkeit der Eltern	
	Übertragung der Betreuung an geeignete/ungeeignete Betreuungspersonen	
	Körperkontakt/Zärtlichkeit	
	(herabsetzende) Kritik, Umgangston	
	Bewegungsraum und Spielmöglichkeiten des Kindes	

Familienbeurteilungsbogen – Nacherhebungen (alle 3 bzw. 6 Monate) („Glinder Manual zur Kindesvernachlässigung") (Blatt N1)

Beurteilung des familiären Status				
Name der Familie:				
Name des Beurteilers/der Beurteilerin:				
Bewertung: + = sehr gut (5),), + = gut (4), 0 = normal/stabil (3) – = schlecht (2), -- = sehr schlecht (1), k.A. = keine Angaben möglich				
	t1	t2	t3	t4
Kontakt-/Beurteilungstermin (eintragen)				
1. Lebensweltliche Dimension				
finanzielle/materielle Situation				
Wohnverhältnisse				
(Soziale Situation) Beziehungen der Familie zum sozialen Umfeld (Verwandschaft, Umfeld)				
Unterstützung der Familie durch externe Institutionen (Professionelle)				
2. Familiäre Dimension				
Initiative/Fürsorglichkeit der Eltern/des alleinerziehenden Elternteils				
familiäre Binnenstruktur (Konfliktniveau)				
psychische Belastbarkeit der Eltern (hoch bzw. Beeinträcht. durch Sucht – Tabletten, Alkohol, harte Drogen)				
Vereinbarungen („Kontrakte")				
t1:				
t2:				
t3:				
t4:				

Familienbeurteilungsbogen – Nacherhebungen (alle 3 bzw. 6 Monate) („Glinder Manual zur Kindesvernachlässigung") (Blatt N2)

3. Situation des Kindes (für jedes Kind einen Bogen ausfüllen)

Name des Kindes: Geburtsdatum:

Bewertung:
+ = sehr gut (5), + = gut (4), 0 = normal/stabil (3)- – = schlecht (2), -- = sehr schlecht (1),
k.A. = keine Angaben möglich

	t1	t2	t3	t4
gesundheitliche Situation				
körperl. Erscheinung (Gewicht, Wachstum, motorische Entwicklung)				
kognitive Entwicklung				
psychische Erscheinung (Sozialverhalten, Umgang mit anderen Kindern, mit Erwachsenen)				
4. Eltern-Kind-Interaktion				
Versorgung (Nahrung, Kleidung und Körperpflege)				
Aufsicht, Schutz (Kontrolle/Stimulierung)				
Gewalt gegen das Kind				
Aufmerksamkeit/Zuwendung für das Kind				
Zuverlässigkeit/Berechenbarkeit der Eltern				
Auswirkungen der Partnersituation der Eltern auf das Kind				
Betreuungssituation des Kindes (auch bei Übertragung an andere)				
Körperkontakt/Zärtlichkeit (seelische Wertschätzung)				
Bewegungsraum und Spielmöglichkeiten des Kindes				
Vereinbarungen („Kontrakte")				
t1:				
t2:				
t3:				
t4:				

9 Zusammenfassung und Perspektiven

Im Praxisforschungsprojekt wurde der Versuch unternommen, Ursachen, Erscheinungsformen und Auswirkungen der Vernachlässigung von Säuglingen und Kleinkindern zu beschreiben und (Handlungs-)Perspektiven für die soziale Arbeit zu formulieren. Die Leitfrage war dabei: **Wie läßt sich das Risiko von kleinen und kleinsten Kindern minimieren, in Vernachlässigungssituationen zu geraten?**

Da es im Problemfeld der Kindesvernachlässigung keine einfachen, monoprofessionellen Erklärungs- und Handlungsmodelle gibt, war es nötig, sich dem Thema aus einer interdisziplinären Perspektive (Jugendhilfe, Sozialhilfe, Gesundheitswesen, Justiz) zu nähern.

Eine Hilfe für Vernachlässigungsfamilien kann nur dann wirksam sein, wenn diese Hilfe alle Verursachungsdimensionen gleichermaßen berücksichtigt und sich nicht auf eindimensionale Blick- und Handlungsweisen verengt. Dies erfordert von einer familienbezogenen sozialen Arbeit eine Perspektivenerweiterung und den Einbezug von Fachkräften verschiedener Dienste der oben genannten Disziplinen.

Das Hilfesystem muß – analog der Komplexität des Vernachlässigungssyndroms – vielfältig sein, um allen Problemen (Problemdimensionen) gerecht werden zu können. Zum anderen muß die Hilfe frühzeitig einsetzen und koordiniert ablaufen. Das erfordert eine Kooperation/Vernetzung der verschiedenen Dienste, um einerseits den Familien und ihren Kindern ein attraktives Angebot zur Überwindung ihrer Lebenskrise machen und ihre häufig zu beobachtende Resignation (Isolation und Rückzugstendenz) aufbrechen zu können. Andererseits gilt es aber auch, der immer wieder zu beobachtenden Resignation der Helferinnen und Helfer entgegenzuwirken.

In der Konsequenz bedeutet dies, daß der Aufbau stützender interdisziplinärer und gemeinwesenorientierter Arbeitsansätze erforderlich ist. Es ist ein immer wieder beobachtbares Paradoxon, daß diejenigen, die isolierten Familien helfen wollen, oft selbst nicht in der Lage sind, sich untereinander zu verständigen und ihre eigene Isolation innerhalb des Hilfesystems wirkungsvoll aufzuheben. Diesem Phänomen gilt es im Interesse der Familien und Kinder entgegenzuwirken.

Als Herausforderungen und zugleich als Perspektiven der sozialen Arbeit lassen sich auf der Grundlage der im Projekt „Kinder in Not“ geführten und hier dargestellten Diskussionen und gewonnenen Einsichten einige Folgerungen und Konseqenzen für die Weiterentwicklung von Sozialpolitik und Sozialpädgogik ableiten. Ansatzpunkte für eine veränderte Politik und Praxis im Feld der Vernachlässigung von Kindern lassen sich dabei auf fünf Ebenen benennen.

Politik von Bund und Ländern

Auf der Ebene überkommunaler Politik von Bund und Ländern werden Rahmenbedingungen gestaltet und gesetzt, die einerseits die Lebensbedingungen von Familien mit Kindern in erheblichem Maße prägen und die andererseits auch die Handlungsmöglichkeiten sozialer Arbeit weitgehend beeinflußen.

Von daher ist es zunächst erforderlich, zentrale Aufgaben überkommunaler Politik zu benennen, die es einzufordern und zu realisieren gilt, sollen gesellschaftliche Rahmenbedingungen so gestaltet werden, daß die Risiken von Kindern, vernachlässigt zu werden, tatsächlich reduziert werden können.

Bezogen auf die Lebenssituation von Familien kommt dem Abbau sozialer Benachteiligung und der Verbesserung der Lebensumstände von Kindern und Familien ein zentraler Stellenwert zu. Neben subjektiver Überforderung von Eltern sind es objektive gesellschaftliche Mangelsituationen wie Arbeitslosigkeit, Armut, Wohnungsprobleme und damit verbundene soziale Verwerfungen, die als „Risikofaktoren" der Vernachlässigung zu identifizieren sind. Solche gesellschaftlichen Mangelsituationen lassen sich nicht sozialpädagogisch bearbeiten, sondern sie erfordern eine Politik, die den Anspruch erhebt, die Lebensbedingungen für **alle** Familien mit Kindern positiv zu gestalten. Hierzu gehört u.a.

- **Ausbau von einkommensergänzenden bzw. einkommensersetzenden Leistungen zur Unterstützung und Förderung von Familien mit Kindern** zur Sicherung der existentiellen Grundlagen als Voraussetzung für gute Entwicklungsbedingungen von Kindern (z.B. Erhöhung von Kinder- und Erziehungsgeld, weitere Verbesserung der Regelungen des Unterhaltsvorschusses, Einführung einer sozialen Grundsicherung für arbeitslose Eltern und Alleinerziehende)

- **Stärkere Berücksichtigung der Interessen von Familien auf dem Wohnungsmarkt** (z.B. geziele Wohnbauförderung, Erhöhung des Wohngeldes, Vermeidung von Obdachlosigkeit)

- **Sicherung von Einkommensmöglichkeiten durch Erwerbsarbeit** (z.B. familienfreundliche Arbeitsmarktpolitik, Beschäftigungsprogramme für Eltern/Mütter mit Kindern, spezifische Schwerpunktsetzungen im Rahmen der Programme „Arbeit statt Sozialhilfe")

- **Verbesserungen der Vereinbarkeit von Familie und Beruf** (z.B. Flexibilisierung von Arbeitszeiten, männerspezifische Programme zur Stärkung ihrer Beteiligung an der „Familienarbeit", bedarfsgerechte und bezahlbare Kindertagesbetreuungsmöglichkeiten)

Gerade hinsichtlich solcher zentralen – hier sicher nicht vollständig benannten – sozial- und familienpolitischen Aufgaben darf Bundes- und Landespolitik nicht aus der Verantwortung entlassen werden, dem Leitziel des § 1 Abs. 1 des Kinder- und Jugendhilfegesetzes, „... positive Lebensbedingungen für junge Menschen und ihre Familien sowie eine kinder- und familienfreundliche Umwelt zu erhalten oder zu schaffen", im Rahmen ihrer Gesetzgebung und sonstigen Gestaltungsmöglichkeiten auch in anderen Politikbereichen Geltung zu verschaffen. Das genannte Leitziel läßt sich eben nicht (nur) aus der Jugendhilfe allein heraus anstreben, sondern es muß

Maßstab jeglicher Politik sein, die sich sozialem Ausgleich und sozialer Gerechtigkeit verpflichtet sieht und die allen Kindern lebenswerte Perspektiven eröffnen und erhalten will.

Neben den genannten – direkt familienbezogenen – Aufgaben kommt der Bundes- und Landespolitik auch eine Gestaltungsaufgabe hinsichtlich der Rahmenbedingungen zur Wahrnehmung sozialer Arbeit im Feld der Vernachlässigung zu. Zu diesen Aufgaben gehören insbesondere:

- **Gewährleistung einer aussagefähigen und regelmäßigen Sozial- und Gesundheitsberichterstattung auf Landes- und Bundesebene**, insbesondere unter Berücksichtigung von Familien mit kleinen Kindern in materiellen und/oder sozialen Mangel- und Krisensituationen (z.B. Anzahl der Kinder unter sechs Jahren, deren Eltern von Arbeitslosigkeit betroffen sind, die Bezieher von Sozialhilfe (Hilfe zum Lebensunterhalt) sind, die von Trennung und Scheidung betroffen sind etc.). Hierfür erforderlich ist auch eine Systematisierung und Qualifizierung der Bundes- und Landesstatistik hinsichtlich der Zugänge der sozialen Dienste zu Familien und der Anlässe ihres Tätigwerdens. Dringend erforderlich (allein zur derzeit nicht möglichen Aufhellung des Dunkelfeldes im Bereich der Vernachlässigung) ist der Aufbau einer synchronisierten Statistik in den Bereichen der Jugendhilfe, der Sozialhilfe, des Gesundheitswesens und der Vormundschaftsgerichte (z.B. hinsichtlich ihres Tätigwerdens bei Kindern unter sechs Jahren).
- **Anregung und Förderung überregionaler Kooperation und Öffentlichkeitsarbeit** (z.B. Schwerpunktsetzungen in den Bundes- und Landesjugendplänen hinsichtlich einer offensiven Thematisierung des Themas der Vernachlässigung von Kindern im Rahmen von Tagungen und Fachveranstaltungen, Aufnahme der Thematik in überregionalen Gremien der sozialen Arbeit, Förderung von Kampagnen der Öffentlichkeitsarbeit)
- **Unterstützung und Begleitung von Modellprojekten** (z.B. Intensivierung der Förderung innovativer Modellprojekte im Bereich interdisziplinärer Arbeit mit Familien in Krisen, Erprobung integrierter Hilfsangebote für Mütter vor, während und nach der Geburt, Qualifizierung familienorientierter Erziehungshilfen im Rahmen von Stadtteilzentren etc.)
- **Förderung und Unterstützung von (Praxis-)Forschungsprojekten** (z.B. zu methodischen Fragen der Arbeit mit Familien in Vernachlässigungssituationen, zu Fragen der wechselseitigen Zugänge von sozialen Diensten und Familien in Vernachlässigungssituationen, zum Zusammenhang von Armut, Vernachlässigung und Gesundheit von Kindern, zur Definition der Kindeswohlgefährdung zwischen Sozialpädagogik, Psychologie, Medizin und Justiz etc.)

Kommunale Sozial- und Jugendpolitik

Auf der Ebene kommunaler Sozial- und Jugendpolitik ist es erforderlich, dafür zu sorgen, daß in der jeweiligen Kommune ein qualitativ und quantitativ bedarfsgerechtes Jugendhilfeangebot rechtzeitig und ausreichend zur Verfügung steht. Dies gilt natürlich auch bezogen auf Hilfs- und Unterstützungsangebote für Familien mit kleinen Kindern. Ein wesentliches Instrument zur Einlösung der nach § 79 Abs. 2 KJHG bestehenden Verpflichtung des öffentlichen Trägers der Jugendhilfe, die „erforderlichen und geeigneten Einrichtungen, Dienste und Veranstaltungen ... rechtzeitig und ausreichend zur Verfügung [zu stellen]", ist die nach § 80 KJHG ebenfalls verpflichtend vorgeschriebene Jugendhilfeplanung. Im Rahmen fachlicher, fachpolitischer und letztlich kommunalpolitischer Willensbildungs- und Entscheidungsprozesse werden hier die kommunalen Gestaltungsspielräume (Ressourcenzuweisungen) festgelegt.

Im Hinblick auf das Thema der Vernachlässigung von Kindern lassen sich für die kommunale Sozial- und Jugendhilfeplanung sowie für die kommunale Sozial- und Jugendpolitik insbesondere folgende Anforderungen ableiten:

- **Verbesserung der kommunalen Datenlage über Probleme von Familien und über die Aktivitäten sozialer Dienste**. Analog der geforderten überregionalen Sozialberichterstattung sollten auch Städte und Kreise ein kontinuierliches Berichtswesen entwickeln, welches einerseits Auskunft über Problem- und Mängellagen von Familien mit Kindern gibt (Arbeitslosigkeit, Wohnungsnot, Sozialhilfebedürftigkeit, Trennung/Scheidung, Gesundheitssituation von (kleinen) Kindern, Kindeswohlgefährdungen etc.) und andererseits die Aktivitäten der Jugend-, Sozial- und Gesundheitshilfe dokumentiert. Auf der Grundlage solcher übergreifender Daten und Informationen können Handungsbedarfe (z.B. zur Reduzierung des Risikos der Vernachlässigung von Kindern) für die kommunale Politik herausgearbeitet werden.

- **Gewährleistung einer qualifizierten kommunalen Infrastruktur im Bereich der Jugend-, Sozial- und Gesundheitshilfe**. Vernachlässigende Familien brauchen im Regelfall eine länger andauernde und verläßliche Unterstützung und Entlastung bei ihrem Alltagsmanagement. Kinder in Vernachlässigungssituationen brauchen Betreuung, Versorgung und pädagogische Förderung, damit ihre in der Familie nicht eingelösten Bedürfnisse und Interessen nicht auf der Strecke bleiben. Dies setzt aber voraus, daß die Fachkräfte sozialer Arbeit vor Ort über ein hinreichend differenziertes Repertoire an Hilfsangeboten verfügen können, so z.B.
  - *Alltagspraktische Hilfen mit hohem Präventionsanteilen* (Unterstützung bei Pflege und Versorgung der Kinder, Beseitigung von Gefahrenquellen, Vermittlung von Tagesbetreuung, Mütterberatung, Familienhebammen, Schuldnerberatung etc.)
  - *kompensatorische Angebote* (alle Formen der Hilfe zur Erziehung, Familientherapie, betreute Wohnformen für Väter/Mütter und Kinder, integrative Kindereinrichtungen, Frühförderung etc.)
  - *Möglichkeiten der Krisenintervention* (Bereitschaftspflegestellen, Kinderschutzzentren, Betreuungs- und Versorgungsangebote für Kinder in Notsituationen, Unterstützung und Hilfe zur Vermeidung akut drohender Obdachlosigkeit, Kinderambulanzen etc.)

Kommunale Politik hat dafür Sorge zu tragen, daß solche – z.T. im KJHG und im BSHG geforderten – Unterstützungsangebote im Rahmen einer aufeinander abgestimmten Infrastruktur konsequent umgesetzt werden, damit sich ein familienunterstützundes Handlungskonzept der Fachkräfte sozialer Arbeit auch tatsächlich entwickeln und realisieren läßt.

Handlungsstrategien sozialer Dienste

Auf der Ebene der Handlungsstrategien der sozialen Dienste muß die Tatsache Berücksichtigung finden, daß Vernachlässigung zumeist aus hochkomplexen Verursachungszusammenhängen entsteht und dementsprechend monoprofessionelle Lösungskonzepte in der Regel nicht hinreichen. Erforderlich ist es hier, interdisziplinäre und gemeinwesenorientierte Arbeitsansätze auf- bzw. auszubauen. Wichtige Elemente dabei sind

- **Aufbau stützender interdisziplinärer Netzwerke**. Im Rahmen einer solchen Kooperation müßte es zunächst einmal darum gehen, die Zusammenarbeit zwischen den allgemeinen und den speziellen Diensten – öffentlicher und freier Träger – unter dem Dach der Jugendhilfe zu verbessern. Zum anderen sind andere Fachdisziplinen, die mit vernachlässigenden Familien und vernachlässigten Kindern zu tun haben (Gesundheitssystem, Familien- und Vormundschaftsgerichte, psychologische und therapeutische Dienste) für dieses Problemfeld zu sensibilisieren, zu informieren und zu qualifizieren. Zwischen den Diensten sind sich ergänzende Interpretations- und Handlungsstrategien aufzubauen. Im Kontext dieser interdisziplinären Kooperation wären dann auch Ressourcen aus anderen Sozialleistungsbereichen (z.B. Krankenversicherung, Reichsversichungsordnung, BSHG) neben den Möglichkeiten und zusammen mit denen der Jugendhilfe zu aktivieren.

- **Flexibilisierung von Hilfsangeboten**. Allein innerhalb der Jugendhilfe erweist sich die „Versäulung" der Angebote der Kindertagesbetreuung, der Familienförderung, des Allgemeinen Sozialdienstes als kontraproduktiv für eine rasche und angemessene Hilfeleistung in Vernachlässigungssituationen. Anknüpfungspunkte zu Leistungen der Sozial- und Gesundheitshilfe gestalten sich oft schwierig. Hilfreich wären hier konzeptionelle Flexibilisierungen und Bündelungen von Leistungen z.B. im Rahmen von Stadtteilzentren oder Jugendhilfestationen.

- **Stärkung der Gesundheitsförderung**. Bei solchen interdisziplinären Konzepten spielt die Gesundheitsförderung eine besondere Rolle. Einmal geht Vernachlässigung einher mit der Beeinträchtigung der Gesundheit von Kindern, zum anderen haben die Akteure des Gesundheitssystems (Ärztinnen und Ärzte, Hebammen, Kinderkrankenschwestern etc.) im Regelfall einen früheren und leichteren Zugang zu den Familien und den Kindern. Ihr Auftrag scheint eindeutiger, weniger stigmatisierend und weniger angstauslösend als dies bei der behördlichen Sozialarbeit heute noch der Fall ist. Die rechtlichen Voraussetzungen für eine umfassende und soziale Aspekte einschließende Gesundheitsvorsorge – sei es Rahmen des öffentlichen Gesundheitsdienstes oder der Dienstleistungen der niedergelassenen Ärzte – sind durchweg vorhanden, werden aber bislang nicht ausgefüllt.

- **Qualifizierung der Kooperation von Jugendhilfe und Vormundschaftsgerichten**. Wenn das Wohl eines Kindes gefährdet ist und Eltern diese Gefährdung nicht aus eigener Kraft beenden können oder wollen, ist Jugendhilfe auf die Kooperation mit Vormundschaftsgerichten angewiesen, um erforderliche Leistungen gegenüber dem Kind ggf. auch gegen den Willen der Eltern erbringen zu können. Diese Nahtstelle zwischen Jugendhilfe und Gerichten ist bislang nicht systematisch beleuchtet worden. Hier besteht ein Bedarf, die Kommunikation zwischen beiden Systemen jeweils vor Ort zu intensivieren und in eine gemeinsame Diskussion und Reflexion bezüglich des „Tatbestandes Kindeswohlgefährdung" einzutreten, damit für Kinder und Familien jeweils die am wenigsten einschränkende und die am meisten Perspektiven eröffnende Maßnahme gefunden und realisiert werden kann.

Handlungsalltag der Fachkräfte

Auf der Ebene des Handlungsalltags von Fachkräften wurden im Rahmen des Projektes die erheblichen Belastungen und Unsicherheiten deutlich, die der Umgang mit Säuglingen und Kleinkindern in Vernachlässigungssituationen bei den Fachkräften aller Disziplinen (von der Ärztin bis zur Erzieherin im Kindergarten) hervorruft. Das Thema Vernachlässigung ist auch in der Ausbildung der Fachkräfte ein vernachlässigtes Thema. Insbesondere der ASD, dem mit der Aufgabe, Kinder und Familien zu unterstützen und gleichzeitig die Kinder vor Gefahren für ihr Wohl zu schützen, eine Schlüsselposition zukommt, ist besonderen Belastungen und Anforderungen ausgesetzt. Damit er dieser Schlüsselposition gerecht werden kann, bedarf es vor allem der

- **Qualifizierung von Aus-, Fort- und Weiterbildung**. Gegenstand der Aus-, Fort- und Weiterbildung im Problemkreis der Vernachlässigung von Säuglingen und Kleinkindern müßten einerseits die Kenntnis körperlicher, psychischer und sozialer Entwicklungs- und Reifungsprozesse sein, die auch das Wissen um pflegerische und gesundheitliche Aspekte des Säuglings- und Kleinkindalters umfassen. Andererseits geht es um die Stärkung der Kompetenz der Fachkräfte, sozial belastete Lebenssituationen von Eltern und Kindern angemessen wahrnehmen und deuten zu können und auf dieser Grundlage leistungsfähige und (von der Familie) annehmbare Hilfen zu entwickeln.

- **Sicherung der Verfahrensqualität in der Arbeit des ASD**. Verantwortliches Handeln von Fachkräften in Vernachlässigungssituationen ist nur möglich, wenn die Verfahrensqualität im Umgang (Erkennen, Beurteilen, Handeln) mit solchen Situationen institutionell abgesichert ist. Dies bedeutet vor allem
  - Verankerung der Verpflichtung zur kollegialen Reflexion, Beratung und Kontrolle für alle Fachkräfte
  - Schaffung eines verbindlichen organisatorischen und zeitlichen Rahmens zur Teamarbeit

- Absicherung der kollegialen Beratungsformen durch qualifiziertes Leitungshandeln (Begleitung, Moderation, Beratung, Kontrolle)
- Sicherstellung externer Unterstützung durch Praxisberatung und Supervision

Diese hier für den ASD herausgearbeiten Merkmale qualifzierter Handlungsgrundlagen/Arbeitsorganisation gelten entsprechend auch für andere Dienste, die im Problembereich der Vernachlässigung von Kindern arbeiten.

Familien mit Kindern in schwierigen Lebenslagen

Auf der Ebene der Familien mit Kindern in schwierigen Lebenslagen schließlich ist es erforderlich, die alleinige Fixierung auf die Aktivitäten der Dienste sozialer Arbeit aufzubrechen und die Familien zu partnerschaftlicher Beteiligung zu aktivieren. Vernachlässigung von Kindern ist zwar häufig – aber eben nicht immer – mit Lethargie und Handlungsunfähigkeit von Eltern gleichzusetzen. Manchmal braucht es jedoch nur Anstöße von außen, um den eigenen Alltag wieder aktiver gestalten zu können. Erforderlich ist daher

- **Aktive Aufklärung und Wissensvermittlung** über die Pflege von Säuglingen und Kleinkindern sowie über mögliche Hilfsangebote im Gemeinwesen (Familienbildung, Elternbriefe). Da auch ungewollte Schwangerschaften einen Faktor darstellen, der Vernachlässigung begünstigen kann, ist in diesem Kontext auch der Stellenwert von Sexual- und Verhütungsberatungsstellen sowie die Sicherung der freien Entscheidung der Frauen für oder gegen eine Schwangerschaft von besonderer Bedeutung.

- **Förderung von Nachbarschaftshilfe, Selbsthilfe, sozialer Kommunikation und Kooperation**. Im Rahmen gemeinwesenorientierter ASD-Arbeit, von Familienbildungsstätten und Beratungsstellen oder von niedrigschwelligen Stadtteil- und Mütterzentren lassen sich – wie Erfahrungen zeigen – Familien und vor allem auch (alleinerziehende) Mütter immer wieder in solche Kommunikations- und Kooperationsnetze einbeziehen.

- **Durchführung von Beteiligungsprojekten**. Wie im Rahmen des Projektes selbst gezeigt werden konnte, lassen sich aktivierende Beteiligungsverfahren auch mit Eltern und Kindern unter schwierigen Lebensbedingungen realisieren. Erforderlich hierfür ist allerdings die Bereitstellung entsprechender Bedingungen wie z.B. mehrtägige Aufenthalte in einer Familienbildungsstätte bei gesicherter Kinderbetreuung und bei ausgewogenem Verhältnis von (Diskussions-)Arbeit und Freizeit.

Resümee

Es war das Ziel dieses Buches, Handlungsstrategien der sozialen Arbeit – insbesondere der Jugendhilfe – zu beschreiben und zu entwickeln. Dieser Versuch darf jedoch nicht fehlinterpretiert werden in dem Sinne, daß eine gut entwickelte und qualifiziert arbeitende soziale Arbeit/Sozialpädagogik eine Garantenstellung dafür übernehmen könnte, daß Vernachlässigung in unserer Gesellschaft nicht passieren kann.

Bei allem Bemühen um eine Verbesserung, Qualifizierung und Effektivierung der Sozialpädagogik/Jugendhilfe wäre der pädagogische Optimismus, daß eine gute Problembearbeitung einer Problemlösung gleichkäme, fehl am Platz. (Auch eine gute Unfallchirurgie löst nicht die Probleme mangelnden Arbeitsschutzes oder mangelnder Sicherheit im Straßenverkehr.) Heilserwartungen an die Jugendhilfe sind also völlig unangebracht.

Vernachlässigung ist – unbestritten ihrer familialen und individuellen Verursachungsfaktoren – zu einem großen Teil ein individueller Niederschlag gravierender sozialer Probleme in unserer Gesellschaft (Armut, Arbeitslosigkeit, Desintegration, Isolation, Perspektivlosigkeit von Familien). Soziale Arbeit darf solche Probleme nicht pädagogisieren, sondern muß die sozialpolitische Verantwortungsübernahme einklagen. Nur wenn die Verbesserung und Qualifizierung der Strategien sozialer Arbeit – zu der dieses Buch einen Beitrag leisten will – begleitet wird durch sozialpolitische Initiativen und Strategien zur Verbesserung der materiellen und sozialen Lage von Familien mit Kindern, kann für alle – für betroffene Kinder und Familien sowie für Fachkräfte der sozialen Arbeit – jenseits der individuellen Abfederung und Bearbeitung von familiären Problem- und Krisenlagen auch eine Perspektive zur grundsätzlichen Überwindung solch defizitärer Problemlagen von Familien aufscheinen.

Dabei kommen wir zu dem Schluß, daß wir nicht so sehr Sonderprogramme zur Bekämpfung der Kindesvernachlässigung mit speziellen Fördertöpfen oder gar neue gesetzliche Grundlagen brauchen, sondern in erster Linie eine gute, an sozialem Ausgleich und sozialer Gerechtigkeit orientierte Familien- und Sozialpolitik, eine an Gleichberechtigung und Emanzipation ausgerichtete Gleichstellungspolitik, einen Ausbau von Beratungs- und Unterstützungsleistungen der Jugendhilfe und eine lebensweltbezogene Vernetzung der vorhandenen Möglichkeiten der Jugendhilfe und der anderen Sozialleistungsträger. Es ist an der Zeit, daß sich Sozialpolitik und Sozialarbeit nachhaltiger und bewußter als in der Vergangenheit in diese Richtung bewegen.

Erweitertes Literaturverzeichnis

Amendt, G.: Das Leben unerwünschter Kinder. Frankfurt/M. 1992

Ammon, A.: Psychische Kindesmißhandlung, in: Pro Juventute – 1980 (Jg. 61) H. 7/9, S. 326-332

Andler, W.: Mißhandlung, Vernachlässigung und sexueller Mißbrauch von Kindern. In: Schlack 1995, S. 197-209

Arenz-Greiving, I./ Dilger, H.: Elternsüchte – Kindernöte. Berichte aus der Praxis. Freiburg 1994

Arntzen, F.: Elterliche Sorge und Umgang mit Kindern. Ein Grundriß der forensischen Familienpsychologie. München1994

AWO-Bundesverband, AWO-Magazin, 6/7 – 1996

Baacke, D./Schulze, T. (Hg.): Aus Geschichten lernen – Zur Einübung pädagogischen Verstehens. München 1979

Baller, A/Le Grand, N.: De basiszorg-Bureau Kinderen van drugverslaafde Ouders. Amsterdam 1988

Baller, W.R.: Readings in the psychology of human growth. New York 1966

Balloff, R.: Reaktionen der Kinder auf Trennung und Scheidung der Eltern. Die Regelung der elterlichen Sorge nach Trennung und Scheidung der Eltern. In: Sozialmagazin, 11/92, S. 26

Bast u. a.: Gewalt gegen Kinder. Kindesmißhandlung und ihre Ursachen, Reinbek 1978

Beck, U.: Risikogesellschaft – Auf dem Weg in eine andere Moderne. Frankfurt/M. 1986

Beiderwieden, J./Windhaus, E./Wolff, R.: Jenseits der Gewalt – Hilfen für mißhandelte Kinder. Basel/Frankfurt/M. 1986

Berger, M.: Die gegenwärtige Familiensituation aus kinderpsychiatrischer Sicht und ihre Auswirkungen auf die Persönlichkeitsentwicklung des Kindes, in: Das öffentliche Gesundheitswesen, 1990 (Jg. 52) Nr. 8/9, S. 481-

Berlin/Senator für Familie, Jugend und Sport: Bericht über die Situation mißhandelter und vernachlässigter Kinder in Berlin, Berlin, Selbstverl., 1977, 24 S.

Bienemann, G./Hasebrink, M./Nikles, B.W. (Hg.): Handbuch des Kinder- und Jugendschutzes – Grundlagen, Kontexte, Arbeitsfelder. Münster 1995

Bindel-Kögel, G./Brünemann de Falcon, R.: Junge Mütter – eine Problemgruppe? In: Sozialmagazin, 9/1993, S. 13

Boettner, J./Tobias, G.: Alles im Griff – Häusliche Konsolidierung als Armutsbewältigung. In: Soziale Arbeit 2/1991. S. 28-44

Boomgaart, H.v.d./Fenske, J./Mankau, G./Struck, N./Trede, W. (Hg.): Rechte von Kindern und Jugendlichen – Wege zu ihrer Verwirklichung. Münster 1996

Bowlby, J.: Bindungen. 1975

Brieskorn-Zinke, M.: Zur Aneignung von Gesundheitskompetenz. In: Sozialmagazin, 7-8/92, S. 43

Brinkmann, W./Honig, M.-S. (Deutsches Jugendinstitut): Gewalt gegen Kinder – Kinderschutz – eine sozialwissenschaftliche Auswahlbibliographie, München, Selbstvlg., 1986, 184 S.

Buddemeier, I.: Gewaltförmigkeit in Familienverhältnissen. Mißhandlung und Selbsthilfe. Bielefeld 1978

Bundesministerium für Jugend, Familie, Frauen und Gesundheit (Hg.): Möglichkeiten und Grenzen der Lebenshilfe für besonders sozial gefährdete Mädchen und Frauen. Schriftenreihe, Bd. 251. Stuttgart 1990

Bundesministerium für Jugend, Familie, Frauen und Gesundheit (Hg.): Achter Jugendbericht – Bericht über Bestrebungen und Leistungen der Jugendhilfe. Bonn 1990

Bundesrepubik Deutschland/Bundesregierung: Lebenssituation der Kinder in der Bundesrepublik Deutschland – Antwort der Bundesregierung auf eine große Anfrage der Fraktion der SPD im Deutschen Bundestag vom 8. Januar 1986, in: Forum Jugendhilfe - 1986 Nr. 1/2, S. 6-36

Bundesrepublik Deutschland/Minister für Familie und Senioren/Kinderschutz-Zentrum Berlin e.V.: Kindesmißhandlung - Erkennen und Helfen - eine praktische Anleitung. Bonn, Selbstverl., 1992, 110 S.

Busch, M.: Quellen und Literatur zum SGB VIII (KJHG). Münster 1995

Büttner, Chr./ Ende, A. (Hg.): Lebensräume für Kinder. Jahrbuch der Kindheit. Bd. 6, Weinheim 1989

Büttner, Chr./Ende, A. (Hg.): Trennungen. Kindliche Rettungsversuche bei Vernachlässigungen, Scheidungen und Tod. Jahrbuch der Kindheit. Bd.7. Weinheim 1990

Covitz, J.: Der Familienfluch. Seelische Kindesmißhandlung. Boston, Massachusetts 1986

Dessai, E.: Auf dem Weg in die kinderlose Gesellschaft. Hamburg 1979

Dickmeis, F.: Jugendhilfe und Ehescheidung. Zeitschrift für Rechtspolitik, Heft 6, 1989

Döring, D./Hanesch, W./Huster, E.-U.: Armut im Wohlstand. Frankfurt 1990

Drunkemölle, H.-R.: Zur Effektivität der gesetzlichen Krankheitsfrüherkennungsuntersuchungen für Säuglinge und Kleinkinder unter besonderer Berücksichtigung neurologischer Befunde und Diagnosen. München 1982.

Ell, E.: Psychologische Kriterien der Sorgerechtsregelung und der Diagnostik der emotionalen Beziehungen. Weinheim 1990

Engelbert, A.: Wandel der Familie - Gefährdung für Kinder? In: Graeßner u.a. (Hg.): Gefährdungen von Knidern, Opladen 1993, S. 59-80

Engelhardt, L.: Pflege - das vernachlässigte Konzept sozialpädagogischer Theorie und Praxis - eine Problemskizze, in: Sonderpädagogik 1989 (Jg. 19) Nr. 1/2, S. 14-20

Engfer, A.: Kindesmißhandlung und sexueller Mißbrauch. In: Keller 1989

Engfer, A.: Kindesmißhandlung - Ursachen, Auswirkungen, Hilfen. Stuttgart 1986

Ernst, A./Stampfel, S.: Kinderreport. Wie Kinder in Deutschland leben. Köln 1991

Esser, G./Weinel, H.: Vernachlässigende und ablehnende Mütter in Interaktion mit ihren Kindern, in: Martinius/Frank 1990

Farner, H.: Aus juristischer Sicht - Die Mißhandlung und Vernachlässigung von Kindern und Jugendlichen, in: Pro Juventute - 1980 (Jg. 61) H. 7/9, S. 337-342

Fischer, D. (Hg.): Fallstudien in der Pädagogik - Aufgaben, Methoden, Wirkungen. Konstanz 1982

Fischer, D./Brügelmann, H.: Warum sind Fallstudien in der Pädagogik ein Thema? In: Fischer 1982, S. 12-19

Freigang, W.: Verlegen und Abschieben. Weinheim 1986

Fricke, A.: Der Sorgerechtsentzug und die Folgen: Zur Mitwirkung des Amtsvormunds/ Amtspflegers bei der Hilfe zur Erziehung nach dem KJHG. In: Zentralblatt für Jugendrecht, Heft 7/1995, S. 284-291

Friedrich, H./Fränkel-Dahmann u.a.: Familiale Deprivation und Familiendynamik, Vandenhoek und Ruprecht, Göttingen 1979

Fthenakis, W.E.: Väter. 1984

Goldstein, J./Freud, A./Solnit, A.J./Goldstein, S.: Das Wohl des Kindes. Frankfurt/M. 1988

Goldstein, J./Freud, A./Solnit, A.J.: Diesseits des Kindeswohl. Frankfurt 1982

Graeßner, G./Mauntel, C./Püttbach, E. (Hg.): Gefährdungen von Kindern, Opladen 1993

Greese, D./Güthoff, F./Kersten-Rettig, P./Noack, B. (Hg.) Allgemeiner sozialer Dienst - Jenseits von Allmacht und Ohnmacht. Münster 1992

Grossmann, K.: Entfremdung, Abhängigkeit und Anhänglichkeit im Lichte der Bindungstheorie. In: Praxis der Psychotherapie und Psychosomatik. Heft 35, 1990

Großmann-Tippelt, S./Blumenstock, R.: Sozialpädagogische Familienhilfe. Hilfe mit System. In: Sozialmagazin, 3/92, S. 13

Hanesch, W.(Hg.): Sozialpolitische Strategien gegen Armut. Opladen 1995

Hanesch, W., u.a.: Armut in Deutschland. Der Armutsbericht des DGB und des Paritätischen Wohlfahrtsverbandes. Hamburg 1994

Härtling, P.: Das war der Hirbel. Weinheim 1973

Hartung, K.: Das sozial benachteiligte Kind – Ursachen und Möglichkeiten der Prophylaxe, in: Berliner Ärzteblatt – 1979 (Jg. 92) H. 16, S. 587-595

Hauser, R./Hübinger, W.: Arme unter uns.Teil 1: Ergebnisse und Konsequenzen der Caritas-Armutsuntersuchung. Freiburg 1993

Hauser, R./Hübinger, W.: Armut in der Bundesrepublik – Ihre Entwicklungstendenzen im Überblick. In: Kürner/Nafroth 1994, S. 31-40

Hege, M./Schwarz, G.: Gewalt gegen Kinder. Zur Vernetzung sozialer Unterstützungssysteme im Stadtteil. Soziale Arbeit in der Wende. Bd. 13, München 1992

Heinsohn, G./Knieper, R.: Theorie des Familienrechts. Geschlechtsrollenaufhebung, Kindesvernachlässigung, Geburtenrückgang. Frankfurt 1976

Hentig, H.v.: Erkennen durch Handeln. Stuttgart 1982

Herringer, N.: Familien in Krisen. Unverwundbar.Wie Familien mit kritischen Lebensereignissen umgehen. In: Sozialmagazin, 4/92, S.47

Honig, M.-S. (Hg.): Kindesmißhandlung. München 1982

Honig, M.-S.: Verhäuslichte Gewalt. Frankfurt/M. 1992

Iben, G. (Hg.): Kinder am Rande der Gesellschaft

Institut Frau und Gesellschaft (Hg.): Materialien zur Frauenforschung. Bd. 15. Ein-Eltern-Familien. Bielefeld 1992

Institut für soziale Arbeit e.V. (Hg.): ASD – Beiträge zur Standortbestimmung. Soziale Praxis 9, Münster 1991

Institut für soziale Arbeit e.V. (Hg.): Hilfeplanung und Betroffenenbeteiligung. Soziale Praxis, Heft 15. Münster 1994

Institut für soziale Arbeit e.V. (Hg.): Vernachlässigte Kinder – Herausforderungen und Perspektiven für die soziale Arbeit. Dokumentation der Fachtagung vom 22.3.1995 in Köln. Münster 1995

Interdisziplinäre Arbeitsgemeinschaft „Hilfeplanung für vernachlässigte und mißhandelte Kinder", Hannover: Kindeswohlgefährdung – Suche nach Orientierung. In: Forum Erziehungshilfe, Heft 1/1997

Internationale Gesellschaft für erzieherische Hilfen – IGfH (Hg.): Rechte habe – Recht kriegen. Ein Ratgeber-Handbuch für Jugendliche in Erziehungshilfen. Münster 1996

Irskens, B.: Auffällige Kinder. Beobachtungen, Erklärungen, Handlungsstrategien. Frankfurt 1980

Jopt, U.J.: Zur (un)heimlichen Allianz zwischen Justiz und Psychologie im Familienrecht. In: Betrifft Justiz, 1988, Nr.15, S. 288-290

Jahrbuch der Sozialen Arbeit 1997, Hrsg. von U. Gintzel/E. Jordan/D. Kreft,/I. Mielenz/J. Münder/R. Schone/G. Trauernicht. Münster 1996

Jordan, E./Schone, R.: Jugendhilfeplanung – aber wie? Eine Arbeitshilfe für die Praxis. Münster 1992

Jungjohann, E.E. (Hg.): Hilfen für mißhandelte Kinder. Ratingen 1993

Karsten, M.-E./Otto, H.-U. (Hg.): Die sozialpädagogische Ordnung der Familie, Juventa Verlag Weinheim/München 1987

Karsten, M.-E.: Die „arme" Krisenfamilie ist die Familie der Sozialarbeit, in: Karsten/ Otto 1987

Keller, H. (Hg.): Handbuch der Kindheitsforschung, Berlin 1989

Kienitz, M./Meier, S.: Chronische Unterernährung als Kindesmißhandlung besonderer Art, in: Pädiatrische Praxis 21, 1979, S. 3-6

Klatetzki, Th. (Hg.): Flexible Erziehungshilfen. Ein Organisationskonzept in der Diskussion. Münster 1995

Klatetzki, Th.: Eine kurze Einführung in die Diskussion über flexible Erziehungshilfen. In: Klatetzki 1995, S. 5-12

Klees-Möller, R.: Soziale Arbeit mit jungen Müttern. Zur historischen Entwicklung und gegenwärtigen Situation von Mutter-Kind-Einrichtungen. Dortmunder Beiträge zur Pädagogik. Bd. 11. Bochum (Brockmeyer) 1993

Knoller, E.-C.: Vernachlässigung. In: Bienemann/Hasebrink/Nikles 1995, S. 231-233

Köhler, M.-E.: Kindergartenarbeit in sozialen Brennpunkten. Pädagogische Möglichkeiten im sozialpolitischen Problemkreis? In: Neue Praxis, 18. Jg., Heft1/1988, S.39-49

Krüger, H./Born, C., u.a.: Privatsache Kind – Privatsache Beruf, Opladen 1987.

Kürner, P./Nafroth, R. (Hg.): Die vergessenen Kinder. Vernachlässigung und Armut in Deutschland, Köln 1994

Langmeier, L./Matejcek, Z.: Psychische Deprivation im Kindesalter. Kinder ohne Liebe, München 1977

Laucht, M., u.a.: „Risikokinder" – Zur Bedeutung biologischer und psychosozialer Risiken für die kindliche Entwicklung in den beiden ersten Lebensjahren. In: Praxis der Kinderpsychologie und Kinderpsychiatrie, Heft 8/1992, S. 274-285

Laucht, M.: Individuelle Merkmale mißhandelter Kinder. In: Martinius/Frank 1990

Leenders, F.: Das Risiko von Entwicklungsstörungen bei Kindern von heroin-/ methadonabhängigen Müttern.In: Landschaftsverband Westfalen-Lippe (Hg): Kinder haften für ihre Eltern. Tagungsbericht 13. bis 15.11.1989. Münster 1990

Leibfried, S. (Hg.): Armut im modernen Wohlfahrtsstaat. In: Kölner Zeitschrift für Soziologie und Sozialpsychologie /Sonderheft 32

Lempp, R.: Gerichtliche Kinder- und Jugendpsychiatrie. Ein Lehrbuch für Ärzte, Psychologen und Juristen. Bern, Stuttgart, Wien 1983

Lichtenberg, J.: Psychoanalyse und Säuglingsforschung, Berlin 1983/1991

Liegle, L.: Familienpolitik im vereinten Deutschland am Beispiel familienergänzender Kinderbetreuung. In: Neue Praxis, 20. Jg., Heft 5/1990, S. 385-393

Loffel-Haag, E.: Hört ihr die Kinder lachen? Kindheit im Spätmittelalter. Opladen 1982.

Lynch, M.A.: Symptomatik bei körperlicher und emotionaler Mißhandlung, in: Olbing u.a. 1989, S. 46-59

Mann, M.: Spannungsverhältnis Elternrecht, Kindeswohl, staatliches Wächteramt. In: Boomgaart u.a. 1996, S. 77-96

Martinius, J./Frank, R. (Hg.): Vernachlässigung, Mißbrauch und Mißhandlung von Kindern (Erkennen, Bewußtmachen, Helfen). Bern 1990 (darin: die Mannheim-Studie zur Früherkennung von Ablehnung und Vernachlässigung)

Maslow, A.H.: Motivation und Persönlichkeit, Freiburg i.Br. 1978 (2., überarb. Aufl.)

Merchel, J.: Fachliches Handeln angesichts der Armutsproblematik. In: Gilde soziale Arbeit (GiSA), Heft 2/1992, S. 37-43

Merchel, J./Schrapper, Ch.: Hilfeplanung im Kontext der Organisationsgestaltung im Jugendamt. In: Institut für soziale Arbeit e.V. 1994, S. 79-94

Merchel, J.: Von der psychosozialen Diagnose zur Hilfeplanung – Aspekte eines Perspektivenwechsels in der Erziehungshilfe. In: Institut für soziale Arbeit e.V. 1994, S. 44-63

Merfert-Diete, Chr.: Frauen und Sucht. München 1984

Ministerium für Arbeit, Gesundheit und Soziales Nordrhein-Westfalen (MAGS): Kinder und Jugendliche in Nordrhein-Westfalen, 6. Jugendbericht, Düsseldorf, 1995

Münder, J./Greese, D./Jordan, E./Kreft, D./Lakis, Th./Lauer, H./Proksch, R./Schäfer, K.: Frankfurter Lehr- und Praxiskommentar zum Kinder- und Jugendhilfegesetz. Münster 1993

Napp-Peters, A.: Ein-Elternteil-Familien. Soziale Randgruppe oder neues familiales Selbstverständnis. Weinheim 1985

Niegel, A. (Hg.): Frühe Kindheit, Fundament des menschlichen Lebens. 1985

Nienstedt, M.: Zur Entwicklung von Beziehungen in Ersatzfamilien. Mitteilungen des Landschaftsverbandes Westfalen-Lippe. 1980, Heft 62.
Nijnatten, C.v./Boogaart, H.v.d.: Die Wahrheitsmaschine – die Entwicklung des psychojuristischen Komplexes der Kinderfürsorge, Bonn, Forum-Verl. Godesberg, 1991, XVI, 159 S.
Nörber, M./Wiesner, A.: Antwort auf die „Herausforderung durch die Nöte der Zeit" über die Arbeit in Kindergärten und Tagesstätten. In: Sozialpädagogik, 2/1991, S. 178-186
Oerter, K.: Psychosoziale Entstehungsbedingungen unerwünschter Schwangerschaften. Schriftenreihe des Bundesministerium für Jugend, Frauen und Gesundheit. Band 75.
Olbing, H./Bachmann, K.D./Gross, R.: Kindesmißhandlung, Deutscher Ärzteverlag, Köln 1989
Packard, Vance: Verlust der Geborgenheit. Was die Vernachlässigung der Familie für unsere Kinder und die Zukunft der Gesellschaft bedeutet.
Pelz-Schreyögg, H.: Gewalt in Familien. Eine Literaturübersicht, München 1985
Petermann, B.: Gewalt in Familien und Institutionen. In: Jugendwohl, Heft 12/1991
Petri, H.: Aspekte familiärer Gewalt. Eine empirische Untersuchung, in: Psyche – 1981 (Jg. 35) H. 10, S. 927-962
Polansky, N.A./Ammons, P.W./Gaudin, J.M.: Loneliness and isolation in child neglect, in: Social Casework – 1985 (Vol. 66) Nr. 1, S. 38-47
Polansky, N.A./Chalmers, M.A./Buttenwieser, E./Williams, D.P.: Damaged parents an anatomy of child neglect, Chicago u.a., The Uni. of Chicago Press, 1981, XII, 271 S.
Remschmidt, H./Schmidt, M.H. (Hg.): Kinder- und Jugendpsychiatrie in Klinik und Praxis (in drei Bänden), Band III – Alterstypische, reaktive und neurotische Störungen, Stuttgart u.a 1985, XVIII, 419 S.
Remschmidt, H.: Das Wohl des Kindes aus ärztlicher Sicht. In: Zeitschrift für Kinder- und Jugendpsychiatrie 6/1978, S. 409-428
Rensen, B.: Fürs Leben geschädigt. Sexueller Mißbrauch und seelische Verwahrlosung von Kindern, Stuttgart 1992
Renson, B.: Fürs Leben geschädigt. Sexueller Mißbrauch und seelische Verwahrlosung von Kindern, Stuttgart 1992
Rönn, C.: Kindeswohlbeurteilung aus medizinrechtlicher Sicht. In: FamRZ 1988, S. 463
Roth, J.: Zeitbombe Armut. Soziale Wirklichkeit in der BRD. Hamburg 1985
Rühle, O.: Das proletarische Kind – eine Monographie. München 1911
Sahihi, A.: Drogen von A-Z. Gifte, Sucht, Szene. Beltz 1990
Salzgreber, J./Stadler, M.: Familienpsychologische Begutachtung. Köln 1990
Schlack, H.G. (Hg.): Sozialpädiatrie – Gesundheit, Krankheit, Lebenswelten. Stuttgart 1995
Schlack, H.G./Schlack, U.: Sozialpädiatrische Struktur des Gesundheitswesens. In: Schlack/Schlack 1995, S. 117-125
Schlack, H.G.: Entwicklungsstörungen und Behinderungen. In: Schlack 1995, S. 211-224
Schmidt, M.H.: Die Untersuchung abgelehnter und/oder vernachlässigter Säuglinge aus der Kohorte von 362 Kindern der Mannheim-Studie, in: Martinius/Frank 1990
Schmidtchen, S.: Kinderpsychotherapie – Grundlagen, Ziele, Methoden, Stuttgart 1989
Schneewind, K.A./Beckmann, M./Engfer, A./Hecht, A./Hinderer, J./Rinke, R.: Eltern und Kinder – Umwelteinflüsse auf das familiäre Verhalten, Stuttgart u.a., Kohlhammer, 1983, 229 S.
Schone, R./Gintzel, U./Güthoff, F.: Lebensweltorientierung in der Jugendhilfe. In: Institut für soziale Arbeit (Hg.): ASD – Beiträge zur Standortbestimmung. Soziale Praxis, Heft 9. Münster 1991, S. 85-103
Schone, R./Rüting, W.: ASD und Jugendhilfeplanung – Der Allgemeine Sozialdienst als Subjekt und als Gegenstand der Planung kommunaler Jugendhilfe. In: Greese u.a. 1993, S. 87-103
Schrapper, Ch.: Der Hilfeplanungsprozeß – Grundsätze, Arbeitsformen und methodische Umsetzung. In: Institut für soziale Arbeit e.V. 1994, S. 64-78

Schrapper, Ch.: „... mit einem Bein im Gefängnis?“ – Über das Risiko, für die Folgen seiner Arbeit verantwortlich gemacht zu werden. In: Sozialmagazin, Heft 7/8, 1996, S. 19-21

Schwabe-Höllein M./Sueß, G./Scheurer, H.: Bestimmung des Kindeswohles aus entwicklungspsychologischer Sicht, in: Schorr, A. (Hg.): Bericht über den 13. Kongreß für angewandte Psychologie. 1986

Simitis, S./Rosenkötter, L./Vogel, R./Boost-Muss, B./Frommann, M./ Hopp, J./Koch, H./Zenz, G.: Kindeswohl. Eine interdisziplinäre Untersuchung über seine Verwirklichung in der vormundschaftsgerichtlichen Praxis. Frankfurt/M. 1979

Simitis, S./Zenz, G. (Hg.): Familie und Familienrecht, Bde. 1 und 2. Frankfurt/M. 1975

Simitis, S.: Kindeswohl. Eine interdisziplinäre Untersuchung über seine Verwirklichung in der vormundschaftsgerichtlichen Praxis, Frankfurt/M. 1997

Späth, K.: Hilfeplan als Instrument einer modernen Jugendhilfe In: Sozialpädagogik. Zeitschrift für Mitarbeiter. 36. Jahrgang 1994, S. 54-60

Spiewak, K.: Betreutes Einzelwohnen- Probleme pädagogischer Praxis im Bereich der Betreuung von Mutter und Kind. In: Bindel, Gabriele/Bünemann de Falcon, Rita/Troscheit-Gajewski, Karin: Dokumentation zur Fachtagung „Frühe Mutterschaft“ vom 18.-20. Februar 1991. Hg.: Sozialpädagogisches Institut Berlin

Spitz, R.A.: Vom Säugling zum Kleinkind. Stuttgart 1967

Stadt Essen (Hg.): Kinderbericht der Stadt Essen. Essen 1994

Stadt Neubrandenburg (Hg.): Jugendhilfeplanung – Neue Wege in der Jugendhilfe. Neubrandenburg 1992

Stadt Neubrandenburg (Hg.): Jugendhilfeplanung – Neue Wege in der Jugendhilfe. 1. Fortschreibung. Neubrandenburg 1994

Statistisches Bundesamt: Statistik der Jugendhilfe – Teil I, 2: Betreuung einzelner junger Menschen 1994. Wiesbaden 1996

Statistisches Bundesamt: Statistik der Jugendhilfe – Teil I, 3: Sozialpädagogische Familienhilfe 1994. Wiesbaden 1996

Statistisches Bundesamt: Statistik der Jugendhilfe – Teil I, 4: Hilfe zur Erziehung außerhalb des Elternhauses. Junge Menschen am 31.12.1994. Wiesbaden 1996

Statistisches Jahrbuch 1989 für die Bundesrepublik Deutschland, Stuttgart 1989

Steinhausen, D./Langer, K.: Clusteranalysen – Einführung in Methoden und Verfahren der automatischen Klassifikation, Berlin/New York 1977

Stern, D.N.: Die Lebenserfahrung des Säuglings, Stuttgart 1985/1992

Steuer, W./Lutz-Dettinger, U. (Hg.): Handbuch für Gesundheitswesen und Prävention, Landsberg 1991 (Grundwerk)

Steuer, W./Lutz-Dettinger, U. (Hg.): Handbuch für Gesundheitswesen und Prävention – stationäre und ambulante Versorgung, Öffentlicher Gesundheitsdienst, Versicherungswesen, Sozialmedizin. Loseblatt-Sammlung. Landsberg 1995

Stöhr, R.-M.: Mißhandelnde Eltern und ihre psychosoziale Situation. In: Martinius/Frank 1990

Stratenwerth, I.: Zum Scheitern verurteilt? Kinder von Heroinabhängigen.In: Hamburgische Landesstelle gegen die Suchtgefahren (Hg): Kinder von Suchtkranken. Tagungsbericht 1991. Hamburg 1992

Suess, G./Schwabe-Höllein, M./Scheuerer, H.: Das Kindeswohl bei Sorgerechtsentscheidungen – Kriterien aus entwicklungspsychologischer Sicht. In: Praxis der Kinderpsychologie und Kinderpsychiatrie 1987, Heft 36

Süssmuth, R.: Grundbedürfnisse des kleinen Kindes in den Interessenkonflikten der Erwachsenen.In: Psychologie in Erziehung und Unterricht. 1990, S. 58-66

Thyen, U.: Gesellschaftspolitische Folgen frühkindlicher Vernachlässigung. In: Medizin im Wandel. Nitsch, K. (Hg.) 1978, S. 128

Thyen, U.: Kindesmißhandlung und -vernachlässigung. Prävention und therapeutische Intervention. Lübeck 1987

Trauernicht, G.: Soziale Arbeit mit Alleinerziehenden. In: Sozialmagazin, 11/1992, S. 30

Trauernicht, G.: Armut von Kindern, Jugendlichen und Familien. In: Intern – Zeitschrift der Behörde für Schule, Jugend und Berufsbildung. Hamburg, Februar 1995, S. 1-3

Trost, R. (Hg.): Frühe Hilfen für entwicklungsgefährdete Kinder. Wege und Möglichkeiten der Frühförderung aus interdisziplinärer Sicht. 1991.

Trube-Becker, Elisabeth: Gewalt gegen das Kind – Vernachlässigung, Mißhandlung, sexueller Mißbrauch und Tötung von Kindern, Heidelberg, 1982 (2. Aufl. 1987)

Urban, M., Hilfeplan(ung) in der Sozialhilfe?, in NDV 4/1995 S. 148 ff.

Wahl, K. (Deutsches Jugendinstitut): Studien über Gewalt in Familien – gesellschaftliche Erfahrung, Selbstbewußtsein, Gewalttätigkeit. München 1990

Weindrich, D./Löffler, W.: Auswirkungen von Frühformen der Kindesmißhandlung auf die kindliche Entwicklung vom 3. zum 24. Lebensmonat. In: Martinius/Frank 1990

Wendt, W.-R.: Neuen Entschiedenheit – Der Zwang als Mittel zum Zweck? In: Sozialmagazin, Heft 1, 1997, S. 14-19

Werner-Schneider, C.: Mediation im Spannungsfeld zwischen Kindeswohl und Emanzipation von Frauen.In: Sozialmagazin, 11/92, S.18

Wiesner, R./Kaufmann, F./Marsberger, T./Oberloskamp, H./Struck, J.: SGB VIII – Kinder- und Jugendhilfe. München 1995

Wolff, R.: Hilfe ohne Kontrolle – der „neue Kinderschutz“ als Pionier für zeitgemäßere Konzepte sozialer Arbeit, in: Blätter der Wohlfahrtspflege – 1992 (Jg. 139) Nr. 6, S. 165-168

Wolff, R.: Warum Kinder vernachlässigt werden. Zu Situation, Struktur und Dynamik von Vernachlässigungsfamilien. In: Kürner/Nafroth 1994, S. 81-94

Zenz, G.: Kindesmißhandlung und Kindesrechte 1979

Zöllner, U.: Die Kinder vom Zürichberg. Was macht der Wohlstand aus unseren Kindern? Zürich 1994

Die AutorInnen

Ullrich Gintzel, geb. 1948, Sozialarbeiter und Diplom-Pädagoge, seit 1972 in verschiedenen Bereichen der Sozialarbeit tätig (Strafvollzug, Heimerziehung, Berufsbildung, Wissenschaft), 1987-1989 wiss. Mitarbeiter und 1989-1992 Geschäftsführer des Instituts für soziale Arbeit e.V., Münster, seit 1990 Geschäftsführer des Votum Verlages, Münster, Vorsitzender des Vereins „Kinder haben Rechte e.V.", Münster.
Autor von 5.3; 7 (mit M. Kalscheuer)

Erwin Jordan, geb. 1946, Dr. phil., Soziologe und Pädagoge, 1972-1978 Leiter der Abteilung Jugend beim Bundesverband der Arbeiterwohlfahrt, Bonn, seit 1978 Akademischer Oberrat am Institut für Sozialpädagogik, Weiterbildung und empirische Pädagogik der Westfälischen Wilhelms-Universität, Münster, Mitglied der Sachverständigenkommission 9. Jugendbericht, Mitbegründer und z.Z. 1. Vorsitzender des Instituts für soziale Arbeit e.V., Münster.
Autor von 1 (mit R. Schone); 5.5; 8.4

Mareile Kalscheuer, geb. 1961, Diplom-Pädagogin, nach Tätigkeiten in der kommunalen Jugendhilfeplanung seit 1993 wiss. Mitarbeiterin im Institut für soziale Arbeit e.V., Münster, stell. Vorsitzende des Vereins „Kinder haben Rechte e.V.", Münster.
Autorin von 2.2; 5.1; 6; 7 (mit U. Gintzel)

Johannes Münder, geb. 1944, Prof. Dr. jur., Jurist und Soziologe, nach Tätigkeiten am Zentrum für interdisziplinäre Forschung (Universität Bielefeld), beim Bundesministerium für Arbeit, an der FH Wiesbaden, an der PH Berlin seit 1980 Professor an der TU Berlin, Institut für Sozialpädagogik.
Autor von 5.2

Reinhold Schone, geb. 1953, Dr. phil., Soziologe und Diplom-Pädagoge, 1979-1986 Tätigkeiten in verschiedenen Praxisfelder der Jugendhilfe, 1986-1997 wiss. Mitarbeiter und 1991-1996 stellv. Geschäftsführer im Institut für soziale Arbeit e.V., Münster, seit 1997 wiss. Mitarbeiter im Forschungsprojekt „Kindeswohl zwischen Jugendhilfe und Vormundschaftsgerichten" an der TU Berlin.
Autor von 1 (mit E. Jordan); 2.1; 3; 4; 5.4; 8.1; 8.2; 8.3

Georg Bienemann

Gefahren auf dem Psychomarkt

Was bedeutet Prävention? Eine Klärungshilfe nicht nur für Pädagogen

160 Seiten, 29,80 DM
ISBN 3-930405-57-1, Bestell-Nr. 157

Das Thema „problematische Sekten“ bewegt die Menschen. Neben sachlicher Auseinandersetzung sind Panikmache und überzogene Kritik festzustellen. Die „religiöse Szene“ hat sich in den letzten 20 Jahren ständig verändert. Fehlende Kenntnisse führen zu Verunsicherung und Angst. Dieses Buch gibt allen Fachkräften der Jugendhilfe, Therapieeinrichtungen und Seelsorge und vor allem den Eltern eine gut lesbare und klar strukturierte Orientierungshilfe. Es vermittelt Grundinformationen, gibt einen Überblick über die plurale Weltanschauungsszene und bietet Bewertungskriterien und Differenzierungsgesichtspunkte an. Es ist für all diejenigen geschrieben, die sich mit unterschiedlichen religiösen Kulten und destruktiven Organisationen und Lehren auseinandersetzen wollen und müssen. Dabei geht es dem Autor um einen pädagogischen Umgang mit dieser Herausforderung und nicht um simple „Sekten-warnung“. Es wird eine „Problem-Kult-Prävention“ entwickelt, die bei Kindern und Jugendlichen ansetzt.

Votum Verlag GmbH
Grevener Straße 89-91
D-48159 Münster
Telefon 0251/279191
Telefax 0251/279188

Jürgen Fuchs/Dieter Kreft/
Rolf-Peter Löhr (Hg. d. Reihe)

Das Aktionsprogramm gegen Aggression und Gewalt - AgAG

Fünfbändige Buchreihe zum Aktionsprogramm

Das Aktionsprogramm gegen Aggression und Gewalt (AgAG) wurde 1992 als bundesgefördertes Modellprogramm eingerichtet. Ziele des Programms waren, gewaltbereite und gewalttätige Jugendliche in Maßnahmen der Jugendhilfe einzubinden sowie den Aufbau von Jugendhilfestrukturen in den neuen Ländern zu unterstützen.

Die Bücher der Reihe erscheinen von März bis Juli 1997.

Band 1
Irina Bohn/Richard Münchmeier
Dokumentation des Modellprojektes
ca. 180 Seiten, 26,80 DM
ISBN 3-930405-66-0, Bestell-Nr. 166

Band 2
Lothar Bönisch (Hg.)
Die wissenschaftliche Begleitung.
Ergebnisse und Perspektiven
ca. 200 Seiten, 28,80 DM
ISBN 3-930405-67-9, Bestell-Nr. 167

Band 3
Irina Bohn/Jürgen Fuchs/Dieter Kreft (Hg.)
Materialiensammlung aus der öffentlichen Diskussion
ca. 160 Seiten, 24,80 DM
ISBN 3-930405-68-7, Bestell-Nr. 168

Band 4
Irina Bohn/Dieter Kreft (Hg.)
Dokumentation der internationalen Tagung „Jugend und Gewalt"
ca. 120 Seiten, 22,80 DM
ISBN 3-930405-69-5, Bestell-Nr. 169

Band 5
Irina Bohn/Dieter Kreft/
Gerhard Segel (Hg.)
Kommunale Gewaltprävention.
Eine Handreichung für die Praxis
ca. 160 Seiten, 26,80 DM
ISBN 3-930405-70-9, Bestell-Nr. 170

Votum Verlag GmbH
Grevener Straße 89-91
D-48159 Münster
Telefon 0251/279191
Telefax 0251/279188